"Zekice hazırlanmış, düşün [illegible] dediğim dedik ebeveynle[illegible] sevgiyle büyütmek isteyenler kuşku yok ki Kohn [illegible] sıkı sıkıya sarılacaklar."

—*Publishers Weekly*

"Ebeveynlere müthiş bir armağan! Alfie Kohn, genel kabul gören ebeveynlik uygulamalarının zararlarını sayısız araştırmayla gözler önüne seriyor ve çocukların sorumlu ve sevecen bireylere dönüşebilmesi için sağlam alternatifler sunuyor."

—Adele Faber, *Konuş ki Dinlesin, Dinle ki Konuşsun*
ve *Kardeş Rekabeti* yazarı

"Alfie Kohn yine aynı şeyi yapıyor: Yıllarca araştırılmış ve hakkında sayısız şey yazılmış bir konuyu (ebeveynliği) alıyor ve onun aslında ne olduğunu görebilmemiz için mercekleri ayarlamamızı sağlıyor. Ebeveynlerin önüne basit kurallar atmıyor, çocuk yetiştirmeye dair derin bir kavrayış ve sağlam bir temel sunuyor."

—JoAnn Deak, *Kızlar Başka!* yazarı

"*Koşulsuz Ebeveynlik*'i okurken her iki cümleden birinin altını çizesim geldi. Bu kitap hızlıca okuyup bitirmenizi sağlayacak kadar yalın ve eğlenceli, ama içinde düşündürücü o kadar çok şey var ki acele etmek istemeyeceksiniz."

—Barbara Coloroso, *Çocuklar Buna Değer!* yazarı

Unconditional Parenting
Moving From Rewards and Punishments to Love and Reason

ISBN: 978-605-64301-2-1

1 - 18. Basım: Mayıs 2015 - Nisan 2023
19. Basım: Aralık 2023

Çeviren ve Yayıma Hazırlayan: Yiğit Ataman
Düzelti: Albina Ulutaşlı
Son Okuma: Şeyda Ataman
Kapak Fotoğrafı: MitarArt
Kapak Düzeni: Aycan Yücel
Kapak Uygulama: Yiğit Ataman
Sayfa Düzeni: Yiğit Ataman

Baskı ve Cilt:
Bizim Büro Basımevi Yayın ve Dağıtım Hiz. San. ve Tic. Ltd. Şti. (Sertifika No: 42488)
Zübeyde Hanım Mh. Sedef Cd. No. 6/A Altındağ/Ankara
Tel: (0 312) 229 99 28

Görünmez Adam Yayıncılık (Sertifika No: 52449)
Güzeltepe Mh. Halide Nusret Zorlutuna Cd. 14/24 Çankaya/Ankara
Tel: (0 312) 440 82 84 / (0 506) 191 91 42
www.gorunmezadam.com.tr • bilgi@gorunmezadam.com.tr
www.facebook.com/gorunmezadamyayincilik
instagram: @gorunmezadamyayincilik

Toplu alımlara özel indirimler için: satis@gorunmezadam.com.tr

Doğrudan satış: shopier.com/gorunmezadam

KOŞULSUZ EBEVEYNLİK

Ödül ve Cezaları Terk Edip
Sevgi ve Akılcılığa Yönelmek

Alfie Kohn

Türkçesi: Yiğit Ataman

İÇİNDEKİLER

Azıcık insanlık bile
dünyadaki tüm kuralların toplamından
kat kat değerlidir.

—Jean Piaget

GİRİŞ

Çocuklarım doğmadan önce biliyordum ki ebeveynlik hem zorlayıcı hem de geliştirici bir deneyim olacaktı. Gelin görün ki aslında *hiçbir şey* bilmiyormuşum.

İnsanın nasıl bu kadar yorulabileceğini ve tamamen çözümsüz hissedebileceğini bilmiyordum; tıpkı tüm çareler tükenmişken dahi mutlaka yeni bir çare üretmem gerekeceğini bilmediğim gibi.

Bir çocuğun tüm gücüyle haykırma (ve komşularınızın Çocuk Hizmetleri'ni aramasına yol açacak biçimde çığlıklar atma) sebebinin, akşam yemeği için yanlış tip makarna pişirmenizden ibaret olabildiğini de bilmiyordum.

Doğal doğum kurslarında anne adaylarına öğretilen derin soluk alma egzersizlerinin aslında doğumdan çok sonra işe yaramaya başladığının da farkında değildim.

Başka çocukların da benimkilerle hemen hemen aynı sorunlarla boğuştuğunu ve benzer davranışlarda bulunduğunu öğrenmenin bu kadar rahatlatıcı olabileceğini de öngörememiştim. (İçimi daha da rahatlatan bir başka durum ise her ebeveynin zaman zaman çocuğunu sevdiğinden emin olamadığı, çocuk sahibi olmanın bütün bu zorluğa değip değmediğini tarttığı veya olmayacak başka düşüncelerle boğuştuğu karanlık anlar yaşadığını öğrenmekti.)

Kısacası, çocuk yetiştirmek pısırıkların işi değildir. Eşim, çocuk yetiştirmenin düzensizlik ve belirsizlikle baş etme sınavı olduğunu söyler. Ama bu sınava önceden hazırlanamazsınız, aldığınız sonuçlar da her zaman parlak değildir. Roket bilimini, beyin cerrahisini, hatta deveye hendek atlatmayı bırakın bir kenara; bir şeyin aslında o kadar da zor olmadığını anlatmak istediğimizde "Ebeveynlik değil ki bu!" dememiz gerekli.

Çocuğun direncini kırmaya ve söz dinlemesini sağlamaya çalışmak (daha doğrusu, bütün enerjimizi buna odaklamak) onu büyütürken karşılaştığımız güçlüklerin doğal bir sonucudur. Ama dikkat etmezsek bu asıl amacımız haline gelebilir ve kendimizi birdenbire çocuklarda uysallığa büyük önem veren ve kısa vadeli itaati diğer her şeyin üzerinde tutan ebeveynlerin arasında bulabiliriz.

Bundan birkaç yıl önce, konuşma turlarımdan birinde, yeni iniş yapmış bir uçağın içinde oturuyordum. Artık ayağa kalkabileceğimizi ve el bagajlarımızı alabileceğimizi bildiren *ding* sesi duyulur duyulmaz yanımdaki yolculardan biri koltukların üzerinden ön sıraya eğildi ve orada oturan çocuğun ebeveynlerini kutlayarak, "Çok *iyi* bir çocuğunuz var, tüm uçuş boyunca çok uslu durdu," dedi.

Bu cümledeki kilit sözcüğü irdeleyelim biraz. İyi, manevi vurgusu da olan bir sıfattır. *Ahlaklı, onurlu* veya *sevecen* gibi sözcüklerle aynı anlamı taşıyabilir. Ama söz konusu çocuklarsa *sessiz* dışında pek bir anlamı olmaz. (Başka bir anlamı varsa da herhalde "Başıma bela olmuyor" gibi bir şeydir!) Uçaktaki bu konuşmayı duyduğumda bir *ding* sesi de benim zihnimde çınladı. Fark ettim ki toplumun büyük kesiminin çocuklardan istediği, yaratıcı, çevreyi umursayan ve merak eden bireyler olmaları değil, yalnızca uslu durmalarıdır. Yani "iyi" çocuk, bebekliğinden ergenliğinin sonuna dek yetişkinlere fazla sorun yaratmayan çocuktur.

Son iki kuşağın ebeveynleri, bu sonucu elde etmek için izlenen stratejileri oldukça değiştirdiler. Çocuklar bir zamanlar dayak cezalarına maruz kalırken, artık sevgi ve ilginin belli süreliğine geri çekilip esirgenmesi (mola verilmesi) veya itaat eden çocuğun ödüllendirilmesi gibi yöntemler kullanılıyor. Ama yeni araçları, yeni amaçlarla karıştırmamalıyız. Yöntemleri çağdaş hale getirsek bile asıl amacımız "kontrol" olmayı sürdürüyor. Bunun nedeni, çocukları sevmiyor veya umursamıyor olmamız değildir. Gerçek neden, aile yaşamında baskı ve gerilim yaratan durumlardır; çocukları sürekli yatağa, küvete veya arabaya sokma (veya oradan çıkarma) gereklilikleri, kendimizi biraz geri çekmemizi ve yaptıklarımızı değerlendirmemizi engeller.

Bütünüyle itaatkâr çocuklar yaratmaya çalışmanın getirdiği sorunlardan biri, bu tutumun çocuklar için belirlediğimiz daha iddialı hedeflerle çelişme olasılığıdır. Bu öğlen en büyük derdiniz oğlunuzun süpermarkette haykırmasını önlemek ve istediği bir kutu şekeri almayacağınız gerçeğini kabullenmesini sağlamak olabilir. Ama bu durumu daha derinlemesine incelemek gerek. Atölye çalışmalarında ailelere önce şunu sorarım: "Çocuklarınız için belirlediğiniz *uzun vadeli* hedefler nelerdir? Onların nasıl insanlar olmasını istiyorsunuz? Bu insanları hangi sözcüklerle tanımlardınız?"

Ebeveynlere en çok önem verdikleri uzun vadeli hedefleri sorduğumda hemen her yerde benzer yanıtlar alıyorum. Örneğin, bir dinleyicimin oluşturduğu kişisel özellikler listesi son derece alışıldıktı: Çocuğunun mutlu, dengeli, bağımsız, üretken, özgüvenli, sorumluluk sahibi, faal, nazik, düşünceli, sevecen, araştırıcı, potansiyelini gerçeğe dönüştürmüş, gerektiğinde kendine yetebilecek bir birey olmasını istiyordu.

Bu kişisel özellikler topluluğunun (ve yukarıdaki soruları kendimize sormanın) sağladığı yarar, isteklerimiz ile eylemlerimizin ne kadar tutarlı olduğunu sorgulamaya başlamamızdır: Günlük yaşamdaki eylemlerim, çocuğumun istediğim gibi biri olmasına yardım edecek mi? Az önce süpermarkette söylediklerim onun gerçekten de mutlu, dengeli, bağımsız, başarılı vs. hissetmesine bir katkı sağlayacak mı? Yoksa süpermarketteki gibi durumlarla baş etmek için kullandığım yöntemler bu hedeflere ulaşmamı zorlaştırıyor mu? Eğer zorlaştırıyorsa başka nasıl davranmalıyım?

Çocuğunuzun yıllar sonra nasıl biri olacağını tahayyül etmek göz korkutucuysa, sizin için *bugün* neyin önemli olduğuna yoğunlaşın. Kendinizi bir doğum günü partisinde veya okulun koridorunda hayal edin ve varlığınızdan habersiz ebeveynlerin konuşmasına kulak misafiri olduğunuzu düşünün. Hakkında konuştukları kişi ise... sizin çocuğunuz! Çocuğunuzla ilgili ne söylenmesi size en büyük mutluluğu verirdi?[1] Şimdi biraz durun ve duymaktan gerçekten çok memnun olacağınız bir cümle düşünün. Tahminim (ve umudum) odur ki sizi en çok mutlu edecek cümle şöyle bir şey *olmayacaktır*: "Şu çocuk var ya, gıkını bile çıkarmadan söylenen her şeyi yapıyor." Bu noktada sormamız gereken kritik soru, çocuktan istediğimiz sanki buymuş gibi davranıp davranmadığımızdır.

Elizabeth Cagan adlı bir sosyal psikolog, yaklaşık yirmi beş yıl önce gerçekleştirdiği bir araştırma kapsamında o dönemin ebeveynlik kitaplarını taradı ve çoğu kitabın "ebeveynin mutlak otoritesini savunduğu" ve "çocuğun gereksinimlerini, duygularını ve gelişimini göz ardı ettiği" sonucuna vardı. Cagan'a göre kitaplardaki egemen varsayım, ebeveyn isteklerinin "kendiliğinden meşruiyet kazandığı" idi. Tartışmaya açık olan tek konu ise çocuğun söylenen her şeyi yapmasını sağlamak için nasıl yollar tutulabileceğiydi.[2]

O zamandan beri pek bir şeyin değişmediğini görmek son derece üzücü. Yalnız ABD'de her yıl yüzden fazla ebeveynlik kitabı[3] yayımlanıyor ve ebeveyn dergilerinde sayısız makaleye yer veriliyor. Bunların birçoğu, çocukların beklentileri karşılamasını ve terbiyeli davranmasını nasıl sağlayacağımıza, onları nasıl ev hayvanları gibi eğiteceğimize yönelik öğüt ve öneriler sunuyor. Hatta bazıları, çocuklara karşı koymanın ve bu mücadelede güçlü tarafın biz olduğumuzu sert biçimde göstermenin önemine dikkat çeken (ve bunu yapma konusundaki isteksizliğimizi bir yana bırakmamızı açık açık öğütleyen) uzun nutuklar bile içeriyor. Aynı eğilim, son zamanlarda yayımlanan kitapların adlarında da kolayca görülüyor: *Disipline Etmekten Korkmayın; Yetki Ebeveynlerde; Kontrol Ebeveynde; Kontrolü Ele Almak; Kontrol Yeniden Sizde; Okulöncesi Çağdaki Çocuğunuzu Disipline Etmek (ve Bundan Mutluluk Duymak); Anne Benim, İşte O Yüzden; Kuralları*

*Belirlemek; Suçluluk Duymayan Ebeveyn; Yanıt: Hayır** vs.

Bu kitapların bazıları eski değerleri ve yöntemleri savunurken ("Baban eve döndüğünde poponu bayağı acıtacak!") bazıları da yeni türeyen teknikleri destekliyor ("Aferin sana! Çişini lazımlığa yaptın. Al sana bir tane çıkartma.") ama hiçbiri, çocuklardan istediğimiz şeylerin mantıklı olup olmadığını, hatta onların gelişimine hizmet edip etmediğini sorgulamamız için bizi zorlamıyor.

Olasılıkla sizin de fark ettiğiniz gibi, böylesi kitapların çoğunun sunduğu öneriler de aslında pek bir işe yaramıyor. Bunların ne kadar işe yaradığını göstermek için hazırlanan ebeveyn-çocuk diyalogları ise gerçeklikten o denli uzak ki gülünç olma sınırında duruyor.[4] Ek olarak, etkisiz teknikleri okuyup durmanın insanı düş kırıklığına uğratmasının yanında, kitapların "*Etkili* derken neyi kastediyoruz?" sorusunu hiç sormaması daha da büyük tehlike teşkil ediyor. Eğer hedeflerimizi dikkatlice gözden geçirmezsek, yalnızca itaati hedefleyen uygulamalarla baş başa kalırız. Bu da ancak işimize gelene odaklanacağımız ve çocukların neye gereksinim duyduğunu gözden kaçıracağımız anlamına gelir.

Ebeveynlikle ilgili kaynakların bir diğer sorunu da şudur: Yazarlar, ebeveyn-çocuk ilişkisinde ne gerçekleştiğine inanıyorlarsa yazdıkları kitap ve makaleleri de bütünüyle ona dayandırırlar. Bazı seçme anlatılar da savunulan görüşleri destekler. Ama yazarın bu görüşleriyle ilgili olarak araştırmaların ne gösterdiğine pek değinilmez. Bu öylesine yaygın bir sorun ki bir kitapçının çocuk raflarını tümüyle tarayabilir ama farklı ebeveynlik yöntemleriyle ilgili sayısız araştırma yapıldığından yine habersiz kalabilirsiniz.

Bazı okurların "araştırmalar gösteriyor ki" diyerek sunulan iddialara kuşkuyla yaklaştığını biliyorum. Buna anlayış göste-

---

* Özgün adlar: *Don't Be Afraid to Discipline; Parents in Charge; Parent in Control; Taking Charge; Back in Control; Disciplining Your Preschooler–and Feeling Good About It; 'Cause I'm the Mommy, That's Why; Laying Down the Law; Guilt-Free Parenting; "The Answer Is No"* (Ç.N.)

riyorum, çünkü bu tabiri bolca kullanan kişiler araştırmaların nasıl yapıldığına veya sonuçlarının ne kadar anlamlı olduğuna değinmeyi bir yana bırakın, hangi araştırmadan söz ettiklerini bile pek belirtmezler. Bunun yanında, az önceki sıkıntılı soru da yanıtlanmış değildir. Eğer bir araştırmacının iddiasına göre çocuğa *x* davranışında bulunmamız *y* davranışında bulunmamızdan daha etkili ise biz de hemen şunları sorarız: "*Etkili* derken tam olarak neyi kastediyorsunuz? Demek istediğiniz, çocuğun *x* davranışımız sonucunda psikolojik açıdan daha iyi bir gelişim göstereceği midir? Eylemlerinin diğer kişileri nasıl etkilediğiyle daha mı çok ilgilenecektir? Yoksa bu *x* davranışı yalnızca kör bir itaat sağlamaya mı yarayacaktır?"

Bazı uzmanlar, tıpkı bazı ebeveynler gibi, yalnızca o son soruyla ilgili görünüyorlar ve çocuğun talimatlar doğrultusunda hareket etmesini sağlayan her şeyi başarılı strateji olarak tanımlıyorlar. Diğer bir deyişle, odak noktası çocuğun nasıl *davrandığıdır*, ama onun bir talimata uyarken ne hissettiği veya kendisini bu talimata uymaya zorlayan kişilere nasıl baktığı tümüyle göz ardı edilmiştir. Ebeveyn müdahalelerinin ne kadar etkili veya yararlı olduğunu böyle değerlendiremeyiz. Daha önce kanıtlanmıştır ki en "etkili" disiplin tekniği bile daha anlamlı ölçütler doğrultusunda değerlendirildiğinde başarısız görünmeye başlar. Çünkü çocuğun arzu edilen davranışa bağlılığı aslında son derece yüzeysel kalmıştır, bu nedenle de söz konusu davranışta bulunması yalnızca kısa vadede geçerli olan bir durumdur.[5]

Ama iş burada da bitmiyor. Bizim sorunumuz, çocuğun itaat etmesini sağlayıp sağlayamadığımıza göre strateji değerlendirmek değildir. Asıl sorun, itaatin her zaman arzu edilen davranış biçimi olmamasıdır: Artık *aşırı* uslu ve terbiyeli olmak diye bir kavramımız var. Şöyle ki, Washington D.C.'de gerçekleştirilen bir araştırma, bir grup çocuğu yürüme çağından beş yaşına dek inceledi ve "söylenenlere sıklıkla riayet etmek, bazen ortam veya çevreye uyum sağlayamamakla ilişkilenmektedir" biçiminde bir sonuç verdi. Ayrıca, "ebeveyn otoritesine belli oranda direnç göstermek" de aslında "olumlu bir işaret" olabilmekteydi. *Jour-*

nal of Abnormal Child Psychology'deki bir makalede ise "zorlantılı (*compulsive*) itaat" olarak adlandırılan tatsız ve huzursuz edici bir kavrama yer verildi. Buna göre bazı çocuklar ebeveynlerinden öylesine korkuyorlar ki onların isteklerini gecikmeden ve hiç düşünmeden yerine getiriyorlar. Yetişkinlere boyun eğme ve onları memnun etme isteğinin bu denli aşırıya kaçmasıyla ortaya çıkan duygusal sonuçlar konusunda bugün pek çok terapist uyarılarda bulunmaktadır. Söylediklerine göre, şaşırtıcı biçimde uslu olan ve söz dinleyen çocuk ebeveynlerin her dediğini yapar ve onların istediği kişi olur, ama bedelini de benlik duygusunu yitirerek öder.[6]

Şunu söyleyebiliriz ki disiplin, çocuğun öz disipline sahip olacağının güvencesini vermez. Ama öz disiplin dediğimiz bile aslında bize anlatılandan daha farklı bir kavramdır. Çocuğun bizim isteklerimizi ve değerlerimizi "içselleştirmesini," böylece yakınlarda olmadığımız zaman bile aynen beklentilerimiz doğrultusunda hareket etmesini sağlamak, illa daha iyi bir yöntem olacak değildir. İçselleştirmeyi (veya öz disiplini) desteklemek, çocuğun davranışlarını uzaktan kumandayla yönetmeye dönüşebilir. Bu da yalnızca daha güçlü bir itaattir. Sonuçta, doğru olanı yaptığına inandığı için belli bir eylemde bulunan çocukla, aynı eylemde yalnızca bir zorlantı hissettiği için bulunan çocuk arasında dağlar kadar fark vardır. Çocuğun bize ait değerleri içselleştirmesini sağlamak, kendi değerlerini oluşturmasını sağlamakla aynı şey değildir.[7] Bu yaklaşım ayrıca, bağımsız düşünceler üretmesine yardımcı olma hedefinin de tam karşısında durmaktadır.

Eminim ki çoğu ebeveyn, çocuğun kendi düşüncelerini üretmesini, fikir ve inançlarını açıkça dile getirmesini ve sonuçlar ne olursa olsun doğru davranışı sergileyecek cesareti göstermesini ister. Kabadayılara ise boyun eğmeyeceğini ve çevre baskısına (özellikle de uyuşturucu ve cinsellik konusunda) direneceğini umar. Eğer çocuğun "başkalarına ait fikirlerin kurbanı" olmasını istemiyorsak, onu "tüm fikirleri, hatta yetişkinlerin fikirlerini bile sorgulayacak"[8] biçimde yetiştirmemiz gereklidir. Diğer bir deyişle, eğer evde itaate fazlasıyla önem verirsek, sonuçta yetiştireceğimiz çocuk evin dışında da sürekli itaat eden bir birey olabilir. Yazar Barbara Coloroso'nun anlattığına göre, ergenlik çağındaki çocukların anneleri sıklıkla, "O kadar iyi, akıllı uslu, üstü başı temiz bir çocuktu ki... Bir de şimdiki haline bak!" diye yakınıyor. Coloroso'nun verdiği yanıt ise şöyle:

> Küçüklüğünden beri dediğiniz gibi giyindi; istediğiniz gibi davrandı; beklediğiniz biçimde konuştu. Ne yapması gerektiğini söyleyen birilerine kulak verdi... Aslında hiç değişmedi. Hâlâ ne yapması gerektiğini söyleyen birilerine kulak veriyor. Tek fark, bu birileri artık siz değilsiniz, kendi arkadaşları.[9]

* * *

Çocuklar için belirlediğimiz uzun vadeli hedefler üzerinde ne kadar düşünürsek işler o kadar karmaşık hale geliyor. Diğerlerinden soyutlayarak ele aldığımız tüm hedefler birdenbire tartışmalı hedeflere dönüşüyorlar: Bazı nitelikler öylesine değerli ki onları çocuğumuza kazandırmak için geri kalan her şeyi feda bile edebiliriz (örneğin, mutluluk için bkz. s. 278, n. 1). Ama çocuğun karşıt nitelikler arasında denge sağlamasına yardımcı olmak belki daha akılca bir hareket tarzıdır, böylece kendine yeten *ama* başkalarını da umursayan veya özgüvenli *ama* sınırlarını da kabul eden biri olabilir. Benzer biçimde, bazı ebeveynler, çocuğun kendi hedeflerini yine kendi belirlemesi ve bu hedeflere kendi çabasıyla ulaşması gerektiğini savunabilirler. Eğer biz de buna katılıyorsak, çocuğun yapacağı seçimlerin ve benimseyeceği değerlerin bizimkilerden farklı olabileceğini de baştan kabullenmemiz gerekir.

Uzun vadeli hedeflerle ilgili düşünceler bizi herhangi bir tartışmaya yönlendirebilirler; benim bu noktada altını çizmek istediğim yegâne şey ise bu hedefler üzerinde bolca düşünme gerekliliğimizdir. Onlar bizim mihenk taşlarımız olmalı ve günlük yaşamın temposunda "çocuğun söz dinlemesini sağlamak için ne gerekiyorsa yapma" eğilimimizi engellemeliler. İki çocuk babası olarak ebeveynliğin zorluklarını ve düş kırıklıklarını çok iyi biliyorum. En iyi stratejilerimin hiçbir işe yaramadığı, sabrımın tükendiği, çocuklarımın itiraz etmeden laf dinlemesini istediğim zamanlar oluyor. Oğlum veya kızım lokantada çığlıklar atarken büyük resmi göz önünde tutmakta çok zorlanıyorum. Bu nedenle, yoğun bir günün ortasında veya sertlik yanlısı dürtülerin etkisindeyken *kim olmak istediğimi* aklımda bulundurmak da güçleşiyor. Ama ne olursa olsun, bunları başarmak için çaba göstermeye değer.

Bazı insanlar, ebeveyn olarak yaptıklarını meşrulaştırmak için anlamlı hedefleri (örneğin, iyi bir insan olmayı veya çocuğunu iyi insan olacak biçimde yetiştirmeyi) "idealistlik" olarak etiketleyip bir kenara bırakıyorlar. Ama idealistlik yalnızca ideallere sahip olmak demektir. (İdeallerimiz olmadan bir işe yarayacağımız da söylenemez.) Kısacası, "idealizm," "uygulanamazlık" değildir. Ayrıca, kısa vadeli itaat sağlamaya odaklanmaktansa uzun vadeli hedeflere yönelmek, ne talep ettiğimizi değil de çocuğun neye gereksinim duyduğunu dikkate almak ve bir tek davranışı görmek yerine çocuğun tümünü görmeye başlamak için yalnızca pratik veya pragmatik değil, manevi nedenlerimiz de vardır.

Bu kitapta, *çocuklara yapma* (cezalandırma, ödüllendirme vs.) biçimindeki her zamanki stratejileri terk edip *çocuklarla çalışma* yöntemlerine geçmenin neden daha mantıklı olduğunu anlatacağım. Pek çok insanın (çocuklarla birlikte yetişkinlerin de) kendisine belli şeylerin yapıldığı taktiklere maruz kaldığı doğrudur, ama onlari "hizaya sokmak" için ödül ve cezaların kullanılmasına karşı çıkan bir savı, "Dünya böyle bir yer, ne yaparsın?" diyerek bir kenara koymak olanaklı değildir. Ebeveynlik tarzımızı belirleyen kritik soru, çocuklarımızın nasıl kişiler olmasını istediğimizdir. Her şeyi yalnızca olduğu gibi mi kabul edecekleri, yoksa bununla yetinmeyip iyileştirmeye mi çalışacakları da bu sorunun bütünleşik bir parçasıdır.

Tüm bunlar, gerçek anlamda yıkıcı konulardır. Ebeveynlikle ilgili alışılmış önerileri yıkar ve çocukları, elimizde tuttuğumuz çemberlerin içinden sirk hayvanları gibi atlatmaya yönelik dar görüşlü taktiklere karşı çıkarlar. Bazı anne ve babaları ise şimdiye dek uyguladıkları ebeveynlik yöntemlerini (hatta belki çocukken kendilerine uygulananları da) sorgulamaya yöneltecek-lerdir.

Konumuz yalnızca disiplin değildir; elinizdeki kitap, çocuklarımıza nasıl davrandığımızı, onlar hakkında ne düşündüğümüzü ve ne hissettiğimizi içeren daha geniş bir alanı incelemektedir. Amacı ise ebeveyn-çocuk ilişkisine dair temel varsayımları gözden geçirmenize olanak tanımak, sahip olduğunuz en yüce dürtülerinizle yeniden bağlantı kurmanızı sağlamak ve ödevler yapıldıktan, pijamalar giyildikten, kardeş atışmaları sona erdikten sonra çocuklarınız için neyin en gerekli ve önemli olduğunu zihninizde netleştirmenize yardımcı olmaktır.

Hepsinden önemlisi, bu kitap size, çocukların uslu durmasını sağlamak veya onları başarıya yöneltmek için zaman zaman kullanmaya eğilim gösterdiğimiz taktikler yerine uygulanabilir alternatifler sunacaktır. Bu alternatiflerin, çocuklarımızın iyi (tüm anlamlarıyla *iyi*) insanlar olmasına katkı sağlayacağına inanıyorum.

1| KOŞULLU EBEVEYNLİK

Ebeveyn olarak yaptığım (ve yapmayı sürdüreceğim) tüm hatalara karşın çocuklarıma beslediğim sevgi sayesinde onların sonunda iyi insanlar olacaklarını düşünür ve ferahlardım. Nihayetinde sevgi tüm yaraları iyileştirir derler. Size gereken tek şey sevgidir. Sevgi, bu sabah mutfakta sinirinize hâkim olamadığınız için özür dileme zorunluluğunuz bulunmamasıdır.

Bu teskin edici görüş, gerçekte "ebeveyn sevgisi" denen bir kavram olduğu fikrine dayanır. Bu sevgi, çocuğunuza az veya çok miktarda verebileceğiniz bir madde gibidir. (Çok olması elbette daha iyidir.) Peki ya bu varsayım her şeyi fazlasıyla basite indirgiyorsa? Eğer bir çocuğu sevmenin birden çok yolu varsa ve bunların bazıları diğerlerine göre daha az tercih edilir cinstense? Psikanalist Alice Miller'a göre bir çocuk "tutkuyla, ama gereksinimlerini karşılamayacak biçimde" sevilebilir. Eğer haklıysa, sormamız gereken soru yalnızca çocukları sevip sevmediğimiz (hatta ne kadar sevdiğimiz) değil, aynı zamanda *nasıl* sevdiğimizdir.

Bunu bir kez idrak ettiğimizde, farklı ebeveyn sevgisi türlerini hızlıca listeleyebilir, hatta hangilerinin daha iyi olduğuyla ilgili görüş de bildirebiliriz. Bu kitap da benzer bir ayrıma yöneliyor; yani, çocukları *ne yaptıklarına* göre sevmek ile *kim olduklarına* göre sevmek arasındaki ayrıma. Bunların ilki koşullu sevgidir; çocuklar da uygun gördüğümüz davranışlarda bulunarak ve belirlediğimiz standartları tutturarak bu sevgiyi kazanmak zorundadır. İkinci sevgi ise koşul*suz*dur, çocukların nasıl davrandığına, ne kadar başarılı olduğuna, ne kadar terbiyeli durduğuna veya benzeri ölçütlere bağlı değildir.

Koşulsuz ebeveynlik fikrini hem değer yargısı yönünden hem de bir öngörü üzerinden savunacağım. İşin değer yargısı yönü şudur ki çocuklar onayımızı ve beğenimizi kazanmak zorunda değildir. Onları ne olursa olsun, hatta arkadaşım Deborah'ın dediği gibi "elle tutulur bir neden bile olmadan" sevmemiz gereklidir. Ama onları koşulsuz biçimde sevdiğimizi düşünmenin tek başına bir önemi yoktur; önemli olan, koşulsuz sevgimizi *onların da hissetmesidir*.

Öngörüm ise çocukları koşulsuzca sevmenin son derece olumlu etkiler yaratacağıdır. Çünkü koşulsuzca sevmek yalnızca doğru yol değil, aynı zamanda akılcı yoldur. Çocukları, neler yaptıklarına değil, kim olduklarına bakarak (ve oldukları gibi) sevmek gereklidir. Böyle bir sevgi alan çocuk, işleri eline yüzüne bulaştırsa veya bazen yetersiz kalsa bile iyi bir insan olduğunu düşünmeyi sürdürebilir. Bu temel gereksinim karşılandı mı, diğer kişileri kabullenmekte ve onlara yardım eli uzatmakta da daha özgür olacaktır. Kısacası çocuklar, iyi ve sağlıklı biçimde yetişebilmek için koşulsuz sevgiye gereksinim *duyarlar*.

Yine de biz ebeveynler sıklıkla sevgi ve onayımızı belli koşullara bağlama eğilimine gireriz. Yalnızca neye inandırılarak yetiştirildiğimiz değil, nasıl yetiştirildiğimiz de bunda rol oynar. Koşullu olmaya koşullandırıldığımızı söyleyebiliriz. Bu koşullanma özellikle de Batı bilincinin en derinlerine dek işlemiştir. Öyle ki çocukları koşulsuz kabul etme fikriyle bir ideal olarak bile çok ender karşılaşılmaktadır. Koşulsuz sözcüğü ve türevleriyle yapacağınız bir internet aramasının döndürdüğü sonuçlar çoğunlukla din ve ev hayvanlarıyla ilgilidir. Öyle görünüyor ki bazı insanlar, diğer kişilere koşulsuz ve karşılıksız sevgi verdiklerini hayal bile edemiyorlar.

Çocuklara döndüğümüzde, önlerine sürülen koşulların bazılarının *terbiyeli davranmakla,* bazılarının da *başarı kazanmakla* ilgili olduğunu görüyoruz. Bu bölüm ve ardından gelen üç bölümde işin *terbiye ve davranış* boyutlarını inceleyeceğim ve popüler disiplin teknikleri yüzünden çocukların *yalnızca* dediğimizi yaptıkları zamanlarda sevilmiş ve kabul edilmiş hissettiklerini ortaya koyacağım. 5. Bölüm'de ise çocukların, ebeveyn sevgisinin bütünüyle kendi *performanslarına ve başarılarına* (okulda, oyunda, sporda vs.) bağlı olduğu sonucuna nasıl vardıklarına değineceğim.

Kitabın ikinci yarısında bu yaklaşımı terk etmek ve çocukların gereksinim duyduğu sevgiyi verebilmek için bazı öneriler sunacağım. Ama önce koşullu ebeveynliği, altında yatan varsayımlarla ve çocuk üzerinde yarattığı etkilerle irdelemek, ardından da koşulsuz ebeveynlik ile arasındaki çizgiyi çekmek istiyorum.

Çocuk Yetiştirmenin İki Yolu: Temel Varsayımlar

Kızım Abigail dördüncü yaş gününden birkaç ay sonra zor zamanlar geçirmeye başladı ki bunun nedeni olasılıkla kendisine bir rakip çıkmış (yani erkek kardeşinin doğmuş) olmasıydı. İsteklerimize daha fazla direnir oldu ve "yaramazlık" yapmaya, çığlıklar atmaya ve tepinmeye daha çok eğilim gösterdi. Sıradan işler ve yolculuklar çetin irade savaşlarına dönüşmeye başladı. Bir akşam, yemekten hemen sonra banyoya gireceğine söz verdiğini anımsıyorum. Ama girmedi. Verdiği sözü anımsattığımda kardeşini uyandıracak kadar yüksek sesle çığlık attı. Sessiz olmasını istediğimde bir daha haykırdı.

Akşam rutinimiz, eşimle birlikte kızımızın yanına kıvrılmak ve birlikte bir öykü okumaktı. Şimdi soru şu: Kızımın haykırışları kesildikten ve ortalık sakinleştikten sonra bunu yine yapmalı mıydık? Koşullu ebeveynlik yaklaşımı buna hayır derdi, çünkü her zamanki keyifli etkinliklere devam ederek kızımın kabul edilemez davranışını desteklemiş, hatta ödüllendirmiş olurduk. Yapmamız gereken, bu etkinliğe ara vermek ve kızımıza da "davranışının sonucuna" neden katlandığını nazik ama net biçimde anlatmaktı.

Bu hareket biçimi çoğumuz için son derece tanıdıktır ve pek çok ebeveyn kitabının önerileriyle de aynı çizgidedir. Ek olarak şunu itiraf edeyim; Abigail'in davranışına öyle kızmıştım ki o akşam otoriter tavırlarla emirler vermek ve çizgiler çekmek beni oldukça tatmin edecek, hatta rahatlatacaktı. Ona, az önceki gibi davranamayacağına dair bir ders verdiğimi düşünecek ve kontrolün yeniden elimde olduğunu hissedecektim.

Koşulsuz yaklaşım ise bu eğilime direnmek gerektiğini ve yapmamız gerekenin gerçekten de yan yana kıvrılarak bir öykü okumak olduğunu savunur. Ama her şeyi göz ardı edecek de değiliz. Koşulsuz ebeveynlik, çocuğun her istediğini yapmasına izin vermek anlamına gelen süslü bir terim değildir. Fırtına geçtikten sonra olan bitenin üzerinde birlikte düşünmek ve öğretmek çok önemlidir. Biz de öyküyü okuduktan sonra tam olarak bunu yaptık. Çünkü çocuklar, davranışları yüzünden sevgimizin azalmadığını bilirlerse öğretmek istediğimiz dersi de daha kolay öğrenirler.

Bu iki ebeveynlik tarzı üzerine şimdiye dek kafa yormuş olalım veya olmayalım, şu açıktır ki ikisi de bambaşka psikoloji, çocuk ve insan doğası algıları ile biçimlenmiştir. Koşullu yaklaşım, B. F. Skinner'ın öncülük ettiği ve bugün artık davranışçılık olan bilinen bir düşünce ekolüyle ilintilidir. Bu ekolün en önemli özelliği, adından da anlaşılacağı üzere bütünüyle davranışa odaklanmasıdır. Buna göre, insan konusunda önem taşıyan yegâne şeyler görülebilir ve ölçülebilir olanlardır. Bir arzuyu veya korkuyu göremezsiniz, o yüzden insanların ne *yaptıklarına* yoğunlaşmanız gereklidir.

Dahası, davranış "pekiştirilip pekiştirilmediğine" göre başlamakta veya bitmekte, güçlenmekte veya zayıflamaktadır. Davranışçılara göre her eylemimiz bir ödül getirip getirmediğine göre açıklanabilir (bu ödül ister doğal bir sonuç olarak gelsin ister de önceden vaat edilmiş olsun). Örneklemek gerekirse, eğer bir çocuk ebeveynine sevgi gösteriyorsa veya tatlısını bir arkadaşı ile paylaşıyorsa, bunun tek nedeni benzer davranışların daha önce hoş karşılıklar bulmuş olmasıdır.

Kısacası dış güçler, yani daha önce neyle ödüllendirildiğimiz (veya cezalandırıldığımız) nasıl davranacağımızı belirlemektedir. Kişi de yalnızca bulunduğu davranışlardan ibarettir. Skinner'ın hiçbir kitabını okumamış olan pek çok kişi bile bu varsayımları benimsemiş görünüyor. Bir ebeveyn veya öğretmen çocuğun "davranışlarından" söz ettiğinde aslında yüzeyde görünenden başka hiçbir şeyin önemi yokmuş gibi hareket etmektedir. Burada önemli olan, çocuğun kim olduğu, neler düşündüğü veya hissettiği değildir. Manevi değerleri veya niyetleri unutun gitsin; tek amaç, çocuğun yaptıklarını değiştirmektir. Bu da elbette onun belli biçimde davranmasını (veya davranmamasını) sağlamaya yönelen alışılmış disiplin tekniklerine başvurmak demektir.

Hemen her gün rastladığımız davranışçılığa daha açık bir örnek vereyim: Kötü bir davranışta bulunan çocuğunu özür dilemeye zorlayan ebeveynlerle mutlaka karşılaşmışsınızdır. ("Amcadan özür dile bakayım.") Burada amaçlanan nedir? Çocuğunu özür dilemeye zorlayan ebeveyn, onun birdenbire (sihirli biçimde) davranışlarından pişman olacağına veya bunlar yüzünden üzülmeye başlayacağına inanıyor mu gerçekten? Hem de tüm bilimsel kanıtlar açıkça bunun tersini gösterirken? Ya da daha kötüsü, içtenliğe hiç önem vermediği ve yalnızca uygun sözcüklerin söylenmesine dikkat ettiği için çocuğun gerçekten pişman veya üzgün olup olmadığını umursamıyor mu? Zorla özür diletmek, çocuğun içten veya gerçek olmayan başka şeyler söylemesine de yol açar. Bunun yaygın olarak bilinen diğer adı "yalan söylemek"tir.

Ama özür diletmek, kendi başına irdelenmesi gereken münferit bir ebeveyn uygulaması değildir. Yalnızca davranışa önem veren Skinnercı düşüncenin, çocuklarla ilgili görüşlerimizi nasıl dar bir alana sıkıştırdığının ve yaklaşımlarımızı nasıl çarpıttığının örneklerinden biridir. Küçük çocukları kendi başına uyuyacak veya lazımlığı kullanacak biçimde eğitmeye yönelik programlarda da aynı sorunu görmekteyiz. Bu programların bakış açısına göre, bir çocuğun karanlıkta hıçkıra hıçkıra ağlamasının *nedeni* önemsizdir. Bu neden; korku, can sıkıntısı, yalnızlık, açlık veya herhangi başka bir şey olabilir. Benzer biçimde, ebeveynlerin istemesine karşın çişini tuvalete yapmayan bir çocuğun neden böyle direnç gösterdiğinin de önemi yoktur. Çocuğumuza kendi başına uyumayı "öğretmek" için bize adım adım rehberlik eden ve tuvaleti kullanmayı altın yıldızlarla, şekerlerle, övgülerle ödüllendirmemizi öğütleyen uzman, davranışa neden olan duygu, düşünce ve niyetlerle değil, yalnızca davranışın kendisiyle ilgilenmektedir. (Tam bir sayım yapmamış olsam da şöyle bir kuralı ortaya atmak isterim: Çocuk yetiştirmekle ilgili bir kitabın gerçek değeri, içinde "davranış" sözcüğünün kaç kez geçtiğiyle ters orantılıdır.)

Abigail'e dönelim. Koşullu ebeveynliğe göre, birlikte kitap okumak ve sevgimizi ifade etmek onu bir kez daha ortalığı katıp karıştırmaya teşvik edecektir. Çünkü kızım, bebeği uyandırmanın ve banyoya girmeyi reddetmenin sorun olmadığını öğrenecektir. Ne yapmış olursa olsun, ona gösterdiğimiz sevgi, yaptığı şeyi meşrulaştıran bir destekleme anlamına gelecektir.

Koşulsuz ebeveynlik ise bu duruma (dolayısıyla da insanlara) başka bir pencereden bakar. Öncelikle bizi, Abigail'in davranış sebebinin "dışarıda" değil de "içeride" olabileceğini düşünmeye yöneltir. Onun eylemleri, daha önceki bir davranışa olumlu karşılık gelmesi biçimindeki (bütünüyle dış etkenleri göz önünde bulunduran) mekanik açıklamalarla irdelenemez. Abigail belki de anlatamadığı korkularla ezilmekte veya nasıl ifade edeceğini bilmediği düş kırıklıkları yaşamaktadır.

Koşulsuz ebeveynliğin varsayımı şudur: Davranışlar, duygularla düşüncelerin, gereksinimlerle isteklerin dışarıdaki ifadeleridir yalnızca. Kısacası, önemli olan *salt davranış değil, o davranışta bulunan çocuktur*. Çocuk, eğittiğimiz bir ev hayvanı değildir; tıpkı veri girdisini nasıl işleyeceği bilinen, öngörülebilir bir bilgisayar olmadığı gibi. Öyle değil de böyle hareket etmesinin pek çok nedeni vardır ve bunları çözümlemek de bazen son derece güç olabilir. Ama bu, nedenleri bir kenara bırakıp yalnızca yarattıkları etkilere (yani davranışlara) yönelmeyi geçerli kılmaz. Gerçek şu ki söz konusu nedenlerin her biri farklı biçimlerde müdahale etmemizi gerektirir. Örneğin, Abigail'in davranışlarının nedeni, kardeşiyle daha çok ilgileneceğimizi düşünmesi ve bundan korkması ise, o zaman yapmamız gereken bu korkuyu gidermeye çalışmaktır, kızın korkusunu ifade etme biçimlerini bastırmaya uğraşmak değildir.

Davranışların nedenlerini anlamaya ve sorunları gidermeye çalışırken asla göz ardı etmememiz gereken bir kural vardır: Ne yaşanırsa yaşansın Abigail sevildiğini bilmelidir. Dolayısıyla, Abigail'in yanına kıvrılıp öykü okumamız, bu gece aslında *daha da* önemli hale gelmiştir, böylece Abigail, onun için beslediğimiz sevginin asla sarsılmadığını eylemlerimizde görecektir. Geçirdiği bu zor dönemden sağlıklı biçimde çıkmak için gereksinim duyduğu da budur.

Zaten ceza olarak tanımlanabilecek uygulamalara yönelmenin yapıcı bir yönü de bulunmayacaktır ve Abigail'in yeniden ağlamaya başlamasından başka bir sonuç elde edilmeyecektir. Verilen ceza onun geçici olarak susmasını veya ondan uzaklaşırız korkusuyla yarın akşam duygularını bize açmamasını sağlasa (!) bile yaratacağı toplam etki yine de pek olumlu olmayacaktır. Çünkü aklının içinde dönüp duran şeylerin hiçbiriyle ilgilenilmeyecektir. Ayrıca, ona bir ders vermek için bulunduğumuz eylem, onun gözüne sevgimizi geri çekmek gibi görünecektir. Genel anlamda daha mutsuz olacak, yalnız ve desteksiz bırakılmış gibi hissedecektir; spesifik olarak ise sevilmesinin tek yolunun bizim istediğimiz biçimde hareket etmekten geçtiğini öğrenecektir. Az sonra değineceğim araştırmalar bu durumun her şeyi iyice berbat ettiğini göstermektedir.

Geçen yıllarda bu konular üzerinde düşündükçe koşullu ebeveynliğin yalnızca davranışçılıkla açıklanamayacağını fark ettim. İşin içinde başka şeyler de var. Şöyle bir durum hayal edin: Çocuğun biri haykırıp duruyor, sakinleştiğinde ise babası onunla birlikte yatağa uzanıyor ve kolunu omzuna dolayıp ona bir öykü okuyor. Koşullu ebeveynlik destekçilerinden biri bu tutuma "Ne yapıyorsun?" diye karşı çıkacaktır. "Onun olumsuz davranışını desteklemiş oluyorsun. Yaramazlık yapmanın hiçbir sakıncası olmadığını öğretiyorsun."

Böylesi bir yorum, çocukların ne öğrendiği, hatta nasıl öğrendiği ile ilgili bir varsayım üzerine kurulmuş değildir. Temelindeki tek şey, çocuklara (dolayısıyla da insan doğasına) karşı geliştirilmiş oldukça tatsız, olumsuz bir bakış açısıdır. Bu bakış açısına göre çocuklar ellerine geçen ilk fırsatta bizi suiistimal ederler. Elimizi verdiğimizde kolumuzu kaparlar. Her durumdan en istenmeyen anlamı çıkarırlar. ("Beni seviyorlar" diye düşünmezler de, "Yaşasın! Yaramazlık yapmama izin var!" derler.) Çocukları herhangi bir karşılık beklentisi veya koşul olmaksızın kabul etmek, bencilce ve düşüncesizce davranmaya, açgözlülükle hareket etmeye izin vermek olarak yorumlanır. O halde şunu diyebiliriz ki koşullu ebeveynlik, en azından belli bir düzeyde, insanî iyiliğin varlığına inanmayan bir bakış açısı içerir ve bu doğrultuda, çocukları olduğu gibi kabul etmenin onlara kötü eylemlerde bulunma serbestisi vereceğini savunur. Çünkü çocuklar zaten kötüdür.[1]

Koşulsuz ebeveynlik yaklaşımının başlangıç noktası ise Abigail'in asıl amacının beni perişan etmek olmadığı düşüncesidir. Yani kızım kötü niyetle hareket etmemektedir. Bildiği tek ifade yolunu kullanarak bana bir şeylerin ters gittiğini anlatmaya çalışmaktadır. (Rahatsız olduğu şey az önce gerçekleşmiş olabilir veya iç dünyasında bir süredir devam eden çalkantılarla ilişkilenebilir.) Koşulsuz ebeveynlik yaklaşımı çocuklara önce güvenoyu verir ve sevgiden hep yanlış sonucu çıkaracakları veya "yaptıkları yanlarına kaldığı zaman" sürekli kötü eylemlerde bulunmak *isteyecekleri* biçimindeki varsayımlara karşı çıkar.

Burada söz konusu ettiğimiz, romantik veya hayalperest bir bakış açısı ya da çocukların (ve yetişkinlerin) bazen çok kötü şeyler yapabildiği gerçeğinin reddi değildir. Çocukların rehberliğe ve yardıma gereksinim duyduğu doğrudur, ama onlar ehlileştirmeniz veya boyun eğdirmeniz gereken canavarlar da değildir. Sevecen veya saldırgan, özverili veya bencil, işbirliği yanlısı veya rekabet meraklısı olabilirler. Hangisi olacakları çoğunlukla nasıl yetiştirildiklerine ve koşulsuz olarak sevildiklerini hissedip hissetmediklerine bağlıdır. Ortalığı ayağa kaldırdıklarında veya söz vermelerine karşın küvete girmediklerinde, bu hareketlerinin nedenleri yaşlarıyla tutarlı biçimde (yani huzursuzluklarının nedenini anlamakta, duygularını ifade edecek daha uygun yollar bulmakta, verdikleri sözleri anımsamakta ve tutmakta zorlandıkları göz önünde bulundurularak) değerlendirilmelidir. O halde şunu söyleyebiliriz ki koşullu veya koşulsuz ebeveynlik arasında bir seçim yapmak, aslında insan doğasına yönelik iki farklı bakış açısı arasında seçim yapmaktır.

İrdelememiz gereken bir grup varsayım daha var. Toplumumuz içinde bize öğretilen, iyi şeylerin her zaman kazanılmak zorunda olduğudur, çünkü bunlar hiçbir zaman bedavaya verilmez. Gerçekten de pek çok insan bazı şeylere bedava sahip olan kişilerin varlığından haberdar olduğunda hiddete kapılır. Yoksul yardımı alan ve sırf bununla yaşamaya çalışan kişilere nasıl olumsuz bakıldığını bir düşünün. Performansınıza göre ücret aldığınız ofis uygulamaları veya eğlenceli olan her şeyi (örneğin, teneffüsleri) beklentileri karşılamanın bir ödülü olarak tanımlayan öğretmenler de iyi şeylerin kazanılması gerektiğine işaret eden diğer örneklerdir.

Koşullu ebeveynlik, tüm insan etkileşimlerini (aile içindekileri bile) bir tür ekonomik işlem gibi görme eğilimindedir. Gerçekten de piyasa yasaları (arz ve talep; şunun için bu) evrensel ve mutlak ilkelere dönüşmüş durumda, sanki yaşamımızdaki her şey (çocuklarla ilişkiler de dâhil) bir araba satın almaya veya daire kiralamaya benzetilebilirmiş gibi.

Ebeveynlere yönelik kitaplar yazan bir yazar (bir davranışçı) bakış açısını şöyle anlatıyor: "Eğer çocuğumu arabayla gezintiye çıkaracaksam, hatta onu öpecek veya ona sarılacaksam, ilk önce bunu kazanıp kazanmadığına bakarım."[2] Bunu aşırı uçtaki münferit bir görüş olarak bir yana bırakmadan önce, önde gelen psikologlardan Diana Baumrind'in de (s. 123) koşulsuz ebeveynliğe karşı benzer bir savı ortaya koyduğunu ve "karşılıklılık ilkesi, yani edinilen değerin bedelini ödemek, hepimiz için geçerli olan bir yaşam yasasıdır"[3] diye yazdığını göz önünde bulunduralım.

Konuyu bu kadar açık biçimde irdelemeyen pek çok yazar ve

terapistin bile belli ekonomik modelleri örnek aldığını söyleyebiliriz. Satır aralarını okuduğumuzda görürüz ki bize verdikleri öğütlerin temelindeki inanç şudur: Çocuğumuz istediğimiz gibi davranmadığında sevdiği şeylerden yoksun kalmalıdır. Zaten hiç kimse, hiçbir şeye karşılıksız sahip olamamalıdır. Mutluluğa bile. Hatta sevgiye.

Bir şeyin "hak değil, ayrıcalık" olduğunu kaç kez duydunuz? Bazen bu görüşü benimseyen insanların kişilik özelliklerine yönelik bir inceleme yapmayı düşünüyorum. Bir kişi hayal edin ki dondurmadan ilgiye dek her şeyin çocukların nasıl davrandığına koşullanması gerektiğini ve asla karşılıksız verilemeyeceğini öne sürsün. Bu insanı aklınızda canlandırabiliyor musunuz? Yüz ifadesi nasıl? Mutlu mu? Çocuklarla birlikte olmak ona keyif veriyor mu? Onun arkadaşınız olmasını ister miydiniz?

Ne zaman "hak değil, ayrıcalık" sözünü duysam, bunu söyleyen kişinin neleri hak olarak gördüğünü merak ederim. İnsanın yalnızca insan olmakla elde ettiği bir hak var mıdır? Ekonomik yasalardan muaf tutmak isteyeceğimiz türde ilişkilerimiz hiç mi yok? Hiç kuşkusuz, bir yetişkinin yaptığı iş için parasal bir karşılık beklediği doğrudur, tıpkı yiyecek, giyecek ve diğer şeyler için karşılık vermeyi kabul ettiği gibi. Ama arkadaşlarımız ve ailemizle ilişkilerimiz de yine aynı "karşılıklılık ilkesine" mi bağlı olmalıdır (veya bağlı olacağı özel durumlar mı vardır)? Sosyal psikologların yaptığı bir saptamaya göre bazı insanlarla gerçekten bir tür değiş tokuş ilişkisi içindeyizdir, onlar için bir şey yapmamızı sağlamanın tek yolu, onların bizim için bir şey yapmasıdır (veya bize bir şey vermesidir). Ama aynı sosyal psikologlar bunun tüm ilişkilerimizde geçerli olmadığını (geçerli olmasını da istemediğimizi), bazı ilişkilerimizin karşılıklılıktan daha çok sevgiye dayandığını eklerler. Zaten belli araştırmalar da göstermiştir ki eşiyle ilişkisini değiş tokuş temelinde değerlendiren ve verdiğince almaya çalışan kişiler, çok daha mutsuz evlilikler sürdürmektedir.[4]

Çocuklarımız büyüdüklerinde, çalışanlar ve tüketiciler olduklarında ekonomik aktörler arasında yer alacak ve kişisel çıkarların gözetildiği, her türlü değiş tokuş ve alışverişin ayrıntılı hesaplarla yapıldığı ortamlarda pek çok kez bulunacaklar. Ama koşulsuz ebeveynlik şunu vurgular ki aile ortamı böylesi değiş tokuşların yapılmadığı sakin bir liman veya sığınak olmalıdır. Kişinin ebeveynlerinden sevgi alması için bir bedel veya ücret ödemesi gerekmemelidir. Ebeveyn sevgisi bir lütuf, bir armağandır. Tüm çocukların da buna sahip olma hakkı vardır.

Eğer bu kulağınıza mantıklı geliyorsa ve koşulsuz ebeveynliğin diğer varsayımları da (yani yalnızca davranışlara değil, çocuğun bütününe bakmak; çocuğun eğilimlerini sürekli kötü niyet olarak düşünmemek vs.) aklınıza yattıysa, bu varsayımların tam tersini kabul eden disiplin tekniklerini sorgulamaya başlamamız gereklidir. Koşullu ebeveynliği tanımlayan bu teknikler, itaat sağlamak için *çocuklara yapma* (ödüllendirme, cezalandırma, övme, tehdit etme vs.) yolları içerirler. Bunlara karşın, koşulsuz ebeveynlik fikrinden doğal olarak filizlenen (ve bu kitabın ikinci yarısında sunulan) öneriler ise iyi insanlara dönüşmeleri, etkili karar mekanizmaları kurmaları için *çocuklarla çalışmaya* yönelen tekniklerin çeşitlemeleridir.

Bu iki yaklaşımın farklarını tablodaki gibi özetleyebiliriz:

	KOŞULSUZ	KOŞULLU
Odak	Tüm çocuk (niyetler, düşünceler, duygular)	Salt davranış
İnsan Doğasına Bakış	Olumlu veya dengeli	Olumsuz
Ebeveyn Sevgisine Bakış	Bir armağan	Kazanılması gereken bir ayrıcalık
Stratejiler	Çocukla çalışmak (sorun çözme)	Çocuğa yapmak (ödül ve cezalar yoluyla kontrol)

Koşullu Ebeveynliğin Etkileri

Çocuklar için belirlediğimiz uzun vadeli hedefler ile günlük uygulamalarımız nasıl birbirini tutmayabiliyorsa (bkz. Giriş), koşullu ebeveynlik yöntemleri ile temel inançlarımız arasında uyumsuzluklar bulunması da olanaklıdır. İki durumda da çocuklarımızı yetiştirmek için neler yaptığımızı gözden geçirmek mantıklı olacaktır. Ama bizim koşullu ebeveynliğe karşı duruşumuzun yegâne nedenleri bu yaklaşımın altında yatan ve pek çoğumuz için rahatsız edici olan değer yargıları veya varsayımlar değildir, aynı zamanda uygulamanın gerçek yaşamda yarattığı olumsuz sonuçlardır.

Önde gelen psikologlardan Carl Rogers, yaklaşık yarım yüzyıl önce, "Ebeveynin sevgisi çocuğun yaptıklarına bağlıysa ne olur?" sorusuna bir yanıt verdi. Dediğine göre, böylesi bir sevgi alan kişiler değer verilmeyen yönlerine sahip çıkmıyorlar, hatta inkâr ediyorlardı. Sonunda da yalnızca belli biçimlerde düşündüklerinde veya hareket ettiklerinde değerli olduklarına inanmaya başlıyorlardı.[5] Bu basitçe nevroza (veya daha kötüsüne) davetiye çıkarmaktır. İrlanda Sağlık ve Çocuk Bakanlığı'nın bir yayını (ki bu, dünya çapında pek çok kurum tarafından da kabul edilmiş durumdadır) "duygusal istismar" kavramını tanımlayan on madde içermektedir. İlk sırada, "süreğen eleştiri, alay, suçlama ve düşmanca tutum" yer almıştır. Bunun hemen ardından (yani ikinci sırada) "koşullu ebeveynlik; çocuğa gösterilen ilgi ve sevgi düzeyinin çocuğun davranış veya hareketlerine bağlanması" gelir.[6]

Ebeveynlere sorsanız, pek çoğu çocuğunu *elbette* koşulsuz biçimde sevdiğini söyler, hatta benim (ve bazı diğer yazarların) sorunlu bulduğu stratejileri kullanmasına karşın sevgisinin koşulsuz olduğunda üsteler. Bazısı ise çocuğunu sevdiği *için* bu stratejileri kullandığını ileri sürer. Bu noktada, kısaca üzerinden geçip gittiğim bir gözleme geri dönmek istiyorum: *Önemli olan, çocuk için beslediğimiz duygular değildir; onun bu duyguları nasıl deneyimlediği ve kendisine karşı tutumlarımızı nasıl değerlendirdiğidir.*

Eğitimciler bize sık sık "öğretmenin ne öğrettiği değil, öğrencinin ne öğrendiği önemlidir" derler. Aynı şey aile için de geçerlidir. Önemli olan çocukların aldığı mesajdır, bizim gönderdiğimizi sandığımız mesaj değil.

Farklı disiplin tekniklerinin etkilerini inceleyen araştırmacılar için insanların evinde olup biteni tanımlamak ve ölçmek pek kolay değildir. Araştırma konusu etkileşimleri gözlemlemek (hatta videoya kaydetmek) her zaman olanaklı olmaz, bu nedenle bazı deneyler laboratuvarlarda sürdürülür. Bunlar sırasında ebeveyn ile çocuğun birlikte bir şeyler yapması istenir. Bazen çocuk yetiştirme biçimleri ile ilgili olarak ebeveynle bir görüşme gerçekleştirilir veya bir anket yapılır. Eğer çocuklar yeterince büyükse ebeveynlerin neler yaptığı *onlara* sorulur.

Bu tekniklerin ikisinin de zor yönleri vardır ve yöntem seçimi araştırma sonuçlarını etkileyebilir: Örneğin, ebeveyn ve çocuklara ayrı zamanlarda sorular sorulduğunda aynı olayları farklı biçimlerde anlatabildikleri görülmüştür.[7] Gerçeğe ulaşmak için nesnel bir yol kullanmış bazı araştırmalara göre ise çocukların ebeveyn davranışlarıyla ilgili algıları, ebeveynlerin kendi anlatılarıyla örtüşmektedir.[8]

Ama kimin hakli olduğu önemli değildir. Zaten işin içine duygular girdiğinde bunu tespit etmek olanaksızlaşır. Asıl önemli olan, çocukların karşılaştığı sonuçların hangi tarafın (çocukların mı, yoksa ebeveynlerin mi) bakış açısından değerlendirileceğidir. Koşullu ebeveynliğin belli bir türünü incelemiş şu araştırmayı ele alalım: Söz konusu ebeveynlik tarzını benimsediğini söyleyen ailelerin çocukları, benimsemeyenlerin çocuklarından psikolojik anlamda daha iyi veya kötü durumda değildi. Araştırmacı bu noktada çocukları başka biçimde grupladı. Çocukları karşısına alıp anne babaların koşullu teknikler kullanıp kullanmadığını sordu ve onları *kendi* algılarına göre ayırdı. Çarpıcı bir fark belirdi ve ebeveyninden koşullu sevgi gördüğünü söyleyen çocukların psikolojik açıdan diğerleri kadar iyi durumda olmadığı ortaya çıktı.[9] Bu araştırmanın ayrıntılarına daha sonra gireceğiz. Burada vurgulamak istediğim basitçe şudur: Çocuklar üzerinde yarattığımız etki söz konusu olduğunda, bizim ne yaptığımızı (veya yapmadığımızı) zannettiğimiz en ufak bir önem taşımaz. Önemli olan, yaptıklarımızın çocuklara yaşattığı deneyimlerdir.

Son zamanlarda koşullu ebeveynlik üzerine pek çok araştırma yapılmakta. Bunlardan birinin çarpıcı sonuçları 2004 yılında yayımlandı. Araştırma kapsamında yüzden fazla üniversite öğrencisine ebeveynlerinin sevgisinin dört koşuldan birine dayanıp dayanmadığı soruldu. Bu koşullar, (1) okul başarısı; (2) sportif başarı; (3) düşünceli davranma ve (4) korku gibi olumsuz duyguları bastırma olarak belirlenmişti. Öğrencilere bu davranışları ne kadar gösterdikleri (yani derslerine ne kadar çalıştıkları, sportif başarı için ne kadar antrenman yaptıkları vs.) ve aileleri ile nasıl geçindikleri de ayrıca soruldu.

Araştırma sonucunda görüldü ki koşullu ebeveynlik, istenen davranışların yerleştirilmesinde belli oranda başarılıydı: Aileden onay ve sevgi almak için belli biçimde davranmak zorunda kalmış öğrenciler, aynı davranışı üniversite çağında da sürdürmeye (diğer öğrencilere kıyasla) daha eğilimli oluyorlardı. Ama bu stratejinin bedeli de çok ağırdı. Örneğin, koşullu olarak sevildiğini düşünen öğrenciler daha kolay reddedilmiş hissedebiliyorlardı ve ebeveynlerine kızmaya veya hoşnutsuzlukla bakmaya daha yatkınlardı.

Bu öğrencilerin anne babasının, "Oğlum bunları nereden çıkarıyor hiç bilmiyorum. Ne olursa olsun onu çok seviyorum!" biçiminde bir savunma yapacağını hayal etmek zor değil. Araştırmacıların eski çalışmalara göre daha farklı bir sonuca ulaşmasını (ve bambaşka bir öykü dinlemesini) sağlayan da zaten soruların ebeveynlere değil, artık büyümüş olan çocuklara yöneltilmesi oldu. Öğrenciler, ebeveynlerin sözünden çıktıklarında veya onları etkilemeyi başaramadıklarında hep daha az ilgi ve sevgi gördüklerini söylediler. Aileleri ile ilişkileri gergin olanlar da yine aynı öğrencilerdi.

Araştırmacılar, sonuçları pekiştirmek için ikinci bir araştırmaya giriştiler ve bu kez hedef kitle olarak çocuklarını büyütmüş yüzden fazla anneyi belirlediler. Koşullu ebeveynliğin bu kuşağa da zarar vermiş olduğu ortaya çıktı. Yalnızca ebeveynlerin beklentilerini karşılamak koşuluyla sevgi gören bir zamanın çocukları, kişisel değerinin düşük olduğuna inanan yetişkinlere dönüşmüştü. Ama ilginç olan şuydu ki *kendileri ebeveyn olduklarında da benzer bir yaklaşım* kullanmışlar ve "üzerlerinde olumsuz etkiler yaratmış bir strateji olmasına karşın kendi çocuklarını büyütürken" yine koşullu sevgi yolunu tutmuşlardı.[10]

Bu araştırma, koşullu ebeveynliğin çocuklara da aktarıldığını gösteren (benim bildiğim) ilk çalışma olsa bile diğer psikologlar da koşullu ebeveynliğin etkilerine ilişkin benzer kanıtlara ulaşmaktalar. Bunların bazılarına, iki farklı koşullu ebeveynlik biçimini inceleyeceğimiz bir sonraki bölümde yer vereceğiz. Ama yüzeysel bir bakışla bile sonuçların gayet olumsuz olduğunu şimdiden söyleyelim. Örneğin, Denver Üniversitesi'nden bir grup araştırmacı ortaya koydu ki ailenin onayını ve sevgisini kazanabilmek için bazı koşulları sağlaması gerektiğini düşünen çocuklar sonunda kendini sevmeyen bireylere dönüşüyorlar. Bu da sonuçta, ergenlik çağında bir tür "sahte benlik" oluşturmalarına, diğer bir deyişle, ebeveynlerin *seveceği* türden biri gibi davranmalarına neden oluyor. Ebeveynlerden kabul görmek için sarıldıkları bu yararsız stratejinin sonunda ise ruhsal çöküntü, umutsuzluk duygusu ve gerçek benlikle bağlantının kopması gibi sorunlar onları bekliyor. Kimi durumlarda ise kendilerini (olmadıkları bir kişi olmaya çalışıp durdukları için) gerçekte nasıl insanlar olduklarını bile artık bilemedikleri bir noktada buluyorlar.[11]

Geçen yıllar içinde araştırmacılar sürekli şu sonuca vardılar: "Kişi ne kadar koşullu sevgi alırsa, kişisel değerinin o kadar az olduğunu düşünür." Çocuklar yalnızca bir karşılık olarak sevgi aldıklarında *kendilerini* de ancak bir şeylerin karşılığıyla birlikte kabul edebiliyorlar. Buna karşın, ebeveynleri tarafından (hatta bazı araştırmalara göre öğretmenleri tarafından bile) koşulsuz olarak kabul edildiğini hissedenler, Carl Rogers'ın öngördüğü gibi kendileri hakkında daha olumlu düşünceler besliyorlar.[12]

Bu da bizi, elinizdeki kitabın gerçek amacına ve üzerinde düşünmenizi istediğim o çekirdek soruya getiriyor: Koşullu ebeveynliğin incelendiği anketlerde, katılımcı gençlerin önüne "En kötü çatışmalarımızda bile annem benimle sevecen bir teması korudu" veya "Babam benimle fikir ayrılığı yaşasa bile beni sevdiğini hissettirmeyi sürdürür"[13] gibi cümleler konur ve bunlara "Kesinlikle katılmıyorum", "Katılmıyorum", "Kararsızım", "Katılıyorum" ve "Kesinlikle katılıyorum" gibi yanıtlar vermeleri beklenir. *Kendi* çocuğunuzun beş, on veya on beş yıl sonra böyle sorulara nasıl yanıt vermesini isterdiniz? Peki, sizce nasıl yanıt verecek?

2| SEVGİYİ VERMEK ve GERİ TUTMAK

Bilim dünyası, 50'ler ve 60'larda disiplini incelemeye koyulduğunda, kullanılan yöntemleri güce dayananlar ile sevgiye dayananlar olarak iki sınıfa ayırmaya eğilimliydi. Güce dayanan disiplin bağırmayı, vurmayı ve tehdit etmeyi kapsıyordu. Sevgiye dayanan disiplin ise neredeyse geriye kalan tüm diğer yöntemleri içeriyordu. Araştırma sonuçlarında görüldü ki güç kullanımı, sevgiye oranla daha başarısız kalıyordu.

Ama ne yazık ki sevgiye dayanan disiplin deyince de pek çok farklı strateji kast ediliyordu. Bunların bazıları, çocukları karşımıza alıp mantıklı biçimde konuşmayı ve onlara bir şeyler öğretmeyi, sıcak bir ilişki kurup anlayış göstermeyi içeriyordu. Ama bazıları bu kadar sevecen değildi, hatta sevgiyi kullanarak çocukları *kontrol etmeyi* amaçlıyordu; çocuklar iyi davrandıklarında ilgi ve sevgi sel oluyordu ama kötü davranışlarda tüm sevgi geri çekiliyordu. Bunlar aslında koşullu ebeveynliğin iki yüzüdür: "Sevgiyi geri çekme/esirgeme" (*love withdrawal*) sopa görevi görür, "olumlu pekiştirme" (*positive reinforcement*) ise havuç konumundadır.* Bu bölümde, söz konusu iki tekniğin uygulamada nasıl göründüklerini, etkilerini ve bu etkilerin nedenlerini ele almak istiyorum. Ardından ceza konusunu daha ayrıntılı biçimde inceleyeceğim.

---

* Havuç ve sopa (*carrot and stick*): Ödül ve ceza uygulamaları içeren sistem ve stratejileri tanımlamakta kullanılan bir İngiliz deyimi. Burnunun ucunda havuç sallanan, ardında da bir sopa tutulan yük katırından esinlenilmiştir. Buna göre katır hem havuç ödülüne ulaşmaya hem de sopa dayağından uzaklaşmaya çalışmakta, böylece de sahibinin istediği gibi yürümeyi sürdürmektedir. (Ç.N.)

Sevgiye Mola Vermek

Diğer her şey gibi sevginin geri çekilip esirgenmesi de farklı biçimlerde ve yoğunluklarda uygulanabilen bir stratejidir. Bir uçta, ebeveynin sevgiyi hafifçe geri tutması bulunur; belki farkında bile olmadan daha soğuk, daha az sevecen davranır. Diğer uçta ise "Böyle yaptığın zaman seni hiç sevmiyorum!" veya "Öyle şeyler dediğinde yanında durmayı bile istemiyorum!" biçimindeki daha doğrudan ifadeler söz konusudur.

Bazı ebeveynler ise çocuğa herhangi bir yanıt vermeyerek, daha doğrusu onu görmezden gelerek sevgilerini geri çekerler. Konuşmasalar bile mesaj açıktır: "Eğer hoşlanmayacağım şeyler yaparsan sana ilgi göstermeyeceğim. Burada değilmişsin gibi davranacağım. Burada olduğunu fark etmemi istiyorsan sözümden çıkmamalısın."

Başka ebeveynler ise çocuklarla aralarına bir tür fiziksel mesafe koymayı seçerler. Bunu yapmanın iki yolu vardır. Birincisinde ebeveyn çıkıp gidebilir. (Böylece çocuğunu hıçkıra hıçkıra ağlar durumda veya panik içinde "Anne, geri gel! Geri gel!" diye çığlıklar atar halde bırakır.) İkinci yol ise çocuğu odasına veya ebeveynin bulunmayacağı bir diğer mekâna göndermektir. Bu taktik "zorla tecrit" olarak düşünülebilir. Ama böyle bir adlandırma bazı ebeveynleri rahatsız ettiği için gerçekle yüzleşmelerini engelleyen daha masum bir terim kullanılır olmuştur. Bu terim, sizin de tahmin edeceğiniz gibi "mola"dır.

Gerçekte, bu popüler disiplin tekniği sevgiyi geri çekmenin bir başka türüdür (en azından çocuk kendi isteği dışında odasına gönderildiğinde). Aslında, üzgün veya kızgın olan bir çocuğa odasına veya istediği başka bir yere gitme seçeneği vermekte herhangi bir sakınca yoktur. Eğer biraz yalnız kalmak istiyorsa ve programını da kendi belirliyorsa (yani ne zaman gideceğini, nereye gideceğini, orada ne yapacağını, ne zaman geri döneceğini) bunu zaten bir tecrit veya ceza olarak algılamayacaktır. Hatta böylesi bir uygulama çoğunlukla yararlı bile olabilir. Ama burada sözünü ettiğim şey, çocuğun kendi seçimi olarak bir mola vermesi değildir. Ben, sevgiye mola verme kavramını, gerçekte ifade ettiği anlamıyla, yani ebeveyn tarafından verilen bir ceza olarak ele alıyorum: Hücrede tecrit.

Bu tekniğin doğasıyla ilgili ipucunu özgün terimde bulabiliriz. Mola verme aslında "olumlu pekiştirmeye mola verme" (*time-out from positive reinforcement*) teriminin kısaltmasıdır. Bu uygulama yaklaşık yarım yüzyıl önce laboratuvar hayvanlarını eğitmek için geliştirildi. Örneğin B. F. Skinner ve davranışçı ekolden takipçileri, belli bir ışığın yandığını gören güvercinlerin belli tuşları gagalamasını sağlamak amacıyla pekiştirmeyi kullandılar. Buna göre kuşlara (isteneni yaptıkları zamanlarda) ödül olarak yem verildi. Skinner elbette kuşları cezalandırmayı da denedi, yem vermeyerek ve ışıkları bütünüyle söndürerek gagalama davranışının "sönümlenip sönümlenmeyeceğini" saptamaya çalıştı. Benzer deneyler başka hayvanlarla da yapıldı. En sonunda, Skinner'ın meslektaşlarından biri 1958 yılında "Olumlu Pekiştirmeye Mola Verme Yöntemiyle Şempanze ve Güvercinlerde Davranış Kontrolü" ("Control of Behavior in Chimpanzees and Pigeons by Time-out from Positive Reinforcement") adında bir makale yayımlattı.

Çok değil, yalnızca birkaç yıl sonra pek çok deneysel psikoloji dergisinde "Çocuklarda Normalden Sapan Davranışın Bastırılması ve Mola Süresi" ("Timeout Duration and the Suppression of Deviant Behavior in Children") gibi adlarla makaleler yayımlanmaya başladı. (Bu makalenin değindiği araştırmada, mola uygulamasına maruz bırakılan çocuklar "bakımevine konmuş geri zekâlı denekler" olarak tanımlanmıştı.) Ama mola uygulamasının ayrım gözetmeyen bir çözüm önerisi olarak yaygınlaşması çok sürmedi, hatta çocuklara laboratuvar hayvanlarıymış gibi muamele etme fikri yüzünden dehşete düşecek disiplin uzmanları bile olumsuz davranışlar karşısında ebeveynlere mola yöntemini önermeye başladılar. Mola yöntemi çok geçmeden "mesleki literatürde ergenlik öncesindeki çocuklar için en çok önerilen disiplin yöntemi"[1] oluverdi.

O halde, *hayvan davranışını kontrol etmeye* yönelik bir teknikten söz ediyoruz demektir. "Hayvan davranışının kontrolü" ifadesindeki sözcüklerin üçü de aklımızda soru işaretleri yaratır. Bu sözcüklerin ikincisiyle çok karşılaştık: Odağımız yalnızca *davranış* mı olmalıdır? Mola yöntemi, tüm diğer ödüller veya cezalar gibi yüzeysel kalır. Çünkü yalnızca, belli bir organizmanın belli biçimde hareket etmesini (veya etmemesini) sağlamaya yönelik olarak tasarlanmıştır.

İlk sözcük olan *hayvan* ise mola yöntemini icat eden davranışçıların insanla diğer türler arasında pek de fark olmadığına dair inancını vurgular. Onlara göre insan daha karmaşık davranışlar "salmaktadır" (konuşma da buna dâhildir) ama öğrenme prensipleri diğer canlılarla aşağı yukarı aynıdır. Bu görüşlere katılmayan kişiler ise kuşlar ve kemirgenler için geliştirilmiş bir yöntemi çocukları üzerinde kullanmaya pek hevesli değildir.

Sonuçta, elinizdeki kitabın üzerine gittiği şu soruyla karşı karşıya kalıyoruz: Çocuklarımızı bir *kontrol* modelini örnek alarak yetiştirmek mantıklı mıdır?

Eğer mola yönteminin geçmişi ve kuramsal temeli sizi rahatsız etmiyorsa, o zaman özgün terime bir daha göz atın: *Olumlu pekiştirmeye mola verme.* Ebeveyn, mola vermek için birdenbire durduğunda çoğunlukla çıkartmalar veya şekerler verme işinin ortasında değildir. O halde, mola yöntemi uygulandığında ara verilen o olumlu pekiştirme gerçekte nedir? Bazen çocuk eğlenceli bir şey yapıyordur ve onu bırakmaya zorlanır. Ama durum her zaman bu değildir; olsa bile irdelenmesi gereken başka ayrıntılar vardır. Bir çocuğu "mola" vermeye zorladığınızda, düğmesinden kapadığınız veya geri çekip esirgediğiniz sizin varlığınız, sizin ilginiz, *sizin sevginiz*dir. Şimdiye dek böyle düşünmemiş olabilirsiniz. Çocuğun "olumsuz" davranışlarının sevginizi hiç azaltmadığında da üsteleyebilirsiniz. Ama buradaki önemli nokta, daha önce de belirttiğimiz gibi, olan biteni çocuğun nasıl gördüğüdür.

Sevgiyi Geri Çekmenin Sonuçları

İzleyen bölümlerde, sevgiyi geri çekme yönteminin alternatifleri ile ilgili daha çok şey anlatacağım. Şimdilik yalnızca, sevgiyi geri çekme ve çocuğu bundan yoksun bırakma fikrini ele alalım. Bazılarımız ilk önce bu yaklaşımın işe yarayıp yaramadığını soracaktır. Bu aslında göründüğünden daha karmaşık bir meseledir çünkü "Neyi başarmak konusunda işe yarıyor mu?" biçiminde bir başka soruyu doğurur. Ayrıca, sevgiyi esirgeyerek çocuğun davranışında gerçekleşmesini sağladığımız geçici değişimleri, daha derinlere kök salarak uzun vadeyi biçimlendirecek olumsuz etkilerle karşılaştırmamız ve hangisinin daha ağır basacağını irdelememiz gereklidir. Diğer bir deyişle, kısa vadenin ötesini düşünmeli ve gözlemlenebilir davranışın *altında* neler olup bittiğine bakmalıyız. Üniversite öğrencileriyle yapılan (bir önceki bölümde değindiğimiz) araştırmayı anımsayalım: Buna göre, koşullu sevgi çocukların davranışlarını değiştirebiliyordu ama bedeli de çok ağır oluyordu. Öyle görünüyor ki aynı şey sevgiyi geri çekme yöntemleri için de geçerli.

Lee olarak anacağımız küçük bir çocuğun ebeveyninden gelen şu anlatıya bir bakalım:

> Bir süre önce Lee yaramazlığa başladığında onu cezalandıracağımı söylememe veya sesimi yükseltmeme gerek olmadığını fark ettim. Sakin bir sesle odayı terk edeceğime dair uyarılarda bulunuyordum. Bazen tek yapmam gereken ondan uzaklaşıp odanın öbür ucuna gitmekti. Oraya gittiğimde de Lee'ye bağırmayı, direnmeyi veya başka ne yapıyorsa onu kesinceye dek bekleyeceğimi söylüyordum. Çoğu kez bu müthiş etkili oluyordu. Oğlum, "Yok, yapma!" diye yalvarıp hemen sesini kesiyor veya ben başka ne istiyorduysam onu yapıyordu. İlk başlarda bu durumdan çıkardığım ders hafif bir dokunuşun bile yeterli olduğuydu. Onu cezalandırmadan da istediğimi yaptırabilirdim. Ama

gözlerinde okuduğum korkuyu da aklımdan bir türlü çıkaramıyordum. Sonunda fark ettim ki yaptığım şey Lee'nin gözünde *zaten cezaydı.* Belki simgeseldi ama son derece ürkütücüydü.

Sevgiyi geri çekmenin ne kadar etkili olduğu üzerine yapılan bir araştırma bu ebeveynin vardığı sonucu destekliyor. Sevgiyi geri çekme yöntemi kimi zamanlarda işe yarar görünebilir ama bu illa onu kullanacağımız anlamına gelmez. 80'lerin başında Ulusal Ruh Sağlığı Kurumu'ndan (*National Institute of Mental Health*) iki araştırmacı, annelerin bir yaş civarındaki çocuklarına nasıl muamele ettiğini inceledi. Buna göre, sevgiyi geri çekmek (çocuğu yok saymak veya yanından uzaklaştırmak) çoğunlukla bir başka strateji ile bir arada kullanılıyordu. Bu strateji ne olursa olsun (açıklama yapmak veya şaplak vurmak) sevgiyi geri çekme yönteminin katılımıyla birlikte çok daha etkili olmaya başlıyordu (en azından o anda).

Ama araştırmacılar sevgiyi geri çekme yönteminin yararı ve etkisi konusunda ikna olmak yerine daha çok kaygılandılar ve bu yöntemi önermediklerini vurguladılar. Çünkü: Birincisi, "çocukların o anda söz dinlemesi veya itaat etmesi için kullanılan disiplin tekniklerinin... uzun vadede etkili olacağının güvencesi yoktur." İkincisi, "çocukların sevginin geri çekilmesine vereceği tepki, ebeveynlerin fazladan disiplin cezası uygulayacağı türden bir davranış olabilir." Bu durum bir kısır döngü yaratabilir: Çocuklar ağlar ve itiraz eder, sevgi daha da geri çekilir, ağlamalar ve itirazlar artar vs. Üçüncüsü, sevgiyi geri çekme tekniğinin sonuç verdiği zamanlarda bile sonuç verme *nedenleri* rahatsız edici cinstendir.[2]

Yıllar önce Martin Hoffman adında bir psikolog, o zamanlar sevgiye dayanan disiplinin bir parçası olarak kabul edilen sevgiyi geri çekme yönteminin aslında sert cezalara çok benzediğini öne sürdü ve güce dayalı disiplin ile sevgiye dayalı disiplin ayrımını tartışmaya açtı. Hoffman'a göre sevgiyi geri çekmek de sert cezalar vermek de çocuğun davranışını değiştirmemesi halinde ona acı çektireceğimiz mesajını iletmekteydi. *Nasıl* acı çektireceğimiz de belirsiz kalmasın: Vurmak yoluyla fiziksel acı veya tecrit yoluyla duygusal acı. İki durumda da çocuk yalnızca kendini düşünür, eylemlerinin yalnızca *kendisi için* ne sonuçlar yaratacağına odaklanır. Bu elbette, bulunduğu eylemlerin *diğer insanlar için* yaratacağı sonuçları da düşünen bir fert yetiştirmekten çok farklıdır.

Hoffman bunun devamında daha şaşırtıcı bir noktaya değinmiştir: Sevginin geri çekilmesi bazı durumlarda sert cezalardan da beterdir; "çocuk için o anda fiziksel bir tehlike içermese bile duygusal açıdan (güç kullanımına kıyasla) daha da yıkıcı olabilir çünkü savurduğu tehdit terk edilmeyi veya ayrılmayı içerir." Ayrıca "ebeveyn, sevginin ne kadar süreyle geri çekileceğini bilse dahi çocuk bunu bilmeyebilir çünkü tümüyle ebeveyne bağımlıdır ve ebeveyn davranışının geçici doğasını idrak edecek deneyimden ve zaman kavramından yoksundur."[3] Anne veya babanın önünde sonunda kendisiyle konuşmaya başlayacağını veya sevgiye verdiği molayı sonlandıracağını bilen daha büyük yaştaki çocuk bile bu cezanın yansımalarından tam olarak kurtulamaz.

Sevgiyi geri çekme teknikleri çocuk davranışını yetişkinler açısından daha kabul edilir hale getirebilir ama Hoffman'a göre bunu sağlayan asıl etken "ebeveyn sevgisini yitirme olasılığından ileri gelen kaygı"dır.[4] Sevgiyi geri çekmenin ancak *geçici* itaat sağladığı sonucunu bulan Ulusal Ruh Sağlığı Kurumu araştırmacılarını da zaten bu tatsız gerçek duraklatmıştır. Bir başka grup araştırmacı ise bu tür disiplinin çocukta şaplak yemeye göre "çok daha uzun süreli duygusal huzursuzluklar yarattığını" saptamıştır.[5]

Sevginin geri çekilmesine yönelik çok miktarda bilimsel araştırma yoktur ama olanlar da insanı rahatsız edecek kadar tutarlı bulgulara ulaşmıştır. Sevgiyi geri çekme yöntemiyle disipline edilen çocuğun özsaygısı düşük düzeyde kalmaktadır. Bu çocuk duygusal açıdan da pek sağlıklı değildir ve suça eğilimli olabilmektedir. Eğer ebeveynlerin uyguladığı daha geniş kapsamlı bir "psikolojik kontrol" söz konusuysa (ve sevginin geri çekilmesi de bunu "tanımlayan bir özellik" ise) buna maruz kalan daha büyük yaştaki çocuk yaşıtlarına oranla depresyona daha yatkın olmaktadır.[6]

Ebeveynlerin elinde kuşkusuz büyük bir güç vardır, "çocukların sevgi ve onay gereksinimlerini, ayrıca duygusal desteği yitirme korkularını kullanarak onları kolayca manipüle edebilirler."[7] Çocukların korkusu karanlık korkusu gibi bir şey değildir. (Karanlık korkusunu büyüdükçe üstünüzden atarsınız.) Onlarınki hem kalıcı hem de yıkıcı bir korkudur. Çünkü küçük bir çocuğa göre ebeveynlerin kendisi için beslediği duygulardan daha önemli bir şey yoktur. İyi duygulardan emin olamamak veya terk edilmekten korkmak, çocuk büyüdükten sonra bile kaybolmayacak derin izler bırakabilir.

O halde, sevgiyi geri çekmenin en sarsıcı uzun vadeli etkisi korkudur diyebiliriz. Böyle muamele görmüş genç yetişkinler, süreğen ve olağandışı bir kaygıdan mustarip olabilirler. Kızgınlıklarını göstermekten çekinebilir ve başarısızlığa uğramaktan korkabilirler. İlişkileri ise bağlılıktan kaçma eğilimi nedeniyle hep olumsuz seyredebilir ve bu eğilimin altındaki neden de pekâlâ yeniden terk edilme korkuları olabilir. (Çocukken sevginin geri çekilmesine maruz kalan kişiler, yetişkinlikte "'bu anlaşma koşullarının yerine getirilemeyeceğine' karar verebilirler. Diğer bir deyişle, gereksinim duydukları onay ve desteği ebeveynlerinden hiç alamamışlardır, bu nedenle de yaşamlarını yalnızca diğer kişiler sayesinde hissedebildikleri güvenlik duygusuna ve diğer duygusal avuntulara artık gerek kalmayacak biçimde yapılandırırlar.")[8]

Çocuğunuzu dört yaşındayken bir kez odasına gönderdiğiniz için onun yaşamını mahvettiğinizi söylemeye çalışmıyorum. Ama sevgiyi geri çekmenin yarattığı etkiler listesi bu sabah duştayken uydurduğum bir şey de değil. Burada spekülasyonları veya terapist anekdotlarını tartışmıyoruz. Kontrollü araştırmalar gösteriyor ki tüm bu korkular, küçük yaştaki çocuklara uygulanmış sevgiyi geri çekme tekniklerinden filizleniyor. Ebeveynliğe dair çoğu kitap ve makale bu verilere neredeyse hiç değinmiyor olsa da uygulanan tekniklerin yarattığı genel etkiyi çok ciddiye almamız gerekli.

Burada söz etmeye değer bir bulgu daha var: Çocukların *manevi* gelişimi üzerindeki olumsuz etki. Martin Hoffman'ın yedinci sınıf öğrencileriyle yaptığı bir araştırmaya göre sevgiyi geri çekme tekniği daha zayıf bir maneviyata neden oluyordu. Çocuklar, diğer kişilere nasıl davranmaları gerektiği konusunda ortamdaki koşulları veya karşılarındaki bireyin şahsi ihtiyaçlarını hiç dikkate almıyorlardı. Ebeveyn sevgisini yitirmemek için kendilerine söylenenleri aynen yapmayı öğrenmiş olduklarından, kuralları asla esnemez kalıplar biçiminde, her duruma uygun tek yöntem gibi uygulamaya koyuyorlardı.[9] Eğer çocukların sevecen ve (psikolojik açıdan) sağlıklı bireyler olmasını gerçekten istiyorsak, bunu sevgiyi geri çekip esirgeyerek veya diğer cezalara yönelerek başarmanın ne denli zor olduğunu artık fark etmemiz gerekiyor.

Ödüllerin Uğradığı Başarısızlık

Sevgiye verilen molaların ve diğer "ılımlı" cezaların aslında pek de yararlı olmadığını duymak çok mu huzursuz ediciydi? O zaman sıkı durun. Sevgiyi geri çekmenin diğer yönü (yani koşullu sevgiyle ilişkilenen diğer teknik) olumlu pekiştirmeden başkası değildir. Bu teknik, ebeveynler, öğretmenler ve çocuklarla zaman geçiren diğer insanlar arasında bugün o denli popüler ki cezalandırıcı disiplinin beklenmeyen sonuçlarına karşı bizi uyaran uzmanlar bile hiç tereddüt etmeden çocukların iyi davranışlarını övmemizi öğütlüyorlar.

Bu noktada genel bilgilerin bir kez daha üzerinden geçmek yararlı olabilir.[10] Bugünün işyerlerinde, okul sınıflarında ve ailelerinde, güçlünün güçsüzü itaat ettirmek için kullandığı iki temel strateji vardır. Biri itaatsizliği cezalandırmaktır. Diğeri ise itaati ödüllendirmektir. Bu ödül, bir ödeme veya ayrıcalık biçiminde verilebilir; bir altın yıldız veya bir şeker, bir çıkartma veya Phi

Beta Kappa'nın* anahtarı da olabilir. Bunların dışında övgü de bir ödül olarak kullanılabilir. Kısacası "Aferin!" demenin çocuk gözündeki önemini anlayabilmek için bu uygulamayı kapsayan "havuç ve sopa" felsefesini bütün yönleriyle iyice kavramamız gereklidir.

Aklımıza yerleştirmemiz gereken ilk gerçek şudur: Ödüller işin veya öğrenmenin niteliğini artırmakta etkisizdir. Çok sayıda araştırma göstermiştir ki hem çocuklar hem de yetişkinler, bir şeyi yapmaları (veya iyi yapmaları) için ödül önerildiği zaman daha başarısız olurlar. Doğrusunu söylemek gerekirse bunu ilk keşfeden bilim insanları hazırlıksız yakalanmışlardı. Yüksek başarı için teşvik verilmesinin performans artırıcı bir motivasyon olacağını ummuşlardı ama her yeni bulgu bunun tam tersini gösterdi. Araştırmaların sürekli ortaya koyduğu bir diğer gerçek de öğrencinin ödül olarak yüksek notlar almadığı ortamlarda (yani performansının rakam veya harflerle tanımlanmadığı yerlerde) çok daha iyi öğrendiğidir.

Peki, davranışlara ve değerlere başarıdan daha çok önem veriyorsak ne olacak? O zaman bile şunu kabul etmeliyiz ki ödüller, tıpkı cezalar gibi yalnızca geçici itaat satın alabilirler. Eğer size ayakkabılarınızı çıkarmanız için 1.000 $ önerseydim olasılıkla hemen yapardınız, ben de muzaffer bir edayla "ödüllerin işe yaradığını" duyurabilirdim. Ama ödüller, tıpkı cezalar gibi, kişinin belli bir işe veya eyleme *bağlılık* geliştirmesini (kazanılacak bir şey olmadığında dahi o işe veya eyleme devam etmesini) sağlayamazlar.

Arka arkaya pek çok deneyin gösterdiği bir diğer gerçek, ödüllerin etkisiz olmakla kalmayıp beklenenin tam tersi sonuçlara da yol açtığıdır. Örneğin, iyi bir davranış için ödüllendirilen çocukların kendilerini iyi insanlar olarak görme ihtimalleri düşüktür. Çünkü iyi davranışlarını doğrudan ödüle bağlarlar. Dolayısıyla, kazanılacak bir şey olmadığında, *ödüllerle terbiye*

---

* Phi Beta Kappa: ABD'nin en eski öğrenci onur topluluklarından biri. (Ç.N.)

edilmeyen çocuklara kıyasla daha az yardımcıdırlar. Aslında, kendilerine (ödül vaadi aldıkları zamanlara) kıyasla da daha az yardımcıdırlar. Çünkü öğrendikleri tek şey, bir insanın yardımına koşmaktaki yegâne amacın ödül almak olduğudur.

Kısacası, çocukların istediğimiz gibi davranmasını sağlamak için onlara köpek bisküvisinin denklerini verme stratejimiz her zaman ters teper. Ama bunun nedeni yanlış bisküvileri vermemiz veya verilecek zamanı yanlış seçmemiz değildir. Gerçek neden, insanları değiştirmek için ödül (veya ceza) kullanma fikrinin gayet sorunlu olmasıdır. Bu sorunların neler olduğunu tanımlamak her zaman kolay değildir; zaten bu yüzden, mesajlar aldığım ebeveynlerin arasında çocuklarını ödüllendirmekten ötürü huzursuz olan ama bu huzursuzluğun nedenini tam bulamayanlar vardır.

Neyin sorun olduğunu şimdi birlikte saptamaya çalışalım: Birçoğumuz bu dünyada "motivasyon" adı verilen (ve her şeyden bağımsız duran) bir kavram olduğunu varsayarız. İnsanlar buna büyük veya küçük miktarlarda sahiptir, bazılarında ise hiç yoktur. Doğal olarak, çocukların buna bolca sahip olmasını isteriz. Diğer bir deyişle, ödevlerini yapmak, sorumlu davranmak vs. için bolca motivasyonları olacağını umarız.

Sorun şurada ki tek bir tane değil, pek çok farklı motivasyon türü vardır. Psikologların çoğu, ayrımı *iç kaynaklı* ve *dış kaynaklı* olarak yapar. İç kaynaklı motivasyon, yaptığınız işi, işin kendisi yüzünden sevmenizdir. Dış kaynaklı motivasyon ise bir işi, belirlediğiniz bir amacın (bir ödül almanın veya cezadan kaçınmanın) aracı olarak yapmanızdır. Bunların arasındaki fark, bir kitabı sevdiğiniz için okumanız ile bir çıkartma, pizza vs. vaadi aldığınız için okumanız arasındaki farkın ta kendisidir.

Buradaki kilit nokta, iç kaynaklı motivasyonun dış kaynaklı motivasyondan farklı veya daha üstün nitelikli olması değildir. (Aslında bu ifadelerin ikisi de doğrudur.) Vurgulamak istediğim, dış kaynaklı motivasyonun iç kaynaklı motivasyonu *erozyona uğratma* ihtimalinin yüksek olmasıdır. Dış kaynaklı motivasyon arttıkça iç kaynaklı motivasyon azalır. Bir insan, bir şey yapması için ne kadar ödüllendirilirse, ödül almak için yaptığı işe olan ilgisini o kadar yitirir. Elbette tek cümleden ibaret psikolojik bulgular her zaman belli örneklerle doğrulanabilir veya istisnalarla çürütülmeye çalışılabilir ama bu temel sav, farklı yaşlardan, cinsiyetlerden ve kültürlerden gelen insanlarla, farklı işler ve ödüller kullanılarak yapılan yüzlerce araştırmada defalarca kanıtlanmıştır.[11]

O halde, insanlara yardımcı olduğu için ödüllendirilen çocuğun ödüller kesildiği zaman yardımcı olmayı bırakmasında şaşılacak bir şey yoktur. Elimizde başka kanıtlar da bulunmakta: Küçük çocuklara aşina olmadıkları bir içecek verin; önümüzdeki hafta geldiğinde, içeceği içmesi için ödül teklif edilen çocuklar, ödül teklif edilmeyen çocuklara kıyasla içeceği daha az seviyor olacaklardır. Bir diğer deney olarak çocuklara bir yapbozu tamamlamaları için para vermeyi teklif edin. Deneyi bitirdiğiniz anda yapbozla ilgilenmeyi keseceklerdir. Ama para vermeyi teklif etmediğiniz çocukların ilgisi sürecek ve boş zamanlarında da yapbozun başına geçme ihtimalleri yüksek olacaktır.

Tüm bunlardan çıkaracağımız ders, çocuğunuzun lazımlığı kullanmak, piyano çalışmak, okula gitmek vs. için *nasıl* motive olduğunun pek bir önemi bulunmadığıdır. Diğer bir deyişle, önemli olan motivasyonun miktarı değil, türüdür ve ödüllerle oluşturduğumuz türden motivasyon da çocuğumuzun gerçekte sahip olmasını istediğimiz motivasyonu (yani ödüller kesildikten sonra bile devam eden gerçek ve somut ilgiyi) bir hayli azaltan etkiler yaratır.

O Kadar da Olumlu Olmayan Pekiştirme

Sıra geldi gerçekten kötü haberlere: Elle tutulabilir ödüller (para veya yiyecek) ve simgesel ödüller (notlar veya altın yıldızlar) için geçerli olan her şey sözlü ödüller (övgü) için de geçerli olabilir. Pek çok durumda, çocukları övmenin etkileri, onlara incik boncuk vermenin etkileri kadar karanlıktır.

İlk olarak şunu söyleyebiliriz ki "Aferin, iyi iş çıkarmışsın," demek, o işin gerçekte ne kadar iyi çıkarıldığına olumsuz etkide bulunabilir. Araştırmacıların sürekli ulaştığı sonuca göre, bir işi iyi yaptığı için övgü alan kişiler hemen bir sonraki işte çuvallamaktadır. Neden mi? Nedenlerden biri, övgünün "aynen devam et" baskısını artırmasıdır ki bu da işin iyi biçimde yapılmasını engelleyen etmenlerdendir. Bir diğer neden, işe duyulan *ilginin* yitirilmesidir (çünkü asıl amaç daha fazla övgü almak olmuştur).[12] Üçüncü neden ise olumlu yorumları almaya devam etmek için riskten kaçılmasıdır. Risk alınmaması, yaratıcılığın ön koşulunun sağlanmaması demektir.

Olumlu pekiştirme de beklenen sonuçları almakta daha başarılı değildir. Tıpkı diğer ödül ve cezalar gibi olumlu pekiştirmenin de sağlayacağı en büyük başarı çocuğun davranışını geçici olarak değiştirmektir. Örneğin, aşina olmadığı bir içeceği içtiği için övgü alan çocuklar onu daha az sevmişti, tıpkı elle tutulur ödüller alan çocuklar gibi. (Araştırmacı bu sonucu hiç beklemiyordu. Övgünün diğer teşvikler kadar zararlı olmayacağını ummuştu.)

Kaygı verici bir diğer araştırmanın sonucuna göre ise yardımseverce davrandığında övülen çocuklar, övgü almayan çocuklara oranla günlük bazda daha az yardımseverdi (tıpkı elle tutulur bir ödül alanlar gibi). Paylaştıkları için bir "Aferin!" alanlar veya yardım ettiğinde "Yardımcı olman beni gururlandırıyor" diye kutlananlar, paylaşmaya da yardım etmeye de gittikçe daha az ilgi duymaya başlıyorlardı. Bu spesifik davranışlar kendi içinde değerli olma niteliğini tamamen yitiriyor ve çocuğun yetişkinlerden yine aynı sözleri duymak için yöneldiği davranışlara dönüşüyorlardı. Bu örnekte amaç olmaktan çıkıp da araca dönüşen şey yardımseverliktir. Başka durumlarda ise olumlu pekiştirmeyi kullandığımız ve araca dönüştürdüğümüz alan resim, yüzme, çarpım vs. olabilir.

Diğer ödüller gibi övgü de davranış kaygısını yansıtır. Yani daha önce değindiğimiz davranışçılığın miraslarından biridir. İnsan eylemlerinin altındaki nedenlere biraz kafa yorduğumuzda olumlu pekiştirmenin ters tepebileceği zaten ortaya çıkar.

Eğer çocuğumuzun gerçekten sevecen ve yardımsever biri olarak yetişmesini istiyorsak az önce iyi bir şey yapıp yapmadığını bilmek yetmeyecektir. *Neden* yaptığını da bilmemiz gereklidir.

Jack'i ele alalım: Oyuncağını bir arkadaşıyla paylaşır çünkü annesinin bunu görüp kendisine övgüler düzeceğini umuyordur. ("Gregory'nin de oynamasına izin vermen harika bir şey.") Diğer yanda ise Zack vardır: Annesinin fark edip etmediğini bilmeden, hatta bunu umursamadan oyuncağını arkadaşı ile paylaşır. Bunu yapmasının altındaki tek neden, basitçe arkadaşının kötü hissetmesini istememesidir. Paylaşım için övgü düzmek, davranışın altındaki bu farklı nedenleri çoğunlukla göz ardı eder. Daha kötüsü, istemediğimiz nedeni destekler duruma da gelebilir çünkü çocuğu gelecekte daha fazla övgü aramaya yöneltecektir.

* * *

Bu noktaya kadarki temel savım, övgünün dış kaynaklı motivasyon olmasından ötürü beklenenin tam tersi sonuçlar verdiğiydi. Şimdi bu fikre başka bir açıdan yaklaşmak istiyorum. Sorun, bunun yalnızca bir ödül olması değildir. Sorun, *olumlu pekiştirmenin, koşullu ebeveynliğin bir örneği olmasıdır.*

Biraz düşünelim: Sevgiyi geri çekme yönteminin (yani çocuklarımız hoşumuza gitmeyen şeyler yaptığında sevgimizi esirgemenin) ayna ikizi nedir? *Hoşumuza giden* şeyler yaptıklarında onlara sevgi vermektir. Bunu da son derece seçici ve koşullara bağlanmış bir halde, beğendiğimiz o davranışı pekiştireceği beklentisiyle yaparız. Övgü, koşulsuz sevgiden farklı bir kavram olmakla kalmaz; gerçekte onun 180 derece tersidir. Çocuklara gidip de "Benim sizi desteklemem ve hoşnutluğumu ifade etmem için sirk hayvanları gibi bu çemberlerin içinden atlamalısınız!" demektir.

Duyarlı ebeveyn çocuğunu dikkatle izler. Sıklıkla (ama her zaman değil) çocuğun yaptığı bir şeyi tanımlar ve onu eyleminin olası sonuçları üzerinde düşünmeye davet eder. Ama "Aferin!"

bir tanım değil, yargıdır ve böyle bir yargı da çocuğun kendisi için beslediğimiz hisleri nasıl algıladığıyla ilgili sorunlar yaratabilir. Çocuğa, "Seni seviyorum" diyebiliriz ama övgü nedeniyle bunun verdiği mesaj, "Seni seviyorum çünkü iyi şeyler yapıyorsun" cümlesinden ibarettir. Bu cümleyi açık açık *söylememize* gerek yoktur, zaten neredeyse kimse söylemez. Gereken şey yalnızca *yapmaktır*; yani sevgi ve heyecanımızı yalnızca belli durum ve koşullarda göstermektir. (Benzer biçimde ebeveyn "Seni sevmiyorum çünkü iyi şeyler yapamıyorsun" demese bile sevginin geri çekilmesi söz konusu olmaktadır. İki durumda da mesaj son derece açıktır.)

Birkaç yıl önce eşimle birlikte çocuk bakıcısı ararken felsefesini "İyi davranışlar benim ilgimi kazanır" diyerek açıklayan genç bir kadınla tanıştık. Yapmaya çalıştığı şey olasılıkla, yaramazlığı *cezalandırmaktan* daha çok olumlu davranışları ilgisiyle *ödüllendirdiğini* vurgulamaktı. Sonunda çocukları bu kadınla bırakmak istemedik çünkü bakıcı ilgisinin kendi eylemlerine bağlı olduğunu düşünmelerini hiç arzu etmedik. Diğer bir deyişle, bu kadının çocuklara bakması ve onları dinlemesi, çocukların ilgiyi hak etmesine bağlı olamazdı.

Ben yine de bu kadına müteşekkirim çünkü tam olarak neye karşı çıktığımı ve bunu neden yaptığımı netleştirmemi sağladı. Bir süre önce yaptığım bir konuşmada dinleyiciler arasında bulunan bir diğer kadına da zihnime ektiği tohumdan ötürü teşekkür ediyorum. Onun adını da, konuşmanın hangi kentte olduğunu da şu anda çıkaramıyorum. Anımsadığım tek şey, çocuğunun okulundan kendisine aşağıdaki gibi bir tampon çıkartması verildiğiydi:

ÇOCUĞUMLA GURUR DUYUYORUM
ÇÜNKÜ AYIN ÖĞRENCİSİ OLDU

Eve gider gitmez bir makas bulmuş, alt yarıyı kesmiş ve kalan ilk üç sözcüğü, yani ilk satırı arabasına yapıştırmıştı. Böylece, yalnızca biraz pratik zekâ kullanarak koşullu ebeveynlik yönlendirmesine direnmekle kalmamış, bu durumu çocuğuyla duyduğu gururun koşulsuzluğunu teyit edecek değerli bir fırsata da dönüştürmüştü.

Burada bir kez daha vurgulamalıyım ki insan davranışında mutlaklık yoktur. Olumlu pekiştirmenin zararlı etkiler yaratıp yaratmayacağı (yaratacaksa bunların ne kadar zararlı olacağı) pek çok etkene bağlı olabilir. Önemli olan ilk nokta *nasıl* yapıldığıdır; yani övgünün sözcüklere nasıl döküldüğü, nasıl bir ses tonu kullanıldığı, diğer kişilerin önünde mi yoksa yalnızken mi dile getirildiğidir. *Kime* yapıldığı da önemlidir: Pek çok değişkenle birlikte çocuğun yaşı ve mizacı belirleyici olabilir. *Neden* yapıldığı, önemli olan son noktadır: Çocuklar hangi eylemlerde övgü alıyorlar ve çocukları övmekteki amacınız nedir (veya bu amaç çocuklar tarafından ne olarak görülmektedir)? Çocukları *sizin* yaşamınızı kolaylaştırdıkları (örneğin, temiz ve düzenli biçimde yemek yedikleri) için kutlamak ile gerçekten etkileyici bir şey başardıkları için kutlamak arasında fark vardır. Benzer biçimde, çocukların kör itaatlerinden (koyduğunuz bir kurala uymalarından) duyduğunuz keyfi ifade etmek ile üzerinde düşünülmüş bir sorudan duyduğunuz keyfi ifade etmek de birbirinden çok farklıdır.

Demek ki övgünün olumsuz etkilerini asgariye indirmek mümkün. Ama asıl önemli nokta, olumsuzluğu asgariye indiren övgünün bile ideal hareket biçiminden yine çok uzak kalmasıdır. (8. Bölüm'de "daha az kötü" övgü yolları değil, övgünün yerine geçecek alternatifler sunmamın nedeni de budur.) Kuşku yok ki çocuğun yaptığı bir şey için bir anda coşku ve ilgi göstermek, onun davranışlarını değiştirmek için olumlu pekiştirme kullanmaya kıyasla daha makbul bir harekettir. Çünkü ikincisi, Skinner yöntemi ile manipülasyondur. Ama bu bile ilkinin zararsız olacağının güvencesini vermez.

Bazı durumlarda bir çocuğa, "Çizgilerin içlerini ne güzel boyamışsın!" (veya bir delikanlıya, "Kendi şeridinde seyretmen çok iyi!") demek, aynı davranışın tekrarlanması amacını güden bir teşvik değil de yalnızca belli bilgilerin karşı tarafa iletimi olabilir. Ama iletilen bu bilgiler nelerdir? Çocuğa yalnızca ne yaptığını söylemiyoruz, yaptığı şeyi *onayladığımızı* da ifade ediyoruz. Bundan çıkaracağı anlam onun adına mutlu olduğumuz ve başarısını bizim de kutladığımız mıdır? Bu en iyi senaryodur. Ama bir seçici pekiştirme kalıbı kullanarak çıkaracağı anlam olasılıkla, yalnızca bizim hoşlandığımız şeyi yaptığında onaylandığı olacaktır. ("Babam ne de heyecanlanıyor topa vurabildiğimde... ama *yalnızca* vurabildiğimde.")

Bu da zamanla kişinin kendisini onaylamasını bile koşullu hale getirir. Zincir şöyle ilerliyor diyebiliriz: (1) "Şunu ve şunu çok iyi yapmışsın, çok sevdim," cümlesi çocuğa, (2) "Şunu ve şunu yaptığın *için* seni seviyorum," gibi gelebilir, bu da sonunda (3) "Şunu ve şunu yapmadığın zaman seni *sevmiyorum*," anlamını taşıyabilir. Son adımda ise çocuk şunu düşünür: (4) "Şunu ve şunu yapmadığım zaman sevilebilir biri olmaktan çıkıyorum." Bir koşullu ebeveynlik örneği olarak övgü, övgüde bulunan kişi iyi niyetlerle hareket ediyor ve çocuğu kontrol altında tutmaya yönelik bilinçli bir girişimde bulunmuyor olsa bile çok büyük tehlike teşkil edebilir. Eğer olumlu yorumlarımız ve sevgi ifadelerimiz çocuğun yalnızca hoşumuza giden şeyler yaptığı durumlarda görünüyorsa övgünün yarattığı tehlike daha da büyük demektir.

Övgüyle ilgili kaygılar taşıyan başka insanlarla karşılaşmış olabilirsiniz. Ama onlar aslında, çocukların ne kadar *sık* övüldüğünden veya bir "Aferin!" almak için artık çok şey başarmak zorunda olmadığından şikâyet ediyorlar. Gerçi bunlar da doğru gözlemler. Çocuk parkındaki annelerin, "Ne de güzel sallanıyorsun, aferin sana," dediğini çok duydum. (Tanrı aşkına, bütün işi yapan yerçekimi zaten!) Buna karşın, övgülerin sıklığına veya kolay alınmasına yapılan itirazla ilgili yine de bazı ciddi kaygılarım var. Birincisi, asıl noktayı gözden kaçırıyoruz: Olumlu pekiştirmeye karşı çıkma nedenimiz sıklıkla veya kolayca kullanılması değildir. Sorunlar çok daha derindir.

İkincisi, bu eleştiri işleri iyice karmaşık ve kötü bir hale getirebilir: Başardığı her şey için çocuğun omzunu sıvazlamanın anlamsız olduğunu ileri süren kişi, övgüyü daha seçici biçimde kullanmamız gerektiğini de ekleyecektir. Bu da çocuğun onayımızı kazanmak için daha çok şey yapmak zorunda kalacağı anlamına gelir. Bir diğer anlamı da ebeveynliğimizin her zamankinden daha koşullu olacağıdır. Söz konusu eleştiride bulunan insanlar sık övgülerin bir noktadan sonra arka plan gürültüsüne dönüştüğü ve çocukların bunları duymayı bile bıraktığı yönündeki gözlemlerinde son derece haklı. Buna biz de şöyle yanıt verebiliriz: "Çok iyi! Çünkü azami etkiyi yaratacak biçimde sözcüklere dökülen ve zamanlanan övgü bizi en çok kaygılandıran övgüdür!" Zira böyle bir övgüde bulunduğumuz an, en azından çocuğun gözünde, sevgimizin koşulsuzluğunun en şüpheli olduğu andır.

Floridalı bir araştırmacı olan Mary Budd Rowe 1970'lerde sınıflardaki ders verme tarzlarını incelerken ilginç bir şey keşfetti. Öğretmenleri tarafından sıklıkla övülen öğrenciler sorulara yanıt verirken kararsız kalıyor, sanki yanıtları deniyormuş gibi görünüyorlardı. Sonunda verdikleri yanıtlar da onay bekleyen sorulara benziyordu. ("Şeyyy, fotosentez mi?") Bu çocukların düşüncelerini diğer öğrencilerle paylaştığına veya verilen bir işi sonuna kadar götürdüğüne arkadaşlarına oranla daha seyrek rastlanıyordu. Ayrıca, öğretmen katılmadığını belirtir belirtmez önerdikleri şeylerden hemen geri adım atıyorlardı.[13]

Bu araştırma, kendi evlerimizde de kolayca gözlemleyebileceğimiz bir gerçeği ortaya koydu: Çocukların ne kadar yeterli ve değerli olduklarına dair düşünceleri, bizim tepkilerimiz doğrultusunda olumludan olumsuza (veya tam tersine) kayabilmektedir. Onlar, yaptıklarını onaylayıp onaylamadığımızı anlamaya çalışırlar. (Yeni yürümeye başlamış çocukların yere düştüklerinde ipucunu bizde aramaları da buna benzer. Canlarını acıtıp acıtmadıklarını anlamak için bizim yüzümüze bakarlar. Eğer kaygılanmış görünürsek ["Eyvah! Tatlım, iyi misin?"] ağlamaya başlamaları da daha yüksek bir olasılıktır.)

Övgü sonucunda çocuklar başarılardan gurur duymayı beceremez, hatta neyin bir başarı *olduğunu* bile anlayamaz hale gelirler. Bazı uç durumlarda "övgü keşlerine" dönüşürler ki yetişkinlikte dahi sürekli onaylanma gereksinimi duyarlar. Böylece de eşlerinin, amirlerinin veya güç sahibi gördükleri herhangi bir diğer kişinin iyi iş çıkardıklarını söyleyip söylememesine göre coşar veya mahzunlaşırlar.

İstisnasız her küçük çocuğun ebeveyn onayına gereksinimi vardır. Zaten bu sayededir ki övgü çocuklara istediğimizi yaptırmak ve söyletmek konusunda "işe yarar." Ama onların bize bağımlı olmasını yalnızca kendi rahatımızı sağlamak için kötüye kullanamayız. (Kocaman bir gülümseme ile "Aferin sana, bu sabah ne de çabuk hazırlandın," demek böyle bir kötüye kullanmanın açık örneklerindendir.) Çocuklar böyle bir "şeker kaplı kontrol"[14] yöntemi ile manipüle edildiklerini hissedebilir ama nedenini tam kavrayamayabilirler. Olan biteni anlayıp isyan etsinler veya etmesinler, bu uygulama gerçekten de son derece tatsızdır. Susamış çocuğunuza yalnızca yaşamınızı kolaylaştıracak bir eylemde bulunmasından sonra su vermenizden pek bir farkı yoktur.

Daha da kötüsü, olumlu pekiştirme, sevginin geri çekilmesi yöntemindekine benzer bir kısır döngü yaratabilir. Çocuklarımızı ne kadar översek onlar da övülmeye o kadar gereksinim duyarlar. Kendilerine pek güvenemezler ve omuzlarına hafifçe vurarak kendilerini takdir etmemizi beklerler. Bunu yaptığımızda ise açlıkları daha da artar. Columbia Üniversitesi'nden psikolog Carol Dweck bu konuyla ilgili bir ön araştırma gerçekleştirmiştir. "Takdirimizin koşullara bağlı olduğunu ima eden, dolayısıyla kişisel değerin de koşullara bağlı olarak yeniden ve yeniden ölçüleceği mesajını veren" yorumlarımız çocukların çaresizlik belirtileri göstermesine neden olmaktadır. Olumlu pekiştirme bir koşullu ebeveynlik biçimidir ve Dweck'e göre, koşullu olarak kabul ettiğimiz şey aslında belli bir özellik veya davranış değildir. Çocuğun gözünde, ebeveynin mutlu olması koşuluna bağlı olarak takdire layık hale gelen, kendi "benlik bütünü"dür. Bu, özsaygıyı dinamitlemenin en etkili yollarından biri olsa gerek. Biz ne kadar "Aferin!" dersek çocuk kendisini o kadar kötü hissetmekte ve övgüye de o kadar gereksinim duymaktadır.[15]

Bu durum, övgüyü sırf çocuklar istiyor diye iyi bir yöntem olarak sunmaya çalışan bütün görüşlere kuşkuyla yaklaşmamıza neden olacaktır. Eğer para kazanmak zorundaysanız ama şu anda sizi alabilecekleri tek iş monoton, zihin uyuşturan türden bir çalışma gerektiriyorsa, son çare olarak yine de bu işe girersiniz. Ama bu söz konusu işin reklamını yapmak veya onu yüceltmek değildir. Ne buluyorsak onunla idare ettiğimizi vurgulamaktır yalnızca. Çocukların gerçekte gereksinim duyduğu şey koşullara bağlanmamış bir sevgidir. Ama eğer onlara verilen yalnızca eylemlerine bağlı onaylarsa, o zaman onayı alırlar ve pek tatmin olmamış biçimde daha fazlasını isterler. Kendi çocukluğunda oldukça az koşulsuz sevgi almış bazı ebeveynler sorunu ne yazık ki yanlış teşhis ederler ve eksikliğini hissettikleri şeyin övgü olduğunu varsayarlar. Ondan sonra kendi çocuklarını ölümüne aferinlerler ve bir kuşağın daha gereksinim duyduğu şeyden yoksun kalmasına neden olurlar.

Pek çok ebeveyn bu fikirlerin akla oldukça zor yattığını söyledi, özellikle de ilk kez duyduğunda. Birisinin gelip de çocuk yetiştirme yönteminizde ciddi arızalar olduğunu öne sürmesi zaten yeterince kötü, bir de en doğru yaptığınızı düşündüğünüz ve bu yüzden kendinizle gurur duyduğunuz uygulamanın (yani çocuklarınızı övüp kendilerini iyi hissettirmenin) aslında yarardan çok zarara neden olduğunu öğrenmek herhalde daha da beter bir durum.

Pek çok kişi, "Peki, bunun alternatifi nedir?" diye soruyor. Doğrusu bu son derece mantıklı bir soru. Yeter ki yeni ve daha "üst model" övgü üretebilmek için çocuklara söylediğimiz şeylerde yüzeysel değişiklikler yapmakla yetinmeyelim ve koşullu ebeveynlik fikrinin *bütününe* alternatif aramaya koyulalım.

Bazı kişiler ise durumdan rahatsızlık duyuyor ve asabi esprilere yöneliyorlar: "He he. Sanırım kitabınızı beğendiğimi söylememem gerekiyor, çünkü bu sizi övmek anlamına gelecek. He he."[16] Bu anlaşılabilir bir şey. Yeni bir fikrin kabul edilmesi zaman alır, özellikle de neler varsaydığımızı ve yaptığımızı en baştan gözden geçirmemizi gerektiriyorsa. Buna alışmalı ve denemeler yapmalıyız. Duyduğumuz rahatsızlık ise bu geçiş sürecinde kendini farklı yollarla ortaya koyabilir.

Kimi ebeveynler, uzun süredir sevgiyi geri çekme ve olumlu pekiştirme yöntemlerinden (bu etiketleri kullanmasalar da) yararlandıkları için aslında berbat bir ebeveynlik mi yapmış olduklarını soruyorlar. Pek çok durumda gerçek şudur ki hiç kimse onları, olan biteni koşulsuz ebeveynlik açısından düşünmeye davet etmemiş ve övgü ile mola yöntemlerine karşı çıkan kanıtları önlerine koymamıştır.

Ama başka insanlar da var ki öneri istemiyor, komik olmaya çalışmıyor veya kaygı beslemiyorlar. Onlar bu eleştirileri bir kenara süpürüyor ve çocuklara, bir başarıyı coşkuyla karşılamaktan çok daha kötü şeyler yapabileceğimizi söylüyorlar. Aslında haksız değiller, gerçekten de çocuklara her gün çok daha kötü şeyler *yapılıyor*. Ama bu doğru bir karşılaştırma değildir. Çocuğuna en iyi biçimde ebeveynlik etmek isteyen kişi, bu işi daha kötü yapabileceğini söylemek yerine neleri daha iyi yapabileceğine odaklanmalıdır.

Özsaygı Tartışması

Sevginin geri çekilmesi ve olumlu pekiştirme, çaresizlik duygusundan tutun, diğer kişilere yardım etmekte isteksizliğe dek pek çok rahatsız edici sonuç verebilir. Çocuk büyüyünce de terk edilme korkusu ve ebeveyne karşı hoşnutsuzluk gelişebilir. Bunların yanında, bu bölümde ve bir öncekinde sözü geçen araştırma bulgularındaki bir sonuç, koşullu sevgiye maruz kalmış kişinin *kendisini* nasıl gördüğüne de ışık tutuyor.

Bunun için alışılmış terim elbette son yıllarda dilimize pelesenk olan "özsaygı." Bu bölümü bitirmeden önce biraz da özsaygı konusunu incelemek istiyorum çünkü koşullu ebeveynlikle doğrudan ilgisi var. Psikoloji ve eğitim alanındaki pek çok kişi, ayrıca "kendine yardım hareketi" adı verilen akıma dâhil olan diğer kişiler, yüksek özsaygının iyi, düşük özsaygının kötü olduğunda, özsaygı düzeyini yükseltmenin ise akademik başarı, yapıcı seçimler gibi pek çok yararlı etkiyi beraberinde getirdiğinde hemfikir olmuş görünüyorlar. Diğer yandan, sosyal muhafazakârlar toplumdaki ve okullardaki tüm sorunları özsaygı ile ilişkilendiriyorlar.

Benim görüşüm iki bakış açısında da ciddi hatalar olduğu yönünde. Birkaç yıl önce bu konuda çok sayıda araştırmayı gözden geçirdim[17] ve şaşırarak gördüm ki yüksek özsaygı her zaman daha iyi sonuçlar getirmiyor. Daha iyi sonuçların alındığı durumlarda ise bunu doğrudan yüksek özsaygıya *bağlamak* olanaklı olmayabiliyor.

Yine de bu, bütün kavramı hor gören "özsaygı karşıtlarına" destek verdiğim anlamına gelmesin. Bazı kişiler özsaygıya karşı çıkıyorlar çünkü bir çocuğun kendinden memnun olması halinde herhangi bir şey başarmak için motivasyonu kalmayacağına inanıyorlar. Eğer çocuğun dikkati ne yaptığına değil de kişisel değerine odaklanmışsa işin sonunda pek bir şey başaramayacak. Çünkü öğrenmek veya üretmek için tatminsiz olmak gereklidir. Acı yoksa kazanç da yok.

Bu önerme birkaç hatalı varsayıma dayanır. Bunlara 5. Bölüm'de değineceğim. Ama şimdilik şuna dikkat çekmek istiyorum: Yüksek özsaygının hiçbir yararı olmadığını öne süren muhafazakârların savının merkezinde, özsaygının ne tür etkiler yaratırsa yaratsın kötü bir şey olduğu fikri yer alır. Onlara göre *iyi hissetmek* dilde bulunabilecek en kötü ifadedir, bu da kişinin kendisinden memnun kalmasını onaylamadıkları anlamına gelir. Polemiklerinin hemen altında ise çocuğun kendinden memnun olma hakkını elde etmeden böyle hissetmeye başlayacağı korkusu yatar. Burada kanıtlar dünyasını terk edip, arka kapıdan ahlakçı ilkeler diyarına giriyoruz. Burası tutucu aşırılıklar bölgesidir ki herkes alın teri kadar ekmek yer ve hiçbir çocuk da elle tutulur bir başarı kazanana dek kendisi hakkında iyi düşüncelere sahip olamaz.

Diğer bir deyişle, muhafazakârların saldırdığı aslında *koşulsuz* bir özsaygıdır. Ama araştırmacılar artık fark etmeye başlıyorlar ki kişilerin gerçek yaşam kalitesini kestirebilmek için dikkat verilmesi gereken boyut bu koşulsuz özsaygı boyutudur. Eğer birisinin ruh sağlığıyla ilgiliysek, sormamız gereken ne kadar özsaygısı olduğu değil, yaşamında olup bitenler (ne kadar başarılı olduğu veya başkalarının kendisi hakkında ne düşündüğü) doğrultusunda o özsaygının ne kadar *değiştiği* olmalıdır. Gerçek sorun düşük özsaygı değil de ("Kendimle ilgili pek olumlu düşüncem yok") koşullu özsaygı olabilir ("Kendimle ilgili iyi düşünmem için şunları ve bunları iyi becermeliyim").[18]

Bu ayrımın önemini çok iyi anlamış psikologlar olan Edward Deci ve Richard Ryan'a göre "gerçek" (veya koşulsuz) özsaygıya sahip insanlar bile "başarı kazandıklarında heyecan ve mutluluk duyabilir, başarısız olduklarında ise düş kırıklığı yaşayabilirler. Ama birey olarak kendilerinde gördükleri değer başarılarına göre dalgalanıp durmaz, böylece başarılarda yücelmiş ve diğer kişilere üstün gelmiş, başarısızlıklarda ise değersizleşmiş ve çökmüş hissetmezler."[19]

Bu dalgalanma, kişinin kendisinde gördüğü değeri beklentileri karşılayıp karşılamadığına göre ölçmesinin sonuçlarından yalnızca biridir. (Bu beklentileri kendisinin mi, yoksa başkalarının mı belirlemiş olduğunun bir önemi yoktur.) Yeni bir araştırmaya göre koşullu özsaygı "toplum tarafından kabul edilmek veya reddedilmekten kaçınmak için içkiye yönelmek" ile de ilişkilidir. Başka araştırmalar ise ilişkiyi kaygı, saldırganlık ve savunmacı tutumlarla kurar. Böyle biri, özsaygısı tehdit edildiğinde aniden parlar (ki bu düzenli olarak zaten gerçekleşmektedir). Bir diğeri depresyona girebilir veya kendine zarar verme eylemlerine yönelebilir. Yalnızca *iyi göründüğü* zaman iyi hisseden bir başkası ise yeme bozukluklarından mustarip olabilir.[20]

Koşulsuz özsaygı (yani belli çevrelerde en çok tiye alınan özsaygı) gözümüzü dikebileceğimiz en iyi hedef gibi görünüyor.[21]

Kişisel değerin performansa bağlı olduğuna inanmayan bireyler, başarısızlığı geçici bir aksaklık veya çözülecek bir sorun olarak ele alıyorlar. Aynı zamanda, aşırı kaygı hissetme veya depresyona girme riskleri daha düşük kalıyor.[22] En önemlisi de kafalarını özsaygı konusuyla en az meşgul edenler onlar! Ne kadar iyi olduğunuzu değerlendirmekle zaman harcamak ve kendinizle ilgili zorlama iyi düşüncelere sahip olmaya çalışmak herhangi bir sonuç vermemenin yanında kötü birer belirti de olabilirler. İşaret ettikleri pek çok sorundan biri ise kişisel değer duygunuzun koşullara göre değiştiğidir. Kısacası, "özsaygı bir paradokstur: Eğer ona gereksinim duyuyorsanız sahip değilsiniz demektir, eğer ona sahipseniz gereksiniminiz yok demektir."[23]

Peki, insanlar neden koşullu özsaygı geliştirirler? Hangi koşullarda "Yalnızca şunu ve bunu yaptığımda değerliyim" diye düşünmeye başlarlar? Koşullu özsaygının nedenlerinden biri rekabettir: Bir kişinin başarı kazanması için diğer herkesin başarısız olması gereklidir ve tüm görkem de kazananın olacaktır. Bu, insanın kendine olan inancını dinamitlemenin ve yalnızca zafer kazandığında değerli olacağını öğretmenin epey etkili bir yoludur.[24] Koşullu özsaygı, çocukların aşırı kontrol altında tutulmalarından da kaynaklanabilir. (Bunu bir sonraki bölümde açıklayacağım.)

Ama koşullu özsaygıya neden olan asıl etken, başkalarının da kişiye koşullu olarak saygı duymasıdır. Bu da bizi başladığımız noktaya geri getiriyor: Çocuk, ebeveyn sevgisini yalnızca belli koşullarda alabildiğini hissederse (sevgiyi geri çekme ve olumlu pekiştirme teknikleri ile yaratılan durumlardaki gibi) kendisini olduğu gibi kabul etmesi son derece güçleşir. Zaten o noktadan sonra da her şey tepetaklak gitmeye başlar.

3| AŞIRI KONTROL

Eşim, çocuklarla gittiği bir park gezisi dönüşünde başını sallayarak içeri girdi ve dedi ki: "Bazı anne babaların çocuklarla konuşma biçimine akıl erdiremiyorum. Öylesine saldırgan ve aşağılayıcılar ki. Neden zahmet edip de çocuk yapıyorlar acaba?" Aynı şeyleri pek çok kez ben de düşünmüş olduğum için çevremde görüp duyduklarımı yazmaya başladım. Birkaç gün içinde not ettiğim olayların bazıları şunlardı:

- Daha yeni yürümeye başlamış bir çocuk kütüphanenin çocuklar bölümüne oyuncak ayısını fırlattığı için sert bir azar işitti. Ama yakınlarda kimsecikler yoktu.
- Süpermarkette kurabiye isteyen bir çocuk, bir diğer çocuğun kurabiye yediğini gördü. Bunu annesine anlatınca aldığı yanıt şu oldu: "O herhalde lazımlığını kullanıyor ki kurabiyesini almışlar."
- Salıncaktan atlayan bir çocuk büyük bir keyif çığlığı kopardı. Annesi ise şöyle karşılık verdi: "Bırak şu saçmalıkları artık. Bugün salıncak sana yasak. Bir daha zırvalarsan molaya girersin!"
- Çocuk müzesinde bir anne, su masasının başındaki çocuğunun belli şeyleri yapmasını engellemek için çevredeki uyarı levhalarını üzerlerinde başka uyarılar varmış gibi göstermeye çalışıyor, "Bu levhada 'Suyu sıçratmayın' yazıyor," gibi şeyler söylüyordu. Çocuk "Neden?" diye sorduğunda ise "Öyle işte," diyerek yanıt veriyordu.

Çok geçmeden not almayı bıraktım. Bu iç karartıcı olaylar hem çok sık yaşanıyor hem de birbirine epey benziyordu. Ben de onları kaydederken sürekli aynı şeyleri tekrarlıyordum. Parklarda, birdenbire eve gitme zamanının geldiğini söyleyip çocuğunu tuttuğu gibi götüren sayısız ebeveyn gördük. (Çocuk ağladığı zaman gözyaşları nedense "yorgun" olmasına bağlanıyordu.) Başkaları, askerleri karşısına almış azarlayan çavuşlar gibi davranıyorlardı; burunlarını çocuğunkine dayıyorlar, işaret parmaklarını ileri geri sallayarak tüm güçleriyle bağırıyorlardı. Restoranlarda da çocuklarıyla uğraşan ebeveynlerle karşılaştık; onların tavırlarını düzeltiyor, oturuş biçimlerini eleştiriyor, ne yedikleri ve ne kadar yedikleri hakkında konuşuyor (hatta onları bu yüzden paylıyor) ve yemeği, çocukların uzaklaşmak için can attığı bir toplantı haline getiriyorlardı. (Aile yemekleri sırasında aç olmayan çocukların yemekten az sonra iştahlanmasına şaşırmamak gerek.)

Sizi temin ederim ki ebeveyn olmadan önce daha yargılayıcı bir bakış açısına sahiptim. Bir çocuk arabası itmeye başlamadan bu ufak insanların nasıl olup da sabrınızı sınayacağını ve sizi çileden çıkaracağını tam öngöremeyebilirsiniz. (Tabii öngöremeyeceğiniz diğer şeyler de size yaşatacakları, tarifi olanaksız keyif anlarıdır.) Bir başka ebeveynin davranışına yüzümü buruşturduğum zamanlarda bunu aklımdan çıkarmamaya çalışırım. Kendime anımsattığım bir diğer gerçek de birkaç dakikadır gözlemlemekte olduğum ailenin geçmişi hakkında hiçbir şey bilmediğim ve ebeveynin o sabah neler yaşadığından veya çocuğun ben gelmeden hemen önce neler yaptığından bütünüyle bihaber olduğumdur.

Hafifletici nedenlere rağmen burada açık bir gerçek var: İnsan içinde çılgınlar gibi davranmasına izin verilen her çocuğa karşılık anne babası tarafından gereksiz biçimde kısıtlanan, bağırılan, tehdit edilen veya ezilen yüzlerce çocuk var. Bu çocukların itirazları sürekli göz ardı ediliyor ve sordukları sorular duymazdan geliniyor. Bir istekte bulunduklarında artık otomatikleşmiş bir "Hayır!" yanıtı alıyorlar. Bunun nedenini öğrenmek istediklerinde ise "Çünkü ben öyle diyorum!" biçiminde bir açıklamayla idare etmek zorunda kalıyorlar.

Benim anlattıklarımla yetinmeyin. Bir antropolog olduğunuzu farz edin ve bir çocuk parkında, doğum günü partisinde veya alışveriş merkezinde çevrenizde olup bitenlere bir göz atın. Daha önce hiç görmediğiniz şeylerle karşılaşmayabilirsiniz, ama en azından fark etmediğiniz bazı ayrıntılar dikkatinizi çekmeye ve tanık olduğunuz olaylarla ilgili bazı genellemeler zihninizde oluşmaya başlayabilir. Yine de dikkat edin; çevrenizde olup bitene bu denli duyarlı hale gelmek her zaman iyi değildir. Eğer fazla ayrıntılı gözlemler yaparsanız, parkta geçirdiğiniz gün, parkta geçirilen bir günden başka her şeye benzeyebilir. California'dan bir anne zamanında şunu yazmıştı:

> Son zamanlarda hiç süpermarkete gittiniz mi? Her şey daha da can sıkıcı olmuş. Ebeveynlerin rüşvetle, aşağılamayla, cezayla, ödülle ve daha pek çok sömürü ile çocuklarını yönetme çabaları dayanılmaz boyutlarda. "Eğer uslu durmazsan markete bir daha gelmeyeceğiz!" bağırışları, "Eğer bağırmayı kesersen dondurma almaya gideriz tatlım," cümleleri ve duyduğum diğer her şey beni boğacak gibi oluyor. Bunları duymamayı daha önce nasıl başarıyordum acaba?

* * *

Önceki iki bölümde yer verdiğimiz koşullu ebeveynlik tekniklerini bir daha aklımızdan geçirelim. Bunların zararlı olma nedenlerinden biri, çocuğun kontrol edildiğini hissetmesidir. Bu olumsuzluk işin diğer tarafında bir başka olumsuzluk daha doğurur: Çocukların davranışlarını manipüle etmek için ödülleri, cezaları ve diğer stratejileri kullanırsak yalnızca bizim isteklerimizi yerine getirdikleri zaman sevildiklerini düşünmeye başlarlar. Koşullu ebeveynlik, kontrolün bir sonucu olabilir (asıl niyet kontrol olmasa bile) ve bunun karşılığında kontrol de koşullu ebeveynliğin yıkıcı etkilerini açıklayabilir.

Ama aşırı kontrol zaten başlı başına bir sorundur (bölümü aşırı kontrole ayırma nedenimiz de budur) ve bu sorun yalnızca belli bir disiplin biçimiyle, sevgiye mola vermekle veya yıldız çizelgeleri yapmakla, "Aferin!" demekle veya bir şaplak indirmekle, ayrıcalıkları vermekle veya geri almakla sınırlı değildir. Temel gerçeği gözden kaçırdığımız sürece bir yöntemin yerine diğerini getirmek bir işe yaramaz. Anlamamız ve üzerine gitmemiz gereken o temel gerçek de şudur: *Çocuk yetiştirme konusundaki egemen sorun müsamahakârlık değil, müsamaha gösterme korkusudur.* Çocukları şımartmaktan o denli çekiniyoruz ki sonunda aşırı kontrolcü yaklaşımlar benimsiyoruz.

Bazı çocukların şımartıldığı doğrudur. Bazıları ise ihmal ediliyor. Ama üzerinde yeterince tartışılmayan asıl konu, çocukları mikro yönetime tabi tutmak ve onları sanki alt şirketlerimizmiş gibi yönlendirmek biçimindeki salgındır. O halde kritik sorulardan biri, kontrolü aşırıya kaçırmadan nasıl rehberlik edeceğimiz ve sınırlar belirleyeceğimizdir (bunların ikisi de gereklidir). Ama bunu yanıtlamadan önce kontrolün ne kadar aşırıya kaçtığını ve her şeyi neden bu kadar sıkı tuttuğumuzu açıklığa kavuşturmalıyız.

Pek çok çocuğun maruz kaldığı davranışlar, onların gereksinim ve tercihlerine saygı duyulmadığını ortaya koyuyor. Bunu aslında çocuklara saygı duymamak olarak düşünmeliyiz. Pek çok ebeveyn çocuklar saygıyı yetişkinler kadar *hak etmiyormuş* gibi davranıyor. Psikolog Haim Ginott bizi yıllar önce şöyle kısa bir deneye davet etmişti: Önce, çocuğumuzun kendisine ait bir şeyi yanlışlıkla unuttuğunu, ortalıkta bırakıp gittiğini düşünelim ve bu duruma nasıl tepki vereceğimizi hayal edelim. Sonra bu tepkiyi, unutkan bir arkadaşımızın eşyalarını bizde unutmasına vereceğimiz tepki ile karşılaştıralım. Herhalde bir yetişkini, çocuğu azarlayacağımız gibi azarlamayı düşünmeyiz: "Senin *derdin* ne? Çıkıp gitmeden önce çevrene iyi bak da hiçbir şeyi ortalıkta bırakma demedim mi sana bin kez? İşim gücüm yok da senin eşyalarının peşinde mi koşacağım?" Eğer karşımızdaki bir yetişkinse verdiğimiz tepki basitçe şu oluyor: "Şemsiyeni unutmuşsun."[1]

Kontrol eğilimli ebeveynlerin biri bütünüyle alışkanlık doğrultusunda hareket eder ve kimseye (veya hiçbir şeye) zarar gelme riski yokken bile "Koşma!" diye haykırmaya başlar. Bir diğeri ise çocuğun güçsüzlüğünü yüzüne vura vura gerçek patronun ebeveyn olduğunu göstermeye çalışır. ("Ben annenim de ondan!" "Benim evimde benim kurallarıma uyacaksın!") Biri, çocuğu fiziksel güç uygulayarak kontrol etmeye uğraşırken, öbürü suçluluk duygusundan yararlanır. ("Senin için saçımı süpürge ettim. Kalbimi kırıyorsun...") Bir başkası, çocuğun başının etini yer; süreğen bir arka plan uğultusu gibi hiç durmadan eleştirilerde, uyarılarda ve hatırlatmalarda bulunur. Hatta bir ebeveyn daha vardır ki çocuğun yaptığı şeyi onaylamadığına dair hiçbir işaret vermez ama bir noktada da birdenbire patlar; tetik artık çekilmiştir (bu durum çoğunlukla, çocuğun davranışından değil, yetişkinin ruh halinden ileri gelir) ve ebeveyn, çocuğu ürkütecek biçimde zorlayıcı, hiddetli birine dönüşür.

Her ebeveyn bunların hepsini birden yapmaz, bazı ebeveynler ise hiçbirini yapmaz. Araştırmaların gösterdiğine göre çocuk yetiştirmekle ilgili inanç ve davranışlar, kültür, sınıf, ırk, ebeveynin hissettiği baskı ve diğer pek çok etkene göre değişmektedir. (Ayrıntılar için bkz. Ek.) Araştırmacıların ortaya koyduğu bir diğer nokta da ebeveynlerin tek bir disiplin tarzına sahip olmadığı ve çocukların farklı "uygunsuz" davranışlarına farklı tepkiler verdiğidir.[2]

Ama daha ilginç soru "uygunsuz" olarak nitelenen davranışların neye göre seçildiğidir. Bazı ebeveynler bana veya size son derece zararsız görünen eylemleri "uygunsuz" olarak tanımlar ve çocukların üzerine çöker.[3] Bu "otoriter" bir çocuk yetiştirme tarzı olarak görülebilir. Bu ebeveynler kabullenici ve teşvik edici değil, çocuklardan çok şey bekleyen, sert insanlardır. Dayattıkları kuralların nedenlerini ender olarak açıklarlar. Yalnızca mutlak itaat beklemekle (ve bunu sağlamak için bolca ceza kullanmakla) kalmazlar, bir çocuğun otoriteye boyun eğmesinin kendi düşüncelerine sahip olmasından ve görüşlerini ifade etmesinden daha önemli olduğuna da inanırlar. Çocukları dikkatli biçimde izlemekte ısrarcıdırlar ve bir kural çiğnendiği zaman çocuğun (yaşı kaç olursa olsun) kuralı bilerek çiğnediğini ve bundan sorumlu tutulması gerektiğini varsayarlar. (Bu durum çocukların aslında nasıl varlıklar olduğuyla ilgili o karanlık görüşlerini de doğrulamış olur.)

"Ebeveynlerin bütün taleplerine boyun eğmek ve... onların kabul etmeyeceği türden dürtüleri çok erken yaşlarda bastırmak" biçimindeki temalar 2. Dünya Savaşı'nın sonunda yapılan bir araştırma projesinin sonuçlarında da görünmüştür. Rahatsız edici olan şu ki söz konusu proje faşizmin psikolojik altyapısını araştırmaya yönelmişti ve bu doğrultuda koskoca insan gruplarından nefret ederek büyüyen, güç âşığı kişilerin çocukluklarını mercek altına almıştı.[4]

Bu elbette kontrol spektrumunun dış sınırlarını temsil eder. Böyle aşırı örneklere bakarak "Bu tabii ki beni tanımlamıyor. Ben otoriter değilim, çocuğuma da sırf parkta iyi zaman geçiriyor diye haykırmaya başlamam" diyebiliriz. Ama gerçek şu ki herkes, arada sırada da olsa kontrol etme dürtüsüne boyun eğer. Bazılarının bu dürtüye direnememe nedeni yerleşik kanaatleridir; onlara göre çocuklar söyleneni yapmayı öğrenmelidir. (Hem yetişkinler her şeyi çocuklardan daha iyi bilir, o yüzden de yönetim kendi ellerinde olmalıdır, değil mi?) Bazısı zaten kontrolcü kişiliğe sahiptir, iradesini dayatmayı daha ilk günden alışkanlık haline getirmiştir.[5] Bazısı ise çocukların söz dinlememesi yüzünden çaresiz kalır. Pek çok ebeveyn çocuğunun iyiliğini ister ama kullandığı yaklaşımın aşırı kontrolcülük anlamına gelebileceğini düşünmez.

Çoğumuz, bizden daha kontrolcü olan ebeveynlerle karşılaşır ve onlardan "kötü ebeveynlik gösterileri" izleriz. Bu ebeveynleri görüp rahatladıktan sonra "En azından bunu hiç yapmadım çocuğuma" demek haliyle daha kolay olur. Ama önemli olan, çocuğumuza neler yapmadığımızı değil de *neler yaptığımızı* değerlendirmek ve bunların gerçekten çocuğun yararına olup olmadığını irdelemektir.

Hangi Çocuklar Söyleneni Yapar?

Çocuklarımız için belirlediğimiz iddialı hedefleri şimdilik bir yana bırakalım ve neden bizim isteklerimiz doğrultusunda hareket ettiklerine odaklanalım. Eğer onlardan tek istediğimiz hemen bir şey yapmaya başlamaları veya yaptıkları bir şeyi bırakmaları ise kabul etmeliyiz ki elimizdeki gücü kullanarak (örneğin, tehdit ederek, ceza vererek, bağırarak) çocukları belli davranışlara zorlamak bazen sonuç verebilen bir yöntemdir.[6] Ama yalnızca bazen. Gerçek şu ki kendilerinden isteneni gerçekten yapan çocuklar güce dayalı disipline güvenen ebeveynlerin değil, sıcak ve sağlam ilişkiler kurmaya yönelen ebeveynlerin çocuklarıdır. Bu ebeveynler çocuklarına saygı gösterir, kontrolü en alt düzeyde tutar ve bir şey istediklerinde de nedenlerini açıklarlar.

Günümüzde artık yaygın olarak bilinen bir çalışmada, araştırmacılar ebeveynleri iki gruba ayırarak işe başlamışlardır. Bir grupta duyarlı, çocukla işbirliği yapmaya yatkın ve onu olduğu gibi kabul eden ebeveynler yer almıştır. Diğer gruptakiler ise "çocuğuna istediğini yapma, kendi isteklerini dayatma, onu kendi standartlarına göre yontma ve çocuğun isteklerini, gereksinimlerini veya o anda gerçekleştirdiği etkinliği hiç umursamadan onu keyfi olarak engelleme hakkına sahip olduğunu" varsayan ebeveynlerdir. Sonuçta ortaya çıkmıştır ki söyleneni yapmaya daha yatkın olan çocuklar ilk gruptaki ebeveynlerin (daha az kontrolcü olanların) çocuklarıdır.[7]

İkinci bir çalışmada, belli bir isteğe uymaya yatkın olan iki yaşındaki çocukların ebeveynleri, "istekleri son derece net olan, çocukların itirazlarına kulak veren, hatta bu itirazları onların özerkliğine ve bireyliğine saygı göstererek değerlendiren"[8] kişilerdir.

Üçüncü bir çalışma, ebeveynlerine fazlasıyla karşı gelen okulöncesi çağdaki çocuklara yönelip işi biraz daha ciddi bir boyuta taşıdı. Bu çocukların bazılarının annelerinden çocuklarıyla her zamanki gibi oynamaları; diğerlerinden ise "birlikte çocuğun tercih edeceği bir faaliyete başlamaları ve etkileşimin doğası ile kurallarını belirlemeyi çocuğa bırakmaları" istendi. Buna göre, ikinci gruptaki anneler komutlar vermekten, eleştirilerde bulunmaktan veya övgüler düzmekten kaçınacaklardı. (Burada övgünün de diğer manipülasyon yöntemleri arasında sayıldığına dikkat çekmek isterim.) Oyun zamanı sona erdiğinde her anne, araştırmacıların talimatları uyarınca çocuğundan oyuncakları yerine kaldırmasını istedi. Sonuç: Daha az kontrole maruz kalan (nasıl oyun oynayacağı konusunda daha fazla söz hakkına sahip olan) çocuklar annelerin isteklerini yerine getirmeye daha yatkındı.[9]

Bu deneylerin sonuçları gerçekten çok çarpıcı olsa bile kontrole dayalı geleneksel disiplinle ilgili sorunları daha açık biçimde görebilmek için *yetişkin odadan çıktıktan sonra* neler olduğuna da bir bakmak gereklidir. Bir araştırmacı, yalnız bırakıldıkları zaman hangi çocukların söylenen şeyi yapacağını (örneğin, ortalığı toplayacağını) araştırmanın yanında, kaç tanesinin yapmaması söylenen şeyi yapmadan (örneğin, belli oyuncaklarla oynamadan) duracağını da sınamaya yöneldi. Yürütülen iki deney de aynı sonucu verdi: İsteklere uyanlar (yapılacakları yapıp, yapılmayacakları yapmayanlar) sıcak ve destekleyici bir ilişki kuran ve zorla kontrol etme yöntemlerinden uzak duran annelerin çocuklarıydı.[10]

Benzer kanıtların sonu yok. Örneğin iki psikolog, çocukların bir isteğe "içten gelen" biçimde uymasıyla "duruma göre" uyması arasındaki farkları inceledi. Bir başka ikili, çocukların ebeveynler haricindeki yetişkinlerin sözünü neden dinlediğini araştırdı.[11] İki araştırmada da küçüklere saygı gösteren ve onların gereksinim ve isteklerine duyarlıkla yaklaşan ebeveynlerin çocukları, kontrole ağırlık verenlerinkine oranla çok daha iyi sonuçlar aldılar.

Sert tutumlara ve çocukları keyfi olarak zorlamaya dayalı yaklaşımların pek işe yaramama nedenlerinden biri de aslında çocukları gerçek anlamda (en azından gerçekten önemli olan konularda) kontrol altında tutamıyor oluşumuzdur. Bir çocuğun o yiyeceği değil de bu yiyeceği yemesini, oraya değil de buraya çiş yapmasını sağlamak çok güçtür. Onu uyumaya, ağlamayı kesmeye, söz dinlemeye veya saygı göstermeye zorlamak ise olanaksızdır. Bunlar ebeveynleri en çok yoran konulardır çünkü bir insanın diğer insanı ancak nereye kadar zorlayabileceğini böyle nafile çabalarla idrak ederiz. Çocuklar ve ergenlik çağındakiler söz konusu olduğunda kontrol dediğiniz bir yanılsamadan başka şey değildir.[12] Ama üzücü olan şu ki daha yeni, daha zekice veya daha fazla güç kullanmaya dayanan teknikler geliştirip çocukları itaate zorlamayı sürdürürüz. Bütün bu teknikler başarısız olduğunda varmayı becerebildiğimiz tek sonuç ise aynı teknikleri daha sık biçimde ve daha büyük şiddetle uygulamamız gerektiği olur.

Karşı Uçlar

Kontrole en çok önem veren ebeveynlerin çocuklar üzerinde en az kontrole sahip olduğu gerçeğinde bir paradoks var. Ama her şey bununla da bitmiyor: Güce dayalı bu yaklaşım etkisiz olmakla kalmaz, aynı zamanda büyük zararlar da verir (işe yarar gibi göründüğü durumlarda bile). Etkili Anne Baba Eğitimi'nin (Parent Effectiveness Training) yaratıcısı Thomas Gordon'un bir zamanlar bana dediği gibi, "otokratik ortamlar insanları hasta ediyor."

Elbette herkes aynı hastalığa yakalanmıyor. Psikoterapistler çok önceleri fark ettiler ki tek bir neden, birbirinden çok farklı sonuç motifleri yaratabilmektedir. Örneğin, kişisel değeriyle ilgili kuşkular besleyen bazı insanlar sürekli kendini eleştirmekte ve özgüvensiz davranmaktadır. Ama aynı kuşkuya sahip başka kişiler sürekli kendini öven, kibirli bireylerdir. (Düşük özsaygıyı telafi etmek için görkemli insanlar gibi davranmayı seçmiş görünüyorlar.) Böylece, taban tabana zıt iki farklı kişiliğin kökü birebir aynı olabilmektedir.

Ebeveynlerin mutlak kontrol konusunda üstelemesinde de durum aynıdır. Bu tutuma maruz kalan çocukların bazıları *aşırı itaatkâr*, bazıları ise *aşırı isyankâr* olur. Şimdi bu tepkilerin ikisini de sırayla inceleyelim.

Pek çok ebeveyn söylediği her şeyi yapacak çocuklar hayal eder ama Giriş bölümünde de anlattığım gibi çocukları sindirerek itaate zorlamak hiç de iyi bir yöntem değildir. Ofislerde ve devlet dairelerinde "salla başı, al maaşı" düşüncesiyle çalışan, patronlara veya amirlere asla karşı çıkmayan insanlarla her daim dalga geçtik. Peki, aynı düşünceyle yaşayan çocukları gözümüzde ideal kılan nedir?

Child Development dergisi, 1948 yılında bu konudaki ilk araştırmalardan birine yer verdi. Buna göre, kontrolcü ebeveynlerin okulöncesi çağdaki çocukları "sessiz, uslu ve direnç göstermeyen" çocuklardı. Ama arkadaşlarıyla da fazla etkileşimde bulunmuyorlar ve merak ile özgünlük konusunda geride kalıyorlardı. Araştırmacının vardığı sonuç şuydu: "Otoriter kontrol... itaati, yalnızca kişisel özgürlük pahasına tesis edebilmektedir."[13]

Kırk yıldan biraz daha sonra aynı dergide ergenlik çağındaki 4.100 çocuğun katıldığı bir araştırmaya yer verildi. Çocukların psikolojik ve sosyal durumları ele alınmış ve nasıl yetiştirildikleri incelenmişti. Otoriter ebeveynleri olanlar "itaat etme ve yetişkinlerin standartlarını tutturma ölçümlerinde" yüksek puanlar aldılar. Ama araştırmacılar şunu da vurguluyorlardı: "Bu gençler bedeli özgüvenleriyle ödemiş görünüyorlar. Yalnızca kendilerine ne kadar yetebildikleriyle ilgili görüşleri değil, sosyal ve akademik becerilerine dair düşünceleri de olumsuz etkilenmiş durumda. Genel motifin bize gösterdiği, güç kullanmak suretiyle itaate zorlanmış bir grup genç insanla karşı karşıya olduğumuzdur."[14]

O halde aşırı itaat, aşırı kontrolün bir sonucudur. Diğer yandan, aynı tür ebeveynlik çocukların bazılarını da öbür uca iter ve bu çocuklar karşılarına çıkan hemen her şeye isyan etmeye başlarlar. İradeleri, yargıları ve yaşamlarıyla ilgili konularda söz sahibi olma gereksinimleri ayak altına alınıp ezilmiştir, bu nedenle özerk hissedebilmelerinin tek yolu kalmıştır: Aşırı isyankâr olmak.

Çocukların güçsüz hissetmesine neden olduğumuz ve onları

kendi irademize boyun eğmeye zorladığımızda içlerinde yoğun bir öfke yaratırız. Bu öfkenin hemen ifade bulmaması yok olup gittiği anlamına gelmez. Ona ne olduğu çoğunlukla duruma ve çocuğun kişiliğine bağlıdır. Bazen tek sonuç ebeveyn ile çocuk arasında daha da çok çatışma yaşanmasıdır. Yazar Nancy Samalin'in de ifade ettiği gibi, "'kazandığımız' zaman bile kaybederiz. Çocukları itaat ettirmek için güç, tehdit veya ceza kullandığımızda onları çaresiz hissettiririz. Çaresiz hissetmeye tahammül edemezler, o yüzden ellerinde hâlâ güç olduğunu kanıtlamak için bir çatışma daha yaratırlar."[15] Peki, bu gücü kullanmayı kimden öğrenirler? Bizden. Böylece otoriter ebeveynlik onları çıldırtmakla kalmaz, içlerindeki öfkeyi başkalarına nasıl yönelteceklerini de öğretir.[16]

Bu çocuklar söz ve yetki sahibi herkese nanik yapma gereksinimiyle büyürler. Bazen tüm kinlerini okula veya parka da getirirler. (Araştırmalara göre kontrolcü ebeveynlerin çocukları, hatta üç yaşındaki küçükler bile, diğer çocuklara karşı rahatsız edici veya saldırgan tutumlar içine girmektedir. Bu da diğer çocukların kendilerinden uzaklaşmasına neden olmaktadır.[17] Hiç kuşku yok ki böylesi bir zorunlu soyutlanma gelişimlerine olumlu etkilerde bulunmayacaktır.)

Çocuklar yüzünüze karşı isyan etmeye çekiniyorlarsa o zaman bunu arkanızdan yapmanın bir yolunu bulurlar. Dediğim dedik ebeveynlerin çocukları tüm mahallenin imrendiği, akıllı uslu çocuklar gibi görünebilirler. Ama gerçek şudur ki olumsuz davranışlarını gizliden gizliye sürdürmeyi öğrenmişlerdir ve bu davranışlar kimi zamanlarda kötülük sınırında bile gezinirler. Dışarıdan bakınca kusursuzlardır, ama bir terapistin dediği gibi aslında bir tür "çifte yaşam" sürmektedirler: "Ebeveynlerimiz, yaşamımız üzerinde kontrol sahibi olmakta ısrar ettiği için biz de kendimize iki yaşam yarattık: Biri bildikleri yaşamımız; diğeri ise onlardan gizlediğimiz yaşamımız."[18] Bu çocuklar pek çok psikolojik sorun yaşama riski de taşırlar. Ayrıca kendilerine böyle davranan insanlardan korkabilir ve yabancılaşabilirler. O halde, tıpkı koşullu sevgi gibi sıkı kontrol de kısa vadede istenen sonuçları vermiş görünebilir ama bedeli çocuklarla ilişkilerimizi onarılamayacak biçimde zedelemektir.

Bir anne, internet üzerindeki bir tartışma grubuna gönderdiği mesajında ilginç bir anekdot aktarmıştı. Kocasının sert disiplinle büyümüş olan (ve çocuklarını da şimdi aynı biçimde büyüten) akrabalarıyla geçirilen bir Noel'den söz ediyordu. Bu akrabalar tatil boyunca çocukluk yıllarındaki maceraları ve haylazlıkları anlatmışlardı. Buna göre akrabalar o yıllarda "düzenli olarak disipline edilen, uslu, nazik çocuklar gibi görünmelerine karşın ebeveynleri arkalarını döner dönmez her türlü aşırılığa yatkın serserilere dönüşüyorlardı." Bunu bize aktaran annenin ailesinde ise "hiçbir zaman bir davranış çizelgesi, bir teşvik, ceza programı, odaya hapsedilme, şaplak yeme veya ayrıcalıklardan men gibi uygulamalar olmadı." Söylediğine göre, bunların olmamasının yanında, ciddi boyutlara varan herhangi bir olumsuz davranışla da karşılaşılmıyordu.

Çocukların isyan etmesinin her zaman kaygı verici olduğunu söylemiyorum. Belli bir miktar itiraz, oldukça sık karşılaşılan ve gayet de sağlıklı bir şeydir, özellikle de iki-üç yaş civarları ile ergenlik döneminde. Ama burada isyan derken söz ettiğimiz şey abartılı, tepkisel itirazlar ve daha derinde köklenen, uzun süre ortadan yitmeyen bir karşı koyma halidir. Bu çocuklar, tek hedefi itaat sağlamak olan yetiştirme tarzının daha kendi hedefine bile ulaşamadan birçok başka sorun yarattığına dair çarpıcı ve yaşayan kanıtlardır.

Peki, aşırı itaatkâr veya aşırı isyankâr olmanın alternatifi nedir? Böylesi çocuklar neye benzer? Ebeveynlerin (sonraları da diğer insanların) istek ve taleplerine bazen evet, bazen de hayır derler ve bunu yapma amaçları ne itaattir ne de isyan. Çoğu zaman isteneni yaparlar, özellikle de mantıklı bir istek olduğuna veya istekte bulunan kişi için büyük önem taşıdığına inandıklarında. Bu kişiler, kendilerine saygıyla yaklaştıkları, isteklerin sebeplerini açıkladıkları ve gerçek dışı itaat beklentilerine girmedikleri için güçlü bir güven ortamı oluşturmuş ebeveynlerin çocuklarıdır. Bu ebeveynler ayrıca, çocukların arada sırada itirazlar yoluyla kendi kişiliklerini ortaya koyacağını anlamış ve kabullenmiş, bu gerçekleştiğinde de zorlamalardan ve aşırı tepkilerden kaçınmışlardır.

Aşırı Yemek, Az Eğlenmek ve Kontrolün Ödettiği Diğer Bedeller

2. Bölüm'de koşullu özsaygının yarattığı etkilerden söz etmiş ve Rochester Üniversitesi psikologlarından Richard Ryan ve Edward Deci'nin çalışmalarına değinmiştim. (Deci, üniversite öğrencileriyle yapılan ve koşullu ebeveynliğin yol açtığı diğer olumsuz sonuçları ortaya koyan araştırmada da bizzat yer almıştır.) Bu araştırmacılar, meslektaşları ve eski öğrencileriyle birlikte son on yılı yine araştırmalarla geçirdiler. Kişinin ceza, ödül, koşullu sevgi, doğrudan zorlama veya diğer yollarla kontrol altında tutulduğunu hissettiği zamanlarda işlerin de bir hayli ters gitmeye başladığına dair kanıtlar topluyorlardı.

Ebeveynliği inceledikleri sırada şunu saptadılar: Bir çocuk kısıtlandığını ve kontrol edildiğini ne kadar çok düşünüyorsa "sosyal yaşamda kendisinden beklenenlere direnç gösterme olasılığı o kadar artıyor" ve kimliği (veya benlik duygusu) o kadar istikrarsız ve kırılgan hale geliyordu.[19] Üniversite öğrencileri ile yapılan araştırmaya geri dönelim. Yalnızca belli şeyler yapmaları karşılığında ebeveynlerinden sevgi görmeleri neden o kadar yıkıcıydı? Çünkü aldıkları o mesaj içeriden kontrol edildiklerini hissettiriyordu. Ebeveynleri memnun edebilmek ve kendilerinden memnun kalabilmek için belli biçimlerde davranmaları (veya belli başarılar elde etmeleri) gerektiğini düşünerek büyümüşlerdi. Bu cümledeki kilit sözcük, zorunluluğu anlatan "gerektiğini" sözcüğüdür: Çocuklar başka türlü davranacak özgürlüğü (en azından psikolojik özgürlüğü) kendilerinde bulamamışlardır.

"İyi biri olma" ve çok çalışma (veya ebeveynleri her ne memnun edecekse onu yapma) güdülemelerinin içselleştirilmesi, bu hedeflere ulaşmaya yönelik kişisel kararın özgür bir kararmış gibi görünmediği hallerde olumsuz sonuçlar yaratır. Yapılan çalışma da tam olarak bunu ortaya koymuştu. Yalnızca koşullu olarak sevildiğini düşünen öğrenciler, belli eylemlerinin ardında "gerçek bir tercih yapma duygusu" değil de "güçlü bir iç baskı" olduğunu söylemeye daha yatkındı. Bu öğrenciler, kazandıkları bir başarıdan ötürü duydukları mutluluğun kısa sürdüğünü, kendileriyle ilgili düşüncelerinin olumlu ile olumsuz arasında sıklıkla gidip geldiğini ve çoğu zaman suçluluk veya utanç duyguları beslediklerini eklemişlerdir.[20]

Deci ve Ryan'a göre çocuklar, yalnızca bazı temel gereksinimlerle (örneğin, kendi yaşamlarıyla ilgili söz hakkına sahip olma gereksinimiyle) değil, bu gereksinimleri karşılayacak biçimde karar verme yetisiyle ("doğal bir dengeleme jiroskopu" ile) de doğarlar. Ama onlara aşırı kontrol uyguladığımızda (örneğin, istediğimizi yapmaları için çeşitli ödüller ve övgüler teklif ettiğimizde) dış kaynaklı kontrol mekanizmalarına bağlı hale gelirler. Jiroskopları yalpalamaya başlar ve kendi kendilerini dengeleme yetilerini kaybederler.[21]

Yemek

Yiyecek tüketimi bunun açık bir örneğini teşkil eder. Çocukların her zaman sağlıklı besinler seçmediği doğrudur. (Bu yüzden, nelerin yararlı, nelerin de zararlı olduğunu öğretmemiz, sonra da seçtikleri her şeyin kabul edilebilir olmasını sağlayacak bazı kısıtlanmış seçenekler sunmamız gereklidir.) Diğer yandan, bizim hiçbir müdahalemiz olmasa bile vücutlarının gereksinim duyduğu kaloriyi zaten bünyelerine alacaklardır. Bazen günler boyunca kaygı verecek kadar az yerler, sonra kocaman porsiyonları mideye indirmeye başlarlar. Şişmanlatan şeyleri daha az yemeye (veya üzerine daha düşük kalorili bir şeyler tüketmeye) eğilim gösterirler. O halde diyebiliriz ki, çocukların, ne kadar yemek yiyeceklerini düzenlemelerini sağlayan bazı yetileri vardır.

Ama onların bedenlerini biz çalıştırmaya kalkarsak işler değişir. Illinoisli beslenme uzmanları birkaç yıl önce harika bir araştırma yürüttüler. İki ile dört yaşları arasında 77 çocuğu gözlemlediler ve yeme alışkanlıklarının ebeveynleri tarafından ne kadar kontrol altında tutulduğuyla ilgili bilgiler aldılar. Çocuğunun acıktığı zaman değil de yalnızca yemek zamanında yemesi veya aç olmasa da tabağındaki her şeyi bitirmesi konusunda ısrar eden ebeveynler ile yemeği (özellikle de tatlıları) bir ödül gibi gösterenler, kalori alımını düzenleme yetisini kaybetmiş çocuklar büyütüyorlardı. Bazı ebeveynlerin ise yemekle ilgili kendi sorunları vardı (ve bunları çocuklara geçirmekle meşgullerdi). Ama bu aşırı kontrolcülüğün nedeni ne olursa olsun, olumsuz etkiler, çocuklar daha bezlerinden kurtulacakları çağa bile gelemeden ortaya çıkmaya başlıyordu. Çocuklar "aldıkları besin miktarını denetlemeyi öğrenecek fırsatı asla elde edememişlerdi" ve bedenlerinin verdiği gerçek acıkma işaretlerini dikkate almaz olmuşlardı. Sonuç: Bazıları çoktan şişmanlamaya başlamıştı.[22]

Ahlak

Yemek ile ilgili bulgular başlı başına ilginç (veya ürkütücü) olsa da başka yerde daha büyük bir tehlikenin işaretleri vardır. Dış kaynaklı düzenlemeler yüzünden iç düzenleme mekanizmasının gelişiminin bozulması sırf yemeği değil, ahlak ve etik algısını da etkilemektedir. Sert disipline dayanan çocuk yetiştirme yöntemleri ahlak duygusunu teşvik edecek herhangi bir şey yapmadığı gibi, bunun gelişimini bile baltalayabilmektedir. Söylenenleri yapması için baskı gören çocuk, etik ikilemler üzerine düşünmeye pek eğilim göstermez. Bu da bir kısır döngü yaratabilir: Doğru hareket biçiminin ne olduğunu düşünecek ne kadar az fırsatı olursa anne babasının kendisini sorumsuzlukla suçlamasına (ve seçme şansının da kendisine zaten bu nedenle verilmediğini tekrarlamasına) neden olacak biçimde davranma olasılığı o kadar yükselir.

Şimdiye dek pek çok kaynak tarafından pek çok kez atıfta bulunulan bir diğer çocuk gelişimi araştırmasının sonucunda ise denmektedir ki otoriter ebeveynlerin çocukları "tahrik ve ayartmalara direnebilmeyi inceleyen deneylerde" olumlu veya olumsuz yönde öne çıkmamışlardır. Ama daha anlamlı kanıtların ifade ettiğine göre "bu kişilerde 'vicdan' bulunduğuna dair daha az ipucuna rastlanmıştır ve yine aynı kişiler ahlaki ikilemlerle karşılaştıkları hallerde neyin doğru hareket biçimi olacağını tartışırken içe dönük değil, dışa dönük bir manevi yönelim göstermişlerdir."[23]

İlgi

Aşırı kontrolün bir diğer sonucu: Çocuklar belli şeyleri yapmaya zorlandıklarını (veya yapma biçimlerinin dışarıdan düzenlendiğini) fark ettiklerinde bunlara duydukları ilgiyi yitirmeye ve zorlu işleri yarım bırakmaya daha yatkın olurlar. Şaşırtıcı bir deneyde anneler, bir odada oyuncaklarla oynamakta olan çocuklarının yanına alındı (çocuklar daha iki yaşında bile değillerdi). Bir grup anne oyuncaklarla hemen kendi ilgilenmeye başladı veya çocuğuna yönergeler sıralamaya koyuldu. ("O parçayı yerine tak. Oraya değil! *Oraya!*") Geri kalanlar ise çocukların denemeler yapmasından memnun görünüyordu: Arada sırada teşvik edici sözler söylediler ve yalnızca gerek olduğunda yardım ettiler. Daha sonra çocuklara oynamaları için başka bir şey verildi (bu kez anneler yanlarına alınmadı). Bu sırada görüldü ki kontrolcü anneleri olanlar, yeni oyuncakla nasıl oynayacaklarını keşfetmeye uğraşmak yerine hemen pes ediyorlardı.

On yıl kadar sonra bir başka araştırma yedi ve sekiz yaşındaki çocuklarla yine aynı sonuçlara ulaştı: Kontrolcü biçimde (ne yapacaklarını söyleyerek, eleştirerek, överek) oyun oynayan ebeveynlerin çocukları ilgilerini hızla yitiriyorlardı. Yalnız kaldıklarında yeni oyuncaklarla daha az oynuyorlardı ve kontrolcü olmayan ebeveynlerin çocuklarına oranla onları daha az eğlenceli buluyorlardı.[24]

Beceriler

İlgi kaybına işaret eden bu araştırmaların ilki 1980'lerin ortalarında Deci ve Ryan'ın eski öğrencilerinden Wendy Grolnick tarafından yapıldı. (İkinci araştırmayı yapan ekipte ise Deci bizzat yer alıyordu.) Yaklaşık yirmi yıl sonra Grolnick fark etti ki kontrolcü ebeveynlerin yol açtığı tek şey *ilgi* kaybı değildi. Onlar, çocukların daha *becerikli* olmasını da engelliyor olabilirlerdi. Grolnick bu kez üçüncü sınıf öğrencileri ile ebeveynlerin iki farklı ödev projesinin başında (biri harita kullanımıyla, diğeri ise şiirlerin uyak düzeniyle ilgiliydi) nasıl çalıştığını izlemeye koyuldu. Bunun ardından çocuklar benzer projelerle bir de yalnız başlarına ilgileneceklerdi. Araştırma sonunda görüldü ki kontrolcü ebeveynlere sahip çocuklar pek başarılı olamamışlardı.[25]

Daha ilginç olan şu: Daha kontrolcü davranan (en azından şiir projesinde) ebeveynler, aslında kendilerinin kontrol edildiğini düşünmüş olanlardı. (Deneyi gerçekleştiren kişilerden çocukların becerisinin sınanacağını duymuşlar ve başkaları tarafından kontrol edildikleri duygusuna kapılmışlardı).[26] Aynı şey öğretmenlerin de başına gelir: Onlara "standartları yükseltme" görevini verdiğinizde öğretmenliği bırakıp eğitim çavuşlarına dönüşürler. İronik olan sonuç ise böylesi bir yükümlülük altına itilmemiş öğretmenin sınıfında, eğitim çavuşunun sınıfına göre çok daha yüksek bir başarı düzeyi olmasıdır.[27]

Grolnick kısa, öz ve son derece yararlı kitabı *Ebeveyn Kontrolü Psikolojisi*'nde (*The Psychology of Parental Control)* daha pek çok araştırmaya değinir. Bu araştırmalar göstermiştir ki "kontrolcü ebeveynlik daha düşük iç kaynaklı motivasyonla, ahlaki değerlerin daha az içselleştirilmesiyle, kendi kendini dengeleyip düzenlemekteki yetersizlikle" ve kişinin kendi hakkındaki olumsuz düşünceleriyle ilişkilenmektedir. "Çocuk-ebeveyn ilişkisinde görülebilecek istenmeyen yan etkiler" ise cabasıdır. Grolnick anlatımını şöyle sürdürür: "Bu sorunlar çocukların gelişimini ve esenliğini tehlikeye atmakla kalmaz, onların mutlu ve faal bireyler olmasını da zora sokar." Grolnick'in verilerine göre çocukların farklı yaşlarda farklı gereksinimleri olsa bile gereğinden fazla kontrol her yaşta zararlı etkilerde bulunmaktadır. Ayrıca, çocuk yetiştirme tarzları ırklara, sınıflara ve kültürlere göre değişse de aşırı kontrol her yerde olumsuz etkiler yaratmaktadır.[28]

Elbette *gereğinden fazla* ve *aşırı* gibi ifadeler kullanmamız bir yandan da *ideal* düzeyde kontrol diye bir kavram olup olmadığını sorgulamamıza yol açıyor. Bence çocuklar için neyin en iyi olduğunu saptamak, niceliksel değil de niteliksel bir değerlendirme gerektirir. *Kontrolü* nasıl tanımladığımıza da bağlı olarak kontrolü azaltmak yerine alternatifler geliştirmek daha yararlıdır. Her çocuk yaşamında bir *yapı* olsun ister (bazılarının *yapılandırılmış yaşama* diğerlerinden de çok ihtiyacı vardır) ama bu onların *ideal* veya *orta düzeyde* kontrole gerek duyduğunu söylemekle aynı şey değildir.[29] Peki, aradaki farkı nasıl anlarız? Kuşkusuz burada bazı gri alanlar var ama genel kabul gören ilke şudur: Mantık dâhilinde oluşturulacak yapılar, yalnızca gerektiğinde, esnek biçimde ve yersiz kısıtlamalardan kaçınarak, çocuğun da katılımıyla kurulmalıdır. Bunun sonucu, kendi iradenizi dayatmak için zorlama veya baskı kullanmanın (kontrol deyince çoğunlukla bu akla gelir) sonuçlarından çok farklıdır.

Ebeveyn olarak, çocuğun yaşamına katılmamız ve o yaşamdaki ayrıntılardan haberdar olmamız gereklidir. Bu kitabın içindeki hiçbir şey, arkamıza yaslanıp da çocuğun kendi kendini yetiştirmesini izlemek biçiminde algılanmamalıdır. Ebeveyn olarak görevimizin "kontrolü elimizde tutmak" olduğunu söyleyebiliriz aslında, ama bundan kastımız sağlıklı ve güvenli bir ortam yaratmak, rehberlik etmek ve sınırlar belirlemektir. Bizim görevimiz "kontrolcü" olmak, mutlak itaat beklemek, baskıya dayalı disiplin tarzlarını ve çocuğu sürekli belli bir düzende tutma yöntemlerini benimsemek değildir. Kulağa bir çelişki gibi gelse bile şunu da söylememiz olanaklıdır: Çocuğun kendi yaşamını kontrol altına almasına yardım edecek biçimde kontrolü elimizde tutmamız gereklidir. Buradaki amaç boyun eğdirmek değil, desteklemektir; kullanılan yöntemler ise zorlamaya değil, saygıya dayanmalıdır.

Bilindik haliyle kontrolün kaçınılmaz olduğu durumlar yaşanabilir, burada da önemli olan aşırıya kaçmamaktır. Ama "aşırı kontrolcü olmak" ile "yeterince kontrolcü olmamak" arasında bir denge bulmaya çalışmak yerine, kontrolden bütünüyle farklı bir ebeveynlik yaklaşımı benimsememiz gereklidir. 9. Bölüm'de bunu nasıl yapacağımıza dair bazı önerilerim olacak.

4| CEZALARIN YOL AÇTIĞI ZARARLAR

Ceza... Kontrol... Otoriter ebeveynlik... Sevgiyi geri çekmek... Koşullu sevgi... Bunların tümü birbiriyle iç içe geçen kavramlardır. Ama ilk sıradaki ceza kavramı herhalde en tanıdık gelen ve en kolay anlaşılandır. Çocukları cezalandırmak demek, gelecekteki davranışları değiştirmek amacıyla çocuklara hoş olmayan bir olay veya durum yaşatmak ya da onları hoş olan bir deneyimden yoksun bırakmak demektir. Diğer bir deyişle cezalandırıcı, ders vermek amacıyla onlara çile çektirir.[1]

Bilimsel araştırmaların sonuçlarına bakmadan bile bu yaklaşımın akılcılığına dair pek çok büyük kuşku zihnimizde oluşmaya başlıyor. Örneğin, ilk etapta şunları sorabiliriz: Çocukları kasıtlı olarak mutsuz kılmanın uzun vadede olumlu etkiler yaratması ne kadar olanaklıdır? Ayrıca, madem cezalar bu kadar etkili oluyor, neden çocuğumu sürekli cezaya çarptırmak zorunda kalıyorum?

Yapılan sayısız araştırma da bu konudaki kuşkuları gideremiyor. Örneğin, sonuçları 1957 yılında yayımlanmış, bugün artık iyi bilinen bir araştırma, araştırmacıları bile şaşkınlığa düşürmüş. Anaokulu çocukları ve anneleriyle yürüttükleri çalışmanın ardından araştırmacılar şöyle bir fikir belirtmişler: "Cezanın olumsuz etkisi tüm bulgularımızda kara bir gölge gibi kendini gösterdi." İster saldırganlığı veya ebeveyne aşırı bağımlılığı, ister de yatak ıslatmayı (veya başka herhangi bir şeyi) durdurmak için kullanılsın, cezanın tam ters sonuçlar verdiği bir kez daha kanıtlanmıştır. Araştırmacıların ifadesi şöyledir: Ceza, "hedef aldığı davranışı ortadan kaldırmakta uzun vadede etkisiz kalmaktadır."[2] Daha yeni ve daha iyi tasarlanmış araştırmalar da bu sonuçları destekler nitelikteki açık bulgulara ulaşmıştır: Anne babalar "evde kuralları çiğnemeyi ne kadar sık cezalandırırsa, çocuklar evin dışında kuralları çiğnemeye o kadar sık yönelmektedir."[3]

Günümüzde şiddet içeren ceza biçimlerinin (şaplak vurmak, tokat atmak veya başka yollarla fiziksel acı vermek) yıkıcı etkilerini ortaya koyan etkileyici bir araştırma birikimi söz konusu. Bunların sunduğu veriler en ufak kuşkuya yer bırakmadan gösteriyor ki şiddet içeren ceza çocukları saldırganlaştırıyor ve pek çok yıkıcı sonuca yol açıyor. (Ama geçici bir itaat sağlayıp sağlayamadığı bile net değil.)[4] Çocuklara vurmak gerçekten de onlara *bir ders verir,* o da sizden zayıf olan insanları, canlarını yakarak istediğiniz gibi kullanabileceğinizdir!

Düşüncem o ki yapılan tüm nitelikli araştırmalar, gereksiz, zararlı ve sonuç vermekten uzak kalan şiddet yöntemlerine karşı çıkıp şaplağa sıfır tolerans gösteren bir politikayı desteklemektedir. Ama bu zaten illa verileri inceleyerek varacağımız bir sonuç değildir. Temel değerlerimiz şiddete karşı duruşumuzun haklı olduğunu gösterecektir. Bir erkeğin eşine veya kız arkadaşına vurmasından tiksinti duyulur; bir yetişkinin herhangi bir biçimde ve herhangi bir nedenden ötürü bir çocuğa vurması ise beter bir durumdur.

Diğer yandan, kontrolün sakıncalı yönleri nasıl ki cezayla kısıtlı değilse, cezanın sakıncalı yönleri de fiziksel olarak can yakmakla kısıtlı değildir. Sosyolog Joan McCord bunu açık biçimde dile getirmiştir:

> Ebeveyn veya öğretmen fiziksel cezanın yerine fiziksel olmayan cezayı koysaydı, vurmayı, yumruk atmayı ve tekme savurmayı çocuklara öğretmekten kaçınabilirdi; ama eldeki gücü kullanmanın meşru yollarından birinin insanlara acı çektirmek olduğuna dair fikri beslemeyi yine de sürdürürdü... Bunun sonuçları da toplumsal çıkarları ve sevgiyi daha az zedelemezdi.[5]

Diğer bir deyişle, sorunun kökeni, çocuklara hoş olmayan bir olay yaşatma fikridir. Bu hoş olmayan olay fiziksel bir saldırı, sevgi ve ilgi yoksunluğu, aşağılama, tecrit vs. olabilir. Bunu şimdiden vurgulamakta yarar gördüm çünkü fiziksel şiddet içeren cezalara karşı çıkan yazarların büyük bölümü bile diğer tür cezaların zararsız (hatta bazen gerekli) olduğunu savunmaktadır. (Bu durumun üç parlak istisnası Thomas Gordon, Haim Ginott ve William Glasser'dır; onlar ceza verme fikrini bir bütün olarak ele alıp yarattığı sorunları da bu doğrultuda ikna edici biçimde irdelemişlerdir.)

Diğer yandan, ebeveynlerin cezalandırıcı taktikler kullanmaktaki isteksizliğini gören pek çok danışman, cezaları "sonuçlar" adıyla baştan ambalajlama yoluna gitmiştir. Pek çok durumda aradaki tek fark sözcük anlamındadır; daha yumuşak bir adın kullanılması ile uygulamaların daha az itici görüneceği umulmuştur. Diğer durumlarda, eğer ceza daha yumuşaksa, çocuğun olumsuz davranışıyla "mantıklı" bir bağlantısı varsa veya önceden açıkça dile getirilmişse ceza vermekte bir sakınca olmadığı ima edilir; hatta cezanın bu koşullar altında ceza olarak bile görülmemesi gereklidir.

Ben buna kanmıyorum. Daha önemlisi, çocukların kandığını da sanmıyorum. Önceden bildirmemek veya açık olmamak gibi etkenler nedeniyle (veya aşırıya kaçmak ya da çok acımasızca yapmak yoluyla) kötü bir şeyi daha da kötüleştirebileceğiniz doğrudur ama cezanın olumsuz sonuçlar doğurmasının nedenleri bunlar değildir.

Çocukları nasıl cezalandıracağımızı önceden duyurmamız ("Unutma, eğer *x* yaparsan ben de sana *y* yaparım!") uyarıda bulunmak anlamı taşıyabileceğinden belki vicdanımızı rahatlatabilir ama yaptığımız şey aslında uyarı vermek değil, açık bir tehdit savurmaktır. Böylece, itaat etmediklerinde onlara nasıl acı çektireceğimizi daha en başta söylemiş oluruz. Bu son derece belirgin bir güvensizlik mesajı iletir ("Seni cezayla korkutmadığımda doğru şeyi yapacağına inanmıyorum!"). Ayrıca çocukların güçsüzlüğünü yüzlerine vurup itaate mecbur hissetmelerine yol açar. Mantık, deneyim ve araştırmalar yoluyla fark edilebilen tüm yıkıcı sonuçlar ise cezalandırma biçimlerimizde küçük değişiklikler yapsak (hatta cezaya başka bir ad versek) bile sonunda yine ortaya çıkacaktır.[6]

Bazen ebeveynlere şaplak vurmak yerine mola stratejisi kullanmaları öğütlenir, elde kalan yegâne seçenekler bunlarmış gibi. Aslında bu iki yöntem de cezalandırma biçimleridir. Aralarındaki tek fark çocuklara çektirilecek sıkıntının fiziksel mi, duygusal mı olacağıdır. Eğer birinden birini seçmek zorunda bırakılsaydık hiç kuşkusuz sevgiye mola vermek, şaplaklar vurmaya yeğdir. Aynı bakış açısıyla şaplağın onları tüfekle vurmaya yeğ olduğunu da söyleyebiliriz—ama bunu herhalde şaplak vurmayı destekleyen bir sav olarak göremeyiz.

"Hafif ceza" olarak adlandırabileceğimiz bir diğer ceza türü ise yaygın olarak "doğal sonuçlar" adıyla bilinir. Ebeveynler bu yöntemde hiçbir eylemde bulunmayarak, yani yardım etmeyi reddederek disiplin sağlayacaklarını umarlar. Eğer çocuk akşam yemeğine geç kaldıysa onu aç bırakmamız gereklidir. Yağmurluğunu okulda unuttuysa ertesi sabah dışarıda ıslanmalıdır. Bunların çocuğu daha dakik, daha az unutkan (veya her neyse o) yapacağı umulur. Ama çocuğun bundan çıkaracağı daha olası mesaj, ona yardım etme olanağımız bulunsa bile bunu yapmadığımızdır. İki yazar bu uygulamayı şöyle irdeliyor: "Bir kenarda durup çocuğunuzun sorunu ile ilgili hiçbir şey yapmadığınızda çocuğunuz iki düş kırıklığı birden yaşar. Birincisi, sorunun yarattığı düş kırıklığıdır. Diğeri ise bu sorunu gidermek veya engellemek için parmağınızı oynatmaya bile tenezzül etmediğiniz, tenezzül etmeyecek kadar az umursadığınız için doğan düş kırıklığıdır. Dolayısıyla 'doğal sonuçlar' yaklaşımı yalnızca daha değişik bir ceza türüdür, başka şey değil."[7]

Cezanın (herhangi bir cezanın) en çarpıcı özelliklerinden biri, tıpkı sevgiyi geri çekme veya olumlu pekiştirme yöntemlerinde olduğu gibi, herkesi içine hapseden kısır döngüler yaratmasıdır.

Cezaya çarptırılan çocuğun kızgınlık veya acı ile karşılık verdiğini, cezanın hiçbir şeyi değiştirmediğini veya düzeltmediğini (hatta daha kötüleştirdiğini) kaç kez görürsek görelim, yapabileceğimiz tek şeyin yine ceza vermek olduğunu düşünebilir, hatta daha sert cezalara yönelmek gerektiğine inanabiliriz. Araştırmaların ilginç bulgularından biri de şu ki en olumsuz etkileri doğuran öge ebeveynin ilk müdahalesi değil, çocuğun ilk isteğe uymamasının *ardından* kullandığı cezadır. Zaten en kaygı verici olan da cezayı bu biçimde, tepki olarak kullanmamız, yani çocukla kavgaya tutuşmuşken buna yönelmemizdir. O halde, kızdığımız veya düş kırıklığına uğradığımız zamanlarda cezadan kaçınmamız daha da önemlidir.[8]

Daha vahim kısır döngü ise çocukla karşı karşıyayken değil, *zaman içinde,* yıllar geçtikçe yaşanan olaylarla yaratılır. Çocuğu sürekli cezalandırmak onu asi bir ergene dönüştürebilir ama bize öğütlenen yine de cezaya devam etmemiz, hatta daha da yoğunlaştırmamızdır. İtaatsiz gencin dışarıya çıkmasına izin vermeyin, harçlığını kesin, elinizdeki gücü kullanarak onu sorumlu davranmaya *zorlayın. Bu strateji ne kadar sık başarısızlığa uğrarsa biz de sorunun stratejide değil de çocukta olduğunu o kadar sık düşünürüz.* Olur da kullandığımız yöntemler üzerine biraz kafa patlatırsak bu kez de vara vara cezayı etkili biçimde uygulayamadığımız sonucuna varırız (çocuklara bir ders vermek için onlara sıkıntı çektirmenin iyi bir fikir olmayabileceği sonucuna değil). Ginott yerden göğe kadar haklıydı: "Olumsuz davranışlar ve ceza birbirini yok eden karşıtlar değildir; birbiri üzerinden beslenen ve böylece birbirini güçlendiren kavramlardır."[9]

Ceza Neden Başarısız Olur?

Elimizdeki kanıtlara bakarak cezanın hiçbir işe yaramadığı gerçeğini yadsımamız olanaksızdır. İşe yaramama *nedenlerini* aynı kesinlikle sıralamak ise biraz daha güç. Yine de bazı tahminlerde bulunabiliriz.

- **İnsanları çıldırtır:** Diğer kontrol biçimleri gibi cezai sonuçlar da maruz kalan kişiyi hiddetlendirir. Bunun yaşattığı deneyim iki kat acı vericidir çünkü kişi bir yandan da bu durumu giderecek gücü olmadığını, aciz kaldığını hisseder. Tarih biliminin bize uluslarla ilgili anlattığını psikoloji bilimi bireyler düzeyinde yineler: Bir zamanların mazlumları, ellerine fırsat geçtiğinde zulmedenler olacaklardır.
- **Gücün nasıl kullanılacağına dair bir model teşkil eder:** Çocuklara fiziksel cezalar vermek, onlara şiddet kullanmanın, sorunları çözmek için kaba kuvvet uygulamanın örneklerini gösterir. Aslında tüm cezalar benzer örnekler teşkil ederler. Çocuk, cezalandırma nedenimiz olan dersi almayacak ("X davranışını tekrarlama sakın!") ve bambaşka bir şey öğrenecektir: Yaşamındaki en önemli kişi, yani rol modeli, bir sorunla karşılaştığında kaba kuvvet uygulayarak karşıdaki kişiyi mutsuz etmekte, böylece onun teslim olmasını sağlamaktadır. Ceza, çocuğu kızgın bir bireye dönüştürmekle kalmaz, aynı zamanda eline "açık biçimde düşmanlık sergilerken kullanacağı bir model verir."[10] Diğer bir deyişle, güçlünün her zaman haklı olduğunu öğretir.
- **Er geç etkisini yitirir:** Çocuklar büyüdükçe onları yeterince mutsuz edecek cezalar bulmak zorlaşır. (Onlara yeterince çekici gelecek ödüller bulmaya çalışırken de aynı zorlukla karşılaşırsınız.) Bir noktada tehditleriniz ürkütücü olmaktan çıkar ve çocuklarınız da "Odana git, cezalısın!" veya "Bu hafta harçlık yok sana!" gibi haykırışlarınıza umursamazca omuz silkerek karşılık vermeye başlarlar. Bu, çocukların çetin ceviz veya dikkafalı olduğuna delalet etmez, onlara acı çektirebilmek için daha şeytanca yöntemler bulmanız gerektiğini de göstermez. Bunun anlatmak istediği, kötü davranışlarda bulunan çocukları cezalandırmanın ve böylece iyi insanlara dönüşeceklerini ummanın hiç de akıllıca bir strateji olmadığıdır.

Şöyle düşünün: Küçük bir çocuk neden insanlara nazik davranması veya belli arzularına gem vurması gerektiğini merak ettiğinde ebeveynin elinde iki seçenek vardır. Birincisi, çocuğuna koşulsuz sevgi vererek kurduğu o saygı ve güven bağından yararlanıp mantık yürütme ve ikna etme yöntemlerine başvurması, o davranışta değil de bu davranışta bulunmanın diğer kişileri nasıl etkileyeceğini anlatmasıdır. İkinci seçenek ise güç gösterisi yapıp, "Eğer şunu kesmezsen sana ceza vereceğim!" demektir.

İkinci yaklaşımdaki sıkıntı, gücünüz azalmaya başladığında (ki bir gün mutlaka azalacak) elinizde hiçbir şeyin kalmayacak olmasıdır. Tıpkı Thomas Gordon'un belirttiği gibi "küçük çocukları kontrol etmek için sürekli güç kullanmanın kaçınılmaz sonucu, onları nasıl *etkileyeceğinizi* asla öğrenememektir." Yani cezaya ne kadar çok yönelirseniz "çocuğun yaşamındaki etkiniz o kadar az olur."[11]

- **Çocuklarla ilişkilerimizi yıpratır:** Çocuklara ceza verdiğimizde bizi sevecen müttefikler olarak algılamaları zorlaşır (ki bu algıya sahip olmaları, sağlıklı gelişimleri için şarttır). Onların gözünde, uzak durulması gereken ceza infaz memurlarına dönüşürüz. Küçük çocuklar, zaman geçtikçe, bütünüyle bağımlı bulundukları o kocaman, her şeye kâdir insanlar olan ebeveynlerin, kendilerini *bilerek ve isteyerek* perişan ettiğini düşünmeye başlarlar: Bana sarılan, sallayan, yemeğimi veren ve gözyaşlarımı öpe öpe silen bu devler bazen sevdiğim şeyleri elimden alıyor, kendimi değersiz hissettiriyor veya popoma vuruyorlar. Yaptığım belli bir şey yüzünden böyle davrandıklarını söylüyorlar ama artık onlara güvenip güvenemeyeceğimi veya kendimi yanlarında güvende hissedip hissedemeyeceğimi bilmiyorum. Kızgın olduğumu göstermek veya kötü bir şey yaptığımı itiraf etmek aptalca olur çünkü öğrendim ki sevgilerine mola verebilir, içinde en ufak şefkat kırıntısı kalmamış bir sesle konuşabilir veya bir şaplak vurabilirler. Uzak durmak en iyisi.

- **Çocukların gerçekten önemli olan konulara yoğunlaşmasını engeller:** Farz edin ki bir çocuğa kardeşine yumruk attığı için odasına gitme ve en sevdiği televizyon dizisini izlememe cezası verildi. Şimdi odasında, yatağına oturmuş öylece dururken biraz bakalım ona. Sizce aklından geçenler nelerdir? Eğer davranışlarını gözden geçirdiğine ve "İnsanları incitmenin neden yanlış olduğunu şimdi anladım," diye düşündüğüne gerçekten inanıyorsanız size engel olmayayım, çocukları odalarına yollamayı sürdürün.

Diğer yandan, gerçek bir çocukla zaman geçirmiş (hatta bir zamanlar kendisi gerçek bir çocuk olmuş) herhangi biri gibi siz de bu senaryonun gülünç olduğunu düşünüyorsanız böyle bir cezayı (veya başkasını) neden verirsiniz? Sevgiye mola vermenin makbul bir disiplin yöntemi olduğu çünkü çocuğa davranışlarını gözden geçirme olanağı tanıdığı fikri abesle iştigal etmekten başka şey değildir. Daha genel konuşmak gerekirse ceza, çocuğun bulunduğu eyleme odaklanmasını sağlamaz. Bu eylemde neden bulunduğunu veya daha başka nasıl davranmış olması gerektiğini ise hiç düşündürtmez. Ceza kullanarak düşünmesini sağladığımız tek şey anne babasının ne kadar zalim olduğudur (ve belki de başının belaya girmesine neden olan öbür çocuktan öcünü nasıl alacağıdır).

Kısacası, çocuklar cezanın kendisine odaklanırlar; ne kadar haksızca olduğunu ve bir dahaki sefere ondan nasıl kaçınabileceklerini düşünürler. Onlara ceza vermek (hatta gelecekte aynı hareketi tekrarlamaları halinde yine ceza alacakları yönünde bir de tehdit savurmak) yalnızca tek bir amaca hizmet eder, o da istedikleri her şeyi çaktırmadan yapma becerilerini keskinleştirmektir. Bir çocuğa "Seni bir kez daha onu yaparken yakalamayayım!" deyin, o da "Peki, bir daha yakalamazsın," diye düşünür. Bu durum yalana da teşvik eder. Cezalandırılmayan çocuklar hatalarını kabul etmekten daha az korkarlar. Ama cezalandırma yanlısı ebeveynler, geleneksel disipline her zaman refakat eden o dürüstlük yoksunluğu ile karşılaştıklarında ("Ben kırmadım! Zaten kırıktı!") ceza kullanma tercihlerini sorgulamazlar da, çocuğu bir de yalan söylediği için cezalandırırlar.

- **Çocukların daha benmerkezci olmasına yol açar:** *Sonuçlar* sözcüğü, yalnızca cezaların örtmecesi olarak değil, aynı zamanda onları meşru gösteren gerekçe olarak da ortalıkta dolaşıp duruyor. ("Çocuklar hareketlerinin bazı sonuçları olacağını öğrenmelidir.") Ama bu sonuçlara kim katlanır? Cezaların bir ağızdan verdikleri yanıt şudur: Cezalandırılan çocuğun kendisi. Böylece çocuk, bir kuralı çiğnemenin veya bir yetişkine karşı gelmenin *kendisine* ne tip etkiler yapacağıyla (yani yakalandığı zaman ne tip sonuçlara katlanmak zorunda kalacağıyla) ilgilenir yalnızca.

Ceza verdiğimizde çocukları şöyle düşünmeye sevk ederiz: "Onlar (gücü elinde tutan yetişkinler) benden ne yapmamı istiyorlar ve yapmazsam bana ne olur?" Bu, iyi çocuklara ödül vaat edilen okul veya ev ortamlarındaki sorunun ("Ne yapmamı istiyorlar ve bunu yaptığımda ne alacağım?") ayna ikizidir. İki soru da yalnızca kişisel çıkarla ilişkilidir ve çocukların sormasını istediğimiz asıl sorularla (örneğin, "Nasıl biri olmak istiyorum?") tümüyle alakasızdır.

İki araştırmacı cezanın manevi gelişimi engellediği sonucuyla karşılaştıktan sonra nedeni şöyle açıklamış: Cezaların "çocukları odakladığı nokta, davranışların sonuçlarının bu davranışta bulunan kişiye (yani kendilerine) nasıl dokunacağıdır."[12] Sevgiye mola vermek gibi cezai sonuçlara (veya övgünün de aralarında bulunduğu ödüllere) ne kadar çok başvurursak çocuklar da eylem ve davranışlarının *başkaları için* ne sonuçlar yarattığını o kadar az düşüneceklerdir. (Ama bir tür maliyet-fayda analizi yapabilirler; bulunmamaları gereken bir eylemde bulunup yakalanma ve cezalandırılma riskini, o eylemde bulunmanın vereceği keyif ile karşılaştırabilir, hangisinin ağır bastığını, cezalandırılmaya değip değmeyeceğini düşünebilirler.)

Çocukların cezaya verdiği böylesi karşılıklar (mevcut riskleri hesaplamak, nasıl yakalanmayacaklarını düşünmek, kendilerini korumak için yalan söylemek) kendi bakış açılarına göre son derece mantıklıdır. Olabildiğince akılcı düşünmektedirler. Ama bu düşüncelerde manevi değerler ve ahlak duygusu yoktur çünkü ceza (tüm cezalar) maneviyatın gelişimini sekteye uğratır. Geleneksel disiplini savunan biri şunu söyleyebilir: "Büyüyüp de 'gerçek dünya'ya çıkan çocuk, davranışlarının sonuçlarına katlanacaktır." Biz de ona şu soruyu sorabiliriz: Etik dışı davranışlardan ancak *şahsi bedel ödeme* korkusuyla caydırılabilen bu gerçek dünya yetişkinleri ne biçim bireylerdir? Bu sorunun yanıtı, "çocukların benzemeyeceğini umduğumuz bireyler" olacaktır.

* * *

Benim savım çoğunlukla uygulamayla ilişkilidir. Mantıklı ölçütlere göre değerlendirildiğinde görülür ki ceza pek bir işe yaramamaktadır, dolayısıyla da daha fazla (veya başka türden) cezanın durumları düzelteceği veya iyileştireceği beklentisi pek gerçekçi değildir. Peki, açıklama yapmanın, mantığı anlatmanın, empati kurmanın vs. yalnızca kısıtlı bir etki yarattığını, dolayısıyla çocuklara bir şey anlatırken "yumruğu masaya vurabilmek" ve "dikkatlerini çekebilmek" için bazı sonuçlardan yararlanmamız gerektiğini söyleyen ebeveynlere ne diyeceğiz?

İlk olarak şunu söyleyelim: Yukarıdaki iddia, çocukların, kimi zorlamalarda bulunmadığımız takdirde dünyalarındaki en önemli kişiler (yani ebeveynler) sanki orada değilmiş gibi davranacağı varsayımına dayanmaktadır. Bu görüşü savunmak çok güç. Çocukların söylenen bazı şeyleri duymazdan geldiği, yemek çağrıları veya ortalığı toplama ricaları karşısında seçici işitme vakası örnekleri verdiği doğrudur. Ama bu, sözlerimizin ve eylemlerimizin farkında olmadıkları anlamına gelmez. Tam tersine, en nazik ebeveynin bile (aslında özellikle en nazik ebeveynin) sözleri, anne ve babanın çocuk dünyasındaki yeri dolayısıyla zaten çok büyük ağırlık taşımaktadır.

Peki, tehdit ve cezaların çocukların ilgisini çekmekte daha başarılı olduğu savunulabilir mi? Bunu savunanlar elbette olabilir, ama gerçek şu ki umulandan daha farklı, olumsuz sonuçlara da davetiye çıkarılıyor demektir. Cezanın göz ardı edilmesini olanaksızlaştıran özellikleri, ondan herhangi bir hayır gelmeyecek olmasının da nedenleridir aslında. Çocukların dikkatini çeken şey acıdır (ve bu acıya da bağımlı olduğu birisinin bilerek ve isteyerek yol açtığı gerçeğidir). Bu durumun istediğimiz etkiyi yaratması pek olanaklı değildir.

Bazı ebeveynler çocuklarını çok sevdiklerini söyleyerek ceza taktikleri uygularlar. Çocukları sevdiklerine kuşku yok ama sevgi nedeniyle ceza uygulamak çocukların kafalarını çok karıştırıyor. Kendilerine açıkça sevgi gösteren kişilerin neden dönem dönem acı da çektirdiğine bir anlam veremiyorlar. Bu da sonunda, insanlara acı çektirmenin onları sevmenin bir parçası olduğu biçiminde çarpık bir düşünce oluşmasına yol açıyor ve çocuklar bu düşünceyi tüm yaşamları boyunca taşıyorlar. Bazı çocuklar ise sevginin yalnızca koşullu olduğunu ve insanlar istediğinizi yaptığı sürece beslendiğini düşünüyorlar.

Cezayı makul gören bir başka düşünceye göre ise iyi bir nedenden ötürü verildiği ve nedeni açıklandığı sürece cezanın yıkıcı bir yönü bulunmuyor. Gerçek şu ki *açıklamalarla cezanın olumsuz etkilerini hemen hemen hiç azaltamazsınız ama açıklamaların olumlu etkilerini ceza yüzünden yok edebilirsiniz.*[13] Farz edin ki bazı şeyleri çocuğa açıklıyorsunuz ve bulunduğu eylemlerin başkalarını nasıl hissettirdiğini düşünmesine yardımcı oluyorsunuz. Diyorsunuz ki: "Annie, Legoları Jeffrey'nin elinden aldığında onu çok üzdün, çünkü şimdi onlarla oynayamıyor." Ama çocuğunuzu bir de cezalandırma alışkanlığınız varsa ne olacak? İşte o zaman yaptığınız açıklamanın yararı sıfırlanıp gidebilir. Eğer Annie deneyimlerine dayanarak kendisine bir ceza verileceğini biliyorsa Jeffrey'i düşünmez ve eyleminin kendi başına ne iş açacağına odaklanır. Cezaya çarptırılmaktan ötürü ne kadar kaygı duyarsa manevi yönünü de o kadar az geliştirecektir.

Bu bölümdeki her şeyi 2. Bölüm'deki tartışmalarla bir araya getirirsek daha büyük bir motifin belirmeye başladığını kolayca görebiliriz. Koşullu ebeveynliği kapsayan ve *çocuklara yapmak* olarak tanımladığım yaklaşım aslında bir süreydir. Bunu aşağıdaki gibi görselleştirebiliriz:

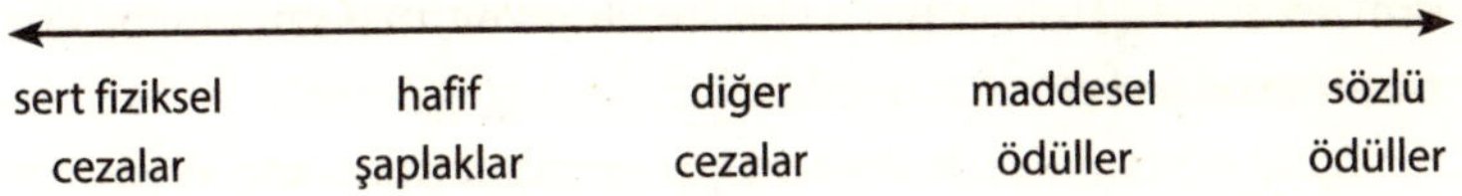

Çocuğunuza vurmak ile "Aferin!" demenin aynı şey olduğunu ileri sürmüyorum. Ama kavram olarak bağlılar. Zaten bu tekniklerin biri veya ikisi değil, hepsi beni kaygılandırıyor (onları birbiriyle ilişkilendiren varsayımlarla birlikte). Kendi deneyimlerimden biliyorum ki ebeveyn yukarıdaki şeklin sağ tarafındaki *çocuğa yapma* seçeneklerinden birinin yeterli olduğunu düşündüğünde *çocukla çalışma* alternatiflerine pek yanaşmıyor. Tüm modeli reddetme gerekliliğini böyle uzun uzun vurgulamamın nedeni budur.

Doğrusunu söylemek gerekirse şu ana kadar "ne kadar çoksa o kadar iyi" görüşü olarak adlandırabileceğim bir görüşe de karşı çıkmaktaydım. Bu görüş aslında belli bir ebeveynlik yönteminin olumsuz veya işe yaramaz olduğunu ve mutlaka başka bir yöntemle değiştirilmesi gerektiğini vurgulayan savları duymazdan gelme eğilimidir. Bazı insanlar "Neden iki yöntemi de uygulamayalım ki?" diye sorarlar. "Elimizdeki araçları fırlatıp atmaya gerek yok. İşe yarayan her şeyden yararlanalım."

Bu noktada yine aynı soruları sorabiliriz: "Ne başarmak konusunda işe yarıyor ve nasıl bir bedel ödetiyor?" Asıl sorun şu ki farklı stratejilerin amaçları birbiriyle çelişebilir. Bir tanesi, diğerinin olumlu yönlerini silip atabilir. Örneğin, cezalandırma yöntemi iyi ebeveynlikle bir araya getirilirse hiç kuşkusuz iyi ebeveynliğin yararlarını yok edecektir.[14]

Kuşaklar boyunca çiftçiler ve manavlar tarafından vurgulanmış bir gerçek vardır: Tek bir çürük elma koca bir sepet dolusu iyi elmayı ziyan edebilir. Çürük meyvenin saldığı gazla bir örnekseme yapmak ve geleneksel disiplinin dışarıya psikolojik bir etilen saldığını söylemek belki biraz zorlama olabilir ama şu bir gerçek ki optimal sonuçlar almak için daha iyi uygulamaları eski uygulamaların üzerine yığmak yerine basitçe eski uygulamaları terk etmek gereklidir. Kötü olan her şeyden (örneğin, cezalar ve ödüllerden) kurtulmalıyız ki iyi uygulamaların iş görmesine olanak tanıyabilelim.[15]

5| BAŞARMAYA ZORLANMAK

"Stres" sözcüğü kişinin duygu durumunu tanımlamak için kullanıldığında bir mecaz niteliğindedir. Bu sözcüğün kullanımı ilk başlarda madenlerin ve diğer materyallerin bilim kapsamında incelenmesiyle kısıtlıydı; terim olarak anlamı da aşırı güç kullanımından ileri gelen "zorlanma ve deformasyon" idi. Kısacası, çelik çubuk stresi belli bir noktaya kadar kaldırır, bunun ötesinde ise kırılır.

O halde, mecazen konuşmak gerekirse, çocuklara buna benzer bir güç uygulayan şey nedir ve çocuklar "kırıldığı" zaman ne olur?

Çocuğun yaşı iki haneli oldu mu disiplin oyununda işler daha da ciddiye biner. Ergenlik dönemindeki çocuk başına daha çok bela açabilir; kontrol edilmeye haklı olarak karşı koyduğunda ise ebeveynlerin verdiği karşılık daha sıkı kontrol ve daha sert ceza düzenine geçmek olur. Ama bu yaştaki çocuk başka bir nedenden ötürü de stres yaşayabilir: Gittikçe artan biçimde aldığı mesaj, yalnızca itaatkâr değil, aynı zamanda başarılı olmasının istendiği ve yalnızca iyi bir insana dönüşmesinin değil, her işi iyi yapmasının beklendiğidir.

Ruh sağlığı uzmanlarının ve diğer yazarların son yirmi yılda yayımlanan çoğu kitabı, çocukların acele ettirildiği, baskı altına alındığı ve yaşamlarının pek çok ödev, görev ve etkinlikle aşırı biçimde doldurulduğu yönünde ciddi uyarılarda bulunuyor. Sonuçları 2002 yılında yayımlanan bir araştırma ise banliyölerdeki on bir ve on iki yaşındaki çocuklar arasında rahatsız edici düzeyde içki düşkünlüğünü (çoğunlukla oğlanlar) ve depresyonu (çoğunlukla kızlar) ortaya çıkardı. Araştırmacı grubu bu sorunların kökenini incelediğinde ise çocukların ebeveynleri tarafından sürekli ve baskın biçimde üst düzey üniversitelerden birine girmeye güdülendiğini keşfetti.

Bunların yanında, ailesinin akademik başarıya büyük önem verdiğini söyleyen yedinci sınıf öğrencilerinin yoğun iç sıkıntısı ve "uyumsuz mükemmeliyetçilik" belirtileri gösterdiği saptandı. Aynı sıkıntılar *başarıyı* değil de *esenliği* üstün tutan ebeveynlerin çocuklarında ise bu denli yaygın gözlenmiyordu.[1] Bu hedefler birbirinden farklı olmakla kalmaz, bazen iki farklı yöne de çekerler. Ama psikolog Erich Fromm'un bir zamanlar yakındığı gibi "çocuğunun mutluluğuna başarıdan daha çok önem verecek cesaret ve bağımsızlık ne yazık ki pek az ebeveynde vardır."[2]

Uç durumlarda "başarı baskısı" kontrolden çıkar ve çocuğun bugününün geleceğe ipoteklenmesi haline gelir. Yaşama bir anlam katacak veya keyif getirecek faaliyetler Harvard'a girebilmek için yapılan çalışmalar uğruna feda edilir. (Ben buna "H Hazırlığı" adını verdim.) Ulaşılmak istenen nihai hedef ebeveynlerin aklından asla çıkmaz; onlar çocukların okulda (hatta okuldan sonra) ne faaliyetlerde bulunduğunu dikkatlice tartar ve bunların gelecekte elde edilecek başarılara ne katkı yapacağını değerlendirirler. Öğrenciler lise dönemine geldiklerinde ise üniversite kabul komitelerini etkileyecek faaliyetlere katılmaları gerektiğini çoktan öğrenmişlerdir. "Şimdi ve burada" neyle ilgilendiklerini göz ardı eder veya ilgilerini çekecek bir şey bulamaz olurlar. Tümüyle not ortalamalarını yükseltmeye veya SAT'ta* birkaç puan daha fazla almaya kilitlendikleri için derslerde "Bu ne demek?" yerine "Bunu bilmemiz gerekiyor mu?" sorusunu sorarlar.

Çocukların uslu durduğu ve ebeveynleri ile öğretmenlerine hiçbir sorun yaşatmadığı ailelerde de benzer başarı baskılarıyla karşılaşılmaktadır. Başarılı ebeveynler (buradaki kastım *ebeveynlik* açısından değil, *finansal* açıdan başarılı olma durumlarıdır) çocuklarıyla ilgili hiç de gerçekçi olmayan beklentiler içine girerler.

---

* SAT: *Scholastic Assessment Test*. Amerikan üniversitelerinin öğrenci kabulünde dikkate aldığı ana değerlendirme testi. (Ç.N.)

On bir ve on iki yaşındaki çocuklara yönelen çalışma "Ayrıcalıklı Olmasına Karşın Baskı Altında mı? Varlıklı Gençlerin İncelenmesi" biçiminde kışkırtıcı bir başlığa sahipti ve çalışmada yer alan araştırmacılardan biri daha önce yaptığı bir başka incelemede varlıklı gençlerin madde kullanma ve kaygıdan mustarip olma oranının yoksul mahallelerdeki yaşıtlarına göre daha yüksek olduğunu keşfetmişti.[3]

Bu, banliyölerde yaşayan varlıklı ergenlerin (veya yakında ergenliğe adım atacakların) ebeveynlerine açıklamaya değer bir konudur. Zaten çocukları her şeyde en iyi olmaya itmenin ne bedeller ödettiğine değinen kitaplar Fairfield, Westchester ve Marin gibi varlıklı bölgeler dışında yaşayan çocukları belli ölçüde es geçmektedir. Çünkü her çocuğun koca CEO'ları bile bitap düşürecek kadar yoğun bir okul sonrası programı yoktur. Varsa da yeterince büyüdüğü zaman bir iş tutma zorunluluğuyla ilgili uğraşlarla doludur. Bazı anne ve babaların derdi Hummer'ları ve lüks tankları müzik dersleri ile jimnastik salonları arasında çalıştırıp durmak değil, arabalarının borcunu ödemektir. Ayrıca, kentin bir tarafında çocuğunun "kariyeri" için tam zamanlı danışmanlığa soyunmuş varlıklı bir ebeveyn varsa, diğer tarafında da başka bir ebeveyn vardır ki bu "danışmanlık" kapsamında sık hatalar yapma lüksü verecek kadar bol paraya ve zamana sahip olmanın nasıl bir şey olduğunu yalnızca rüyasında gördüğünde deneyimleyebilmektedir.

Kısacası, çocukların maruz kaldığı baskılar mahalleden mahalleye değişebilir. Ama bu yalnızca zengin çocukların zorlandığı ve belli hedeflere itildiği anlamına gelmez. Suyun üzerinde kalmakta zorlanan, işçi sınıfına mensup ebeveynler de kendilerinin asla elde edemediği fırsatları çocuklarına tanımaya çalışabilir ve bu fırsatları yaratmak için gösterdikleri çabanın daha çoğunu çocukların bunları değerlendirmesini sağlamak için harcayabilirler. Bunun yarattığı stres yalnızca prensip olarak özel öğretmen tutan ebeveynin yarattığı stresle aynı değildir ama yine bir tür strestir.

Böylesi yaklaşımların etkilerini daha da yıkıcı yapan ise çocuğun (hangi gelir düzeyinden veya etnik kökenden gelirse gelsin) yalnızca başarı kazanmasının değil, arkadaşlarından çok daha başarılı olmasının beklenmesidir. Böylece çocuklar çevrelerindeki herkesi başarının karşısındaki engel olarak görmeye başlarlar. Bu durumun kolayca öngörülebilen sonuçları ise yabancılaşma ve saldırganlık, kazananlara imrenme ve kaybedenleri hor görme eğilimleridir. Ayrıca, ilişkileri bozulurken özsaygıları da dibe vurur. Kendinizi yeterli hissetmenizin tek yolu başkalarını yenilgiye uğratmaksa bu hisse yalnızca arada sırada sahip olabilirsiniz. Çünkü herkes her zaman kazanamaz.

1980'lerde iki psikolog 800'den fazla lise öğrencisinin katıldığı büyük bir araştırma yaptı ve rekabetçi yönelimi olan öğrencilerin "kişisel değerlerini ölçümlere ve performans tabanlı değerlendirmelere dayandırdığını" keşfetti. Bir başka deyişle, belli alanlarda ne kadar başarılı oldukları ve diğer insanların haklarında neler düşündüğü kendilerini nasıl gördüklerini etkiliyordu.[4] Rekabet, özsaygıyı koşullu ve istikrarsız hale getirir, kazansanız da kaybetseniz de aynı etkiyi yapar. Dahası, bu etki yalnızca "aşırı" rekabetçilik durumunda da ortaya çıkmaz. Şöyle ki çocuklar ne zaman rekabete sokulsalar ve birinin kazanması diğerlerinin başarısız olmasına bağlansa çok ağır psikolojik bedeller ödenmektedir.

Çocuklarımız için çok fazla şey yaptığımıza, onları şımarttığımıza ve yaşamlarına fazla karıştığımıza dair uyarıları yukarıda anlatılanlar doğrultusunda farklı bir açıdan ele alabiliriz. Buradaki asıl soru ne kadar çok yaptığımız değil, *ne* yaptığımızdır. Çocukların daha başarılı olmasını sağlamaya çalışırken (veya daha kötüsü, onları yaşıtlarından daha üstün kılmaya uğraşırken) ipin ucunu kaçırmışsak biraz gevşemekte elbette yarar vardır ama bu daha az ebeveynlik yapmak demek değildir. Aksine, daha iyi ebeveynlik yapmamız (örneğin, daha az kontrolcü ve daha çok destekçi olmamız) gerektiğini ifade eder. (7-10. Bölümler arasında bunu nasıl yapacağımıza değineceğim.)

Çocuklarımız için çok şey mi yaptığımızı sormak yerine, *kimin için* yaptığımızı sormak daha yararlı (ama belki biraz da huzursuz edici) olabilir. "Hiperebeveynlik" ile ilgili bir kitabın da yazdığına göre, çocuklarını başarı kazanmaya odaklayan ebeveynlerin tek suçu, ilk bakışta, onların mutluluklarını kendi mutluluklarının önüne koymakmış gibi görünebilir. Ama bir kez daha bakın: Çoğunlukla bir başkasının başarısına ortak olduğunu hissetmek anlamına gelen "yansıyan başarının tadını çıkarma" (*basking in reflected glory*) kavramıyla karşılaşırsınız. Bu kavram genelde takımı kazanan taraftarların sevinç ve gururuna işaret eder ama çocuğun başarısı yoluyla kendisinin de bizzat başarı kazandığı hissine kapılan ebeveynleri de son derece iyi tanımlamaktadır. Böylesi ebeveynler sizinle tanışır tanışmaz çocuklarının özel öğrenci programına girdiğini, tenis takımına seçildiğini veya Stanford Üniversitesine kabul edildiğini (hem de erken kabul) söyleyen kişilerdir. (Bu zihniyetle dalga geçmek için "Kızım iki yaşında olmasına karşın bir şeyler okurken hâlâ dudaklarını oynatıyor ve ben bundan büyük kaygı duyuyorum," derdim.)

Çocuklarımızla gurur duymanın hiçbir sakıncası yoktur. Ama övünme işi abartıya kaçtığında (çok yoğunsa, çok sıksa veya çok çabuk başlıyorsa) ebeveynin kimliğinin çocuğun başarılarına dolanıp kalmış olduğunu söyleyebiliriz. Böbürlenmeler sevgi dolu olmaktan daha çok muzaffer bir edayla dile getiriliyorsa ebeveyn kimliği ile çocuk başarısının iç içe geçmiş olduğunu söylemek daha da kolaydır. Böylesi ebeveynlerin konuşmalarında her zaman rekabetçi bir vurgu vardır, çocuklarının yalnızca zeki olmakla kalmadığını, aynı zamanda herkesten daha zeki olduğunu ima ederler. (Bu durum, trafikte gördüğümüz o tuhaf tampon çıkartmalarıyla aynı şeydir: BENİM ÇOCUĞUM OKULUNDA ONUR ÖĞRENCİSİ OLDU. Orada yazmasa bile bizim anladığımız devam da şudur: AMA SENİNKİ OLAMADI.)[5]

Bu ebeveynleri dinlerken başarıların öylesine kazanılmadığını ve çocuğa gereğinden yakın duran, onu fazlasıyla zorlayan, çok sevmek yerine koşullu seven bir anne veya babanın ittirip kaktırmasıyla elde edildiğini düşünmeye başlarsınız. Bunun yanında çocuğun bu kadar etkileyici başarılar kazanmadığında da aynı biçimde sevilip sevilmeyeceğini ne sıklıkla düşündüğünü merak edersiniz. Bilinçdışında kurulan denklem, yani "Çocuğum çok başarılı, o halde ben de öyleyim!" (belki de "Çocuğum çok başarılı, bunu sağlayan da benim!") olumlu pekiştirme taktikleri ile doğrudan ilişkilidir. Çocuk bilir ki kucaklamalar veya gülümsemeler için mutlaka iyi iş çıkarmak zorundadır; ayrıca ebeveynin onunla gurur duymasını sağlayan etken kim olduğu değil, yalnızca ne yaptığıdır.

Benim çocukluğumda bazı ebeveynler çocuklarını anaokuluna bir yıl önceden verirler veya ilkokulda bir sınıf atlatacak biçimde hazırlarlardı, böylece neyin yarışına girişeceklerdiyse bir adım önde olurlardı. Bugünlerde ise aynı türden ebeveynler çocuklarını bir yıl *bekletiyorlar* ki okula başladıklarında sınıf arkadaşlarından daha büyük (böylece daha becerikli) olsunlar. (Bazı üniversite spor takımlarında oyuncular, yetenekleri geliştirilinceye dek [çoğunlukla bir yıl boyunca] karşılaşmalara katılmazlar, ebeveynlerin yaptığı uygulama da buna benziyor.) Stratejideki 180 derecelik dönüş aslında çok gülünçtür ama asıl soru söz konusu kararın çocuğun iyiliği için alınıp alınmadığıdır.[6] Burada ebeveynin, çocuğun yaşamına biraz fazla mı karıştığını sormakla yetinmemeli, bu karışmanın nasıl bir biçim aldığını ve arkasındaki sebebin ne olduğunu da incelemeliyiz.

Okulda

Çocuğunuz için en yararlı olanı saptamaya gerçekten odaklandığınızda (ve alışılmış türden bilgileri sorgulamaktan da çekinmediğinizde) kendinizi başarının doğasına dair bazı popüler varsayımları tepetaklak ederken bulabilirsiniz. Örnek olarak notları ele alalım. Pek çok düşünceli ve çocuklarına saygılı ebeveyn bile iyi notları iyi birer işaret olarak görür. Bu yüzden, çocukların iyi notlarından da keyif duyar. Çocukların ana hedefini iyi notlar almak olarak belirleyen ailelerin kullandığı yöntemlere göz atmaya başlamadan önce not konusuyla ilgili bazı önemli uyarılarda bulunmak istiyorum.

Benim tüm kaygım bu dünyada farklı motivasyon biçimleri bulunduğu ve bunların hepsinin de arzu edilir cinsten olmadığı gerçeğinden doğuyor (s. 43-44). İyi bir not almaya çalışan öğrenci ile bir problemi çözmeye veya bir öyküyü anlamaya çalışan öğrenci arasında dağlar kadar fark var. Dahası, araştırmalar gösteriyor ki öğrenciler daha yüksek notlar almaya yöneltildiğinde üç şey gerçekleşiyor: (1) Öğrenmeye duydukları ilgiyi yitiriyorlar; (2) zor işlerden kaçınmaya başlıyorlar; (3) derinlemesine ve eleştirel düşünmeye pek yatkınlık göstermiyorlar.[7] Şimdi bunları tek tek ele alalım:

1. Yardımseverliği için ödüllendirilen çocuk nasıl ki yardımseverliğinden yitiriyorsa yüksek not almaya çalışan öğrenci (daha doğrusu, tek derdi yüksek not almak olan öğrenci) de öğretilen şeye daha az ilgi duymaya başlar. Bu aslında her çocuk için geçerli değildir; bazıları notların yıkıcı etkilerine karşı sanki doğal bir bağışıklığa sahiptir. Ama risk pek çok çocuk için gayet yüksektir. Bildiğim kadarıyla bu sorunu inceleyen *tüm* araştırmalarda, belli bir ödeve mutlaka not verileceği söylendiğinde o ödevi yapmanın daha keyifsiz hale geldiği görülmüştür (ödeve not verileceği söylenmeyen çocuklara kıyasla). Müthiş bir öykü veya heyecan verici bir bilim projesi bile 100, A veya altın yıldız almak için uğraşmanız gereken bir şeye dönüştürüldüğünde çekiciliğinden çok şey yitirmektedir. Bir çocuk notları ne kadar düşünüyor ve düşük notlardan ne kadar kaygı duyuyorsa dünyaya duyduğu doğal merak o kadar buharlaşıp gitmektedir.
2. Notların neden olduğu bir başka sorun da çocukların (seçme hakları olduğunda) en kolay ödev veya projeyi seçmeleridir. Onlara yaptıkları şeyden "not alacaklarını" söylerseniz onlar da gereksiz riske girmekten kaçınırlar. Daha kolay işler yapmanın daha iyi sonuçlar almaya giden en

emin yol olduğunu keşfetmeleri çok uzun sürmez. Daha kısa bir kitabı okumayı veya aşina oldukları bir konuyla ilgili kompozisyon yazmayı seçerler ki başarısızlık riskini en aza indirebilsinler. Buradan "motive olmadıkları" veya tembellik ettikleri sonucunu çıkaramayız. Bu çocuklar yalnızca akılcı düşünüyorlar. Asıl amaçlarının iyi bir not almak olduğunu söyleyen ve bu yolla da *akademik başarının öğrenmekten daha önemli olduğu* mesajını veren ebeveynlerin istekleri doğrultusunda hareket ediyorlar. Bir araştırmaya göre çocuğunun okul başarısını diğer tüm hedeflerin üzerine koyan ebeveyn ona "pek çok hata yapacağı ama aynı zamanda pek çok şey de öğreneceği" projeler yerine "pek zorluk içermeyen ve başarıyla tamamlanması daha olası görünen" (yararsız ve özelliksiz) projeleri tercih etmesini öğütlüyor.[8] Gözden kaçırılan gerçek ise şu ki ebeveyn öğrenmenin ve öğrenme heyecanının alınan notlardan daha önemli olduğunu ne kadar açık biçimde dile getirirse çocuk da kendini zorlamaya ve nasıl bir sonuç alacağını bilmemesine karşın yeni ve ilginç bir şeyle uğraşmaya o kadar istekli oluyor.

3. İyi not almak amacıyla çıkılan yolda öğrencilerin düşünce biçimleri de daha yüzeysel kalmaktadır. Yalnızca "bilmeleri gereken" şeyi öğrenmek için kitap karıştırabilir, yalnızca gerektiği kadarını yapıp işin başından kalkabilirler. Sınavlarda yüksek not almak için numaralar çevirebilir, hatta kopya çekebilirler. Bu oyunu oynamakta ustalaşmış öğrenci sınavı geçer, notunu alır ve ebeveynlerini mutlu eder. Ama öğretileni anımsar mı? Sorunları çözmek için yeni ve yaratıcı yollar geliştirir mi? Öğretmenin anlattıkları hakkında iyi düşünülmüş sorular sorar veya kitapta yazanları irdeler mi? Farklı fikirler arasında bağlantılar kurar ve konulara değişik açılardan bakar mı? Belki bazı zamanlarda yapıyordur, ama araştırmaların ortaya koyduğuna göre çocuğun amacı iyi bir karne elde etmekse ve buna öğretilenleri anlamaktan daha çok önem veriyorsa

yukarıdakileri yapma olasılığı da ciddi biçimde düşmektedir. Genel olarak ödülleri ele alan akademik bir makalenin başlığı özellikle notları çok iyi tanımlıyor: "Keşif Düşmanları."

Sonuç olarak, çocuğumuzun (1) yaşamı boyunca sürekli öğrenmesini, sözcükler, sayılar ve fikirlerden her zaman gerçek bir heyecan duymasını; (2) kolay ve güvenli olana yapışıp kalmaktan kaçınmasını ve (3) karmaşık düşünceler üretebilen bir düşünür olmasını ne kadar istiyorsak notları aklından çıkarması için o kadar çaba göstermemiz gereklidir. Dahası, öğretmenleri ve okul müdürlerini de not kullanımını azaltmaya (hatta tümüyle kaldırmaya) davet etmeliyiz. Ülkenin her yerindeki eğitmen ve öğretmenlerle çalışan biri olarak şunu söyleyebilirim ki gerçekten nitelikli bir öğretim verme (ve çocukların doğal öğrenme *sevgisini* yitirmemesini sağlama) amacı güden okullar harf veya rakamlardan oluşan notları kullanmamakta ısrarcılar. Onlar, çocukların durumları hakkında (ve daha nasıl desteklenebilecekleri konusunda) ebeveynlere bilgi vermek için yazılı özetler veya kişisel görüşmeler gibi daha aydınlatıcı ve yapıcı yöntemlerden yararlanıyorlar. Notların olmadığı böylesi bir öğretim düzeninden gelen çocuklar üniversiteye girmekte herhangi bir zorluk çekiyor da değiller.

Bu okullar azınlıkta elbette. Okulların büyük çoğunluğu hâlâ geleneksel karneleri kullanmayı sürdürüyor, bu nedenle de ebeveynlerin iyi karnelerle mutlu olmasını ve kötü karneler yüzünden kaygı duymasını anlayışla karşılamak gerekli. Akıntı nereye gidiyorsa biz de oraya sürükleniyoruz. Çocuklarımızın iyi notlar almasını istiyoruz çünkü okul başarısının en iyi göstergesi iyi notlar olarak kabul ediliyor. İyi notlar istememizin bir diğer nedeni de pek çoğumuzun notların yıkıcı etkilerinden (veya not yerine hangi alternatiflerin kullanılabileceğinden) haberdar olmamasıdır. Dahası, *bizi* de okuldayken sınamışlardı ve *bize* de notlar vermişlerdi. Bu durum, şimdiye dek hiç eleştirmediğimiz bu not uygulamasının potansiyel zararlarını çok daha iyi anlamamızı sağlamalıdır. Önemli olan, çocuğumuzun hangi notları aldığı değil, yüksek not almayı öğrenmenin önüne koyup koymadığıdır.

Not konusu zaten başlı başına sorunlu bir konudur. Bir de çocukları iyi notlar almaya zorladığımızda (yani kusurlu bir hedefe ulaşmak için arızalı bir yöntem kullandığımızda) zararı iki katına çıkarırız.

Mevcut kanıtlar bize gösteriyor ki *genel olarak yaşama yönelik* çok fazla kontrol uygulanması olumsuz etkiler yaratmakta ve bu olumsuz etkiler çocuğun yalnızca ruh sağlığına değil, okuldaki başarısına da dokunmaktadır. Ebeveynlerin çocuğa karar alma veya özgür irade kullanma fırsatı vermediği durumlarda çocuğun da herhangi bir ölçekte sınıf başarısı gösterme olasılığı düşük olur.[9] Açık olan bir diğer gerçek, *özel olarak okul ödevlerine yönelik* aşırı ebeveyn kontrolünün de büyük zararlar verme potansiyeli taşıdığıdır. (Bu sonuç, çocuğuyla ödev yaparken kontrolcü yöntemler kullanmayı seçen ebeveynin, çocuğun daha az öğrenmesine neden olduğunu gösteren araştırmadan [s. 73] çıkarılmıştır.)

Artık *özel olarak okul notlarına yönelik* kontrolün de kötü olduğunu bunlara ekleyelim. Bazı ebeveynler eve iyi bir karne gelmesinin karşılığı olarak çocuklara şeker, para veya araba vaat ederler. (Notlar zaten dış kaynaklı motivasyondur, dolayısıyla ebeveynlerin bu tutumu ödülü ödüllendirmek gibidir.) Bazı ebeveynler ise cezaya yönelik kontrol yöntemlerini seçerler ve çocukları iyi notlar getirmezlerse pek çok olumsuz durum ve olayla tehdit ederler. İki farklı araştırma, bu taktiklerin ikisinin de bir işe yaramadığını, kimi zaman ise sorunu daha da kötüleştirdiğini ortaya koymuştur. İyi notlar alması için teşvikler sunulan veya kötü notlar aldığı zaman bazı "sonuçlarla" karşılaşan çocuklar bu ebeveyn müdahalelerinin doğrudan sonucu olarak öğrenmeye duydukları ilgiyi yitirmişlerdir. Bu, ileriki dönemlerde de akademik başarı kazanma ihtimallerinin düşük olacağı anlamına gelir. Gerçek şu ki ebeveyn, okul başarısını her şeyin üstünde tutmaya ne kadar eğilimliyse, çocuğun başarısı da o kadar düşmektedir.[10]

Bu çelişki, sert disiplin teknikleri ile yetiştirilen çocuğun söylenenleri yapmaya pek eğilim göstermediği durumlarla epey benzerdir. İki durumda da kontrol eğiliminin ters teptiğini görüyoruz. Notlar konusunda yapılan araştırmalar pek çoğumuzun zaten fark etmiş olduğu bir şeyi onaylıyor: Çocukları zorlarsanız (örneğin, ödevleri yapmaları için) özerkliklerini elde etmek amacıyla ya doğrudan isyan bayrağını çekerler ya da pasif direniş yolunu seçerek unutur, sızlanır, ders çalışmayı erteler ve yapacak başka şeyler bulurlar. Onlara iyi notların önemi hakkında ne kadar çok nutuk çekerseniz veya sırtınızı havuç ve sopa tekniklerine dayayıp iyi notları ne kadar "almaya değer" hale getirirseniz yaptıklarınıza o kadar kızacaklardır ve notları da o kadar düşecektir.

Burada kaygılanmamız gereken konu çocuğun düşük notlar alması değildir. Notların zaten pek bir anlamı olmadığını savunuyorum. Asıl önemli nokta, çocuğun okulda başarı kazanma baskısına yanıt olarak daha az çaba göstermesidir. Bunun sonucunda daha az öğrenecektir. Düş kırıklığı yaratan karneleri boş verin gitsin. Eğer çocuklarımızı gereğinden fazla zorlarsak, daha az (veya daha niteliksiz biçimde) düşünen insanlar haline gelebilirler.

Zorlamanın günü kurtarma olasılığı her zaman vardır; öyle bir baskı uygulamaya başlarız ki bazı çocuklar kitaplarına gömülüp notlarını yukarı çekerler. Hatta onları kendi istediğimiz (bağışlayın, kendi *istedikleri*) üniversiteye sokmayı bile becerebiliriz. Ama tıpkı disiplinde olduğu gibi böylesi zaferler uğruna çok ağır bedeller ödenir. Yaptığımız bu müdahaleler sonucunda çocuklar kendileri hakkında (ve bizim hakkımızda) neler düşünmeye başlar? Bu stres duygusal sağlıklarına nasıl etki eder? Peki, okumaya ve düşünmeye duydukları *ilgiye* ne olur? Eğer notlar kendi başlarına bile öğrenmeyi bir eziyete dönüştürüyorlarsa bir de bu notları yükseltmek için ebeveyn baskısı uygulamanın işi ne hale getirdiğini artık siz düşünün.

New York'tan bir öğretmen, "Hiçbir ebeveyn çocuğuna okumayı sevdirmek için ne yapabileceğini sormuyor," diye yakınıyor. "Aralarında konuştukları tek konu, çocukların o kadar erken yaşta okumasını nasıl sağladıkları."[11] İşte böylesi çağ dışı öncelikler, aslında kolayca da öngörülebilen, yerleşik etkiler yaratırlar. Örneğin, Florida'da öğrencilere danışmanlık veren bir arkadaşım, onur listesinde yer alan ve ortalama öğretim puanı müthiş olan bir lise öğrencisi danışanından söz etmişti. Öyle ki oğlanın en iyi üniversitelerden birine girebilmek için yapması gereken tek şey şevkli bir başvuru mektubu yazmaktı. Danışman arkadaşım, "Seni etkileyen kitaplardan söz edelim," diyerek kendisiyle konuşmaya koyulmuştu, "ödevler için değil de kendin için okuduğun bir şey söyle." Bunu can sıkıcı bir sessizlik izlemişti. Söylenecek tek bir kitap bile yoktu çünkü bu parlak öğrenci insanın kendi zevki için kitap okumasının ne demek olduğunu dahi bilmiyordu. Bu öyküye, ebeveyn ve eğitmenlere yaptığım konuşmalarda sıklıkla yer veririm ve salonun her yerinde başların onay anlamında sallandığını görürüm. Pek çok yerde bu öğrenciler istisna değil, kaidenin ta kendisidir. Okumak zorunda olmadıkları bir şeyi neden okumalılardır ki? Bunun sınavı ve notu yoksa anlamı da yoktur.

İronik olan şudur ki bazı ebeveynler artık çocukların ardında durmak, onları dürtmek, daha iyi sonuçlar almaları için itelemek zorunda olmadıklarını görüp sevinirler. Bu zorunluluğun ortadan kalkma nedeni ise çocukların bu baskıları içselleştirmiş ve kırbacı kendi ellerine almış olmalarıdır. Başarı kazanmazlarsa kendilerinde bir bozukluk olduğunu düşünürler. Çalışma ve başarma motivasyonu *içsel* hale gelmiştir ama kesinlikle *iç kaynaklı* olamamıştır. Çocuklar yaptıkları her şeyi kendi başlarına yaparlar ama bunların hiçbirini kendi özgür iradeleriyle seçmiş gibi hissetmezler. Daha da kötüsü, yaptıklarından hiçbir zevk de almazlar. Böylesi içselleştirmelerden korkmalıyız ve bunları engellemek için çaba göstermeliyiz. Çocukların içindeki merak duygusunun süt dişiymiş gibi yitip gitmesi hiç de doğal değildir.

Bu merakın sönme nedenleri, aile içinde ve okulda gerçekleşen (ama gerçekleşmemesi gereken) olaylardır.

O halde notlar kötüdür, notların yükseltilmesi için kontrolcü teknikler kullanmak daha da kötüdür. En kötüsü ise bu kontrolcü tekniklerin koşullu ebeveynliğe dönüşmesidir. Bazı ebeveynler tam not alan çocuklarına belki para vermezler ama ödemelerini sevgi ve onay ile yaparlar. Aslında sevgilerini çocuğa başarı kazandırmakta yararlandıkları bir araç gibi kullanmaktadırlar. Ama bunu öyle bir raddeye getirirler ki çocuk, ebeveyn sevgisinin okuldaki not ortalamasına göre artıp azaldığını düşünmeye başlar.

Durum, bir araştırmacının dediği gibi "son derece yüksek, hatta gerçek dışı standartlara dayalı" sevgi söz konusu olduğunda iyice kötüleşir. Çocuklar, anne babalarının gurur duyması için sürekli etkileyici şeyler yapmaları gerektiğine inanırlarsa kendilerini kabul edip etmemeleri de tamamen koşullara bağlı hale gelir. Erken çocukluk dönemi eğitimi konusunda uzman olan Lillian Katz, "Bu çocukların bazıları sürekli olarak ebeveynlerini yüzüstü bırakma korkusuyla yaşar," diye yazmıştır. Gerçekten de, yeni bir araştırmanın bulgularına göre, sevgiyi geri çekme tekniklerinden yararlanan ebeveyn çocuğunda son derece sağlıksız ve derin bir başarısızlık korkusu yaratmaktadır. (Araştırmanın ilginç sonuçlarından bir diğerine göre de ebeveynin bu yöntemleri seçme nedeni aslında kendi başarısızlık korkusu olabilmektedir.)[12]

Bu motif, psikolojik açıdan yıkıcı olmanın yanında, ebeveynlerin başarmak istediklerini aslında olanaksız da kılabilmektedir. Örneğin bazı çocuklar "kendini engelleme" yolunu seçerler: Herhangi bir çaba göstermezler ki başarısızlığın bahanesi olsun. Bu yolla aslında zeki olduklarına dair düşüncelerini korurlar ve "Eğer çalışmış *olsaydım*, derslerimde son derece başarılı da *olurdum*," diyebilirler. Özsaygıları ne kadar kırılgansa her şeyden vazgeçme yoluyla özsaygıyı korumaya alma dürtüleri o kadar güçlenir. Bir diğer deyişle, kendi performanslarını sabote ederek başarısızlık olasılığını yükseltirler ama bunu yapma nedenleri kendilerini başarısız görmekten kaçınmaktır. Çünkü başarısızlarsa sevgiyi de hak etmiyorlar demektir.

"Oyun" Sırasında

Bazı ailelerdeki başarı tanımı akademik değil de sportif niteliklidir. Ama o başarıyı elde etme baskısı (ve bedeli) pek de farklı olmaz. Ebeveynlerin uyguladığı kontrole dair araştırmasına daha önce değindiğim Wendy Grolnick yalnızca bilimsel çalışmaları ile değil, çevresinde görüp duyduklarıyla da şaşkınlığa düşmüştü. Kitabında paylaştığı bir anlatıyı burada aktarayım: Bir yüzme yarışması sırasında karşılaştığı bir anne, suya girme niyeti olmamasına karşın sürekli çoğul konuşmaktadır. ("Bu yıl yüzmeye karar verdik.") O sırada oğlu havuzdan çıkar, annesine yaklaşır ve sıkıntılı biçimde, yarışmaktan artık bıktığını söyler. Anne büyük çaba harcayarak kendine hâkim olur, sağa sola hızlı bakışlar atarak dinleyen olup olmadığını anlamaya çalışır ve sonunda da çocuğuna istese de istemese de yüzmeye devam edeceğini söyler. Çocuk buna itiraz ettiğinde ise annenin yanıtı şu olur: "Eğer bugün yüzmezsen her şey biter. Bana yine bunu yapamazsın." Çocuk bunun üzerine hıçkırarak ağlamaya başlar.[13]

Parklarda, futbol sahalarında veya buz pistlerinde zaman geçiren herkes böylesi akıl almaz ebeveynlik uygulamaları ile mutlaka karşılaşmıştır. Hakemlere, antrenörlere, rakiplere, hatta kendi çocuklarına bağırıp duran anneler ile babalar her yerdeler. Sorun her yere yayılmış. Ama daha ilginci herhalde, daha hafif dokunuşları tercih eden ve kazanmanın o kadar da önemli olmadığını söyleyen ebeveynin tutumudur. Şiddet yanlısı diğer ebeveynin davranışından uzak durmaya çalışır ama bu tavrıyla bile çocuğun spor müsabakalarına katılmasını, dolayısıyla da başarı kazanmasını beklediğini ortaya koyar.

Bazı konuşmalarımdan sonra yanıma gelip "Oğlumuzdan isteğimiz yalnızca elinden geleni yapması," diyen ebeveynler oldu.

Onlara verdiğim ilk karşılık, elimizden geleni yapmak ile eğlenip zevk almanın birbirinden çok farklı olduğunu söylemektir. İkinci karşılığım ise oğullarının böylesi ifadelerin altında yatanları gayet iyi bildiğini vurgulamaktır. Şunu sorasım gelir: "Elinden geleni yaptığı zaman verdiğiniz tepki ile elinde bir kupayla geldiği zaman verdiğiniz tepki aynı mıdır? Eğer değilse ilgi ve heyecanınızın (en azından kısmen) kendi başarısına, daha doğru bir deyişle, başka çocukları yenilgiye uğratmasına endekslendiğini çoktan anlamıştır." Burada söz konusu edilen başarının ne olduğu (bir kupa, tam not, onur listesine girmek veya galibiyet golünü atmak) pek de önemli değildir. Önemli olan, böyle bir ailede yetişen çocuğun sevilmek için başarı kazanmak zorunda olduğunu düşünmesidir.

Uç durumlarda ise öyle ebeveynlerle karşılaşırız ki kendilerini başarılı görmeleri için çocuklarının zaferler kazanması gereklidir. Ama her şeyi bu kadar abartmayan ve ipin ucunu kaçırmadığı için kendisiyle gurur duyan ebeveynler bile günlük davranışlarını gözden geçirmeli ve bu davranışların uzun vadeli hedefleriyle tutarlı olup olmadığını değerlendirmelidir. Eğer çocuklarımızı başarmaya zorlarsak hedeflerimize ulaşabilir miyiz? Peki, kendileri için değil de yalnızca bizim için yapıyorlarsa? Ya hiçbir keyif almıyorlar ama bunu söylemekten korkuyorlarsa?

Birkaç yıl önce popüler sohbet programlarından birine konuk olmuştum. Yanımda Kyle adında, yedi yaşında bir çocuk oturuyordu. Ebeveynleri onu bir tenis yıldızı yapmak için inanılmaz miktarda para dökmekte ve zaman ayırmaktaydı. Annesi, tenis oynamanın tümüyle çocuğun kararı olduğunda üsteliyordu, ama kendisi bir tenis yıldızıydı ve oğlunu da tenis derslerine daha iki yaşındayken başlatmıştı. (Zaten oğullarını neden başka bir spora değil de tenise "yönlendirdiklerini" anlatırken bunun kendi kararları olduğunu ağzından kaçırmış oldu.) Oğlanın günde iki ila beş saat antrenman yaptığını öğrendik ve enerjik biçimde servisleri karşılayıp kortta koşuşturduğu bir videosunu izledik. Programın son anlarında, yazılar ekranda kaymaya başlamışken, izleyicilerden birisi Kyle'a maç kaybettiği zaman nasıl hissettiğini sordu. Oğlan başını önüne eğdi ve güç duyulan bir sesle, "Utanıyorum," dedi.

Çocukları zorlayıp durmanın sonuçlarını düşünürken aklıma hep o tek sözcüklük, zayıf sesle verilmiş yanıt gelir. Şükürler olsun ki Kyle'ın anne babasının yaptığını az sayıda ebeveyn yapmaktadır ama maç kaybetmekten ve ondan iyi sonuçlar bekleyen (talep etmeseler bile bekleyen) kişileri yüzüstü bırakmaktan duyduğu utanç mahallelerimizdeki pek çok çocuğa yine de tanıdık gelecektir.

Bu olumsuzluklarda belki tenis ve diğer sporların da suçu vardır. Nasıl ki çocukların okul performansını ailelere bildirmek için not vermekten daha iyi yöntemler bulabiliyorsak iyi zaman geçirmeleri (ayrıca egzersiz yapmaları ve fiziksel beceriler edinmeleri) için de bazı alternatifler üretebilir, böylece onları, başarılı olmak için başkalarını başarısızlığa uğratmak zorunda kaldıkları sporlara mecbur tutmayız.[14] Bu alternatifleri değerlendirmek istemeyen ebeveynler çıkabilir ama onlar da en azından çocukların sporu bir oyun gibi mi, yoksa daha çok bir iş gibi mi gördüğünü (ve neden öyle gördüğünü) sormalıdır.

Dağı Tırmanması Gereken Şu Küçük Lokomotif

1980'lerin başında, birkaç yılımı alacak bir araştırma ile rekabetin etkilerini incelemeye koyulduğumda, neler keşfedeceğimle ilgili bazı tahminlerim vardı. Birincisi, rekabetin psikolojimize ve ilişkilerimize zarar verdiği sonucunu bulacağımı düşünüyordum. Bunda haklı çıktım. Ama aynı zamanda hep duyduğum şeyi, yani rekabetin pek çok kişiyi "motive ettiği" ve elinden gelenin en iyisini yapmaya yönelttiği görüşünü doğrulayacak sonuçlar almayı da bekliyordum. Bu durumda, rekabetin yokluğu işte ve okulda daha düşük başarı düzeylerine neden olmalıydı. Buradaki ödünleşme, daha sağlıklı ve mutlu insanlara sahip olabilmek için üstün başarılardan biraz feragat etmek biçiminde gerçekleşecekti.

Ne de yanılmışım! Araştırma, insanların rekabet yüzünden

çalışmakta veya öğrenmekte zorlandıklarını ortaya koydu. Pek çok nedenden ötürü, belli işlerde optimal performansa ulaşmak için insanların yalnızca birbirlerini "yenmemesi" yetmiyor, aynı zamanda böylesi bir düzenden tümüyle uzaklaştırılmaları da gerekiyor. Burada bir ödünleşme yok. Eğer nihai hedefleri düşünüyorsak (insanların kendileri ve çevrelerindeki diğer kişiler hakkında olumlu duygular beslemesi gibi) rekabet etmek yerine işbirliği yapmamız daha mantıklı bir yol gibi görünüyor.

Buna değinmekte yarar görüyorum çünkü benzeri bir ödünleşmenin koşulsuz ebeveynlik kapsamında da var olduğu düşünülüyor. Sav şöyle: Eğer yalnızca çok çalıştığımızda veya sonuç aldığımızda takdir edilirsek çok çalışmaya ve sonuç almak için çaba göstermeye daha yatkın oluruz. Ama bunun karşısında bir grup psikoloğun sorduğu şu soru var: "Eğer insanlar yaşamlarının tüm alanlarında koşulsuz olarak sevilseler ve takdir edilselerdi başarmaya yine de bu kadar güdülenmiş, hedefe ulaşmaya bu kadar zorlanmış hissederler miydi?"[15]

Bu önemli soruyu dört açıdan yanıtlamak istiyorum. Birincisi, bu çizgide düşünmek mantıklı olsaydı bile herhalde yalnızca yetişkinler için geçerlik taşırdı. Çünkü çocuklar koşulsuzca sevilme gereksinimi *duyarlar*. Ayrıca, yalnızca başarılı olunca kabul edilmiş hissetmenin *herhangi biri* için hoş olabileceğini varsaysak bile koşulsuzca kabul edildiğimiz türden bir çocuklukta atılan sağlam temelle yola çıkmak her zaman önemli bir avantaj teşkil eder.

İkincisi, kişinin değerini tam olarak neye dayandıracağımızı sormamız gereklidir. Çünkü "çok çalışmak" ve "sonuç almak" tümüyle farklı şeylerdir. Eğer sonuç talep ediyorsak, elinden gelenin en iyisini yapan ama kendi dışında gerçekleşen nedenlerden ötürü amacına ulaşamayan insanlara ne olacak? Yalnızca çok çalışmayı takdir ettiğimiz zaman karşılaşacağımız sorun ise bunun asla tam anlamıyla ölçülemeyecek olmasıdır. Bir kişi çok yoğun çaba harcamış, bir başkası ise daha uzun süre çalışmış olabilir. Elde edeceğimiz tek sonuç, "sevgi" veya "kabul" kavramlarına ince ayar çekip, çaba gibi elle tutulamayan bir şeyle eşleştirmeye çalışmanın yersizliğini görmek olacaktır.

Üçüncüsü, koşullu onaylama iyi sonuçlar verseydi bile bu kez de gizli maliyetleri (yani ilk bakışta işe yarar gibi görünen bir stratejinin daha derinlere yerleşen ve daha uzun süren etkilerini) hesaba katmamız gerekirdi. Bir ödünleşme olsaydı dahi koşullu kabulün olumsuzluğu, işi tamamlamanın olumlu niteliğine yine daha ağır basardı. Söz konusu olumsuzluk, 1 ve 2. Bölümlerde anlattıklarımız sayesinde yeterince (ve huzursuz edici biçimde) açıktır. Örneğin, o üniversite öğrencileri ebeveynlerin sevgisini kazanmak için daha çok çalışsaydı bile (s. 30 ve 69-70) pek çoğumuz bu çabaların ebeveynlere kızmaya, ayrıca suçlu, mutsuz ve kısıtlanmış hissetmeye değmeyeceğini söylerdik. Peki, eğer insanlar koşulsuz olarak sevilselerdi yine de başarıya zorlanmış hissederler miydi? Yaşamlarında herhangi bir şeye zorlandığını hissedenlerin buna vereceği açık yanıt, "Umarım hissetmezler," olacaktır.

Ama zorlanmamaları, başarısız oldukları anlamına gelmez. Bu da benim dördüncü ve son yanıtımdır: Tıpkı rekabette olduğu gibi burada da bir ödünleşme yoktur çünkü koşullu kabul hiçbir konuda (daha yüksek başarı gibi kısıtlı bir hedefe ulaşmakta bile) işe yarayan bir yöntem değildir. Etkililiği bazı insanlarla, bazı işlerle ve bazı durumlarla kısıtlıdır.

Başka türlü düşünenler birtakım hatalı varsayımlarda bulunmuşlardır. Örneğin, pek çok yeterliği olduğuna inanarak büyümüş insanların herhangi bir şey başarmak için hiçbir nedeni olmadığını öne sürmüşlerdir. Birisinin bu görüşü savunduğunu ve "İnsanın tabiatında olabildiğince az şey yapmak vardır," dediğini duymuştum. Bu önyargı yalnızca birkaç araştırmayla değil, motivasyona odaklanan koca bir psikoloji ekolüyle çürütülmüştür.[16] Mutlu ve kendinden hoşnut kişileri yeni şeyler öğrenmekten veya gurur duyacakları bir işi yapmaya çalışmaktan alıkoymak normalde son derece zordur. Olabildiğince az şey yapmak ise aslında doğal olandan sapmaktır ve bir şeylerin ters gittiğinin işaretidir. Kişinin tehdit edildiğini hissettiğini, o yüzden de geri çekilip zarar kontrolü stratejisi benimsediğini gösterebilir.

Ödüller veya cezalar yüzünden ilgisini yitirmesi ya da belli bir işi (belki de haklı olarak) amaçsız ve sıkıcı bulmaya başlaması diğer olası nedenlerdir.

Farz edin ki bir çocuk okulda "olabildiğince az şey yapıyor." Bunu daha önce değindiğimiz "kendini engelleme" yöntemlerinden biri olarak görebiliriz. (Daha önce kendisini aptal gibi hissettirmişlerdir, o nedenle artık herhangi bir çaba göstermez; böylece de "Eğer *deneseydim* başarıya da *ulaşırdım*" kanaatini kolayca korur.) Bu durum dış kaynaklı motivasyonla da ilişkilenebilir: Çocuğun bütün derdi iyi bir not almaktır ve bildiği şeylerle ilgilendiği zaman iyi not alması daha olasıdır. Bir diğer neden, anlamlı şeyler öğrenmesinin değil, bir başka sıkıcı testi çözmesinin veya ders kitabından bir başka sıkıcı bölümü okumasının istenmesidir. Hiç kuşku yok ki okulda olabildiğince az çaba göstermesinin daha pek çok açıklamasını bulabiliriz ve bunların her biri de sınıfında ve ev ortamında neler olup bittiği ile ilgili yeni soruları beraberinde getirir. Ama "insan doğasının" kaçınılmaz sonucu olarak böyle davrandığı fikrini haklı çıkarmak tümüyle olanaksızdır.

Daha önce de altını çizdiğim gibi koşulsuz olarak sevilen çocuk *kendini* koşulsuz olarak kabul etmeye daha yatkındır. Bu durumdan kaygı duymamız için ise olumlu bir özsaygıyı küstahça bir kişisel tatmin ile karıştırıyor olmamız gerekir. Kendine inanan ve iyi bir insan olduğu kanaatini taşıyan kişi hiçbir şey yapmadan oturmaya eğilim göstermez. Koşulsuz özsaygının tembelliği teşvik ettiğine veya yüksek standartları tutturmak için kendinizi oldukça hor görmeniz gerektiğine dair en küçük bir kanıt bile yoktur. Tersine, başarı düzeyi ne olursa olsun sevileceğini bilen kişi sonunda oldukça fazla şey başarır. Koşullara bağlı olmadan kabul edilmek iç dünyasında sağlıklı bir özgüven yaratır, böylece risk alarak ve yeni şeyler deneyerek güvenliğini tehlikeye attığını düşünmez. Başarma cesareti, derinlerdeki hoşnutluktan doğar.

Tüm bunlar koşullu kabulü savunanların bir başka varsayımına da yanıt verir. Bu kişilerin düşüncesi o ki sürekli olarak kendinden kuşku duymanın yarattığı kaygı, işleri iyi yapmak için gerekli olan bir etkendir, başarısızlık korkusu ise insanları daha da gelişme konusunda motive eder. Gerçek şu ki motivasyon ve öğrenme hakkında bildiklerimizle bu kadar çelişen bir başka görüş hayal etmek oldukça zor. Çocukların bir başarısızlıktan sonra kendilerini toplayıp yola devam etmelerini *isteyebiliriz* ama bu gerçekten de toparlanacakları anlamına gelmez. En olası sonuç, benzer işlerde yine başarısız olacaklarını düşünmeleridir. Bu düşünce de gelişme motivasyonunu değil, kendi kendini gerçekleştiren bir kehaneti harekete geçirebilir: Kendilerini yetersiz, hatta çaresiz hissederler, bu da söz konusu duyguları haklı çıkartacak biçimde hareket etmelerine neden olur. Ayrıca, kolay işleri yapmayı seçer ve bunlara gittikçe daha az ilgi gösterirler.[17] Başarısız olduklarında kendilerini toplayıp daha çok çaba gösteren o müstesna çocuklar bile öğrenmeyi sevdikleri için değil, kendileriyle ilgili iyi düşüncelere sahip olmaya dair zorlayıcı, kaygı dolu bir baskı hissettikleri için böyle davranıyor olabilirler. Bu yüzden de bugün okuduklarını anlıyorlarsa bile yarın *okumayı istemeyebilirler*.

Biraz kafa yorduğumuzda çok yalın ve bariz bir gerçekle karşı karşıya kalırız: Başarısızlıktan korkmak, başarıyı kucaklamakla aynı şey değildir. Doğrusunu söylemek gerekirse birincisi, ikincisini engeller. Koşullu ebeveynliğin ve koşullu özsaygının sağlıksız olduğunu ortaya koyan pek çok kanıt gördük; şimdi amaçlananın tam tersi sonuçlar verdiklerini de eklememiz gerekiyor. Bunlar, iki araştırmacının da vurguladığı üzere, "başa çıkma ve kendini yenileme stratejilerinin sorun odaklı değil de duygu odaklı olmasına" yol açmaktadır. Diğer bir deyişle, başarısızlığın sonuçlarıyla o kadar meşgul oluyorsunuz ki başarılı olmak için gereken zamanı da enerjiyi de tüketiyorsunuz.

Söz konusu araştırmacılar şuna da dikkat çekiyorlar: Çocukları yalnızca başarılı oldukları zaman iyi hissetmeye hak kazanacak bireyler olarak yetiştirmek "bazı çocukların özsaygısını sürekli düşük düzeyde tutmaktadır ve iyi notlar almak... veya iyi sporcu olmak gibi arzu edilen başarıları yakalayamayan çocuklar da haliyle değersiz bireyler olduklarını düşünmeye başlamaktadır."[18]

Tüm diğer zehirli mesajlar gibi bu da bazen çocukların öğretmenlerinden, antrenörlerinden veya arkadaşlarından gelir (kitle iletişim araçlarını ve içinde yaşadıkları kültürü saymazsak). Ama başarılı olma (hatta diğerlerinden daha başarılı olma) baskısının aslında evde başladığını yadsımak da olanaksızdır. Ebeveyn olarak görevimiz, bu baskıları gidermek için çaba göstermek, koşullu kabul içeren mesajlara karşı çıkmak ve çocuğumuzun ne olursa olsun sevildiğini hissetmesini sağlamaktır.

6| BİZİ NE ENGELLİYOR?

Buraya kadarki her şey akla tek bir soruyu getiriyor: Neden yapıyoruz? Koşullu ve kontrole dayalı ebeveynlik gerçekten dediğim kadar (daha doğrusu, bilimsel araştırmaların ve deneyimlerin gösterdiği kadar) kötüyse neden bu denli popüler? Diğer bir deyişle, bizi daha iyi ebeveynler olmaktan alıkoyan nedir?

Sanırım artık alternatifleri öğrenmek için sabırsızlanıyorsunuz. Ama önce koşullu ebeveynlik yöntemlerini neden kullandığımızı incelemeliyiz. Aksi takdirde, bu işi yapmak ve şu sözü söylemekle ilgili öneriler yaşamımızda yer etmeyecek ve tutumlarımızı değiştirecek gerçek bir etki yaratmayacaktır. Yaptığımızı yeni baştan yapmak için düşündüğümüzü yeni baştan düşünmeliyiz; bu da geleneksel ve koşullu ebeveynlik tarzının nerede filizlendiğini saptamaktır. Bu adımı atladığımızda, yeni fikirleri denememek için bahaneler üretmekten veya denesek bile karşılaştığımız ilk zorlukta tanıdık yöntemlere geri dönmekten başka bir sonuç elde edemeyiz.

Ebeveynlik tarzımızı dört kategori içinde ele alabileceğimiz etkenler belirler: Görüp duyduklarımız, inandıklarımız, hissettiklerimiz ve bunların sonucu olarak korktuklarımız. Aslında bu etiketler çok da isabetli değiller ve tanımları da bazı yönlerden birbirine karışabiliyor. Yine de, ilk önce yüzeydeki etkilerin, yani görüp duyduklarımızın davranışlarımıza nasıl dokunduğunu inceleyerek ebeveynlik tarzlarının ardındaki mekaniği anlamaya başlayabiliriz. Daha sonra bu etkileri yaratan inançları ve kültürel normları ele alabiliriz. Son olarak da kendi gereksinim ve korkularımızın (ki bunları biçimlendiren de *bizim* nasıl yetiştirildiğimizdir) çocuklarla etkileşimlerimize ne şekilde tesir ettiğini görebiliriz.

Görüp Duyduklarımız

Ebeveynlerinden duyduğu şeyleri (birebir aynı şeyleri, birebir aynı ses tonuyla) kendi çocuklarına hiç söylememiş bir anne veya baba var mıdır? Ben böylesi durumlarda "Annem gırtlağıma nasıl girdi?" diye düşünüyorum. Çocuklara karşı tutumumuzu biçimlendiren asal etken budur: Çocukların nasıl büyütülmesi gerektiğini bizi büyütenleri izleyerek öğrendik. Belli kuralları (evde koşmak yasak, yemeğini bitirmeden tatlı yok) ve belli ifadeleri ("Sana kaç kez söyleyeceğim?" "Sonra ağlaya ağlaya bana gelme ama!") dahi yine bizi yetiştiren kişilerden miras almış olabiliriz. Daha da önemlisi ebeveynin rolünü, yani anne ve babanın çocukların yanında nasıl davranması gerektiğini de olasılıkla yine onlardan gördük.

Bu öğrenme sürecinin farkına varamazsak, aynı ebeveynlik motiflerini, akılcı olup olmadıklarını bile sorgulamadan uygulamaya devam ederiz. Biraz geriye çekilip hangi değerlerin ve uygulamaların yeni ailelerimizde yaşamaya devam edeceğine, hangilerinin ise anlamsız (hatta habis) olduğuna ve terk edileceğine karar vermek biraz çaba, biraz keskin düşünce, hatta biraz da cesaret gerektirmektedir. Bunlardan kaçındığımızda kendi yazmadığımız bir senaryoyu oynamaya başlarız. Robert Frost'un şiirindeki "babasının sözünden çıkmayan," bu yüzden "karanlıkta hareket eden" komşu gibi oluruz.* Kısacası, "Neden çocuğuna bunu yapmak istiyorsun?" sorusuna yanıt vermemiz gereklidir. Ama bu yanıt, omuz silkip "Beni böyle yetiştirdiler de ondan," demekten ibaret kalmamalı, kabul edilebilir bir neden içermelidir.

Bazı ebeveynlerin çocuk yetiştirmek için farklı yollar seçmesini engelleyen bir diğer kuvvetli etken ise hâlâ *kendi* anne babalarının (ve kayınvalide ile kayınpederlerinin) etkisi altında olmalarıdır. (Bu kişiler, çocuklara nasıl davranılması gerektiğiyle ilgili kesin yargı ve önerileri dillendirip dururlar.) Arkadaşlar,

* Robert Frost'un *Mending Wall (Duvar Onarma)* adlı şiirinden. (Ç.N.)

hatta bazen yabancılar bile önerilerini sunmaya fazlasıyla hevesli olurlar, tıpkı köşe yazarları, disiplin kitabı yazarları ve sohbet programı sunucuları gibi. Bolca fikir belirten bir başka grup ise çocuk doktorlarıdır; ebeveynler onların tıp eğitimlerine bakar ve psikolojik konularla ilgili kanı ve önyargılarını aynen benimserler. Geçenlerde bir çocuk doktorundan (kendisi aynı zamanda bir anne) bir e-posta aldım. Ceza ve ödülleri içeren disiplin yönteminin yıkıcı etkilerinden haberdar olduktan sonra neler hissettiğini yazmıştı:

> Aldığım tıp eğitiminin bu bilgilerin hiçbirini kapsamıyor olması beni düş kırıklığına uğrattı. Bize standart davranışçı yöntemleri öğretilmişti (mola tekniği vs.). Derinlerde bir yerde, bir şeylerin ters olduğunu biliyordum ama ne olduğunu tam kavrayamıyordum. Bana danışan bazı ebeveynler var, çocuklarını bebeklik günlerinden beri tanırım. O çocuklar beş yaşlarına geldiğinde ebeveynler yine bana başvurup "Bir işe yaramıyor," diye yakınıyorlar. Belli bir süreliğine başka bir "davranış değiştirme" yöntemi kullanmamız gerektiğini düşündüm. Ama okudukça, çocuk yetiştirmek için aslında ne kadar berbat bir yol seçmiş olduğumuzu gördüm.

Eğer doktorlardan, komşulardan ve aile üyelerinden aldığımız öğütler farklı farklı görüşler içerseydi, içlerindeki doğrular birbiriyle çelişirdi ve olasılıkla hepsi birden etkisiz kalırdı. Hatta bu durumda biz de fazla etkilenmeyebilirdik (eğer akrabalardan daha çok etkilenmeye yatkın değilsek). Ancak, çeşitli kaynaklardan duyduklarımız aslında o kadar da çeşitli değildir. Arada birkaç istisna olabilir ama verilen öğütler çoğunlukla tek bir ebeveynlik tarzına işaret eder. O da sorgulamamız gerektiğini savunduğum tarzdan başkası değildir.

Genç ebeveynlerin anlattığına göre, dedeler ve anneanne ile babaanneler, ağlar ağlamaz kucağa alınan bebeğin şımaracağı yönünde sık "bilgilendirmelerde" bulunmaktalar. (Yapılan araştırmalara göre kucaklanma ile şımarma arasında böyle bir bağlantı yoktur.) Çocuğun kendisiyle ilgili kararlarda söz hakkına sahip olması ise "Çocuk sizi parmağının ucunda oynatıyor," biçiminde tepkiler almakta.

Arkadaşlar ve komşular ise, kişiliklerine de bağlı olarak, fikir belirtirken açık konuşabilir veya daha üstü kapalı bir yöntem seçebilirler ama onların düşüncesi de çoğunlukla, çocuğunuzu hizaya getirmek için daha sert davranmanız gerektiğidir. Daha çok disiplin uygulayarak ve sınır belirleyerek sorunlarınızın çözüleceğine inanırlar. Halka açık yerlerde ise insanların çocuğunuza nasıl davrandığınız konusunda sizi yargıladığını hissedebilirsiniz (ki bu yargılama çoğunlukla müsamahakârlığınız içindir, kontrolcülüğünüz için değil). Bu kişiler görüş belirtmeseydi bile kullandıkları stratejileri görmemiz üzerimizde yine güçlü bir etki yaratırdı, özellikle de her gün, her yerde aynı şeye tanık olduğumuzda. Geleneksel yaklaşımın her yere yayılmış olması bile tek başına, ebeveynlerin hepsinin birden yanılamayacağını varsaymamıza yol açabilirdi.

Disiplin kitabı yazarları da bu dengesizliği gidermekte pek etkili değildir. Uzmanların görüş ve önerilerine başvurduğumuzda ise ebeveynlerin hepsinin birden yanılamayacağı varsayımımızın "doğrulandığını" görürüz. Diğer yandan, akraba veya arkadaş grubumuz bize karşı çıksaydı ve eylemlerimizin koşulsuz sevgimizi yansıtıp yansıtmadığını sorsaydı, ödül ve cezaların işe yaramadığını ve tümüyle gereksiz olduğunu anımsatsaydı biz de ne yaptığımızı iki kez düşünebilirdik. Ama gerçek dünyada yaşadıklarımız, duyduklarımız ve aldığımız öğütler, bir kez düşünmek için bile yeterli neden vermemektedir.

Çocuklarla etkileşimde bulunurken neden sevimsiz yöntemler seçtiğimizin açıklaması olarak çevrede görüp duyduklarımızı vermek oldukça makul görünüyor. Ama diğer taraftan da yeni soruları gündeme getiriyor: Bu insanlardan etkileniyor olabiliriz ama *onlar* neden *kendi* çocuklarına böyle davranıyorlar? Pek çok ebeveyni bu yöntemleri seçmeye ve diğer ebeveynlere de aynılarını önermeye iten nedir?

Bilinen en kötü disiplin yöntemlerinin bazı özelliklerini sayarak bu soruya yanıt verebiliriz. Son derece düşünceli insanlar bile mantıksız şeyler yapmaya koyulabilirler çünkü kötü disiplin yöntemleri kolaydır. Çocukların olumsuz davranışına karşılık olarak onlara hoş olmayan bir şey yapıyorsak, üzerimize düşen öyle büyük bir görev zaten yok demektir. *Çocuklara yapma* stratejileri pek fazla şeye aldırış etmez, *çocuklarla çalışma* stratejilerinde ise bizden beklenen daha çok şey vardır. Ama ikincisinin ne olduğu hakkında hiçbir fikrimiz yoksa gidip de birincisini uygulamakta ısrar ederiz çünkü yapmayı bildiğimiz tek şey odur.

İkinci neden, kötü disiplin yöntemlerinin "etkili" olmasıdır. Bundan kastım elbette rüşvetlerin, tehditlerin ve diğer zorlayıcı müdahalelerin *yalnızca o an için* itaat sağladığıdır. "Eğer şu bilgisayar oyununu hemen kapatmazsan Cumartesi günkü partiyi unutabilirsin!" demek oyunun hızla kapanmasını sağlayabilir. Diğer yandan, bu stratejiyi kullanmamızın doğuracağı toplam olumsuz etki hemen ortaya çıkmayacaktır. Bu da aynı stratejiyi bir kez daha uygulamamızı engelleyecek herhangi bir terslik görmeyeceğimiz anlamına gelir.

İnandıklarımız

Geleneksel yaklaşımların anlık sonuçları (veya yüzeydeki çekiciliği), tıpkı çevremizdeki kişilerin üzerimizde yarattığı etki gibi, pek çok şeyi açıklamayı başarabilir. Ama biraz da insanların bu yaklaşımlara yatkın olmasına yol açan, genel kabul görmüş inanç ve değerleri mercek altına almalıyız.

Çocuklara Bakışımız

Gerçekten çocuk dostu toplumlarda mı yaşıyoruz? Kuşkusuz hepimiz kendi yavrularımızı seviyoruz ama çoğu ebeveynin başka çocukları aslında hor gördüğünü öğrenmek de insanı şaşırtıyor. Bunlara ebeveyn olmayan kişileri de eklediğimizde, kültürümüzün genel olarak çocukları desteklemediği ve sevimli veya uslu olmadıkları sürece çocuklardan pek hoşnutluk duymadığı daha açık biçimde görünüyor. Eğer kolektif bir sevgi varsa bu da en iyi olasılıkla koşulludur. Gerçekten de yetişkinlere yapılan anketler, gazetedeki bir haberde "yalnızca ergenlere ve gençlere değil, küçük çocuklara karşı da şaşırtıcı düzeyde düşmanlık" olarak tanımlanan tutumu doğrulamaktadır. Vatandaşların büyük çoğunluğu, hangi yaş grubundan olurlarsa olsunlar çocukların yaptıklarını asla onaylamadığını söylüyor ve onları tembel, sorumsuz, kaba ve değer yoksunu buluyor.[1]

Politikacılar ve işadamları "birinci kalite" okullar talep ederek sıklıkla şov yapar ama bundan kasıtları çocukların temel gereksinimlerini karşılayacak okullar değil, onlara daha yüksek notlar aldıracak ve müstakbel çalışanların daha becerikli olmasını sağlayacak kurumlardır. İki toplumbilimcinin şu görüşü aslında çok doğru: "Yeterli gelire sahip bazı ebeveynler paralarını çocukları uğruna saçarlar, bu da çocuk merkezli bir toplum olduğumuz kanısını yaratır." Eğlence şirketlerinin ve reklamcıların çocukları nasıl hedeflediği de göz önünde bulundurulursa bu izlenim daha da güçlenebilir. Ama bu bilimciler yazılarını şöyle sürdürmekteler:

> Çocuklar için yapılan kamu harcamaları çoğunlukla kıttır. Harcama yapılırken göz önünde tutulan da zaten çocukların çocuk olarak değerleri değil, gelecekteki yetişkin olarak değerleridir... Çocukların en değerli doğal kaynaklarımız olduğuna dair... tatlı mitin aslında yalan olduğu... diğer insanların çocuklarına gösterdiğimiz düşmanlık ve onlara yardım etmekteki isteksizliğimiz yoluyla uygulamada zaten defalarca kanıtlanmıştır.[2]

Amerika'da son yıllardaki evsiz çocuk sayısı 1,3 milyon düzeyinde seyrediyor. Küçük çocukların %22-26'sı ise fakir sınıfında yer alıyor ki bu oran herhangi bir diğer endüstrileşmiş toplumdaki orandan kat kat fazladır.[3] Amerikalıların bu istatistiklerin ardındaki perişanlığa tahammül etmeyi sürdürmesi, tıpkı "zamane çocukları" diye terslenip duran insan sayısının fazlalığı gibi, çocuklar konusunda gerçekte nasıl bir tutum belirlemiş olduğumuzu açıkça ortaya koyuyor.*

Dikkat çekmek istediğim nokta şu: Eğer çocuklar genel olarak saygı görmüyorsa o zaman en iyi ebeveynin bile çocuğuna saygı göstermesi zorlaşır. Bunun yanında, çocuklarla ilgili kişisel görüşlerimiz ne denli olumsuzsa, 1. Bölüm'de de gördüğümüz gibi, koşulsuz sevgi verme olasılığımız o kadar düşer çünkü çocukların bizi kullanacağından ve yaptıkları her şeyin yanlarına kâr kalacağından korkarız. Eğer onlara güvenmezsek onları kontrol altında tutabilmek için aşırıya kaçabiliriz. Mutlak itaat bekleyen otoriter ebeveynlerin, çocukları (hatta genel olarak insanları) hep olumsuz özellikleriyle gören kişiler olması bir rastlantı değildir. Zaten 300'den fazla ebeveynin katıldığı bir araştırma da insan doğasıyla ilgili olumsuz görüşlere sahip olan kişilerin, çocuklarına karşı son derece kontrolcü davranmaya eğilim gösterdiğini ortaya koymuştur.[4]

Çocukların Karşılaştığı Tutumlarla İlgili Düşüncelerimiz

Çocukların gereksiz yere engellenmesi, azarlanması, tehdit edilmesi veya tartaklanması, ortalıkta koşup azmalarına göz yumulmasından çok daha olasıdır. Ama alışılmış görüş bu yönde değildir çünkü insanlar salgın gibi yayılan cezacı ebeveynlik örneklerini görmezden gelir ve tek tük karşılaştıkları müsamahakârlıklara odaklanırlar. Bazen tüm bir kuşağın şımartıldığı, ziyan edildiği, yaşamların boşa gittiği ilan edilir. Yazılı tarih bo-

---

* Türkiye'deki durum: Bu kitabın yayıma hazırlandığı tarihteki (2014) en güncel TÜİK verilerinin sunulduğu *İstatistiklerle Çocuk 2013* raporunda, Türkiye'deki yoksul çocuk (0-17 yaş) sayısı 7.444.000 civarındadır. Aynı yıl için toplam çocuk nüfusu ise 22.692.174 olarak verilmiştir. Rapor, kız çocukların %32,7'sinin, erkek çocukların ise %32,8'inin yoksulluk riski taşıdığı bulgusunu sunmaktadır (*İstatistiklerle Çocuk 2013*, TÜİK, s. 2, 100-101, www.tuik.gov.tr/IcerikGetir.do?istab_id=269. Erişim: 2014). Çocuklara ve gençlere "zamane çocukları" diyerek burun kıvırma modasının Türkiye'de de ne kadar yaygın olduğunu anlatmaya ise herhalde gerek bulunmamaktadır. (Yay. N.)

yunca dünyaya gelip gitmiş *tüm kuşaklar* için aşağı yukarı aynı alarmların verildiğini düşünmek ise hem aydınlatıcı hem de eğlendiricidir.

Ama bu çarpık portre yine de pek çok olumsuz sonuca yol açabilir. Günümüz çocuklarının kontrolden çıktığı izlenimini yaratmak, onları şımartmayı kesmemiz, geleneksel disipline dönmemiz vs. doğrultusundaki tavsiyelerin önünü açmakla aynı şeydir. Çocukların yeterince kontrol edilmediği görüşünü savunan ebeveynler ise böylesi "daha sıkı kontrol" reçetelerini uygulamaya zaten dünden hazırdır.

Çocuk yaşamının çok kolay olduğu çünkü ailelerin çocuğu her türlü darbeden sakındığı yönündeki eleştiriler için de aynı şey geçerlidir. Aslında bu iddia anlamlı araştırma sonuçlarıyla değil, yalnızca bazı anekdotlarla desteklenmektedir. Buna karşın yine de kabul edilmesinin nedeni eski usul ebeveynlik tarzını geçerli göstermeye yaramasıdır. Yine de sorunları yalnızca "aşırı korumaya" bağlamamız onların gerçek nedenlerini aramamızı sağlamayacak, yalnızca ebeveynleri veya çocukları suçlamamıza yol açacaktır.[5]

Bazı çocukların göz ardı edildiği, kendi haline bırakıldığı ve yetişkinlerle anlamlı etkileşimlerde bulunmaktan yoksun kaldığı gerçeği, çocuk merkezli veya çocuk şımartan bir kültür olduğumuzun kanıtı değildir. Bu, çocukların az sayıda düş kırıklığı yaşadığı anlamına da gelmez. Gerçek şu ki, çocuklar sıklıkla düş kırıklığına uğrarlar, ana neden de görüş ve düşüncelerinin dikkate alınmamasıdır. Çocuklarının haylazlık ettiğinden veya başkalarına rahatsızlık verdiğinden habersiz ebeveynler, onların gereksinimlerinden de habersizdir. (Bu, disiplinle bağlantılı bir argüman değildir; yetişkinlerin çocuklara saygı gösterme, zaman ayırma ve rehberlik etme zorunluluğunu vurgulayan bir gerçektir.)

Rekabet

Rekabetin devlet dinimiz olduğu söylenir. İşte, okulda, sporda, oyunda, hatta evde bile pek çok hedef ve değerin üzerine Bir

Numara olma zorunluluğunun gölgesi düşer. O halde, çoğu ebeveynin, çocuğunu herkesten daha üstün olmaya zorlamasına ve bunu da koşullu ebeveynlik teknikleriyle yapmasına şaşmamak gerek.

Dahası, çocuklarımızla ilişkilerimiz bir tarafın kazanırken diğer tarafın kaybettiği bir çekişme olarak görülebilmektedir. Pek çok disiplin kitabı, çocuklarla giriştiğimiz savaşı nasıl kazanacağımıza, manevralarını nasıl boşa çıkarıp dediklerimizi yaptıracağımıza dair ipuçları verir. Buradaki asıl soru ise çocuklarımızı gerçekten de yenilmesi gereken rakipler gibi görmek isteyip istemediğimizdir. Pek çok ebeveyn-çocuk ilişkisinin neden ihtilaf ve düşmanlıkla biçimlendiğini merak ediyorsak, bu durumun aşırı rekabetçi bir toplumun belirtisi olduğunu anlamamız gereklidir. Çocuklarını kontrol etmeye en çok gereksinim duyan ve böylece en büyük zararı veren ebeveynler, mutlaka kazanmak zorunda olanlardır.

Çocukların Yapabilirliği

Çocuklara sert davranmamız, yapabileceklerini çok da takdir etmediğimiz, onları farklı bakış açılarına sahip insanlar olarak kabullenmediğimiz anlamına geliyor. Ama daha önemlisi, geleneksel disipline bel bağlayan ebeveynler, çocuğun kendi başına neler yapabileceği konusunda *aşırı beklentiler* içine de giriyorlar ve belli bir yaşın altındaki çocuğun derli toplu yemek yemesinin veya insan içindeyken uzun süreler boyunca sessiz kalmasının neden beklenemeyeceğini bir türlü anlamıyorlar (veya nedenleri görmezden geliyorlar). Gerçek şu ki, küçük yaştaki çocuklar, davranışlarından sorumlu tutulmalarını makul gösterecek becerileri (büyük çocukların veya yetişkinlerin becerilerini) henüz geliştirmemişlerdir.

Araştırmalar da doğrulamaktadır ki "olumsuz davranışlarda bulunan çocuğunun gerçektekinden daha fazla beceri ve sorumluluk sahibi olduğuna inanan" ebeveynler onlara kızmaya ve cezalar vermeye daha çok meyil ederler. Uygunsuz davranış olarak tanımladıkları davranışları gördüklerinde düş kırıklığına uğrar ve küçük çocukları, sırf küçük çocuklar oldukları için sert biçimde cezalandırırlar. Bunu izlemek bazen kalbinizi bile kırar. Diğer yandan, çocukların gelişimsel sınırlamalarından haberdar olan ebeveynler "sakin açıklamalarda ve akılcı çağrılarda" bulunma yolunu seçerler.[6] Onlar, yapmaları gereken şeyin sabır göstermek ve öğretmek olduğunu bilirler.

O halde, çocukları hırpalayan ve zorlayıcı önlemlere başvuran ebeveynlerin böyle hareket etme nedenlerinden biri, çocukların davranışlarıyla ilgili bazı gerçek dışı beklentilere kapılmaları olarak düşünülebilir. Benzer gerçek dışı beklentiler, zihinsel yeterlik konusunda da ortaya çıkabilir. Beş yaşındaki bir çocuğun sözcükleri harf ve hecelere doğru ayırmasını beklemek, dili adım adım öğrendiği gerçeğinin bilinmediğine işaret eder ve bu durum ilk yazı yazma denemelerini hem ebeveyn hem de çocuk için tatsız birer deneyime dönüştürebilir. Genel olarak, çocukları için "yüksek standart" belirlemekle övünen ebeveynler aslında onlardan çok fazla şey bekliyor olabilirler. Beklentileri karşılanmıyor diye kontrol taktikleri uygulamaya başladıklarında ise her şeyi berbat ederler.

Riayet ve İtaat

Araştırmalara göre bir ebeveyn, çocuğunun kendi düşüncelerine sahip olmasını değil de geleneksel kurallara riayet etmesini ve otoriteye boyun eğmesini ne kadar istiyorsa, fiziksel ceza kullanmaya da o kadar eğilim gösteriyor. Kişinin kendine yetmesine ve kendini yönlendirebilmesine hastalık derecesinde önem veren ABD'de bile belli bireyler ve alt kültürler, riayet ve itaate büyük değer yüklüyorlar. Bu iki kavrama verilen değer arttıkça, çocuğu kısıtlama ve sert disiplin kullanarak dizginleri ele alma eğilimi de güçleniyor.[7]

Adalet ve Ceza

Pek çok insanın benimsediği görüşe göre, birisi (hatta küçük bir çocuk bile) kötü bir şey yaptığında karşılık olarak ona kötü bir şey yapmamız gerekir. "Bir suçluya suçu yüzünden zarar verme veya acı çektirme fikrinin kökleri, ilkel kabilelerin 'kan davası' uygulamalarına dek uzanmaktadır."[8] Bu fikir ayrıca, sevgi de dâhil her şeyin kazanılması gerektiğini savunan, ekonomi tabanlı insan etkileşimi modeliyle ilintilidir (s. 25-26). Cezanın işe yarayıp yaramadığını, bir ders verip vermediğini veya çocukların davranışlarına ve benimsedikleri değerlere olumlu etkiler yapıp yapmadığını bir yana bırakalım. Çoğu ebeveynin ceza kullanma nedeni onu aslında bir tür ahlaki zorunluluk olarak görmesidir. Gerçekten de, çocukların uygunsuz davranışlarına karşılık vermek için sevimsiz bir "sonuç" yaratmak dışında herhangi bir yol tutmak, ne yazık ki kültürümüzdeki akıntının tersine yüzmekle aynı şeydir.

Din

Dini inançlar ile çocuk yetiştirme felsefesi arasında doğrudan ve açık ilişkiler yoktur. Pek çok inanıştan insanlar ve hiçbir inanışa sahip olmayan ebeveynler, çocuklarını akla gelebilecek her türlü yöntemi kullanarak yetiştirmektedir. Diğer yandan, otoriter yaklaşımın köklerinin belli inanç sistemlerinde olduğunu yadsımak da olanaksızdır. Bir uzman konu hakkında şunları söylemektedir: "Çocuğun iradesini kırmak, birkaç kuşak vaiz tarafından ebeveynlerin birinci görevi haline getirildi, çünkü bu vaizlerin disiplin anlayışının dayandığı kutsal kitap mantığı, kişinin kendi kararlarını alıp kendi yolunu çizmesini kötülük ve günah olarak tanımlıyordu."[9] İnsan doğasına olumsuz bir bakışı yansıtan bu ideoloji, kökten dinci kitapların piyasaya çıkmasından çok daha önce yayılmaya başlamıştı. Bu ideoloji kapsamdaki *sevgi* sözcüğü bazen çocuğun boyun eğmesini sağlayan karanlık bir süreci anlatmak için kullanılmaktadır.[10]

Pek çok dindar insan koşulsuzluk ilkesini kendi inançları ile eşleştirse de Yahudiliğin ve Hıristiyanlığın kutsal kitaplarındaki ilahların *koşullu* sevginin en büyük örneğini verdikleri söylenebilir. Hem Eski Ahit hem de Yeni Ahit buyruklara uyanların nasıl sınır tanımadan ödüllendirileceğini, diğerlerinin ise nasıl korkunç cezalara çarptırılacağını anlatır. Tanrı, yalnızca ve yalnızca sen de O'nu seviyorsan seni sever (bazen başka ölçütlere de uyman gereklidir). Sana söyleneni yap; o zaman çok zengin olacaksın ve düşmanlarının ölümünü izleyeceksin. Ama dinden ayrılırsan pek çok sonuca katlanırsın. (Bu sonuçların neler olduğu sadistçe denecek kadar ayrıntılı biçimde İncil'de anlatılmıştır.)[11] Bazı inanışlara göre ise asıl önemli lanetler veya lütuflar ölümden sonradır. Sonuç olarak, belli dini geleneklerin, kontrole dayalı disiplin ve koşullu ebeveynlikle bağlantıları olduğunu söylemek yanlış değildir.

"Ya Şu Ya Da Bu" Düşünüşü

İnsanları şüpheli ebeveynlik stratejilerine yönelten tek bir inanç sistemi söylemem istenseydi herhalde çocuk yetiştirmenin yalnızca iki yolu olduğuna dair inanışı seçerdim. Bunu veya şunu yapabilirsiniz ama bu kez de seçeneklerden biri pek çekici gelmediği zaman diğeri tek seçeneğe dönüşür (ki bu da mutlaka belli oranda kontrol içermektedir).

Bugünün en popüler sahte ikiliği şudur: "Çocuklarımıza sert davranmalıyız ki her istediklerini yapamasınlar." Kısacası, geleneksel disiplin anlayışı, müsamahakâr yaklaşımla kıyaslanmaktadır. Ya çocuğumu cezalandırırım ya da yaptığı her şey "yanına kâr kalır." Çizgileri ya açıkça çizerim ya da hiç çizgi çizmem. Çocuklar uygunsuz addedilen bir şey yaptığında birçoğumuz seyirci kalmak yerine öyle veya böyle bir eylemde bulunuruz. Eğer repertuarımızda yalnızca ceza varsa o zaman bulunduğumuz eylem de çocuğu cezalandırmak olur.

Yukarıdaki ikiliğin sahteliğini gösteren bir diğer çelişki ise çocukları cezalandırmakla ihmal etmenin aslında zıt kutuplar olmamasıdır. Bunlar ortak bir özelliğe sahiptir: Çocuğun gereksinim duyduğu türden, yararlı bir rehberlik sunmamak. O halde, bazı ebeveynlerin bazen cezalandırıcı, bazen de ihmalkâr olmasına şaşmamak gerek. Bu seçeneklerden birinin aslında felaket olduğunu gördüklerinde diğerine sarılırlar. Zamanında bir anne şöyle bir itirafta bulunmuştu: "Çocuklarıma tahammül edemez hale gelene kadar müsamahakârca davranıyorum, ama ondan sonra öyle bir otoriterleşiyorum ki bu kez de kendime tahammül edemiyorum."[12] Başka ailelerde ise ebeveynler farklı roller üstlenirler. Biri disiplinci, diğeri müsamahakâr olur; sanki iki kusurlu strateji bir araya gelince işe yarar bir tarz ve yaklaşım doğurabilirmiş gibi.

Elimizdeki kanıtlar, cezanın aşırı müsamaha veya ihmalden daha iyi olduğunu göstermemekte.[13] Bu nedenle, aralarında bir seçim yapacak olsak hangisini seçeceğimizi söylemek zor. Ama bu ikisi arasında seçim yapmak *zorunda değiliz* çünkü başka seçenekler de var. Dondurucu soğukta oturmayı reddetmek, kavurucu çöl sıcağına tahammül etme zorunluluğunu getirmez. Aynısı, bir diğer yapay seçim için de geçerlidir: "Olumsuz davranışları cezalandırmak (veya eleştirmek) yerine olumlu davranışları ödüllendirin (veya övün)." Sorun şu ki ceza ile ödül aynı paranın iki yüzüdür ve o paranın alım gücü de pek yoktur. Neyse ki havuç ve sopa manipülasyonunun bu iki türü için de alternatif teşkil edecek yöntemler bulunmakta.

İki değil de üç seçenek olması kuramda daha iyidir ama bu noktada dikkatli davranmalıyız. Disiplin ve diğer konular üzerine eğilen bazı yazarlar kendilerini iki aşırı uç arasındaki "orta noktada" konumlandırıyorlar. Buna Goldilocks* Hamlesi diyebilirsiniz: Bazı yaklaşımlar fazlasıyla şöyledir, bazı yaklaşımlar fazlasıyla böyledir, benim yaklaşımım ise tam isabettir. Burada "şöyle" olan yaklaşım aşırı cezacı, güce dayalı ebeveynliği, "böyle" olan yaklaşım ise her şeye göz yuman, aşırı rahat bir ihmalkârlığı temsil eder.

Pek çoğumuz bu iki uçtan birini seçmektense arada bir noktada duracaktır. Bazı durumlarda ben bile bu "üçüncü yolu"

---

* Goldilocks: "Üç Ayı" adlı çocuk öyküsünün kahramanı. Ormanda dolaşırken bir ayı ailesinin kulübesini görür ve içeri girer. Masa üzerindeki lapaları teker teker tadar, en sıcak ve en soğuk olanı bırakıp ılık olanı yer. Sonra yatakları teker teker dener, en sert ve en yumuşak olanı beğenmez, orta sertliktekine yatıp uyuya kalır. Yazar, iki uç arasındaki orta nokta seçimini vurgulamak için Goldilocks'ı kullanmış. Goldilocks Ekonomisi, Goldilocks Gezegeni vb. kavramlarda da yine iki uçtan birine kaymadan, arada bir yerde bulunma anlamı vardır. (Ç.N.)

önermekteyim. Ama insanların önerilerini, sırf abartılmış seçeneklerin arasında bir yerde duruyorlar diye de kabullenmememiz gereklidir. Dahası, bazı yazarlar işin en başında şüpheli bir önerme sunabilir ve örneğin "Çocuklarımızı ne kadar kontrol etmeliyiz?" diye sorabilirler. Şıklardan birini seçin: (a) sürekli ve aşırı biçimde; (b) hiç; (c) yazarın patentli "Beş Önemli Nokta" programında anlatıldığı gibi ideal oranda. Hangisini seçeceğimiz bellidir, ama bu seçimi yapmak yerine konuya başka türlü yaklaşmayı ve kontrol yaklaşımının alternatifleri üzerine düşünmeyi de tercih edebiliriz.

Gerçek şu ki "makul orta nokta" seçeneği her zaman makul olmayabilir. Bunun disiplin alanındaki bir örneği, Diana Baumrind'in pek çok araştırmacı ve uzman tarafından da benimsenen şemasıdır. Bu şemaya göre Baumrind, ebeveynliği bir uçta "otoriter," diğer uçta "müsamahakâr," ortada ise "söz geçiren" ebeveynlik (yani yukarıdaki tam isabet yöntemi) olarak tanımlar. Kendi desteklediği yaklaşım olan "sevgi göstermenin ve kurallardan taviz vermemenin harmanlanması" ise aslında son derece geleneksel ve kontrol yönelimlidir (şemasındaki birinci seçenek kadar olmasa da). Zaten Baumrind'in araştırmasının dikkatlice okunması, tavsiyeleri (özellikle de "sıkı kontrolü" destekleyen görüşleri) ile ilgili bazı soru işaretleri yaratmaktadır.[14]

Belli yaklaşımları, sırf çocuk yetiştirme yöntemleri ile ilgili tartışmanın kasıtlı yapılandırılma biçiminden ötürü (veya bir yaklaşımı reddetmek, çok daha kötü bir alternatifi seçmek anlamına gelecek diye) kabullenmeye eğilim gösterebiliriz. Ama çocuk yetiştirme konusunda birden fazla seçenek olduğunu fark etmek ve diğer ideolojilerin geçerliğini sorgulamak, alışılmış yaklaşımlardan daha mantıklı görünen yeni fikirleri özgürce incelememizi sağlayacaktır.

Hissettiklerimiz

Ebeveynlerimiz nasıl ebeveynlik yapacağımızı öğrettiler ve çocuklarla nasıl konuşulacağına ve onlarla birlikteyken nasıl davranılacağına dair örnekler verdiler. Kendi ailelerimizde neler hissettiğimiz bizi (dolayısıyla da nasıl anne ve babalar olacağımızı) doğrudan etkiler. Bu etki, geri dönüşüme tabi tuttuğumuz herhangi bir çocuk yetiştirme stratejisinin ötesindedir. Ebeveynlik dediğiniz aşçılık veya marangozluk gibi sonradan edinilen bir beceri değildir çünkü psikolojik güçler her şeyi karmaşıklaştırır. Ayrıca, bu güçlerin pek çoğu bize fark ettirmeden de etkiler yaratabilir.

Dürüst konuşmam gerekirse bu konulara girmekten çekiniyorum çünkü "içimizdeki çocuğa" gönderme yapıp duran böylesi tartışmalar canımı çok sıkıyor. Ama başka çarem yok. Yetiştirilme tarzımız iç mimarimizi şekillendirir; bu gerçeğe değinmeden bizi neyin daha iyi ebeveynler olmaktan alıkoyduğunu tartışmak anlamsız kaçar. Şöyle ki, yetiştirilme tarzımız, çocuklarımız konusunda yalnızca ne yapacağımızı değil, ne yapmayacağımızı da belirler. Sorumlulukları eşimizle nasıl paylaşacağımızı, oğlanlar ile kızlara farklı davranıp davranmayacağımızı etkiler. Günlük yaşamdaki davranışlarımızla çocuklara saygı mı gösterdiğimizi, yoksa saygısızlık mı ettiğimizi tayin eder. Bizi neyin üzdüğü veya kızdırdığıyla, ayrıca bu duyguları nasıl açığa vurduğumuzla da yine doğrudan ilişkilidir.

Ebeveyn olarak yaptığımız kötü seçimleri açıklamak için sürekli gösterişli psikolojik bahanelere sığınamayız. Bazen basitçe sabrımızı yitiririz çünkü çocuklar onu çok zorlamışlardır; gerçekten de son derece gürültücü, dağınık ve benmerkezci olabilirler. Bu kitabın başında da dediğim gibi, çocuk yetiştirmek pısırıkların işi değildir, bazı çocukları yetiştirmek de diğerlerine oranla daha zordur. Diğer yandan, çocuklarla baş etmenin zor olduğu gerçeği, sevgiyi geri çekme yöntemlerinin veya diğer kontrol tekniklerinin neden kullanıldığını tek başına açıklayamaz. Pek çok araştırmanın sonucuna göre kişilerin temel ebeveynlik tarzı, "çocuklarıyla doğrudan temas kurmadan çok daha önce zihinlerinde kurulup yerleşmiştir." Çünkü bu tarz uzun yıllar önce çocuk olarak yaşadıkları deneyimlerle biçimlenmiştir.[15]

Web siteme bırakılan mesajların birinde şöyle bir bölüm vardı: "Zamanında kendilerini yaralamış olan ebeveynlik stratejilerini şimdi çocuklarına uygulayan arkadaşlarımı izliyorum, koca bir tren kazası izler gibi. Hiç de hoş bir görüntü değil." Neden böyle olduğunu saptamak pek kolay bir iş değildir. Şu kesindir ki sözü geçen ebeveynler çocukken kendilerini mutsuz eden şeyleri şimdi bilerek ve isteyerek yavrularına yapma kararı almamışlardır. Ama aynı davranışların tekrarlandığı da bir gerçektir. Ebeveynlerini yerden yere vurup eleştiren kişilerin bile kaçtıkları (veya kaçtıklarını *sandıkları*) ailenin bir benzerini yarattıkları ise bir diğer gerçektir. İşte bu tuhaf, mantıksız, hatta trajik gerçeklerin ardında elle tutulur bir neden olmalıdır.

Bununla ilgili açıklamalardan biri Alice Miller'dan gelmiştir: "Pek çok insan kendi maruz kaldığı zalimce davranış ve tutumların aynılarına çocuklarını da maruz bırakır ki ebeveynlerini idealize etmeyi sürdürebilsin."[16] Miller'ın görüşü şuna dayanır: Hepimizin içinde, ebeveynlerimizin yaptıklarının aslında iyiliğimiz için olduğuna ve sevgiden ileri geldiğine inanma gereksinimi vardır. Onların iyi niyetli olmayabileceği (veya ebeveynlik etmek konusunda yetersiz kaldığı) kuşkusu bile çoğumuz için fazlasıyla sarsıcıdır. Sonuçta, her türlü kuşkudan arınmak amacıyla ebeveynlerimizin bize yaptıklarını aynen çocuklarımıza yaparız.

Bu duruma açıklama getiren bir başka kişi ise bağlanma kuramı psikolojisini esinleyen İngiliz psikiyatr John Bowlby'dir. Bowlby'ye göre empatik ebeveynliği deneyimlememiş kişiler empatik ebeveyn olamazlar. Aynı şey koşulsuz sevgi için de söylenebilir: Eğer almadıysanız veremezsiniz. Çocukken yalnızca koşullu olarak kabul edilmiş kişiler, diğer kişileri (kendi çocukları da dâhil) yine aynı biçimde kabul ederler. Gerçekten de buna işaret eden kanıtlar vardır (s. 31). Böylesi ebeveynler, sevginin karneye bağlanmış, seyrek bulunur bir mal olduğunu düşünürler. Varsayımları ise çocukların sıkı biçimde kontrol altında tutulması gerektiğidir, tıpkı bir zamanlar kendilerinin tutulduğu gibi.

Çocuklukta karşılanmayan temel duygusal gereksinimler insan büyüdükçe ortadan yitmez. Tersine, bunları dolaylı ve dolambaçlı yollarla karşılamak için çabalar durursunuz. Bu da zeki, çekici veya sevilebilir biri olduğunuzu kanıtlamak için neredeyse sürekli kendinize odaklanmanızı gerektirir. Dahası, *gerçekte odaklanmanız gereken kişiler*, yani çocuklarınız, sizi duygusal açıdan bir türlü müsait durumda yakalayamazlar. Çünkü siz eksik olanı tamamlamakla meşgulsünüzdür. Kanadalı iki araştırmacının ortaya koyduğuna göre, kendi gereksinim ve hedeflerini daha çok düşünen ebeveynler, çocukların gereksinimlerine (hatta ailenin bütününe) odaklananlara kıyasla kabullenici olmakta zorluk yaşamakta, cezalandırıcı ve kontrolcü eğilimleri daha sık göstermektedir. Bu kişiler, çocuğun olumsuz davranışlarını, kendisini rahatsız eden belli durum veya koşulların sonucu olarak görmezler; onlara göre çocuk her şeyi bilerek ve isteyerek yapmaktadır, böyle davranma eğilimi de zaten onun kötü doğasından veya çirkin kişiliğinden filizlenmektedir.[17]

Çocuklar bazen de öyle bir noktaya getirilir ki artık tüm işleri güçleri ebeveynleri mutlu etmek, onların içini rahatlatmak, yeterli hissetmelerini sağlamaktır. Hatta bazen, üstü kapalı olarak, ebeveynin eşinde (veya bizzat kendisinde) bulamadığı şeyleri sağlayan kişi olmaya, belki de yetişkin gibi arkadaşlık etmeye teşvik edilirler. Böylece çocuk, ebeveynin arkadaşı, hatta ebeveynin ebeveyni olmaya sürüklenebilir. Daha da kötüsü, bunların tümü kimse farkına varmadan gerçekleşebilir. Çocuğun kendisinden ne istendiğini anlayıp anlayamaması çok da önemli değildir çünkü odak noktasında artık yetişkinin gereksinimleri vardır. Bu da çocuğun kendi gelişimini çarpıtacaktır.

Korktuklarımız

Bizi etkileyen tüm duyguları, inançları ve davranışları (kişisel veya kültürel, bilinçli veya bilinçdışı tüm etkileri) bir araya getirdiğimizde, çocuk yetiştirme tarzımıza tesir etme nedenlerinden birinin bizi korkutmaları olduğunu söyleyebiliriz. Bazı kişilerin korkuları diğerlerininkine göre çok daha mantıksız ama daha ezici olabilir. Nitelikleri ne olursa olsun korkular, çocuklara neden sakıncalı davranışlarda bulunabildiğimizi farklı yönlerden açıklayacaktır.

Yetersiz Kalma Korkusu

Dürüst olmak gerekirse, daha yeni anne baba olmalarına karşın geleceğe dair ciddi tereddüt ve tedirginlik yaşamayan ebeveynlerin kaygı verici kişiler olduğunu düşünürüm. Eşim ve ben, adrenalinin (ve pitosinin*) bizi nasıl panik sınırına getirdiğini hâlâ anımsıyoruz: Doktorlar içeride yeterince kaldığımıza kanaat getirdiği için bizi az önce taburcu etmiş hastanenin önünde dikiliyorduk. İçinde yeni doğmuş bir ufaklığın şekerleme yaptığı bebek koltuğu elimizde, araba farını görünce donan tavşanlar gibi orada kalakalmış, "Bir hata oldu herhalde, buna nasıl bakacağımızı bilmiyoruz," diye düşünmeye koyulmuştuk. (Eve götürdüğümüz bebeğin yalnızca bir bebek olmadığını, aynı zamanda geleceğin üç yaşındaki çocuğu, beş yaşındaki çocuğu ve on dört yaşındaki çocuğu olduğunu fark etseydik herhalde halimiz daha kötü olurdu.)

Hiç kimse kötü bir ebeveyn olmak için yola çıkmaz. Hepimiz çocuklarımızı seviyoruz ve onların mutlu ve güvende olmasını istiyoruz. Ama bazen biz de kafa karışıklığı yaşıyor ve çaresiz kalıyoruz; işler istediğimiz gibi gitmediğinde düş kırıklığına uğruyoruz ve yapmamız gerekeni gerçekten yapıp yapamadığımız konusunda gizliden gizliye (veya açıkça) kuşkular beslemeye başlıyoruz. Ne yapılması gerektiği konusunda hiçbir fikriniz olmaması sizi herhangi bir yöne sürükleyebilir. Bu yönlerin tümü sorunlara gebedir. Bu durumda kalmış bir ebeveyn, kendisini iyi hissettirecek olan ama aslında nitelikten yoksun kalan öğütlerin üzerine atlayabilir. ("Ne yapmam gerektiğine dair hiçbir

* Pitosin: Doğumu başlatmak için kullanılan yapay oksitosin. (Ç.N.)

fikrim yok, o yüzden çocuk ağlamaya başladığında onunla ilgilenme*me*mi, nasıl olsa kendi kendine susacağını söyleyen kayınvalideme kulak vereyim," veya "Söylediğim şeyleri yaptığında çocuğuma altın yıldız vermemi öğütleyen şu uzmanın sözünü dinleyeyim.")

Başka ebeveynler, yetersizlik korkusunu[18] gidermek için çocukların her istediğini yaparlar. Bu, hiç kuşku yok ki onların gereksinimlerini karşılamaktan ve sorunları çözmek için onlarla birlikte çalışmaktan tümüyle farklı bir şeydir. Bazı ebeveynler ise kuşkularını gidermek için her yaptığından emin olan, kontrolü bütünüyle elinde tutan anne ve babalar gibi davranmaya çalışırlar. Böylesi "E'si büyük Ebeveynler" bu rollerinde kendilerini o kadar rahat hissetmeye başlarlar ki bunu neden oynadıklarını düşünmeyi bırakın, rol oynadıklarını bile unuturlar. Çocuklarını sert ve sorgulanamaz kurallara tabi tutarlar. Sanki kendileri de dâhil herkesi, ne yaptıklarını bildiklerine ikna etmeye uğraşıyorlardır.

Güçsüzlük Korkusu

Hepimiz bir zamanlar bütünüyle başkalarına bağımlı ve kolayca zarar görebilir durumdaydık. Bazı kişiler bilinçdışında, kendilerini saran "yetişkinlik kaplaması" kırılınca zamanın geriye akacağından ve güçsüzlük hallerine döneceklerinden korkarlar. Bu korkuyla başa çıkabilmek için de *asla zarar verilemeyecek* bireylermiş gibi davranmaya başlarlar. Kontrolden çıkmaktan ürktüklerinden, kontrolü her zaman sıkıca ellerinde tutma gereksinimleri vardır.

Bu, çevredeki diğer insanları da kontrolü altında tutma ve onlara üstün gelme gereksinimine kolayca dönüşebilir ve çocuklarla yaşanan anlaşmazlıkları bile kazanılması gereken savaşlar olarak değerlendirme eğilimini doğurabilir. Kişiler böylece, tek bir geri adım atmanın, fikir değiştirmenin, hataları kabul etmenin veya taleplerden vazgeçmenin her şeyi yitirmekle aynı anlama geldiği yaşamlar sürerler.

Bunlar özellikle de ebeveyn sözünün kanun olduğu geleneksel bir ailede yetişmiş birey için geçerlidir. Bu deneyim sonucunda çocuk, iki araştırmacının ortaya koyduğu üzere, "gereksinim ve isteklerini çatışma durumlarında hiç kimsenin karşılamayacağını" öğrenir. Bunun yarattığı güçsüzlük duygusu asla yitip gitmez. Sonunda da kişinin, ebeveyn olduğu zaman çocukları kontrol altında tutmasına yol açar. Bu kişi aslında belli oranda kontrolün hâlâ elinde olduğunu hissetmeye çalışıyordur.[19] Bu nedenle, ne kadar çelişkili görünürse görünsün "güçsüz olduğunu en çok hisseden ebeveynler, zorlayıcı yöntemlere en çok başvuranlardır."[20]

Bazı kişilerin yaşamları, başkalarının merhametine kalma korkusunu gidermek için güçlü gibi görünme ve davranma gereksinimi çevresinde biçimlenir. Onların başkalarını kontrol etmeye duydukları istek çocukları ile kısıtlı değildir; diğer yetişkinlerden de üstün olduklarını göstermeleri gereklidir. Ama bu tutumu çocuklara göstermek hem daha kolaydır hem de toplumsal açıdan daha kabul edilirdir. Kaynaştırma eğitimi ve zor kullanmayan ebeveynlik yöntemleri üzerine atölye çalışmaları düzenleyen Norman Kunc'a göre "'davranış sorunları' dediklerimiz aslında mazur görülebilecek çatışmalardır; onları 'sorun' olarak tanımlamamızın ardındaki tek neden çocuklardan daha güçlü olmamızdır."[21] (Bir diğer deyişle, eşinizin davranış sorunları olduğunu söyleyemiyorsunuz.)

Elimizdeki çoğu araştırmaya göre istismarcı ve şiddet yanlısı ebeveyn "çocuğun kötü niyetine kurban gittiği" inancındadır. Ama önce hangisi gelir? Davranışı mı, inancı mı? Kendimizi kurban gibi gördüğümüzde veya çocuğun ne denli "manipülatif" olduğundan söz ettiğimizde yaptığımız tek şey aslında "olumsuz tepkilerimizi meşrulaştırmak için çocukta aynı derecede olumsuz niyetler aramak" olabilir.[22]

İstismarcı ve şiddet yanlısı olmayan ebeveynler bile kontrol gereksinimi ve kontrolü yitirme korkusu ile hareket edebilirler. Birilerinin gece eve girip savunmasız bebeğimizin yerine özgür iradeye sahip bir çocuk bıraktığını görmek pek çoğumuz için tedirginlik verici bir durumdur. Bir zamanlar sevimli bir bebek olan o varlık artık kendi tasarıları doğrultusunda hareket eden ve bazı isteklerimize karşı çıkan bir çocuğa dönüşmüştür. Kurnazlıklarla ona üstün gelme eğilimine karşı durabilecek miyiz? *Bebeğe yapma* taktiklerini bırakıp *çocukla çalışma* taktiklerine kayabilecek miyiz? Bu hepimizin başarıyla tamamladığı bir sınav değildir. (Yaklaşık on yıl kadar sonra, çocuğun özerklik gereksinimi yeniden ortaya çıktığında bir kez daha sınanırız. Ama daha büyük, daha zeki ve daha bağımsız olan bu bireyin itaatini sağlamak artık iyice zorlaşmıştır.)

Korkularımız bazen Nuh deyip peygamber demememize de yol açar ki bu aslında büyük bir hatadır. Şöyle örnekleyeyim: Bir akşam üç yaşındaki oğlum oyununu bitirip üzerindekileri çıkarma taleplerime eylemsizlik ve seçici işitme yoluyla hiç durmadan karşı çıkmaktaydı. Dakikalar geçtikten sonra ona tişörtünü kendi çıkarması ile benim çıkarmam arasında bir seçim şansı verdim. Bir yanıt almadığım için tişörtünü ben çıkardım ve onu üst kata taşıdım. Bağırarak, kendisini perişan ederek, susmamacasına ağlamaya başladı ve tişörtü kendi çıkarmak istediğini söyledi. Olabildiğince nazik bir sesle ve (sanırım) makul biçimde, tişörtünü çıkarma fırsatı olduğunu ve bunu kullanmadığını anımsattım. Ama oğlum üç yaşındaydı ve ağlıyordu, o yüzden ben de yalnızca kendi kendime konuşuyordum.

Benden istediği onu alt kata indirip tişörtünü giydirmemdi. Böylece tişörtü bu kez kendi çıkarabilirdi. Bunun için geç kaldığını söyledim. Artık bir sonraki adımda yapacaklarımıza bakıyor, çıkarılacak diğer giysileri ve küvette soğuyan suyu düşünüyordum. Ama o "sonraki adımda yapacaklarımızı" yapmaya hiç niyetli değildi. Kördüğüm olup kaldık, ta ki ben de en az onun kadar mantıksız davrandığımı fark edene dek. Her şeyi kendi istediğim gibi yapmakta ısrar etmem ikimizi de mutsuz etmekle kalmıyor, boş yere zaman da harcatıyordu. Sonunda oğlumun istediği gibi yaptık: Aşağıya indik, tişörtü kafasından geçirdik, tişörtü kendi çıkardı, üst kata çıktık, banyoya girdi. Ama kontrolü elden bırakmaya direnç göstermem yüzünden gülümsemesinin geri gelmesi ve ilişkimizin onarılması iki saat aldı.

Yargılanma Korkusu

Bazı ebeveynler diğer kişilerin (yalnızca kendi arkadaşları veya akrabaları değil, kısaca "onlar" olarak bilinen, adsız ve her zaman takipte olan yargıçlar topluluğunun), çocukları (dolayısıyla da ebeveynlik becerileri) hakkında olumsuz düşünebileceği fikrinden bile korku duyar. Bu korku az önce değindiğimiz diğer iki korkuyla da birleşince iyice ezici hale gelir. Kendinden en emin ebeveyn bile bir yerlerde, "Şu kadın da *ne yaptığını* hiç bilmiyor hani. Çocuğunun haline bir bak!" diyen kişiler olabileceğini düşünür ve bu olasılıktan rahatsızlık duyar.

Çocuklarımıza neler yaptığımızı bir düşünelim ve bunların kaçının takdir edilme kaygısından ileri geldiğini irdeleyelim. Bir yetişkin gelir ve bebeğimize bir şey verir, biz de hemen, "Teşekkür eder misin?" diye atılırız. Görünüşe bakılırsa bebekle konuşuyoruzdur, teşekkür edemeyecek veya bizden örnek alamayacak kadar küçük olduğunu bile bile. Aslında burada yaptığımız, çocuğun üzerinden yetişkinle konuşmak ve hem verilmesi gereken doğru yanıtları hem de çocuğumuzu nasıl yetiştireceğimizi *bildiğimizi* göstermektir.

Daha önce de söz ettiğim gibi insanlar ebeveynleri çok kontrolcü olmakla değil, az kontrolcü olmakla suçlamaya yatkındır. Aynı biçimde, çocukları da meraklı oldukları için değil, "uslu durdukları" için takdir ederler. Ebeveynin yargılanma korkusunu, ne için yargılanacağıyla ilgili varsayımıyla bir araya getirince aslında o kadar da şaşırtıcı olmayan bir gerçeğe ulaşıyoruz: Zor kullandığımız taktiklere en çok yöneldiğimiz ve çocukları kontrol altında tutma gereksinimini en yoğun biçimde hissettiğimiz zamanlar insan içinde olduğumuz zamanlardır.[23] Diğer korkular gibi bu da kendi kendini gerçekleştiren bir kehaneti doğurabilir; diğer insanların ne düşüneceğinden çekinerek çocuğun üzerine gitmemiz, kimsenin görmesini istemediğimiz o davranışla daha sık karşılaşmamız sonucunu verebilir.

Güvenlikle İlgili Korkular

Tüm ebeveynler çocukları için kaygılanırlar, özellikle de gazeteler iyi insanların başına gelen kötü şeylerin haberleri ile doluyken. Bir ebeveyn olana dek, böylesi kaygıların ne zaman yerli yerinde olduğunu, ne zaman da abartıya kaçtığını anlayabilmenin bu kadar güçleşebileceğini hiç düşünmemiştim. Ayrıca, bu kaygıları gidermek için aldığımız önlemlerin makul mü olduğunu, yoksa bizi aşırı bir korumacılığa mı sürüklediğini kestirmenin zorluklarını da öngörememiştim.

Şu bir gerçektir ki bazı ebeveynler gevşek davranmanın feci olaylara yol açacağına inanırlar ve bunu da aşırı kontrol uygulamanın gerekçesi olarak sunarlar. Burada, çocuğu göz önünden yitirmemekten, yaşamında neler olup bittiğini bilmekten ve uygun sınırlar çizmekten söz etmiyorum. Bunların tümü son derece makul ve mantıklıdır. Burada söz ettiğim, 3. Bölüm'de anlatılan türden bir kontroldür; ebeveyn çocuğunu korumak amacıyla ona kendi kararlarını vermesi için pek az fırsat tanımaktadır. (Bundan daha kötüsü eşyaların, yani sahip olunan *şeylerin* güvenliği için çocukları kısıtlamamızdır.) Bu durum çocuğun özgüvenine de bizimle olan ilişkisine de hızla olumsuz etkilerde bulunabilir.

Bebek Muamelesi Yapma Korkusu

Anaokulu çocuklarına zorla alfabe öğretmeye çalışmanın ardındaki neden nasıl ki onları bir an önce yazın dünyasının harikalarıyla tanıştırma arzusu değilse bazı ebeveynlerin tuvalet eğitimini hızlandırmasının nedeni de bez değiştirmekten usanmaları değildir. İnsanların emeklemeyi sertçe eleştirdiğini, yürüme çağına yeni girmiş çocukları bir an önce yürümeye ve koca koca merdivenleri çıkmaya zorladığını bizzat gördüm. "Büyük bir çocuk gibi ye!" komutlarıyla küçücük ellere çatal tutuşturulduğuna tanık oldum.

"Er"in "geç"ten daha iyi olduğu yönündeki varsayım bir tür "geç" korkusuna dayandırılabilir. Bu korku da çocuklara "bebek muamelesi yapılmaması gerektiği" yönündeki inanışı yansıtıyor olabilir. Onları sütten kesmenin, lazımlığa alıştırmanın, yürütmenin, konuşturmanın ve kendi başlarına daha fazla şey yapmalarını sağlamanın zamanı artık gelmiştir. Diğer yandan, çocukların daha küçük yaşlara uygun görülen şeyleri yapmaları ebeveynleri son derece kaygılandırır. Ama neden? Bir arkadaşım daha uzun yolu seçip şunu soruyor: "Liseye başladığı zaman bile hâlâ emekleyen veya alıştırma külodu giyen biri olacak diye mi korkuyorsunuz? Aceleniz ne?" (Lise demişken; liseye başlamış bir çocuğun hızla büyümeye zorlandığını hiç gördünüz mü? Yani daha fazla makyaj yapmaya, daha fazla gizli partiye gitmeye, cinsel hayatta daha aktif olmaya veya bir an önce ehliyet almaya güdülendiğini?)

Evladının yavaş büyümesini kabullenmiş ebeveynler, belli gelişim yetersizliklerinden mustarip çocukların anne babalarıdır. Onlar en büyük korkularıyla yüzleşmişler ve bu özel durumlarıyla birlikte yaşamanın yolunu bulmuşlardır. Ama önemli olan *tüm ebeveynlerin* biraz dinginleşmesi ve çocuklarına "kendi hızında büyüme" şansı vermesidir. Dört yaşındaki bir çocuğu taşıyamayacak kadar yorgun olmak bir şeydir, o yaştaki çocuğun taşınmaması *gerektiği* (veya daha genel olarak, bir çocuğun yapma becerisi edindiği her şeyi kendi başına yapması, yani yürüyebiliyorsa yürümesi gerektiği) söylendiği için taşımamak bambaşka bir şeydir.

Dokuz yaşındaki kızım bugünlerde daha küçük çocuklara yönelik televizyon programlarını izlemekten büyük keyif alıyor. Bu ilk başta beni huzursuz etmişti ama sonra belli şeylerin farkına vardım. Birincisi, zihni ve zekâsı gün içinde zaten yeterince uyarılıyor ve akşamları kendisini zorlamayacak bir eğlenceyi hak ediyor. (Eğer yetişkinler aptalca komedi dizileriyle veya gerilim romanlarıyla dinlenebiliyorsa dördüncü sınıf öğrencileri neden anaokulu çocuklarının programlarını izlemesin?) İkincisi, bu programları kendisiyle birlikte izlediğimde gördüm ki aslında kendi karmaşık becerilerini kullanarak öykünün nereye gideceğini tahmin ediyor, tutarsızlıkları eleştiriyor, karakterler için alternatif hareket yolları öneriyor ve göz aldanması yaratan teknik incelikleri irdeliyor.[24] Üçüncüsü ve en önemlisi ise "kendi düzeyinin altında" kalan televizyon programları (veya kitaplar) onu aptallaştırmayacak. Gerçek tehlike onu daha hızlı büyümesi için zorlamakta yatıyor.

Çocuklara bebek muamelesi yapmaktan duyulan korku, onların geride kalacağından duyulan korkunun kuzenidir. *İki Günlük Çocuğunuzun Bilmesi Gerekenler* gibi adlarla piyasaya sürülen zehirli, korku yaratan kitapların popüler olma nedeni de zaten bu bağlantıdır. Odaları ve sınıfları süzerek hangi çocuğun neler yapmayı öğrendiğini anlamaya çalışan ebeveynleri ne zaman görsem, önlerine konan tatlı porsiyonlarını kıyaslayan kardeşler aklıma gelir. Ebeveynlerdeki bu çocuk kıyaslama zorlantısı rekabet delisi toplumlara özgüdür ve bir başkasının çocuğunun kendi çocuğundan daha ileride olacağı korkusuna dayanır. Çocukluğu bir yarış sanan ebeveynler de bu yüzden çocuklarına hiçbir işe yaramayan baskılarda bulunup dururlar.

Müsamahakârlık Korkusu

Çocuğun arkadaşları kadar başarılı olamayacağı korkusu nasıl ki sağlıksız bir başarı baskısına neden olabiliyorsa gereğinden fazla müsamahakâr olma korkusu da sağlıksız bir kontrolcülüğe yol açabilir. Daha önce de değindiğim gibi toplumlarımızdaki en ciddi sorunların nedeni müsamahakârlık değil, müsamahakârlık korkusudur. Bu korku ise tıpkı Thomas Gordon'un bir zamanlar ifade ettiği gibi disiplin kitapları tarafından körüklenip durur: "İlk önce müsamahakârlığı yılanın başı olarak görme yanılgısına düşerler; sonra da ebeveynleri, onu ezmenin tek yolunun güçlü bir otorite olduğuna inandırırlar. Bu otoriteden kasıtları; sert olmak, kurallar belirleyip kesin biçimde bunlara uyulmasını sağlamak, net sınırlar çizmek, fiziksel cezalar uygulamak ve itaat talep etmektir."[25]

Varsayımlar ve korkular ile çocuk yetiştirme uygulamaları arasındaki tüm bağlantılar ampirik kanıtlarla açıkça ortaya konmuştur. Örneğin, bebeklerin sevgi yüzünden şımaracağını düşünen ebeveynler gerçekten de onlara daha az yardımcı olan ortamlar yaratmaya eğilim gösterirler.[26] Daha büyük çocuklar bile, baskı uygulamadığı veya çocukları yalnızca koşullu olarak kabul etmediği takdirde aşırı müsamahakâr davranmış olacağından korkan ebeveynlerden büyük zararlar görmektedir. İnsanları bu korkularından kurtarmak ise sevecen ebeveynler olma yolunda çok önemli bir adım atmalarını sağlamak demektir.

Kendi deneyimlerime dayanarak şunu söyleyebilirim ki gerçekten harika ebeveynleri diğerlerinden ayıran özellik, geçmişte kendilerine ne yapıldığına ve bugün kendilerinin ne yapmakta olduğuna dair can sıkıcı sorularla yüzleşmekten kaçmamalarıdır. Onlar, çocuklarıyla yaşadıkları bir çatışmayı idare etmenin daha iyi yolları olabileceği söylendiğinde "Ailem bana böyle davrandı ve ben de fena bir insan olmadım," diye itiraz etme eğilimine girmezler. Ebeveynlik zanaatında daha ustalaşmak için nelerin hoş olmadığını görmeye başlamalıyız ki kendi ebeveynlerimizin hangi konularda doğru davrandığını saptamamız ve onların yaklaşımlarını geliştirmemiz olanaklı olsun. Çocukluğunda saygılı bir muamele görmüş şanslı kişiler kendi çocuklarına zaten aynı biçimde davranmayı seçeceklerdir. Geri kalanlarımız ise çocuklara, kendi *gördüğümüz* muamelede değil, *görmüş olmayı istediğimiz* muamelede bulunmakta ısrar etmelidir.

Cezalandırma, din, rekabet ve itaatle ilgili varsayımlarımı sıralamaktaki amacım bu inançları çürütmek değil, üzerlerine ışık tutmak ve çocuk yetiştirme uygulamalarımızı etkileyip etkilemediklerini irdelemektir. Kişisel konularda ve insanların geçmişi ile ilgili noktalarda ise amacım daha kısıtlıdır. Zaten öyle de olmak zorundadır; başka yazarlardan farklı şeyler duymuş olabilirsiniz ama bir kitap okuyarak anlamlı dönüşümler geçirme olasılığı pek de öyle yüksek değildir. Bu konuda, kavrayışın değişim yolundaki ilk adım olduğuna inanan Freud'un haklı olduğunu umuyorum. Zihin kadar içgüdüden de yararlanmayı gerektiren gerçek bir idrak çocuklara daha farklı davranmamızı sağlamak konusunda belki tek başına yeterli değildir ama herhalde gereklidir.

Sonuç olarak, uzun vadeli hedeflerimize ulaşabilmek için

kendimize şu soruyu sormalıyız: *Az önceki davranışım kendi gereksinimlerim, korkularım ve yetiştirilme biçimimden mi ileri geliyordu, yoksa çocuğumun iyiliği için yaptığım bir müdahale miydi?* Sorunun yanıtı, çocuğunuzun iyiliğini göz önünde tuttuğunuz olabilir (ve bu yöndeki yanıtların diğer yanıtlardan daha fazla olacağını umuyorum). Ama herhangi bir yanıt alabilmek için önce bu soruyu sormaya istekli olmalıyız. Davranışlarımızın nedenlerini inceleyebilir duruma geldiğimizde (ki bu nedenler bu bölümdekilerle kısıtlı değildir) nasıl daha iyi ebeveynler olacağımıza dair önerilere de artık açık fikirlilikle yaklaşabiliriz demektir.

7| KOŞULSUZ EBEVEYNLİĞİN İLKELERİ

Sizi şimdiden uyarayım: Takip eden sayfalar, *İyi Çocuklar Nasıl Yetiştirilir?* adında bir ebeveyn rehberi değildir. Neden mi? Birincisi, insanlara *kendi* çocuklarını yetiştirmekte yararlanabilecekleri eksiksiz ve başarısı garantili bir rehber sunacağımı iddia etmeden önce *kendim* kusursuz bir ebeveyn olmalıyım, ama değilim. İkincisi, koşullar ne olursa olsun, böyle bir yaklaşımın pek akıllıca olmadığını düşünüyorum. Fazlasıyla spesifik öneriler ("Çocuğunuz *x* dediği zaman *y* noktasında durun ve *z* ses tonunu kullanarak şunu söyleyin...") hem ebeveynlere hem de çocuklara saygısızlıktır. Çocuk büyütmek, ev sineması sistemi kurmaya veya güveç yapmaya benzemez. (Bunları başarmak için bir uzmanın talimatlarını izlemeniz yeterlidir.) "Her bedene uyar" yöntemler gerçekte her aileye uymazlar, sonsuz sayıdaki olasılıkların hangisiyle karşılaşacağınızı da öngöremezler. Böylesi formüller içerdiği söylenen kitaplar çaresiz kalmış ebeveynler sayesinde her zaman revaçta olsalar da aslında yarardan çok zarara yol açarlar.

Bu bölümde ve bir sonrakinde bazı ana ilkelere değineceğim ve geleneksel ebeveynlik yöntemlerine alternatifler üretmemizi sağlayacak yeni düşünce biçimleri önereceğim. Bunlar, araştırmalardan, danışmanların gerçekleştirdiği muhtelif çalışmaların sentezinden, kendi deneyimlerimden ve çeşitli ailelerde gözlemlediklerimden türetilmişlerdir. Buradaki fikirlerin mantıklı olup olmadığını irdelemek ve kendi yöntemlerinize nasıl uygulanabileceğini değerlendirmek ise size kalacaktır.

Benim önereceğim uygulamalar diğer kitaplardakilere göre biraz daha zorlu çabalar gerektirebilir. Çünkü çocukların koşulsuz sevgiyi hissetmesini sağlamak ve onlarla sırf davranışlarını değil, kişilik bütünlüklerini kapsayan türden iletişimler kurmak, yalnızca sevgi beslemekten daha zordur. Ayrıca, sorunları onlarla çözmek, neden doğru davranışta bulunmaları gerektiğini açıklamak (hatta kendi nedenlerini bulmalarına yardımcı olmak), havuç ve sopa taktikleri ile onları kontrol etmeye kıyasla pek çok güçlük içerir. Kısacası, *birlikte çalışmak*, *yapmak* ile kıyaslandığında daha çok çaba, katkı ve özveri gerektiren bir yaklaşım teşkil eder.

Tuhaf biçimde *birlikte çalışma* fikri hep daha yüksek standartlara tabi tutulur, dolayısıyla da beklenti daha büyüktür. Küçük çocukların durmaları söylendikten sonra bile *yaramazlık* yaptığına dikkat çeken bir araştırmacı bu durum yüzünden ebeveynlerin "çocuklarla konuşmayı" işe yaramayan bir yöntem olarak etiketlediğini saptamıştır. Ama aynı araştırmacının gözlemlerine göre cezalar da (fiziksel cezalar dâhil) bir işe yaramamaktadır. Gerçekten de, bir ile üç yaş arasındaki çocuklarla gerçekleştirilen bir çalışmada ebeveynlerin tutumu ve tepkisi ne olursa olsun çocukların yarısı iki saat içinde yine bir *yaramazlık* yapmıştır. (Bu grubun beşte dördü ise gün bitmeden bir *yaramazlık* daha yapmıştır.) "Aradaki fark şudur: ...şaplak vurmanın etkili olup olmadığı, onun hiçbir işe yaramadığı hallerde bile sorgulanmaz."[1] Çünkü bu durumda çocuğun *daha fazla* geleneksel disipline gereksinim duyduğu varsayılır.

Hiçbir müdahalenin (ne benimkinin ne de bir başkasınınkinin) başarılı olacağına dair güvence verilemez. Ama neredeyse kesin olan bir şey var ki kendi irademizi çocuğa dayatmak kızgın bir geçici itaat sağlamak dışında etki*siz* kalacaktır. (3. Bölüm'de gördüğümüz üzere aslında onu bile pek sağlayamamaktadır.) Benim anlatacaklarım ise daha yüksek başarı şansına sahiptir ve hem çocuğun gelişimini hem de onunla ilişkilerimizi daha az riske atmaktadır.

Ama yöntemdeki değişime belirgin bir hedef değişimi de eşlik etmelidir. Asal sorumuz "Çocuğumun söz dinlemesini nasıl sağlarım?" değil, "Çocuğum nelere gereksinim duyar ve bu gereksinimleri nasıl karşılarım?" olmalıdır. Kendi deneyimlerimden öğrendim ki ebeveynlerin hangi soruyu sorduğunu biliyorsanız aile içinde neler olup bittiğini de öngörebilirsiniz. Nasıl yanıtlar bulduklarını, yani itaati sağlamak için ne taktikler uyguladıklarını (ilk soru) veya çocuğun gereksinimleri konusunda ne düşündüklerini (ikinci soru) bilmeniz o kadar da gerekli değildir. Önemli olan sorulardır.

Çocukların gereksinimlerine odaklanabilmek ve bunları karşılayabilmek için çocukları ciddiye alma zorunluluğumuz vardır. Bundan kasıt onlara, duyguları, arzuları ve soruları önem taşıyan kişiler gözüyle bakmak ve bu doğrultuda hareket etmektir. Bir çocuğun seçimleri her zaman uygulamaya konulamayabilir, ama her zaman göz önünde bulundurulabilir ve bir kenara atılmadan muhafaza edilebilir. Çocuğu kendine özgü bir bakış açısına, bizimkilerden çok farklı kaygı ve korkulara, ayrıca "sevimli" olarak etiketlenmemesi gereken mantık yürütme süreçlerine sahip bir birey olarak görebilmek çok önemlidir.

Belli disiplin uzmanlarının ve insanlara sundukları katı yürekli öğütlerin beni dehşete düşürme nedenlerinden biri çocukları pek de sayıyor (hatta *seviyor*) gibi görünmemeleridir. Diğer ebeveynleri izlerken de aynı ölçütleri kullanırım: Benimle aynı stratejileri izleyip izlemedikleri veya aynı seçimleri yapıp yapmadıkları önemli değildir; asıl olan, eylemlerinin, sözlerinin ve ses tonlarının, çocukları ciddiye mi aldıklarını, yoksa saygısızlık mı ettiklerini gösterdiğidir.

Önümüzdeki üç bölüm çocukları ciddiye almanın üç yolunu inceleyecek: Koşulsuz bir sevgi vermek; kendi kararlarını almaları için fırsatlar tanımak; olan bitenin çocuk gözünden nasıl göründüğünü tahayyül etmek. Ama bunlardan önce bize yol gösterecek 13 ilkeye değineceğim. İlkelerin tümü aslında kısa tanımlarının açığa vurduğundan daha farklı ve zor uygulamalar içermektedir.

Şimdi hepsini bir arada listeleyelim:

1. İçinize dönüp düşünün.
2. İsteklerinizi yeniden gözden geçirin.

3. Uzun vadeli hedeflerinizi göz ardı etmeyin.
4. Çocuklarla ilişkinizi her şeyin önüne koyun.
5. Yalnızca davranış biçiminizi değil, bakışınızı da değiştirin.
6. S-A-Y-G-I G-Ö-S-T-E-R-İ-N.
7. Çocukların gözünde hayali değil, gerçek insanlar olun.
8. Daha az konuşun, daha çok sorun.
9. Yaşlarını hep göz önünde bulundurun.
10. "Çocukların eylemlerini gerçeklerle tutarlık taşıyan olumlu nedenlere bağlayın, salt kötü niyete değil."
11. Gereksiz yere "Hayır!" deyip durmayın.
12. Katı olmayın.
13. Acele etmeyin.

1. İçinize Dönüp Düşünün

Eşim bunaldığı bir anında pek çok ebeveynin karşılaştığı bir ikileme değindi: "Sevimsiz şeyler yapmadan nasıl laf dinleteceğimi bilmiyorum." Bu sorunun kolay bir çözümü yok ama sevimsiz şeyler yapmak için bahaneler üretmek, böylece bunların sevimsizliğini gidermiş olmak asla tutmamamız gereken bir yoldur. Bu yaklaşım yüzünden bazı ebeveynler belirledikleri kuralların (elle tutulur tarafı olmayanların bile) aslında çocuklarının iyiliği için olduğuna inanmayı başarabilmektedir.

Aramızdaki en iyi ebeveynler kendilerini inceleyebilen ve can sıkıcı konular üzerinde düşünmekten korkmayanlardır. Suçluluk ve yetersizlik duygularıyla kıvranmayı öneriyor değilim, zaten kendimizi aşırı eleştirmekten (veya yarar sağlamayacak biçimde eleştirmekten) kaçınmalıyız. Söylemek istediğim, çocuklara nasıl davrandığımızı gözden geçirmek suretiyle yarına daha iyi ebeveynler olarak uyanabileceğimizdir.

Önce ebeveynlik tarzınızı nelerin biçimlendirdiğini bulmaya çalışın. Kendinize karşı ne kadar şeffaf olursanız (kendi gereksinim ve deneyimlerinizin çocuklarınızla etkileşimlere nasıl tesir ettiğini ne kadar iyi anlarsanız) o kadar büyük ilerlemeler kaydedersiniz. Örneğin, ebeveynleri en çok rahatsız eden çocuk özellikleri genellikle ebeveynlerin kendi olumsuz özelliklerini anımsatanlardır. Danimarkalı bilim adamı ve şair Piet Hein'ın da yazdığı gibi "Başkalarında hoş görülmesi en güç kusurlar aslında kişinin kendi kusurlarıdır."

Kısacası, nedenleriniz konusunda dürüst olun. Yaptığınız can sıkıcı şeyler bırakın canınızı sıkmaya devam etsin. Ayrıca, çocuğunuzla ilişkinizin fark etmeden daha kontrolcü bir tarza kaymaması için hep tetikte olun.

2. İsteklerinizi Yeniden Gözden Geçirin

Rahatsız edici bir olasılıktan söz edelim: Çocuğunuz dediğinizi yapmadığı zaman sorun çocukta değil de ondan istediğiniz şeyde olabilir. Bu olasılığa o kadar az sayıda ebeveynlik kitabı değiniyor ki şaşırmamak imkânsız. Bu kitapların çoğunun başlangıç noktası ebeveynin bulunduğu istektir. Sonrasında, bu isteğin yerine getirilmesi için kullanılabilecek teknikler açıklanmaya başlanır. Pek çok durumda bu teknikler "olumlu pekiştirme" ve "sonuçlar" (yani, rüşvetler veya tehditler) içerir. Bazı durumlarda ise daha düşünceli ve saygılı etkileşimler söz konusu olur. Ama ebeveyn, çocuktan ne istediğini gözden geçirmeye asla davet edilmez.

Örneğin, geçenlerde yayımlanan bir kitap, iki tarafın da kazandığı türden iletişimlerin nasıl yürütülebileceğine değinmekteydi. Belli fikirleri oldukça işe yarar, genel yaklaşımı da insancıl buldum. Ama çocuğun yatağını düzeltmesini veya sebze yemesini sağlamak için neler yapılabileceğini soran ebeveynlere yönelik öneriler, böylesi hedefler belirlemenin ciddi sorunlar yaratmaya gebe olduğunu göz önünde tutmuyordu. Eğer çocuğumuza zaten sağlıklı yemekler veriyorsak yemesi için onu zorlamamız gerekir mi? Ayrıca, gerçek anlamda çocuğa ait bir yer (yatak) neden ebeveyn standartlarına göre tutulmak zorundadır? Oranla ilerici kitaplar bile çocuklara laf dinletmek söz konusu olduğunda "Yapmalı mıyız?" sorusuna değil de "Nasıl yapmalıyız?" sorusuna odaklanıyorlar.

Bazen ebeveynin istekleri çocuktan o yaşta beklenemeyecek şeylerdir. (Buna daha sonra ayrıntılı biçimde değineceğiz.) Ama çocuk belli bir şeyi yapabiliyorsa bile bunun ne kadar gerekli olduğunu sorgulamakta yine de yarar vardır. Bazı ebeveynler çocukların piyano çalışmasını nasıl sağlayacaklarını soruyorlar. Burada daha önemli soru şudur: Madem çocuğunuz piyanoyu alıştırma yapmayacak kadar dayanılmaz buluyor, ona neden ders aldırıyorsunuz? Bu dersler gerçekten onun için midir, yoksa sizin için mi? Bu durumun sonucu olarak müzikten toptan soğuyabilir mi? Böyle pek çok soru daha sıralayabiliriz.

Hiç kuşkusuz, çocukların yapmasını istediğimiz pek çok mantıklı şey var (hangilerinin bu kategoride bulunduğunda anlaşamayacak olsak da). Benim vurgulamak istediğim asıl nokta ise şudur: Çocuklara söz dinletecek bir yöntem aramaya başlamadan önce yaptırmaya çalıştığımız şeyin ne kadar gerekli ve önemli olduğunu tartmalıyız.

3. Uzun Vadeli Hedeflerinizi Göz Ardı Etmeyin

Bu kitaba başlarken sizi çocuklarınız için uzun vadede ne istediğinizi düşünmeye ve bazı ebeveynlik stratejileri yüzünden hedeflerinizden uzaklaşabileceğinizi göz önünde bulundurmaya davet etmiştim. Bu stratejilerin bazılarını yakından inceledik, artık belirlediğiniz hedeflere ne tip etkilerde bulunduklarını irdelemeye başlayabiliriz.

Farz edelim ki çocuğunuzun (a) ahlaklı, (b) sağlıklı ilişkiler sürdürebilen, (c) merak eden ve (d) kendinden memnun biri olmasını istiyorsunuz. Burada sorgulamanız gereken, sevgiye mola verme gibi tekniklerle, hoşunuza giden davranışları seçici olarak pekiştirmekle veya "Ben öyle istiyorum da ondan!" gibi cümleler kurmakla bu hedeflerin herhangi birine ulaşıp ulaşamayacağınızdır.

Aslında düzenli olarak yaptığınız her şeyi uzun vadeli hedefleriniz ışığında değerlendirmeniz gereklidir. Bu değerlendirme illa sistematik olacak diye bir kural da yoktur. Çocuğunuz için gerçekte ne istediğinizi aklınızda tutmanız yeterli olacaktır. Günlük yaşamın angaryalarına, ağız dalaşlarına ve iç sıkıntısına takılıp kalabilir, önemli noktaları gözden kaçırabiliriz. Ama ebeveynler tüm sorunlara karşın geniş bakış açılarını koruyabildiklerinde (yani çocuklarını o anda itaat ettirmekten daha iddialı herhangi bir hedefe odaklandıklarında) daha iyi ebeveynlik becerileri sergiler ve daha iyi sonuçlar alırlar.[2] Kısacası, ne olursa olsun bakış açımızı korumamız gerekmektedir. Çocuğunuzun sütünü dökmesi, sinirlerine hâkim olamaması veya ödevini unutması, onun iyi, sevecen ve sorumlu bir bireye dönüşebilmesi için yapacaklarınızdan veya yapmayacaklarınızdan daha önemli değildir.

4. Çocuklarla İlişkinizi Her Şeyin Önüne Koyun

Hazır öncelikli hedeflerden söz etmişken çocuklarla kurduğumuz ilişkinin önemini vurgulamak istiyorum. Yakın arkadaşım Danny birkaç yıllık ebeveynlikten aldığı dersi şöyle özetlemişti: "Haklı olmak önemli değildir." Eğer odaya girdiğinizde çocuklarınız kaskatı kesiliyorsa kimin haklı olduğunun gerçekten de *hiç* önemi yoktur.

Çocuklar, olumsuz davranışlarda bulunma sebeplerini rahatça açıklayabilecek kadar ebeveynlerine yakın hissediyorlarsa, bu davranışları gidermek ve sorunları çözmek de haliyle kolaylaşır. Çocuklar bir sıkıntıya düştüklerinde bize gelmeye, öğüt istemeye veya boş zamanlarını bizimle geçirmeye eğilimli olurlar. Bize güvenebileceklerini bilirlerse önemli olduğunu söylediğimiz şeyleri de yapacaklardır.

Diğer yandan, sağlam ve sevgi dolu bir ilişki yalnızca işe yarar olduğu için kurulmaz. Bu başlı başına bir amaçtır. Bebeğin tüm gece boyunca uyumasını, çocuğun lazımlığı kullanmasını veya uslu durmasını sağlamak için ilişkiyi tehlikeye atmaya değip değmeyeceğini de zaten bu yüzden sorgulamamız gereklidir. Doğru şeyi yapabilmek için çocukları mecburen düş kırıklığına uğratacağımız zamanlar olacaktır ama kontrolcü müdahalelere başvurmadan, çocukları mutsuz etmeden, daha önemlisi, sevgimizi koşullara bağlamadan önce bunun ilişkimizde gerilim yaratmaya değip değmeyeceğini uzun uzun değerlendirmeliyiz.[3]

5. Yalnızca Davranış Biçiminizi Değil, Bakışınızı da Değiştirin

Koşulsuz ebeveynler daha farklı davranmakla (örneğin, cezadan kaçınmakla) yetinmezler, her şeyi farklı da *görürler*. Çocuk uygunsuz bir şey yaptığında koşullu ebeveynler kuralların çiğnendiğini düşünürler, bu durum da bir "sonuç" doğurur. Koşulsuz ebeveynler ise çocuğun aynı eylemini çözülmesi gereken bir sorun ve ona bir şeyler öğretme fırsatı olarak değerlendirirler. Burada vurgulamak istediğim *yapmak* ile *birlikte çalışmak* arasında bir tercihte bulunmak değildir; bu seçeneklerin, bakış açısından ve eylemin anlamlandırılma biçiminden doğduğunu fark etmektir. Dahası, çocuğun davranışını ona bir şeyler öğretme fırsatı olarak görmek, sorunun çözüm sürecine çocuğu da dâhil etmemizi sağlar. Bu da yaklaşımın etkili olma şansını yükseltir.

6. S-A-Y-G-I G-Ö-S-T-E-R-İ-N

Çocukları ciddiye almaktan söz ederken kast ettiklerimden biri de onlara saygı göstermektir. Bana göre saygı, istisnasız herkesin hakkıdır. Hipotezim o ki çocuklar saygı gördüklerini hissederlerse saygı göstermeye de yatkın olurlar.

Ama çocuklarına bolca sevgi veren ebeveynler bile onlara saygı duyarmış gibi görünmeyebilirler. Onları bazen alaya alır, bazen de iğnelerler. İsteklerini duymazdan gelir, kızgınlıklarına umursamazca yaklaşır ve korkularını küçümserler. Yetişkinlere yapamayacakları biçimde çocukların sözlerini keserler ama aynı davranışı çocuklardan görünce de hiddetlenirler. Bazen de çocuklarından söz ederken son derece küçültücü biçimde konuşabilirler: "Sana hava atıyor." "Böyle yaptığında görmezden gel, olsun bitsin."

Çocuklara saygı göstermek demek, bunları yapmaktan kaçınmak demektir. Ayrıca, onların bazı konularda bizden daha bilgili olduğunu fark etmektir. (Hangi dinozorların etobur olduğunu bilmekten söz etmiyorum.) Thomas Gordon bu konuyu çok iyi açıklamıştır: "Çocuklar ne zaman aç veya uykulu olduklarını, arkadaşların niteliklerini, kendi hayallerini ve hedeflerini, öğretmenin kendilerine nasıl davrandığını, bedenlerindeki dürtüleri ve gereksinimleri, kimi sevip kimi sevmediklerini, neye değer verip neye vermediklerini ebeveynlerinden çok daha iyi bilirler."[4] Koşullar ne olursa olsun, sırf daha büyük ve olgunuz diye çocukları kendilerinden daha iyi tanıdığımızı veya anladığımızı söyleyemeyiz.

Dolayısıyla, çocuğa ne deneyimlediğini veya deneyimlemediğini söylemek, ona saygısızlık etmektir. Örneğin, çocuk kızgınlıkla kardeşinden nefret ettiğini söylüyor, anne de buna "Neden öyle diyorsun ki? Elbette nefret etmiyorsun," diyerek karşılık veriyor. Bu türden bir karşılık durumu düzeltemediği gibi çocukta koşullu kabul algısı yaratabilir. Çocuk, kendi duygularının önemli olmadığını, böyle duygulara sahip olduğu için kendisinde bir bozukluk olduğunu, yalnızca annesinin kızmaya değer bulduğu şeylere kızdığı zaman sevileceğini düşünmeye başlayabilir.

7. Çocukların Gözünde Hayali Değil, Gerçek İnsanlar Olun

Bazı insanlar ebeveyn gibi davranmamakla ve çocuklarıyla arkadaşlık etmekle suçlanıyorlar. Çocukta böyle bir akıl karışıklığı yaratmanın yersiz ve yararsız olduğuna katılıyorum. Ama arkadaştan daha fazlası olma gerekliliğimiz, olağan insanlar gibi davranamayacağımız anlamına gelmez. Diğer bir deyişle, Anne veya Baba rolünü abartmamalı, et ve kemikten yapılmış insanlar olma özelliğimizi (yani çocuklarla kurduğumuz insan bağlantısını) yitirmemeliyiz.

Yaşamımızın en özel ayrıntılarını çocuklarımıza açmaktan söz etmiyorum. Bazı şeyler vardır, yeterince büyümeden onlara söylemeyiz. Bazı şeyleri ise hiç söylemeyiz. Ama kimi ebeveynlerin çocuklarıyla ilişkilerinde belli bir gerçeklik boyutu da eksik kalıyor. Çocuklar ilişkideki eksikliğin ne olduğunu anlayamasalar bile bir şeyin ters olduğunu hissediyorlar.

Gerçek insanların kendi gereksinimleri vardır. Bazı şeyleri yapmaktan zevk alır, bazı şeylerden nefret ederler. Çocuklar bunu bilmelidir. Gerçek insanlar bazen yorgun düşer, telaşlanır veya kafayı toplamakta zorlanırlar. Ne yapacaklarından her zaman emin değillerdir. Bazen düşünmeden konuşurlar ve sonrasında da pişman olurlar. Bu yüzden, olduğumuzdan daha üstün kişilermiş gibi davranmamamız gereklidir. İşleri elimize yüzümüze bulaştırdığımızda da bunu itiraf edebilmemiz gerekir: "Tatlım, dün akşam söylediklerimi düşündüm de, sanırım yanılmışım." Size önerim, yanlışlarınızdan ötürü ayda en az iki kez çocuğunuzdan özür dilemenizdir. Neden iki kez? Bilmiyorum. Kulağa iyi geliyor, o kadar. (Ebeveynlik kitaplarındaki neredeyse tüm öğütler benzer biçimde keyfidir. En azından ben bunu kabul ediyorum.)

Özür dilemek için iki neden var: Birincisi, etkili bir örnek teşkil eder. Daha önce çocuğu özür dilemeye *zorlamanın* hiçbir işe yaramadığına değinmiştim. Onları özür dileme fikriyle tanıştırmanın en etkili yolu nasıl yapıldığını *göstermektir*. İkincisi, özür dilemek sizi kusursuz ebeveyn konumundan alır ve yanılabilir olduğunuzu çocuklara anımsatır. Dahası, yetersiz olduğumuzu düşünmeden veya utançtan yerin dibine girmeden, hatalar yapabildiğimizi kabullenmemizi sağlar (hem kendimize hem de başkalarına karşı) ve olumsuzlukların bazen kendi suçumuz olduğunu fark etmemize olanak tanır.

Özür dilemeyi önemli kılan nedenler aynı zamanda pek çok ebeveynin özür dilemesini engelleyen nedenlerdir. Çünkü mutlak ve sorgulanamaz otoriteyi elde tutmak, ebeveynin kendinden emin olmasını ve güçlü hissetmesini sağlar. Özür dilemek ise kendimizi savunmasız duruma getirmektir, pek çoğumuz da bunda zorlanırız. (Bu zorlanmanın nedenleri, kendi çocukluğumuzda deneyimlediğimiz savunmasızlık duygusu ve kolayca incinme halimizdir.)

Çocuklarla sıcak ilişkiler kurduğunda onlar üzerindeki kontrolü yitireceğinden korkan ebeveynler de vardır. Zaten koşullu ebeveynliğin nedenlerini incelediğimiz zaman "kontrol sağlama" ile "bağlantı kurma" hedeflerinin çatışması durumunda "kontrol sağlama"nın tercih edildiğini görüyoruz. Bu tercihi, zamirlerin nasıl kullanıldığını çoktan öğrenmiş çocuğuyla konuşurken kendinden yine de üçüncü kişi olarak söz eden ("Annenin şimdi gitmesi gerekiyor") veya benzeri yöntemler kullanarak çocukla arasına mesafe koyan ebeveynlerin tutumlarında açıkça görebiliyoruz.

Sınırlarımız konusunda dürüst davrandığımız veya içimizden geldiği gibi konuştuğumuz zamanlarda, hatta yetişkinliğin getirdiği tüm bilgi ve ayrıcalıklara karşın yaşamla boğuştuğumuzu, doğru şeyi yapmaya çalıştığımızı, insanların gereksinimlerini dengelemeye uğraştığımızı ve öğrenmeye devam ettiğimizi gösterdiğimiz durumlarda bile, çocuklar bize saygı duymayı ve bizi örnek almayı sürdüreceklerdir. Çünkü aslında çocuklar da bunları yapmaktadır. Doğrusunu söylemek gerekirse, onların gözünde ne kadar gerçek insanlar olursak, onlar da bize o kadar gerçek bir saygı duyacaklardır.

8. Daha Az Konuşun, Daha Çok Sorun

Çocukların fikirlerini, itirazlarını ve duygularını öğrenmek, onlara ne yapacaklarını dikte etmekten (sevecen yollarla bile olsa) çok daha yararlıdır. Çocuklarla konuşmak ve yaptıkları yanlışları tartışmak umduğumuz sonuçları vermiyorsa bunun nedeni daha sert bir disiplin gerekliliği değil, olasılıkla konuşmanın büyük bölümünü kendi başımıza, tek taraflı yapmamızdır. Bazen kendi bakış açımızı kabul ettirmekle o denli meşgul oluruz ki onlarınkini bütünüyle göz ardı ederiz. İyi bir ebeveyn olmak ise sürekli açıklama yapmaktansa bolca dinlemeye dayanır.

Ontario'dan bir baba, dört yaşındaki kızının okuldan eve bir torba atıştırmalık getirdiği günle ilgili şunları yazmıştı:

> Torbayı salona getirip yere boşalttı. O darmadağın görüntü karşısında atıştırmalıklarını yeniden torbasına koymasını ve masanın üzerine bırakmasını söyledim. Bunu yapmayı reddetti. İlk düşüncem otoriteme karşı gelindiği idi. Bana "itaatsizlik" etmişti, o yüzden cezalandırılması gerekiyordu. Aksi takdirde gelecekte beni hiç dinlemezdi. Ama onu cezalandırmak yerine "Neden hepsini ortalığa saçıyorsun?" diye sordum. "Çün-

kü yemek istiyorum," diye yanıtladı. Bundan sonra sorun kendiliğinden çözüldü. Ona şunu söyledim: "Onları torbanın içinden de yiyebilirsin. Ben salonun derli toplu kalmasını istiyorum, o kadar." Atıştırmalıklarını hemen torbasına doldurdu ve masaya geçti.

Birinci önceliğimiz sorunun nedenini bulmak ve çocuğun gereksiniminin ne olduğunu saptamaktır. Örneğin, iki ve üç yaşındaki çocuklar sıklıkla huysuzluk edebilir veya kural çiğneyebilirler çünkü bebeklikten bireyliğe geçişin en zorlu dönemindedirler. Özgürlük ve bağımsızlığın çekiciliğini, yeni şeyler yapabilme gücünü hissetmektedirler, ama aynı zamanda da kendi iradelerini gerçekleştirmeye çalışırken önlerine çıkarılan tatsız kısıtlamalarla boğuşurlar. Kendilerine verilenden (hatta doğru biçimde kullanabileceklerinden) daha fazla özerklik isterler. Aynı zamanda ebeveynlerinden uzakta (veya onların karşısında) durmaktan korkarlar. Geçirdikleri bu çalkantılı dönem içinde gereksinim duydukları son şey, sürekli katı sınırlar belirleyen ve kontrolü elinde tutmaya uğraşan bir anne veya babadır.

İdaresi zor eylemler bazen içinde bulunulan durumun veya çocuğun duygu halinin yansımaları olabilir. Çocuk bunları size açıklayamayacak (hatta anlayamayacak) kadar küçükse ipuçlarını bir araya getirerek ne olup bittiğini anlamak size düşer. Oğlum Asa üç yaşındayken huysuzlaşmaya başladığında bunu doğduğundan beri yanımızda olan bakıcısının işi bırakmış olmasına bağladık. Bakıcının özlemini çekiyor olması büyük bir olasılıktı ama bir olasılık daha vardı: Annesiyle babasının da (tıpkı bakıcısı gibi) bir gün ortadan kaybolup kaybolmayacağını düşünüyor olabilirdi. Bu durumda huysuzlanmayı, terslenmeyi, sızlanmayı bırakmasını söylemek bütünüyle sonuçsuz kalacak bir girişim olurdu.

Çocuklar neden üzgün veya kızgın olduklarını anlatabilecek kadar *büyüdükleri* zaman ise önemli olan, kendilerini bize açılabilecek kadar güvende hissedip hissetmeyecekleridir. Bizim işimiz o güveni yaratmak, yargılamadan dinlemek, yaptıkları yüzünden başlarının belaya girmeyeceğini veya duygularından ötürü kınanmayacaklarını bilmelerini sağlamaktır. Bunu söylememin nedeni, insanların yaptığı her şeyin eşit derecede geçerli olduğunu, bu yüzden de yargılanamayacağını savunan bir rölativist olmam değil, sorunları çözmek için nedenlerin bilinmesi gerektiğini savunan bir pragmatist olmamdır. Şu bir gerçek ki kişiler yargılanmaktan ne kadar korkarlarsa açık açık konuşmaktan o kadar kaçınır, dolayısıyla da nedenleri anlamanıza yarayacak bilgileri vermekten o kadar uzak kalırlar. "Daha az konuş, daha çok sor" sloganını ciddiye almak önemlidir, çünkü yalnızca daha iyi bir ebeveyn olmak yolunda değil, daha iyi bir eş, arkadaş, öğretmen veya yönetici olmak yolunda da yararlanabileceğimiz bir öğüt içermektedir.

Diğer yandan, sormanın her türü de işe yaramaz. Yalnızca konuşma icabı sorulan ve üzerinde düşünülmüş bir yanıt gerektirmeyen sorular basitçe anlamsızdır: "İnsanlar seninle konuşurken neden onlara bakmıyorsun?" Bunlardan daha kötü sorular ise zaten tek yanıtı olan sorulardır. Çocuk bu sorularla karşılaştığı zaman eyleminin nedenini düşünmekten ziyade sizin duymak istediğiniz yanıtı tahmin etmeye çalışır: "Ablanla çarpıştıktan sonra ona bir şeyler diyemez miydin?"

Yazar Barbara Coloroso benzer bir "hiçbir işe yaramayan sorular" listesinin ardından, birisine soru sormadan önce "sorma nedenimizi" düşünmeyi öneriyor. Böylece nedenleri irdeleyebilir ve sorumuzun da sormaya değer olup olmadığını anlayabiliriz.[5] İpucu: Soruların en yararlı olduğu zamanlar, çocuğun ne diyeceğini tam kestiremediğimiz ve birden fazla yanıta açık olduğumuz zamanlardır.

Bazı durumlarda ise konuşmaktan *veya* sormaktan kaçınmamız en iyi yoldur. Zaten ebeveyn olarak durduk yere başımıza dert almamızın başlıca nedenlerinden biri sessiz kalmak en iyi seçenekken bile bir şeyler söylemeye zorunlu hissetmemizdir. Çocuk psikoloğu Alicia Lieberman, çocuğun üzgün olduğu zamanlarla ilgili olarak şunları öneriyor: "Hiçbir şey söylemeden onun yanında bulunmak, yaşadığı deneyime daha uygun bir davranış biçimidir. Eğer izin veriyorsa ona sarılmak, duygularınızı sözcüklerden daha iyi aktarır. Böylesi durumlarda lisanı kullanmak, onu yanlış kullanmakla aynı şeydir. Sözcükleri kullanacağınız zaman daha sonra gelecektir."[6]

Tam olarak ne zaman konuşmamız, ne zaman ise susmamız gerekeceğini önceden söylemek olanaklı değil. Çocukların mutsuzlukları, hiddetleri veya uygunsuz davranışları ile uğraşırken kimi zaman fazla konuşur, arada sırada az konuşur, çoğunlukla da hiçbir işe yaramayacak ve bize hiçbir şey kazandırmayacak biçimde konuşuruz. Yine de az konuşmak ve çok sormak genel olarak yararlı bir reçete olacaktır, özellikle de bizi daha duyarlı ve destekleyici kılacak biçimde kullanabilirsek.

9. Yaşlarını Hep Göz Önünde Bulundurun

Bu kitaptaki veya başka kaynaklardaki önerileri farklı yaşlardaki çocuklara farklı biçimlerde uygulamak durumunda kalabiliriz çünkü kullandığımız stratejiler çocuklar büyüdükçe değişmek zorundadır. Örneğin, oynadığı uygunsuz bir cismi elinden aldığınız için ağlamaya başlayan bebeği bir oyuncakla susturmanızda sakınca yoktur. Ama onun dikkatini başka şeye yönlendirmek için kullandığınız bu taktik daha büyük bir çocuk söz konusu olduğunda etkisiz kalabilir, hatta çocuğu da incitebilir; tıpkı içinizi sıkan bir durumdan söz ederken konu değiştirildiğinde *sizin* incineceğiniz gibi.

Daha önce de değindiğimiz üzere kontrolcü ebeveynler çocuklarını çok daha yüksek standartlara tabi tutarlar, bunun nedeni ise o standartların aslında ne kadar gerçek dışı olduğunu fark etmemeleridir.[7] Örneğin, yürüme çağındaki bir çocuğu sözünü tutmadığı için cezalandırır veya okulöncesi çağdaki bir çocuğun uzun bir aile yemeği boyunca sessizce oturmasını beklerler. Gerçek şu ki yaşı küçük olan çocuk söz vermenin getirdiği sorumluluğu ve zorunluluğu kavrayabilecek çağa henüz gelmemiştir; sözlerini tutmadığı için onda kusur görmek, erken çocukluk dönemi uzmanlarının deyişiyle, "gelişimsel açıdan uygun değildir." Küçük çocuğun uzun süreler boyunca kıpırdamadan durmasını beklemek de aynı biçimde gerçek dışıdır. Onun kıpırdanıp durması, gürültü etmesi, pille çalışan bir oyuncağı kapatmayı unutması ve çevredeki (bize göre küçük olan) değişimlerden tedirginlik duyması normaldir. Bu konularda önemli olan, çocuktan beklentilerimizin neyi yapabildiği ve neyi yapamadığı ile tutarlı olmasıdır.

10. "Çocukların Eylemlerini Gerçeklerle Tutarlık Taşıyan Olumlu Nedenlere Bağlayın, Salt Kötü Niyete Değil"

Yazar ve eğitimci Nel Noddings'den[8] alıntıladığım bu cümle yaşamımda karşılaştığım en bilgece öğütlerden biridir ve iki gerçeğe dayanır. Bunların birincisi, çocuğun o davranışı neden yaptığını çoğunlukla bilmediğimizdir. İkincisi, bu nedenlerle ilgili kişisel inançlarımızın kendi kendini gerçekleştiren kehanetlere dönüşebildiğidir. Eğer uygunsuz bir davranışın ardındaki nedenin çocuğun sıkıntı yaratmaya yönelik sinsi bir arzusu veya nelerin yanına kâr kalabileceğini sınama isteği olduğunu düşünürsek (hatta kendisinin doğal bir dert kaynağı olduğuna inanırsak), vereceğimiz tepkiler sonucunda onun, dönüşmesinden korktuğumuz o birey haline gelmesine kendi ellerimizle neden olabiliriz. Çocuklar davranış nedenleri ile ilgili kuramlar oluştururken bunları (kısmen de olsa) bizim kuramlarımıza dayandırırlar, sonrasında da buna uygun hareket ederler: "Demek benim kötü mayalı olduğumu ve sürekli kontrol altında bulundurulmam gerektiğini düşünüyorsun. Pekâlâ. Şimdi haklıymışsın gibi davranayım."

Bazı atölye çalışmalarımda katılımcılardan kendi çocukluklarında yanlış bir şey yaptıkları (veya yapmakla suçlandıkları) bir anı düşünmelerini ve olabildiğince ayrıntıyı anımsamaya çalışmalarını isterim: Bir yetişkin kendilerine ne dedi veya ne yaptı, sonuç olarak ne yaşandı? Bu kişilerin söz konusu anıları o denli canlıdır ki sanki onlarca yıl öncesinden değil, birkaç hafta öncesinden kalmıştır. Bu alıştırmayla cezanın çocuk gözünden nasıl göründüğünü, ne kadar az yarar sağladığını ve ne çok zarara yol açtığını iyice idrak ederler. Bu anılarla ilgili bir diğer çarpıcı gerçek de yetişkinin tüm koşulları değerlendirmemiş oluşudur; yani çocuk aslında kötü bir şey yapmamıştır ama yetişkin bir şekilde bu sonuca varmıştır. İşte bunlar ebeveyn olarak aklımızda tutmamız gereken önemli derslerdir, tabii çocuğumuzun *bizimle* ilgili anılarını gelecekteki atölye çalışmalarında anlatmasını istemiyorsak!

Bir ebeveyn çocuğunun aptal, yıkıcı veya kötü mayalı olduğunu, bu yüzden böyle davrandığını açıkça ve yüksek sesle söylemeyebilir. Ama bu zaten önemli değildir. Önemli olan buna inanıp inanmadığıdır. Diğer bir deyişle, sözle isnat ettiklerimiz değil, zihnimizdeki yakıştırmalar önemlidir. Çocuklara nezaketsiz sözler söylemeyebiliriz ama onların davranış nedenleriyle ilgili zihnimizde oluşan varsayımlar onlara nasıl muamele ettiğimizi etkiler. Bu varsayımlar ne kadar olumsuzsa biz de kontrolcülüğe o kadar eğilim gösteririz.

Diğer yandan, kısır döngü yerine yararlı bir döngü yaratmamız olanaklıdır. Az önce yaşanan sevimsiz olayın aslında masum bir açıklaması olduğunu neden farz etmeyelim, eğer aksine bir kanıt da yoksa? Belki kasıtlı bir saldırganlık gibi görünen o davranış gerçekten de kazara gerçekleşmiştir. Belki hırsızlık gibi görünen o eylem aslında hırsızlık değildir. Çocukların iyi değerlere sahip olmasına yardım edebilmek için zaten o değerler doğrultusunda hareket ettiklerini varsaymalı ve buna göre davranmalıyız. Böylece içlerindeki iyiliğe inanabilir ve onlara duyduğumuz güveni tümüyle hak edebilirler.

Çocuk davranışlarını olumlu nedenlerle ilişkilendirmemizi gerektiren bir diğer etken de yaşlarının küçük olmasıdır. Çünkü kötü niyetli görünen davranışların pek çoğu aslında basit becerilerin ve yönlendirmenin eksikliğinden, çevreyi araştırmaya yönelik masum bir arzudan veya şu şeyi alıp ona bunu yapmanın sonuçlarını öngörememekten kaynaklanır. Bu yüzden çocuklarını haşlayan ("Neden böyle yapıyorsun? Kalın kafalı mısın?") ebeveynleri düşündükçe gözümün önüne gelen de "Hayır, kalın kafalı değilim. *Üç* yaşındayım!" diye yanıt veren bir çocuk olur. Benzer biçimde, kaşığı belki milyon kez yerden almaktan usanmış olabilirsiniz ama şunu da göz önünde bulundurmalısınız ki bir yaşındaki çocuğunuzun onu sürekli yere atmasının tek nedeni, o yaştaki çocukların bazı şeyleri yere atmaktan zevk almasıdır. Buradaki amaç "sınırları sınamak" veya anneyi perişan etmek değildir. Çocuğun eyleminin üzerinizde olumsuz bir etki yaratması, onun niyetinin bu etkiyi yaratmak olduğu anlamına gelmez.

O halde yararlı döngüyü nasıl harekete geçiririz? Büyük bir taş alan ve bunu fırlatmaya hazırlanan beş yaşında bir çocuk düşünün: "Bir öğretmeni, oldukça rahat bir sesle 'Taşı biraz bana verir misin?' diye sordu ve taşı çocuğun kafasına değdirerek bir başka çocuğun kafasına nasıl çarpabileceğini gösterdi. Daha sonra taşı yeniden çocuğa verdi ve 'Dikkatli taşı,' dedi." Erken dönem çocuk eğitimi uzmanı olan Catherine Lewis bu anekdotu aktardıktan sonra öğretmenin "çocuktan taşı bırakmasını istememesi, ama çocuğun onu atma niyeti olduğuna da değinmemesi" nedeniyle şaşırdığını eklemiştir. Bunun yerine öğretmen;

> sorunun bilgilenmekle ilgili olduğu mesajını vermiştir, yani çocuk attığı taşın başkalarının canını yakabileceğini yeterince düşünmemiştir. Öğretmenin davranışı çocuğun otokontrole sahip olduğuna da işaret etmiştir çünkü sonuçta taşı çocuğa geri vermiştir. Eğer öğretmen taşı çocuktan alsa ve bir ceza uygulasaydı çocuk güvenilmez bir birey olduğu ve kendini kontrol etmekten aciz kaldığı sonuçlarını çıkarabilirdi. Dahası, bundan sonra taş atmama kararı vermesinin nedeni de başkalarını yaralama olasılığı değil, yalnızca ceza alma korkusu olurdu.

Diğer yandan, Lewis şunu kabul etmektedir: "Eğer bu çocuk, bir sınıf arkadaşının canını yakmak isteyen on iki yaşında bir öğrenci olsaydı ve taş yine kendisine verilseydi, bu kez öğretmenin bir budala olduğunu düşünürdü."[9] Benzer biçimde, birisini hiddetle tekmelemiş bir çocuğun da aslında bunu yapmak istemediğini söylemek saflık olur.[10] Noddings'in sloganının *gerçeklerle tutarlık taşıyan* olumlu nedenleri vurgulamasının ardında bunlar vardır. Diğer yandan, gerçekleri bilemeyeceğimiz pek çok durumla karşılaşabiliriz, bunlarda da çocuğa hüsnü zan ile yaklaşmayı seçmemiz gereklidir.

Bu öneri, küçük çocuklar söz konusuyken daha da önem kazanır çünkü onların uygunsuz davranışları büyük olasılıkla yaşlarıyla (ki bu durumlarda olumlu varsayımlarımız çoğunlukla isabetlidir) ve benliklerinin daha yeni yapılanıyor olmasıyla (bu durumlarda da varsayımlarımız, ister olumlu olsun ister de olumsuz, onları daha çok etkiler) ilişkilidir. Ama çocuklar büyük olsa bile ilk tepkimiz yine onları suçlamak olmamalıdır. ("Nasıl olsa onu kızdıracak bir şeyler yapmışsındır sen.") Bunun yerine, onların gözünden bakmaya ve neden belli biçimde davrandıklarını anlamaya çalışmalıyız.

11. Gereksiz Yere "Hayır!" Deyip Durmayın

Ebeveynlerin yeterince hayır demediğine dair inanç, müsamahakârlığın artık her yere yayıldığı ve çocukların da kontrol eksikliği nedeniyle şımardığı yönündeki görüşün bir parçasıdır. Bu varsayımı daha önce genel olarak incelemiştik ama kural ve taleplerimizde körü körüne ısrar etme kavramını burada bir kez de özel olarak ele alabiliriz.

Gerçek şudur ki ebeveynlerin büyük çoğunluğu hiç durmadan hayır demektedir. Araştırmaların gösterdiğine göre, özellikle de küçük çocuklar, her birkaç dakikada bir yapmak istedikleri şeylerden alıkonmakta veya istemedikleri bir şeyi yapmaya zorlanmaktalar.[11] (Eğer buna inanmıyorsanız bir gün içinde kendi evinizde olan biteni takip edin.) Kuşkusuz, sorumluluk sahibi hiçbir ebeveyn böylesi müdahaleleri bütünüyle terk edemez. Ama müdahale etmekte de aşırıya kaçıp kaçmadığımızı kendimize sormamız gereklidir.

Örneğin, çocuğun güvenliği tehlikedeyse ne kadar düş kırıklığı yaratacağına bakmadan müdahale ederiz. Ama böyle bir durumda bile neyi ne kadar yapacağımızı ezbere söyleyemeyiz. Çocukların yaşlarını göz önünde bulundurma ilkemize uygun hareket ederek onların büyüdükçe tehlikeleri daha iyi öngörebildiğini ve kaçınabildiğini aklımızda bulundurmamız gereklidir. (Gereksinim duydukları desteği alır, ayrıca güven ve saygıyla muamele görürlerse bu becerileri de haliyle daha çabuk geliştirirler.) Bu, ebeveyn müdahalelerinin gittikçe daha da kısıtlayıcı ve gereksiz kaçmaya başladığı anlamına gelir. Bunun yanında, müdahaleleri *nasıl* yaptığımız da önemlidir: Sertçe mi, nazikçe mi? Empati kurarak mı, kabalık ederek mi? Açıklama yaparak mı, yapmayarak mı?

Çocuklar küçükken bile yapmak istediklerinin tehlikeli olup olmadığı tartışmaya açıktır. Bazen hayır dememizi geçerli göstermek için güvenlik bahanesine sığınırız. Son derece tehlikesiz şeyleri bırakmalarını isteyebilir veya sıra dışı bir şey yapmak istediklerinde otomatik olarak hayır diyebiliriz. Bazen de sırf işimize gelmediği için çocuğa izin vermeyebiliriz. Okulöncesi çağdaki çocuğunuz kendi başına toplayamayacağı kadar büyük dağınıklık yaratacak bir el sanatları projesine başlamak isteyebilir. Hayır demek için yeterli neden var mıdır? Farz edin ki altı yaşındaki çocuğunuz sizi, ikinizin de farklı hayvanlar gibi davranacağı uzunca bir oyuna davet etti. O sırada yapacak bir işiniz yok ama çok yorgunsunuz ve çocuğunuzun kendi kendini eğlemesini istiyorsunuz. On yaşındaki çocuğunuz televizyon izlerken bir şeyler atıştırmak istiyor ve sizden bir tabak hazırlamanızı rica ediyor. Bu, insanların birbirine nasıl jest yaptığını göstermek için fırsat teşkil eden, makul bir rica mıdır? Yoksa tabağını kendi hazırlasın diye ısrar etmek mi gereklidir? Peki, çocuğunuz isterse yerde uyuklayabilir mi? Ya akşam yemeğinde sandalyesine ters oturursa ne olur?

Bunlar çocukların gereksinimleri değil, istekleridir. Bu nedenle doğru ebeveyn yanıtının ne olacağını önceden kestirmek olanaksızdır. Yine de benim önerim, olabildiğince evet demektir. Hatta bu yanıt "ön tanımlı değer" haline gelmeli ve ancak istekleri reddetmek veya bir yasak koymak için çok iyi nedenleriniz olduğunda değişmelidir. Bu noktada nelerin "iyi neden" olacağı da tartışılabilir ama bu tabiri kullanmanın çerçeveyi çizmek açısından yararlı olduğunu düşünüyorum, özellikle de çocukların çoğu isteğini reddetmeyi alışkanlık haline getirmişsek. (İzin vermenin veya reddetmenin alternatifi olarak çocukla birlikte çözüm üretme yaklaşımına daha sonra değineceğim.)

Çok sık veya olur olmaz hayır dememek gerektiğini öne sürerken *kendi* isteklerimizin ve uygunluğumuzun önemli olmadığını söylemiyorum. Elbette önemliler. Ama çocuklarımızı gereksiz yere kısıtlamamıza ve yeni şeyler denemelerine engel olmamıza da yol açmamalılar. Genel olarak baktığınızda, çocuk yetiştirmenin işinize gelmeyecek pek çok yönü vardır, özellikle de iyi yapmak istiyorsanız. Eğer boş zamanınızdan fedakârlık etmeye hiç niyetli değilseniz ve evinizin sürekli sessiz, sakin ve temiz kalmasını istiyorsanız belki de çocuk yerine balık yetiştirmeyi düşünmelisiniz.

Bazı ebeveynler, yoksunluğun çocuklar için başlı başına eğitici ve geliştirici olduğunu söylerler: "Çocuklar düş kırıklığı yaşamaya alışmalılar; yaşamda her istediklerini yapamayacaklarını ne kadar çabuk öğrenirlerse o kadar iyi." Bu düşünce bazen hayır demenin bahanesi olur ve gerçek nedenlerin üzerini örter. Ama bu düşünceyi ciddiye alan ve benimseyen herkes, ebeveynlerin olabildiğince evet dediği ailelerde bile çocukların ne kadar sık düş kırıklığına uğradığına bir bakmalıdır. Kısıtlarla mücadele etmeyi (gerektiğinde de kabullenmeyi) öğrenmek ve insanın her istediğine sahip olamadığını anlamak için zaten yeterince fırsat vardır. Bunlara ek olarak bir de bizim evet diyebilecekken hayır dememiz çocukların pek de gereksinim duyduğu bir şey değildir. Bunun yanında, onları "gerçek dünyanın" zorlukları ile baş etmeye en iyi hazırlayacak etkenler başarı ve keyiftir. Küçüklüklerinde bilerek ve isteyerek mutsuz edilmiş çocuklar, mutsuzlukla baş etmeyi gittikçe daha iyi beceriyor değillerdir.

"Hayır!" yanıtını kısıtlama nedenimiz, çocukların kendilerini yeterli görmelerini, dünyayı keşfetmekten zevk almalarını ve yeni olasılıkları denemelerini (beklendiği gibi sonuçlanmasa da) istemekten ibaret değildir. Uygulamaya yönelik nedenlerimiz de vardır. Bunların başında da sonu gelmez bir yasaklar silsilesi belirlemenin ve bunların tümüne uyulmasını sağlamanın zorluğu gelir. Bu durum ikilemler yaratır: Bir taraftan geri adım atmayı ve çocukları biraz özgür bırakmayı düşünebiliriz. Ama bunun sonucunda, gerçekten bir çizgi çizmemiz gerektiği hallerde ciddiye alınmayabiliriz. Diğer taraftan, çocukların isteklerini gözden geçirmeyi reddedebilir, izin vermemekte diretebilir ve çok fazla zamanı süreğen çatışma halinde geçirebiliriz. Bu da herkes için son derece sevimsiz bir durumdur. Benim önerim, yersiz çatışmalara girmemeniz ve gerçekten gerekli olduğunda müdahale etmenizdir.

Burada önemli olan yalnızca kaç kez evet veya hayır dediğiniz değildir. Bu yanıtların ikisinin de yanlış olacağı durumlar vardır. Her talebi reddetme alışkanlığı edinmek ne kadar kolaysa her isteğe boyun eğmeye başlamak da bir o kadar kolaydır: "Git ye ne istiyorsan!"[12] Bazen de tembellik ettiğimiz için çocuğa göz yumarız, çünkü onu kendi haline bırakmak işimize gelir, özellikle de dur durak bilmeyen taleplerine nasıl yanıt vereceğimiz konusunda kafamız karışıyorsa (ve bundan ötürü düş kırıklığına uğruyorsak).

Önemli olan, kararlarımızın ardındaki nedenlerdir. Ayrıca, çocuklara ne kadar yol gösterip destek vereceğimiz, onların yanında ne kadar duracağımızdır. Bunlar, basitçe evet *veya* hayır demekten çok daha zordur. Benim söz ettiğim, otoebeveynlikten daha farklı olarak duyarlı ebeveynlik olarak adlandırılabilir. Büyük dikkat ve sabır ister. Bazı durumlarda, kendi yetiştirilme biçimimizi bile sorgulamamızı gerektirir.

Her talebi uzun uzun irdelememiz ve olası yanıtların sonuçlarını tam olarak öngörmemiz elbette mümkün değildir, özellikle de üzerimizde aşırı yük olduğunu hissettiğimiz anlarda. Ama her zaman yapamıyorsak bile olabildiğince çok yapmaya özen göstermemiz gereklidir. Sonuç: Eğer hayır demek zorunda değilseniz, demeyin. Ayrıca, söylediğiniz her şeyin ardındaki nedenleri düşünün.

12. Katı Olmayın

Ralph Waldo Emerson'un demeye getirdiği gibi, ahmakça bir tutarlık ancak kötü ebeveynliğin işareti olabilir.* Arada sırada kuralları esnetin; yatma zamanını boş verin, belli zamanlarda koltukta yemek yememe uygulamasını kaldırın. Çocuklarınıza bunların aslında birer istisna olduğunu ve her zaman beklememeleri gerektiğini de söyleyebilirsiniz. Yeter ki gelecekte kötüye kullanılabilir korkusuyla esnek ve "spontane" davranmaktan kaçınmayın.

Aynı şeyler olumsuz davranışlara verdiğiniz karşılıklar için de geçerlidir. Her eylem kendi bağlamı içerisinde, belli koşullar ve nedenlerle birlikte değerlendirilmelidir. Çocuğun kötü günleri olmasına veya *sizin* bu akşam daha tahammülsüz olmanıza anlayış gösterilmelidir. Dahası, şunu aklınızda bulundurun ki katılıktan en çok yakınan (ve sanki avukatmış gibi hafifletici nedenleri sayıp döken) çocuklar, ebeveynleri cezaya başvuran çocuklardır. Bunun tersi durumda, yani cezalandırılacak kabahatler değil de çözülecek sorunlar gören ailelerde, herkes daha az stresli ve daha az savunmacıdır, ayrıca değişmez bir adalet tanımında ("Şu olduğunda böyle karşılık verilmelidir") diretme baskısı da yoktur. Cezanın yokluğu aynı zamanda kardeşlerin her birine (kayırma şikâyetlerine neden olmadan) farklı farklı davranabilme özgürlüğü de verir. Kardeşlere adil davranmak demek hepsine birden aynı davranışı göstermek demek değildir ve hangi cezanın verilmesi gerektiğine odaklanmadığınız zaman esnek olmak da kolaylaşmaktadır.

Yaşamında belli oranda öngörülebilirlik olan çocuğun gelişiminin daha olumlu seyrettiğine ben de katılıyorum. Ama bu öngörülebilirlik ve belirlilik kolayca aşırıya kaçabilir (veya bazı durumlarda çocuğun gereksinimlerinin bunlara ağır bastığı fark

---

* Emerson'un *Self-Reliance* adlı denemesindeki özgün metni: "Ahmakça bir tutarlık, dar zihinlere musallat olan bir saplantıdır. Küçük devlet adamları, küçük din adamları ve küçük düşünürler de ona hayrandır." (Bu deneme, *Özgüven* adıyla Türkçe'ye de çevrilmiştir ama buradaki metin söz konusu çeviriden alınmamıştır.) (Ç.N.)

edilmeyebilir). Çocuğun saygı görmeyeceğini, aşırı kontrol altında tutulacağını veya yalnızca koşullu olarak sevileceğini bildiği bir aile örneğindeki gibi, yalnızca sevimsizliği öngörülebilen ortamlar yaratmanın hiçbir anlamı yoktur. Önemli olan, çocuğun ne bekleyeceğini bilmesi değildir, beklediği şeyin gelişimi açısından gerekli ve yararlı olmasıdır.

Durumlar ve çocuklar arasında görülen farklılıklar bir yana, ebeveynler arasında da farklılıklar vardır. Anne ve babanın abur cubur yemek veya geç saate kadar dışarıda kalmak konusunda farklı sınırları olduğunda, çocukların ebeveynlerden birini diğerine karşı kullanmayı öğrendiği doğrudur. Ama bu konuda da ebeveynlik kitaplarında sürekli sözü edilen tutarlılığı aşırıya kaçırma riskiyle karşılaşırız. Biz buna "birleşik cephe" adını verebiliriz, ama Alice Miller'ın ortaya koyduğu gibi çocuk bu durumu iki devin *kendisine karşı* birleşmesi olarak yorumlayabilir.[13] Ayrıca, yetişkinlerin bazen fikir ayrılığına düştüğünü görmek çocuğun gelişimine olumlu etkilerde bulunur çünkü hepimizin insan olduğunu vurgular. Bu fikir ayrılığı, insanların sorunları nasıl giderdiğini ve uzlaştığını göstermek için bir fırsattır da. Ama ebeveynler her konuda aynı duruşu sergileme zorunluluğu hissettiklerinde (bunun dürüstlükten ne kadar uzak olduğunu bırakın bir yana) yukarıda sayılan önemli yaşam derslerini verme fırsatını da yitirmiş olurlar.

13. Acele Etmeyin

Bir zamanlar küçük çocukların ebeveynlerine, çoğunlukla da şaka olsun diye böyle bir öneride bulunurdum. Kuşkusuz, yaptığımız programa dakikası dakikasına uyabilmek her zaman mümkün olmuyor, zamanımız yoksa da acele ediyoruz. Ama ne olursa olsun, acele etme konusunu ve çocukları aceleye zorlayacağımız durumlardan kaçınmanın önemini artık daha büyük bir ciddiyetle ele almaya başladım. Gerçek şu ki zaman kısayken ebeveynler daha kontrolcü olurlar, tıpkı insan içindeyken oldukları gibi. Hem zamana sıkıştıkları hem de insan içinde oldukları durumlar ise tam bir rezalettir.

Ortalığın sakin olduğu bir zamanda eşinizle birlikte oturun ve çocuğunuzu acele ettirmemenizi sağlayacak bir programa geçip geçemeyeceğinizi değerlendirin. On beş dakika erken kalksak ne olur? Acaba süpermarket alışverişini Cumartesi'ye çekebilir miyiz? Banyo saatini nasıl değiştirebiliriz? Çocuğu acele ettirmemek, böylece çocukluğunun tadını çıkarmasına izin vermek ana hedefiniz olunca, aceleden kaçınmak da kolaylaşacaktır.

Bir başka yarar: Programınızı baştan düzenlemek, direnen veya isyan eden çocuğun inadının (ya da öfkesinin) geçmesini bekleme lüksü verir. Bu, tehditler savurmaya veya çocuğun iradenize boyun eğmesini sağlamak için başka yollara başvurmaya yeğdir. Eğer çocuk yapmaya karar verdiğiniz bir şeye direniyorsa şunu söyleyebilirsiniz: "Üzgünüm tatlım ama paltonu giymen gerek. Dışarısı çok soğuk ve biz de biraz yürüyeceğiz. Hazır olduğunda söyle." (O son cümleyi çok sık kullanıyorum.) Eğer biraz geri çekilir ve çocuklara zaman tanırsanız sonunda çoğunlukla size uyuyorlar. Diğer yandan şunu da bilmeliyiz ki kararı çocuğa bırakmış görünseniz bile yine de kendi iradenizi dayatmaktasınızdır. Dolayısıyla bu taktiği rastgele kullanmamak gereklidir. Bu bölümdeki ikinci ilkeyi anımsamalı ve bir isteğinizde diretmeden önce bunun neden tartışılmaz olduğunu enine boyuna düşünmelisiniz.

Zamana sıkışık olduğumuz hallerde bile çocukları acele ettirmemeye çalışmak çok önemlidir. Çünkü küçük bir çocuğu acele ettirmek zaten abesle iştigaldir. O yüzden, şimdi biraz zaman harcayıp daha sonraki zamandan tasarruf etmek daha mantıklıdır. Bir öğleden sonra oğlum süpermarkete giderken uyuyakaldı. Eğer onu cup diye alışveriş sepetine atıp raflar arasında koşturmaya başlasaydım beni perişan ederdi. O yüzden onu nazikçe uyandırdım, ayıracak çok zamanım olmamasına karşın marketin içinde onunla bir süre sessizce oturdum ve arada sırada da ilgisini çekebilecek şeyleri gösterdim. Amacım, yavaş yavaş ayılmasını sağlamaktı. Ondan sonra alışveriş faslını hızlı ve olaysız biçimde tamamladık.

Tüm bu tartışmanın altında daha genel ele alınabilecek başka bir konu yatıyor: Çocuğun davranışını değiştirmeye çalışmaktansa çevrede değişiklikler yapmak daha mantıklıdır. Zaman için geçerli olan, aynen mekân için de geçerlidir. Yeni yürümeye başlamış çocuğunuzu bahçenizde tutmak ve sokağa firar etmesini engellemek için kilitli bir bahçe kapısından yararlanmanız, korkutma veya ikna etme tekniklerine başvurmanıza kıyasla çok daha uygun bir yöntemdir. Daha genel bir anlatımla, sorunları başınızdan savmak için ne gerekiyorsa yapın. Eğer çocuğunuzun (örneğin bir restoranda) kıpırdamadan duramayacağını öngörüyorsanız, ona uslu durma yükünü yükleyeceğinize, yanınıza oyuncaklar, kitaplar ve dikkatini çekecek başka şeyler alın.

"Acele etmeyin" önerisi aslında bir de öğüt içerir: Çocuklarınızla geçirdiğiniz her anın tadını sonuna kadar çıkarın. Şöyle ki ilk çocuğumuz doğduktan kısa süre sonra, "Çok çabuk büyüyorlar," diyen herkese kirli bebek bezi fırlatma kararı almıştık. Onlara içimizden, "Tabii, ne demezsin?" diye yanıt veriyorduk.

Ama haklılardı.

8| KOŞULLARA BAĞLANMAMIŞ SEVGİ

Koşulsuz kabul fikri kulağa cazip gelebilir, ama olanaklı mıdır? Bu kritik soruya yanıt vermeden önce aslında ne sorduğumuzu açıklığa kavuşturalım. Burada önemli olan, insanın kendini koşulsuz olarak kabul edip edemeyeceği, yani gerçek anlamda koşulsuz özsaygıya sahip olup olamayacağı değildir (s. 259-60, n. 21). Yanıtını bulmak istediğimiz asıl soru şu: Çocukları, herhangi bir koşula bağlı olmadan, yalnızca çocuklarımız oldukları için kabul etme ve sevme hedefimiz gerçekçi midir?

Bence bunun yanıtı kesinlikle evet. Pek çok ebeveyn böyle düşünüyor. Ama çocukların sevgimizden hiçbir zaman kuşku duymamasını sağlayacak biçimde davranmamız olanaklı mıdır? Bazen hayır demek zorunda kaldığımızı ve onları düş kırıklığına uğrattığımızı unutmayalım. Ara sıra sabırsızlandığımızı veya kızdığımızı da. Çocuklar gelip geçici ruh halleri ile gerçek duyguları ayırt etmekte zorlanırlar. O halde, koşulsuz olarak sevildiklerini sürekli hissetmelerini sağlayabilir miyiz?

Herhalde sağlayamayız. Ama hedefimiz bu ideale olabildiğince yaklaşmak olmalıdır. Zaten kusursuz mutluluk erişilemez bir hedeftir; bir yazarın da daha önce ifade ettiği gibi, yetişkinlerin çocuklara, çocukların da yetişkinlere atfettiği hayali bir haldir. Ama bu, insanların daha da mutlu olabilmek için çaba göstermesini kesinlikle engellememelidir.[1] Aynı şey nezaket, dirayet ve kusursuz bir halde sahip olunamayan diğer nitelikler için de geçerlidir.

Çocuğunu yalnızca koşullu olarak kabul eden bu kadar ebeveyn olması bu yaklaşımı daha az yıkıcı veya daha kabul edilebilir kılmaz. Unutmayın ki burada çocukları şımartan veya ihmal eden yaklaşımlardan söz etmiyoruz. Koşulsuz ebeveynler çocukların yaşamında aktif rol üstlenirler; onları korur ve doğru ile yanlış arasındaki farkı öğrenmelerine yardımcı olurlar. Kısacası, burada sormamız gereken soru, koşulsuz ebeveynler olmaya biraz daha yaklaşmak için çaba göstermemize *gerek olup olmadığı* değildir, çünkü her zaman geliştirilecek bir şey olacağı fikri, eksikleri asla gideremeyeceğimiz ve şu anda yaptığımızdan daha iyisini yapamayacağımız anlamına gelmez. Yapabiliriz ve yapmalıyız da. Soru, nasıl yapacağımızdır.

Koşulsuzluğa Giriş

İlk adım, koşulsuz ebeveynlik fikrini her zaman bir bütün olarak ele almaktır. Çocuklarımıza söylediğimiz ve yaptığımız şeylerin koşullu sevgi olarak görülüp görülmeyeceği (görülecekse de neden görüleceği) üzerine ne kadar düşünürsek, yaptıklarımızı değiştirme şansımız o kadar artacaktır. Şunları anlatan bir ebeveyn düşünün: "Odasını toplamasını istediğimde hoş olmayan şeyler söyleyerek bağıran ve kapıyı çarpan oğlumuza nasıl yaklaşmamız gerektiğini tartışıyorduk. Sakinleşmesi için birkaç dakika mı vermeliydik? Ne kadar katı, sakin veya esnek davranmalıydık? Bunları daha önce hiç düşünmemiştim ama şimdi merak ediyorum, acaba yapmayı düşündüğümüz şeyler, kızdığı zaman onu sevmediğimize inanmasına yol açar mı?" Bununla ilgili söyleyeceğim, bu olasılığı göz önüne almanın bile doğru yöne ilerlemek anlamına geldiğidir (ebeveyn sonunda nasıl davranmayı seçmiş olursa olsun).

İkinci adım, şu soruyu kendimize sıklıkla sorma alışkanlığı edinmemizdir: "Çocuğum hakkında az önce yaptığım yorum benim hakkımda yapılsaydı (veya az önce yaptığım hareket bana yapılsaydı) *ben* koşulsuz olarak sevildiğimi hisseder miydim?" Düş gücü kullanarak kendimizi başkasının yerine koymak çok da karmaşık bir süreç gerektirmez. Bunu sürekli yapmak ise belli bir süre sonra ciddi bir dönüşümü beraberinde getirebilir.

Bu sorunun yanıtı hayır olduğu zaman kendimize gelebiliriz. Bu, az önce yaptığımız şeyi bir daha tekrar etmememiz gerektiğini gösterir. Hatta özür dilemeyi bile düşünebiliriz. Ama bu soruyu sormazsak yaptığımız her şeyi kendimize geçerli göstermeyi sürdürürüz. Gerçek şu ki yaptığı veya söylediği bir şeyin olumsuz etki yarattığını fark eden ebeveyn bile sorunu çocuğun aşırı duyarlı olmasına bağlayabilir. Ama kendimize "*Ben* olsam nasıl hissederdim?" diye sorduğumuzda paçayı o kadar kolay kurtaramayız.

Çocuk doğar doğmaz ebeveynlik tarzımız üzerinde düşünmeye, özellikle de ortalık sütliman değilken nasıl tepkiler vereceğimizi tasarlamaya başlamamız gerekir. Ağlamayı kesmeyen, yeni bezini anında kirleten veya geceleri "iyi uyumayan" çocuklara da sevildiklerini ve kabul edildiklerini hissettiriyor muyuz? Bazı insanlar hemen tatlı su ebeveynleri olur ve çocuğa yalnızca "zorluk çıkarmadığı" zamanlarda ilgi ve destek verirler. Ama koşulsuz ebeveynlik en çok, çocuğun zorluk çıkardığı zamanlarda önem kazanır.

Çocuklar büyüme süreçlerinde sabrımızı farklı biçimlerde sınayabilirler. O zaman biz de farklı kontrol stratejileri mi geliştirmeliyiz? Bazen çok kötü sözler söyler, çok çirkin davranışlarda bulunurlar. Yapmamaları söylenen şeyi inadına yaparlar; bu da kendi psikolojik sorunları nedeniyle mutlak itaat bekleyen ebeveynleri öfkeden çıldırtır. Bir ebeveyni diğerine tercih ettiklerini açık açık gösterirler ve siz diğeriyseniz bu durumu pek de keyif verici bulmayabilirsiniz. Bizi nasıl yaralayabileceklerini çabucak öğrenirler ve bunu kendi çıkarlarına kullanırlar. Tüm bunlar yaşanırken onları kabul etmeyi sürdürmekle yetinmemek, bunu *onların* da bilmesini sağlamak gerekir. Diğer bir deyişle, yaptıklarından hiç hoşlanmadığımız durumlarda bile sevgimizi göstermenin bir yolunu bulmak zorundayız.

Yine de şu bir gerçek ki hoşnutsuzluğumuzu ve sevgimizi birbirinden ayrı olarak ama aynı anda gösterme önerisi çok üstünkörü geçiliyor. Böylesi bir durumda, bırakın çocuğu, bir yetişkinin bile bir şey anlamaması çok doğaldır. Çocuğun çok az davranışına onay verilen bir ortamda ise "Seni kabul ediyoruz ama davranışlarını etmiyoruz," demek tüm ikna ediciliğini zaten yitirmiştir. Çocuk bu sözlere bakıp "Bahsettiğiniz kabul edilesi 'ben' nedir acaba, sizden duyduğum tek şey eleştiriyken?" diye düşünebilir. Thomas Gordon'un dikkat çektiği gibi "çocukların yaptığı veya söylediği şeylerin büyük çoğunluğunu kabul edilemez bulursanız aslında *kendilerinin* kabul edilemez olduğuna dair derin bir duygu yaratırsınız iç dünyalarında."[2] Yatıştırıcı bir ses tonuyla "Seni çok seviyoruz tatlım ama yaptığın şeylerin neredeyse tümünden nefret ediyoruz," demeniz de bu durumu pek değiştirmez.

Fark etmeliyiz ki avutucu sözler söylemek, cezalar vermeyi veya başka kontrol stratejileri uygulamayı zararsız ya da geçerli kılmaz. Düzenli olarak sihirli sözcüklere başvursak bile *çocuklara yapma* taktikleri olumsuzdur ve verdikleri mesaj da çocuğu yalnızca koşullu olarak kabul ettiğimizdir.

Neleri Asgariye İndirmeliyiz?

Çocuklar uygunsuz veya huzur bozucu davranışlarda bulununca ne yapmalıyız? Yaptıklarını onaylamadığımız ve bunu onların da bilmesini istediğimiz durumlarda bile tepkilerimiz hep büyük resmi dikkate alan cinsten olmalıdır (özellikle de sevildiklerini ve sevilmeyi hak ettiklerini çocuklara hissettirme ilkesini). Amacımız, koşullu ebeveynlik bölgesine girmemektir. Bunu da aşağıdaki yollarla başaracağız.

Eleştirilerin Sayısını Sınırlayın

Dilinizi ısırın, eleştiri ve itirazlarınızın bazılarını yutun. Sürekli olumsuz yanıt vermek hiçbir olumlu amaca hizmet etmez. Eğer çocuklar memnun edilemez kişiler olduğumuzu düşünürlerse memnun etmek için çabalamayı da keserler. Ama neye itiraz ettiğimiz veya neyi yasakladığımız konusunda seçici olursak bir şeye gerçekten karşı çıkmamız gereken zamanlardaki "Hayır!" yanıtının ağırlığını artırırız (s. 156). Buradaki en önemli nokta, onaylamanın kıt, eleştirinin ise bol olmasının çocuğu değersiz hissettireceğidir.

Eleştirilerin Kapsamını Sınırlayın

Çocuğu toptan eleştirmektense ("İnsanlara çok kötü davranıyorsun!") belli bir eylemi eleştirin ("Kardeşinle konuşurken ses tonun çok nezaketsizdi.")

Eleştirilerin Sertliğini Sınırlayın

Kaç kez olumsuz tepki verdiğiniz değil, tepkilerinizin *ne kadar* olumsuz olduğu da önemlidir. Çocuğun mesajı almasını sağlayın ama bunu yaparken olabildiğince yumuşak davranın. Azıcık duygu katmak bile çok işe yarayacaktır; zaten söylediğiniz her şeyin etkisi ebeveyn olduğunuz için kat kat artmaktadır. Çocuğunuz sizi duymazdan geldiğinde bile olumsuz tepkilerinizi özümser ve bunlardan oldukça etkilenir (her ne kadar bunu pek dışarı vurmasa da). Gerçek şu ki üzerine sert biçimde ve doğrudan gitmediğinizde dahi çok güçlü bir olumsuz etki yaratabilirsiniz. Dolayısıyla yalnızca ne dediğinize değil, vücut dilinize, yüz ifadenize, ses tonunuza da dikkat etmeniz gereklidir. Bunların herhangi biri istediğinizden daha az koşulsuz sevgi ve daha çok eleştiri mesajı gönderebilir.

Eleştirinin Alternatiflerini Arayın

Sesi kısmakla yetinmek yerine istasyonu değiştirmek de gayet akıllıca bir yöntemdir. Çocuğun sizi incitmesini, dikkatsiz davranmasını veya olumsuz hareketlerde bulunmasını bir şeyler öğretme fırsatı olarak görün. "Sana şunu yapma demedim mi ben?" veya "Şunu yaptığın zaman büyük düş kırıklığına uğruyorum!" biçiminde tepkiler vermek yerine çocuğun, eyleminin sonuçlarını görmesini sağlayın ve diğer insanların yaşamlarını nasıl zorlaştırdığını veya duygularını nasıl incittiğini anlamasına yardımcı olun.

Eğer yalnızca gördüğümüzü dile getirir ("Onu söylediğin zaman arkadaşın çok üzülmüş göründü") ve sorular sorarsak ("Bir daha ona kızarsan itmek yerine başka nasıl bir tepki verebilirsin?") açık açık olumsuz değerlendirmeler yapmak zorunda da kalmayabiliriz. Bu, olumsuz davranışı gidermenizi tek başına sağlayamaz elbette ama çocuğun bundan sonra daha mantıklı davranma olasılığını belirgin biçimde yükseltir. Eğer onu belli şeyleri daha iyi yapmak, onarmak, değiştirmek, bir yeri temizlemek veya birinden özür dilemek için farklı yollar düşünmeye davet de ederseniz olasılığı iyice yükseltirsiniz.

Kötü şeyler yapan çocukları kötü hissettirmenin veya belli bir davranışı ezip öğütmeye çalışmanın asıl amacımız olmadığını unutabiliyoruz. Bizim başarmayı arzu ettiğimiz, onların duygu ve düşüncelerini etkileyebilmek, kalpsizce davranmayı *istemeyecek* kimselere dönüşmelerine yardımcı olmaktır. Elbette diğer amacımız da bunları yaparken ilişkilerimizi zedelememektir.

Ebeveyn müdahalesi koşullu sevgi mesajını kolayca verebilir. Bunu engellemenin en emin yollarından biri kin tutmaktan kaçınmaktır. "Ebeveyn olun!" biçimindeki öğüt çoğunlukla kontrolü ele almakla ve taleplerinizde diretmekle ilgili olsa da ben bu sözü söylerken yetişkin gibi davranmayı ve çocukça karşılıklardan kaçınmayı kastediyorum: "Öyle mi? Madem sen bu işleri yapmıyorsun, ben de sana tatlı vermiyorum! Gördün mü şimdi gününü?" Gerçek şu ki pek çok kitap böylesi ebeveyn davranışlarını teşvik etmektedir. ("Öyle mi?" ve "Gördün mü gününü?" kısımları olmadan elbette.) Ama biraz düşünürsek bu türden bir yanıtın hiçbir işe yaramayacağını kolayca görebiliriz.

Altı yaşındaki kızımın bir oyuncakla oynadığı, iki yaşındaki oğlumun ise aynı oyuncakla oynamak istediği ama beklemekten sıkıldığı için onu zorla almaya çalıştığı bir günü anımsıyorum. Zorla alma girişimi kızımın tepki göstermesine yol açtı. Oğlumu savuşturup oyuncağın mülkiyetini yine bütünüyle ele geçirdikten sonra, "Zorla almaya çalıştığı için oyuncağı ona hiç vermeyeceğim," diye bir açıklama yaptı. Yanlış bir davranışta bulunduğu için ona bir ders vermeyi ve oyuncakla oynama hakkını elinden almayı istiyordu. Şimdi soru şu: Çocuklarımıza biz de altı yaşındaymışız gibi mi muamele etmeliyiz? Gerçek şu ki bugünlerde disiplin yöntemi olarak sunulan pek çok şey, bir tür ödeşme tatmini yaşatan "madem öyle, işte böyle" tepkilerinden daha fazlası değildir.

Ebeveyn olmak bazı yükümlülükler doğurur ve bunları yerine getirmek her zaman kolay da değildir. Eşimin bana sıklıkla (özellikle de akşam yemekleri yenmeden kaldığında) anımsattığı üzere yapabileceğimiz tek şey çocuklara (kendi tercihlerini de göz önünde bulundurarak) besleyici yemekler hazırlamak, sonrasında ise en iyiyi ummaktır. Bu yalnızca *yapabileceğimiz* tek şey değildir, aynı zamanda, o yemeklerin kaç tanesi çöpe giderse gitsin *yapmayı sürdürmekle yükümlü olduğumuz* tek şeydir.

Aynısı koşulsuz sevgi için de geçerlidir. Çabalarınız karşılık görmüyor veya takdir edilmiyor gibi görünse bile koşulsuz sevgi vermeyi sürdürmeniz gerekir. Çocukların bize karşı tavırları bazen sevgiyi geri çekme tekniğini andırabilir. Engellenmiş veya yüz üstü bırakılmış hissettiklerinde, hatta bize eften püften gelen bir şeye kızdıklarında "Git başımdan!" veya "Seni sevmiyorum!" diye bağırabilirler. Ama bizim işimiz sakin kalmak, aynı biçimde davranmaktan kaçınmak ve bu tutumu abartmadan, yalnızca olduğu gibi görmektir. Çünkü çocuğun yaptığı yalnızca geçici bir düş kırıklığını ifade etmektir. Sevgisi sonlanmamıştır. İstismara uğrayan çocuklar bile ne yazık ki kendilerini istismar edenleri sevmeyi sürdürürler. Bu konudaki simetri eksikliğini asla göz ardı etmemeliyiz. Söz konusu olan, aynı güçteki iki yetişkinin ilişkisi değildir. Sevgiyi esirgediğinize dair en küçük bir göstergenin çocuğunuz üzerindeki olumsuz etkisi, benim size "Senden nefret ediyorum!" diye haykırmamın olumsuz etkisinden kat kat büyük olacaktır.

Neleri Azamiye Çıkarmalıyız?

Koşullu kabul mesajı veren her şeyi daha az yapmalıyız ama koşulsuz kabul mesajı veren her şeyi de daha sık yinelemeliyiz. Buradaki ilk soru o kadar bariz ki pek çoğumuz bunu sürekli düşünürüz: Çocuklarımla birlikteyken ruh halim acaba nasıl? Koşullar ne olursa olsun aydınlık gülümsemeleri asla silinmeyen insanlar elbette bu soruya kafa yormak zorunda değiller. Onlar tüm günlerini gürültücü çocuklarla dolu bir evde geçirebilir ve sonu gelmez taleplerden usanmaksızın her isteği sabırla yerine getirebilirler. Peki ya geri kalanlarımız; böylesi ebeveynlere bir imrenme ve inanmazlık karışımı ile bakanlar? İrademizi zorlayarak sürekli neşe saçan ve her şeye sabır gösteren insanlara dönüşemeyiz. Ama çocuklarımıza iyi davranmak için tüm gücümüzle çabalayabiliriz. Çabalamalıyız da.

Mizaç ve yetenekle ilgili farklılıkları sabit kabul etmek yerine (bazı insanlar böyle doğmuşlardır, diğerlerinin doğal hali şöyledir vs.) aynı noktaya varmak için her birimizin ne kadar çaba göstermesi gerektiğini düşünmek bana daha mantıklı geliyor. Kayınbiraderimin konum duygusu daha önce gitmediği yerlerde bile yolu bulmasını sağlar, oysa benim doğru yönü bulmak için çok çabalamam gerekir. Bu yüzden de tanımadığım bir yerdeyken bu çabayı gösteririm.

Aynı şey duygu halleri için de geçerli olabilir: Doğal hali neşeli ve bağışlayıcı olmayan ebeveyn, en azından çocuğunun yanındayken, daha neşeli ve bağışlayıcı olmakla yükümlüdür. Gösterdiği çabalar, çocuğunun sevildiğini hissedip hissetmeyeceğini, hissederse de nasıl hissedeceğini belirleyecektir. Eğer çocuğumuz sırf onu gördüğümüz için mutlu olduğumuzu bilirse, bu koşulsuz kabul mesajları göndermek için ilk adımlardan biri olabilir. Ama sürekli olumsuz bir yargımızı seziyorsa (kendi suçu olduğunu düşüneceği olumsuz bir ruh hali; göz devirme ve sıkıntıyla iç çekme) hissettiği de koşulsuz sevgiye pek benzemeyecektir.

Hiç kuşkusuz daha da önemli soru çocukların uslu durmasını beklerken "haylazlıklarla" karşılaşmamız durumunda sevgimizi nasıl ifade edeceğimizdir. (Haylazlık etmemelerini milyon kez söyledik!) Böylesi durumlarda çocukların "sınırları sınadığının" varsayılması çok yaygındır. Bu, disiplin alanında çok popüler bir tabirdir ve ebeveynlerin daha fazla sınır çizgisi çekmesinin ve her şeyi daha sıkı tutmasının da bahanesidir. Öyle ki çocukların bizi sınadığı düşüncesi bazen onlara cezalar vermenin bile bahanesi haline gelebilir. Ama benim düşüncem o ki çocuklar olumsuz davranışlarda bulunarak bütünüyle farklı bir şeyi sınarlar: Sevgimizin koşulsuzluğunu. Onları kabul etmeyi bırakıp bırakmayacağımızı görmek için kabul edilemez şeyler yapıyor olabilirler.

Bu durumlara yanıtımız yemi yutmamak olmalıdır. Onları sürekli temin etmeliyiz: "Ne yaparsan yap, beni ne kadar üzersen üz, seni sevmekten asla vazgeçmeyeceğim." Sevgimizi böyle uzun uzun dile getirmenin bir zararı yoktur ama aynı sevginin eylemlerimizde de ifade bulması gerekir. Koşulsuz ebeveynler, çocuklarının kendileri için ne denli önemli olduğunu düzenli olarak, özellikle de çatışma anlarında ifade ederler. Çocuk hoş olmayan biçimde hareket ederse koşulsuz ebeveynler de bu davranışın geçici olduğuna, tanıdıkları ve sevdikleri çocuğu yansıtmadığına, onun her zamanki davranışlarına uymadığına değinebilirler. (Burada sevgimizin koşulsuzluğunu vurgulamanın "eleştiriyi övgüyle değiştirme" yönteminden çok farklı olduğuna dikkat çekmek isterim. Olumlu yargılar, olumsuz yargıları sıfırlamazlar, çünkü sorun olumlu veya olumsuz nitelikte değil, yargının kendisindedir. Bu konuyu az sonra daha ayrıntılı inceleyeceğiz.)

Buradaki öneriler (tıpkı koşulsuz kabul fikrinin bütünü gibi) eğitimcilere de sunulmuştur. Sınıfların sevgi dolu topluluklara dönüştürülmesine yardımcı olan eğitim psikoloğu Marilyn Watson, kabul edildiğini ve kendisine güven duyulduğunu bilmenin bir öğrenci için ne denli önemli olduğunu vurgulamıştır. Öğretmen bir yandan belli eylemlerin yanlış olduğunu ifade ederken bir yandan da "çocuklara derin bir güvence vermeyi sürdürebilir. Bu öyle bir güvencedir ki çocukları hâlâ sevdiğini gösterir ve onları çok kötü şeyler yapsalar bile ceza vermeyeceğine veya terk etmeyeceğine temin eder." Bu duruş çocukların "en temiz güdülerini hareketlendirir" ve böylece "'davranışlarını gözden geçirme' ve 'zararı giderme amacıyla girişimlerde bulunma' konularında ihtiyaç duydukları yönlendirme ve desteği onlara sağlar." (İkincisi, yanlış bir şey yaptıktan sonra bunun nasıl düzeltileceğini bulmaktır.) Watson sözlerini şöyle sonlandırmıştır: "Eğer sevgimize inanmalarını istiyorsak sevgi vermemiz karşılığında uslu durmalarını veya yüksek performans göstermelerini talep etmemeliyiz. Belli davranış kalıplarını yerleştirmelerini istemiyor veya beklemiyor değiliz; istiyoruz. Ama ilgimiz ve sevgimiz bunlara bağlı değildir."

Watson çocukların *neden* belli biçimde davrandığını göz önünde tuttuğumuz sürece sık sık hakaret eden veya saldırganca davranan çocuklar karşısında bile bu duruşu koruyabileceğimize dikkat çekiyor. Burada öğretmenin yapması gereken bu çocukların duygusal açıdan neye gereksinim duyduğunu ama henüz temin edemediğini değerlendirmektir. Böylece "can sıkan veya başa bela olan çocuk görünümünün ardındaki savunmasız ufaklığı" fark edebilirler.[3] Bu sayede öğretmenler de (tıpkı ebeveynler gibi) çocukların tahriklerini, sevginin geri çekilip çekilmeyeceğini görmek için yapılan birer deneme olarak değerlendirmeye başlayabilirler.

Bir öğretmen kendisini çok zorlayan bir öğrenciye destek olabilmek için bir gün onun yanına oturur ve şunları söyler: "Biliyor musun, seni gerçekten çok seviyorum. Bu kötü şeyleri ne kadar yaparsan yap sevgimi yok edemeyeceksin. Buna uğraşıyor gibisin ama başaramayacaksın. Seni sevmeyi bırakmayacağım." Öğretmen, anlatısını şöyle tamamlıyor: "Hemen değil ama kısa bir süre sonra olumsuz davranışları azalmaya başladı."[4] Buradan çıkaracağımız ders şudur: Koşulsuz kabul tüm çocukların hakkıdır; aynı zamanda iyi insanlara dönüşmelerine yardım ederken kullanabileceğimiz güçlü bir araçtır. (Çocuklara "Ne olursa olsun sizi seveceğiz," derken içten olmamız elbette çok önemli. Kitaptan alınmış bir satırı kuru kuru yinelemekten daha kötü bir şey yoktur.)

Tehditlerin Ötesinde

Çocuğun onayımızı kazanması gerektiği mesajını gizliden gizliye, çoğunlukla da istemeden veren eylemlerden kaçınmak her zaman o kadar kolay değildir. Ama ilginç olan şu ki kimi ebeveynler çocuğun itaat etmesini sağlamak için sevgi ve ilgilerini araç olarak kullandıkları yöntemlerden vazgeçmeyi daha da güç bulurlar. Cezalara (molalar ve sevgiyi geri çekmeyi içeren diğer uygulamalar dâhil) ve ödüllere (olumlu pekiştirme dâhil) bel bağlamak, çocuğun koşulsuz olarak sevildiğini hissetmesini büyük ölçüde engeller.

6. Bölüm'de ana hatları çizilen nedenlerden ötürü bu alışkanlıkları terk etmek son derece zor olabilir. Nasıl ki insanlar sigarayı bıraktıktan sonra bile sürekli sigara yakma isteğine direnmek zorunda kalıyorlar, biz de koşullu ebeveynliğin (ayrıca rüşvet ile tehdidin) kolay yöntem olmaktan ileri gelen çekimine her an direnmek zorundayız. Bu yöntemin altındaki temel davranışçılık varsayımları bile kendi başlarına aklımızı çelebilirler. Arada sırada ben bile koşulsuz sevgi ifadelerinin çocuklarım tarafından olumsuz davranışların ödülleri olarak görülüp görülmediğini düşünüyorum.

Ama elbette öyle görülmediğini biliyorum. Daha önce de belirttiğim gibi, herkese örnek olan ebeveynleri izleyerek öğrendiklerim, kendi deneyimlerim tarafından doğrulanmıştır: *Ceza ve ödül uygulaması hiçbir zaman gerekli değildir, ebeveynlere de asla tavsiye edilmemelidir.* Ama pek çok insan bunu kabullenmeden önce, "Alternatif nedir o zaman?" diye sorma gereği duyuyor. Böylesi bir soru göründüğünden daha karmaşıktır çünkü ödül ve cezaların yerine geçecek uygulama tek bir tane değildir. Benim burada önerdiğim, ebeveyn ile çocuk arasında bütünüyle farklı dinamikler yaratılmasıdır. Diğer bir deyişle, ödül ve cezaların "alternatifi" belli bir teknik değil, bu kitabın ikinci yarısında anlatılan her şeydir.

Olasılıkla sizin de bildiğiniz gibi pek çok disiplin kitabı ödül ve cezaları nasıl daha etkili biçimde kullanabileceğimizi anlatır. Amaç, çocuklara geri adım attırmak ve sonunda da teslim olmalarını sağlamaktır. Bir başka süpermarket günümüzde tam olarak bunu düşünüyordum ki bir annenin çocuğuna kükrediğini duydum: "Eğer hemen sesini kesmezsen bir daha süpermarkete gelemezsin!" Alışıldık türden bir disiplin uzmanı bu tehdidin etkili olmayacağını düşünürdü. Çünkü süpermarkete sürüklenmeyecek olmak pek çok çocuk için korku verici bir durum değildi. Olsaydı bile annenin çocuğunu bir daha süpermarkete getirmeyeceğine inanmak olanaksızdı. Özellikle de evde yalnız bırakılmayacak kadar küçük çocuklar söz konusu olduğunda isteseniz de istemeseniz de onları yanınızda götürürsünüz. Böylece uzmanların şu görüşüne gelmiş oluyoruz: Yalnızca yapabileceğiniz şeyleri tehdit olarak kullanın.

Ama bunu ebeveynlere söylemek, çocuklara "Dayak yemeyeceğinizden emin olmadan birini döveceğinizi herkese duyurmayın," demekten pek de farklı değildir. Diğer bir deyişle bu yaklaşımdaki odak, ahlaken karşı çıkılması gereken bir eylemi sorgulamakta değil, tam tersine onda daha da ustalaşmak üzerindedir. Koşulsuz ebeveynler ise tehdit ve cezadan *başka* bir strateji kullanırlar. Çocukla ilişkilerini süregiden bir ihtilaf olarak görmezler, o nedenle de çatışmaları kazanmayı değil, onlardan *kaçınmayı* amaçlarlar. Ceza vermek ebeveynleri bu amaçtan uzaklaştırır. Daha etkili ceza verme yollarının anlatılması ise bu gerçeği fark etmelerini zorlaştırır.

Sevgiyi geri çekme yöntemleri olarak tanımlanan ceza türlerini düşünelim. Uygunsuz davranışta bulunan çocuğu görmezden gelmeye başlamak bir tür geçici duygusal terk cezası vermektir. Sanki bizi mutsuz ettiği sürece çocuğun varlığını ortadan kaldırıyoruzdur. Davranışçı anlayışına göre çocuğa gösterdiğimiz ilgi bir "pekiştireçtir" ve bunun yokluğu da davranışı sona erdirecektir. Oysa bu kanaat çocukların belli davranışlarda neden bulunduğuyla ilgili gereğinden basit bir analize dayanır ve çocuğun gereksinimlerini veya onunla ilişkimizin nasıl etkileneceğini tümüyle göz ardı eder.

Psikolog Herbert Lovett'a göre olumsuz davranışlarda bulunan çocukları görmezden gelerek verdiğimiz mesaj şudur: "Bunu neden yaptığını bilmiyoruz, umurumuzda da değil." Olumsuz davranışlarda bulunan çocukların yalnızca "ilgi çekmeye çalıştığını" savunmak ve böylece söz konusu mesajı makul kılmaya uğraşmak ise "fark edilmek istemeyi anlaşılmaz veya aptalca bir gereksinimmiş" gibi göstermektedir. Bu, arkadaşlarınızla dışarı çıkmanızın arkasında yalnızca "arkadaşlık etme gereksinimi" olduğunu iddia etmekten farklı değildir.[5]

Çocuğun bir isteğini tekrarlayıp durduğu zamanlar elbette olmaktadır. Ona yemekten önce neden kek yiyemeyeceğini açıklar, sempatik biçimde gülümser ve böylesi lezzetli bir şeye direnmenin zor olduğu konusunda kendisine hak verirsiniz. Sonra aynı istekte bir daha bulunur, siz de hayır deme nedeninizi yine açıklarsınız. Keki yemek istediğini, çok ama çok istediğini milyonuncu kez belirttiği zaman ise sabrınızın tükenmeye başladığını hissedersiniz. Sakin biçimde, bunu isteyip durmasının hiçbir şeyi değiştirmeyeceğini açıklarsınız ve onu yemeğe kadar oyalayacak ilgi çekici bir etkinlik önerirsiniz. Bundan sonra bile kek isteklerinin sonu gelmiyorsa, yanıt vermeyi kesmek kanımca artık uygundur. Yine de bunun ardındaki neden çocuğu susturmak (veya davranışçıların ruhsuz dilindeki gibi "davranışı söndürmek") değildir. Yanıt vermeyi kesme nedeniniz söyleyecek başka bir şeyiniz olmamasıdır yalnızca. Hatta bu işi de meşgul ve artık bunalmış olmanıza karşın olabildiğince sevecen biçimde yaparsınız. Çocuk orada değilmiş gibi davranmıyorsunuzdur; onu duyduğunuzu, fark ettiğinizi ve umursadığınızı belli edersiniz. Çocuk bu durumdan ötürü yine düş kırıklığına uğrayabilir ama en azından sevilmediğini düşünmeyecektir.

Biraz da "mola" olarak adlandırılan popüler yönteme bakalım. Amacım buna biraz ince ayar çekmek veya nasıl daha zekice uygulanabileceğini anlatmak değildir, çünkü burada önemli olan çocuğu hangi davranışından ötürü, ne süreyle veya nerede tecrit edeceğimiz değil, bu yöntemi toptan bir kenara bırakıp yerine ne kullanabileceğimizdir. Daha önce de değindiğim gibi, afyonu başına vuran çocuğa daha rahat ve dinginleştirici bir yere çekilme *seçeneğinin* verilmesi oldukça işe yarayabilir. Ama bu seçenek daha önceden konuşulup tartışılmış olmalıdır, çünkü çocuk cezalandırılmadığını veya tecrit edilmediğini bilmelidir. Sessiz bir odada biraz soluklanmaya, ceza almadan kızgınlığını atmaya veya sevdiği bir kitapla biraz zaman geçirmeye karar vermektedir yalnızca. Ebeveyn, kriz anlarında, bunlardan birini yapmaya gerek duyup duymadığını çocuğuna sakince sorabilir. Ama bu bile aslında ikinci adımda yapacağımız şey olmalıdır. İlk adım ne olduğunu sormak, yaptıklarının başkaları üzerinde de etkiler yarattığını anımsatmak, bazı eylemlerin neden kabul edilemez olduğunu açıklamak, sorunu birlikte çözmeye çalışmak gibi yaklaşımları içerir.

Peki, ya o andaki koşullar böylesi bir tartışmanın yapılmasına olanak tanımazsa? Ya çocuk kendi başına zaman geçirme önerinizi reddediyor ama çalkantılı ruh hali nedeniyle olduğu yerde de tutulamayacak biçimde davranıyorsa? Bu durumda son çare, çocuğunuzu sorunun yaşandığı mekân ve durumdan nazikçe uzaklaştırmaktır. *Ama kendinizden değil.* ("Haydi, odaya gidip biraz kıvrılalım.") Böylesi bir müdahale yine de iradenizi dayatmanız, çocuğunuzu yapmak istemeyebileceği bir şeye zorlamanız anlamına gelir. O yüzden uç durumlar dışında bu yönteme başvurmamalısınız. Başvurduğunuzda da ilginizin, sevginizin ve varlığınızın geri çekilmemiş olduğuna dikkat etmelisiniz.

Şunu da vurgulamak isterim ki *ebeveynin* de kısa bir ara (soluklanacak bir mola) vermesinde hiçbir sakınca yoktur. Sabrımız taştığında ve daha sonra pişman olacağımız bir şey yapmaktan korktuğumuzda ortamdan kısa süreliğine ayrılıp biraz dinginleşmek mantıklı bir hareket biçimidir. Elbette ortamdan ayrılma sebebimizin *kendi* sakinleşme ihtiyacımız olduğunu çocuğumuza da ifade etmeliyiz ki kendisinden uzaklaştığımızı veya güler yüzümüzü yeniden görebilmek için önce bunu hak etmesi gerektiğini düşünmesin.

Rüşvetlerin Ötesinde

Peki, ya diğer tür koşullu ebeveynlik? Çocukların gereksinimlerini karşılamak veya eğlenmelerine müsaade etmek için bize boyun eğmelerini veya mutluluk vermelerini koşul tutma yöntemi? Bunun alternatifi, onlara arada sırada, ortada sevginiz dışında hiçbir neden yokken küçük bir armağan vermektir. (Bu bir kitap veya oyuncak olabileceği gibi, eğlenceli bir şey yapma seçeneği de olabilir.) Çünkü belli bir nedenden (örneğin, istediğimiz bir şeyi yapmalarından) ötürü ödül vermek aslında basbayağı *sevgisiz* bir davranıştır. Salt sevgiden ötürü verebileceklerimizi davranışlara koşullarsak bu kez sevgimizin kendisi koşullu görünmeye başlayacaktır.

Bazen ideal olmayan nedenlerden ötürü de armağanlar verilebilmektedir. Örneğin bazı ebeveynler çocuklarına ayıramadıkları zamanı telafi etsin diye onlara armağanlar verirler. Bu armağan işi de aşırıya kaçabilir. Çocuklarımızı armağanlara boğmamalıyız, özellikle de odaları çoktan dolup taşma noktasına gelmişken.[6]

Burada söylemek istediğim, onlara bir armağan verdiğimizde bir karşılık beklememememiz gerektiğidir. Armağan asla uslu durmak, yüksek not almak veya başka bir şey yapmak için teşvik olmamalıdır. Bir keresinde, kızımın bayıldığı bir öykü olan *Oz Büyücüsü'*nün yakınlardaki bir çocuk tiyatrosunda sahnelenecek uyarlamasına bilet almıştım. Oyundan bir gün önce bir şey yüzünden son derece sinirli davranışlar gösterdi ve ben de davranışlarını düzeltmezse oyuna gitmeyeceğimizi söylememek için yoğun çaba harcadım. Çünkü bu dürtüye boyun eğseydim biletleri bir sevgi ifadesi olmaktan çıkaracak ve bir kontrol aracına dönüştürecektim. Ya biriydi ya da diğeri; hiçbir şey ikisi birden olamazdı.

Çocukları pek çok yolla şımartabilirsiniz ama onları koşulsuz sevgiyle şımartmak olanaklı değildir. Bir yazarın ifade ettiği gibi şımarık olarak tanımladığımız çocukların gerçek sorunu "isteklerinden bol bol, gereksinim duyduklarından ise çok az elde etmeleridir."[7] O halde, gereksinim duyduklarına kuşku bulunmayan sevgiden vermeliyiz, hem de sınırsızca, çekinmeden, bahanelere sığınmadan. Ruh halimiz veya koşullarımız ne olursa olsun onlara olabildiğince ilgi göstermeliyiz; onları sevdiğimizi ve birlikte olmaktan mutluluk duyduğumuzu bilmelerini sağlamalıyız. Bu tutum, daha önce de değindiğim üzere, sadaka verir gibi verilen övgüden bütünüyle farklıdır.

Ama bundan çocuklarımız için beslediğimiz duyguların sürekli sabit kalması gerektiği sonucu çıkmasın çünkü böyle bir şey söz konusu olamaz. Çocuklar bizi keyiflendirirler, hiddetlendirirler, şaşırtırlar. Çok sevimli veya savunmasız oldukları ya da birdenbire büyüdükleri için gözlerimizi yaşartırlar. Bazen de sinirden ağlatırlar. Kimi zamanlarda onlar için iki zıt duyguyu birden beslediğimizi fark ederiz. Duygularımız da yüzümüzden ve sesimizden akar. Her zaman hoşnut değilizdir ve olmadığımızda bunu anlarlar. O yüzden *onları her zaman ve her koşulda kabul ettiğimizi,* ne hissedersek hissedelim ve onlar da ne yaparlarsa yapsınlar kabulümüzün hiç değişmeden korunduğunu açıkça ifade etmemiz çok önemlidir.

Çocukların başarılarından gurur duymayacak değiliz. Yine de şu bir gerçektir ki koşulsuz ebeveyn çocuğu başarısız olduğunda da gururludur. Bu, çocuğum olmadan önce kavramakta son derece zorlandığım, yaman bir çelişkiydi. Aslında bugün bile net bir açıklama getiremiyorum. Çocuğunuz dikkate değer bir şey başardığında elbette özel bir keyif duyacaksınız ama sevginizin böyle başarılara endeksli olduğunu ima etmemeniz gereklidir. Bu dengeyi yakalayabilirseniz çocuğunuz yalnızca bir şeyler başardığı zaman değer kazanacağını düşünmeyecektir. Böylece başarısızlığa uğradığında kendini de toptan bir başarısızlık olarak görmeyecektir.

Övgünün en yıkıcı olanı, çocuğun yaptığı şeyi pekiştirmek amacıyla kullanılandır. Çocuğu "iyi davranışlarda bulunurken (yani itaat ederken) yakalamamıza" ve bundan ötürü ona bir tür sözlü köpek bisküvisi (övgü) vermemize yönelik öğütler aslında koşullu sevgi yoluyla çocukları manipüle etmeye yönelen, önceden hesap edilmiş girişimleri teşvik etmektedir. Peki, ya övgümüz çocuğun başardığı bir şey karşısında anlık bir keyif dışavurumundan ibaretse? Onun belli bir davranışını "pekiştirme" amacı gütmüyorsa?[8]

Övgüyü yalnızca keyif dışavurumlarıyla kısıtlamak övgüye bakışımız konusunda hiç kuşkusuz büyük bir gelişmedir. Ama tekrarlamak gerekirse, önemli olan gönderdiğiniz mesaj veya onu gönderme nedeniniz değil, çocuğun aldığı mesajdır. Olumlu pekiştirmenin en can alıcı yönü zaten olumlu olması değildir. (Eğer öyle olsaydı övgünün tek gerçek alternatifi eleştiri olurdu.) Hayır, en can alıcı yönü bir *yargı* olmasıdır. Neden sürekli çocukların eylemlerini değerlendirme ve onları "iyi yapılmış işler" haline getirme gereği duyuyoruz? Bu bakış açısında ortadadır ki başarmamız gereken şey yargılamaya kaymadan olumlu olmanın bir yolunu bulmaktır.

İşin iyi tarafı şu ki çocukları teşvik etmek için onları değerlendirmek zorunda değiliz. Övgünün popüler olma nedenlerinden biri teşvik ile değerlendirme arasındaki çizgiyi net olarak çekememektir. Gerçekte, çocukların neler yaptığına dikkat etmek ve etkinliklerine ilgi göstermek de gayet yeterli bir teşviktir. Hatta bunları yapmak, çocuğun bir başarısının ardından birkaç söz söylemeye kıyasla daha da önemlidir. *Koşulsuz bir sevgi ve gerçek bir şevk mevcutsa "Aferin, iyi iş çıkarmışsın!" deyip durmaya gerek yoktur; eğer bunlar mevcut değilse, o zaman "Aferin, iyi iş çıkarmışsın!" demek de yeterli olmayacaktır.*

"Aferin!" yerine ne demeniz gerektiğini merak ediyorsanız elimizde koşulsuz ebeveynlik fikrine uyan pek çok olasılık var. (Örnekler için 181. sayfadaki tabloya bakınız.) Seçeneklerimizden birisi hiçbir şey söylememektir. Olumlu davranışları övmemiz gerektiğini öne sürenler, gizliden gizliye veya bilinçdışında, o davranışların birer rastlantı olduğunu düşünüyorlar. Eğer çocuklar temelde kötüyse o zaman iyi insanlar olmaları için onlara yapay bir neden (yani sözlü bir ödül) verilmelidir, aksi takdirde iyi eylemler bir daha gerçekleşmeyecektir. Ama insana böyle olumsuz yaklaşan bu varsayım geçerli değilse övgüye de gerek yok demektir.

Değerlendirmelerinizi ("Aferin, çok güzel çiziyorsun!" "Aferin, çok güzel su içiyorsun!" "Aferin, çok güzel salya akıtıyorsun!") düzenli biçimde dile getiriyorsanız bunları sonlandırmak ilk başta tuhaf gelebilir. Artık destekleyici davranmıyormuşsunuz gibi hissedebilirsiniz. Ama pek çok ebeveynde (kendim de dâhil) gözlemlediklerim bende şu kanaati oluşturdu: Övgü sözleri çocukların işitme gereksinimi duyduğu değil, bizim söyleme gereksinimi duyduğumuz şeylerdir. Bir şey söylemiş olmak için övgü sözcükleri kullandığımızda da ne yaptığımızı gözden geçirme zamanı artık gelmiş demektir.

Bir şey söylemenin uygun olacağını düşündüğümüz anlarda gördüğümüz şeyi dile getirmekle yetinebilir ve (hisleri de dayatmak yerine) bu konuda ne hissedeceğini çocuğa bırakırız. Yalın ve değerlendirme içermeyen bir ifade sayesinde çocuk fark ettiğinizi anlar. Bu yalın ifade yaptığı şeyden gurur duymasını da sağlar. Kızım iki yaşındayken merdivenleri kendi başına çıkmayı başardığında elbette çok heyecanlanmıştım ama onu kendi yargılarıma boğmakta herhangi bir anlam görmedim. Ona basitçe "Yaptın sonunda!" dedim. Böylece, gördüğümü ve umursadığımı bilecekti, aynı zamanda da kendisiyle gurur duyacaktı.

Başka zamanlarda daha ayrıntılı bir ifade kullanmanız daha uygun olabilir ama yargıları buna da bulaştırmamanız gereklidir. Gözlemlediğiniz şey hakkında basit bir geribildirimde bulunabilirsiniz. Eğer çocuğunuz sevecen veya yardımseverce bir davranışta bulunursa bu davranışın *diğer kişiyi* nasıl etkilediğine dikkat çekebilirsiniz. Bu, övgüden tümüyle farklıdır çünkü övgünün odağı çocuğun davranışının *size* ne düşündürdüğüdür.

Çocuğa sorular sormak ise gördüğünüz şeyi ifade etmekten de iyidir. Zaten davranışı hakkında onun görüşlerini almak varken neden siz görüş belirtesiniz ki? Sorular sorarak çocuğun düşünmesini sağlayacağınız şey, belli eylemlerin (diğerlerine kıyasla) neden daha iyi veya uygun olduğudur. Yazdığı, çizdiği veya yaptığı bir şeyle ilgili sorularınız ise ne başardığını ve nasıl başardığını irdelemesine olanak tanır. Bu daha da büyük gelişimler getirebilir ve çocuğun yaptığı işe daha büyük ilgi duymasını sağlayabilir. Anımsayalım ki araştırmalar, övgünün tam ters etki yapabileceğini, çocuğun dikkatini yaptığı işten alıp sizin tepkinize odaklayabileceğini ifade etmektedir.

Geçenlerde kendimi yerel kütüphanenin düzenlediği el işi etkinliğinde buldum. Çocuklar pipo temizleyicileri ve boncuklarla kar taneleri yapıyorlardı. Yanımda oturan dört veya beş yaşlarındaki bir çocuk yaptığı kar tanesini annesine gösterdi ve anne de duraksamadan bunun ne kadar müthiş olduğunu anlatmaya başladı. Sonra çocuk oralardaki tek diğer yetişkin ben olduğum için kar tanesini bana da uzattı. Bir değerlendirme yapmak yerine kendisinin ne düşündüğünü, beğenip beğenmediğini sordum. "Pek beğenmedim," diye yanıtladı. Nedenini sorduğumda ise açıklamaya başladı. Ses tonu, malzemeyi başka nasıl kullanabileceğini bulmak için kafa yorduğunu açıkça belli ediyordu. Çocukları övgüyle yıkadığımızda işte bu düşünme ve irdelemeleri kesintiye uğratırız. Biz yargılar bildirmeye alıştığımızda onlar da düşünmeyi bırakır ve yalnızca ne yaptıklarını anlatırlar.

Yan sayfadaki tabloda önerilen tüm yanıtlar koşullu bir onay vermekten, sırf *bizim* standartlarımızı tutturdu ve *bizim* beklentilerimizi karşıladı diye çocuğun başını okşamaktan kaçınırlar. Ama onun gereksinim duyduğu onay, teşvik ve ilgiyi yine de eksik bırakmazlar. (Hiçbir şey söylememek, kendi başına düşünüldüğünde bunları tabii ki eksik bırakır. Ama ideal yaklaşımda onay, teşvik ve ilgiyi çocuğa zaten her zaman sunmaktayızdır.)

Şimdi hakkında ne düşüneceğimi tam bilmediğim bir stratejiden söz edeceğim: Eğer amacımız çocukların yardımsever insanlar olmasını sağlamaksa, bir araştırmacının önerisine göre onlara yardımsever eğilimler atfetmemiz gereklidir. Kendimizle ilgili düşüncelerimiz davranış biçimimizi etkiler, o yüzden burada başarılmaya çalışılan şey, çocukları zaten yardımsever olduklarına ikna etmektir. Yani kendilerini yalnızca çıkarları için iyi şeyler yapan kişiler gibi değil, gerçekten sevecen ve umursayan kişiler gibi görmelerini sağlamaktır. Bir araştırmada şöyle bir uygulama yapılmış: Yardımseverce davranan bir yetişkini taklit eden çocuklar iki gruba ayrılmış. Bir gruptaki çocuklara "diğer kişilere yardım etmeyi seven insanlar" oldukları söylenmiş, yetişkinin davranışını yineleme nedenlerinin de bu olduğu açıklanmış. Diğer gruba ise yalnızca araştırma kapsamında kendilerinden is-

BUNU SÖYLEMEK YERİNE	BUNU DENEYİN
"... yapmandan çok hoşlanıyorum."	**Hiçbir şey söylemeyin** (yalnızca dikkatinizi verin)
"Çok güzel çizmişsin! Bayıldım resimlerine!"	**Gördüğünüzü değerlendirmek yerine tanımlayın:** "Çizdiğin insanların ayaklarına bu kez yeni bir şeyler koymuşsun. Ayak parmakları var artık."
"Harika bir yardımcısın!"	**Çocuğun eylemlerinin diğer kişilere etkisini açıklayın:** "Masayı mı hazırladın? Yemek pişirirken işimi gerçekten çok kolaylaştırıyorsun."
"Çok iyi bir kompozisyon yazmışsın."	**Düşünmeye davet edin:** "Okurun dikkatini daha en başta çekiyorsun. Bunu nasıl başardın?"
"Kekini paylaştığın için aferin."	**Yargıda bulunmak yerine sorun:** "Kekini kimseye vermek zorunda değilken neden arkadaşınla paylaşmayı seçtin?"

teneni yaptıkları ifade edilmiş. Bunun sonrasında ilk gruptaki çocuklar, ikinci gruptakilere oranla çok daha yardımsever davranışlarda bulunmaya başlamış.[9]

Bu stratejinin olumlu pekiştirmeden çok daha etkili olduğu ortadadır ama daha az manipülatif olduğu konusunda kuşkularım var. Çünkü burada da çocuğun yaptığı bir şeye içten gelen, gerçek bir tepki vermiyoruz; bunun yerine hesaplanmış bir etki yaratmak için belli bir şey (doğru veya değil) söylüyoruz. Yine de buradaki genel ilke ciddiye almaya değerdir: Yalnızca belli davranışlara odaklanan (ve çocuğun da yalnızca belli koşullarda sevildiğini düşünmesine yol açabilen) övgüler kullanmak yerine onun nasıl biri olduğunu ve ileride nasıl biri olmak istediğini irdelemesine yardım etmeliyiz.

Vardığımız noktadaki ana soru şu: Bütün bunlar artık iltifatlarda bulunmayacağımız veya "teşekkür ederim" gibi şeyler söylemeyeceğimiz anlamına mı geliyor? Buna yanıtım, söyleyeceğimiz (veya söylemekten kaçınacağımız) sözlerin üç ana etkene bağlı olduğudur: Neden söylüyoruz, kime söylüyoruz ve söylemekle ne etkiler yaratıyoruz.

Neden: Bir yorum kibarlık olsun, karşıdaki kişi kendini iyi hissetsin diye mi yapılıyor? ("Ne güzel bir tişört!" veya "Gelmene gerçekten çok sevindim!") Yoksa o kişinin gelecekteki davranışlarını kontrol edebilmek için koşullu pekiştirme amacı mı güdüyor? Eğer ikincisiyse övgüyü bir minnet ifadesine dönüştürmeye çalışmak da pek işe yaramayacaktır.

Kime: Teşekkür etmek ve övgüyü andıran yorumlar yapmak sevgi ve kabul için birbirine muhtaç olmayan denk yetişkinler arasında pek de kaygı verici değildir. Bana arabasını ödünç veren komşuma teşekkür ederken veya bir yazara kitabını çok beğendiğimi söylerken bu kişileri manipüle etme amacı gütmüyorumdur. (Amacım bu olsa bile herhalde başarısızlığa uğrarım.) Burada sevgimin koşulsuzluğu da tehlikeye girmez çünkü kendileriyle zaten öyle bir ilişkim yoktur. Ama konuştuğum kişiler çocuklarsa ne söylediğime (ayrıca neden ve nasıl söylediğime) çok daha dikkat etmem gereklidir.

Ne etkilerle: Övgü konusunda pek çok gri alan vardır; yapılan yorumların zararlı mı, yoksa zararsız mı olduğunun tam kestirilemeyeceği örnekler boldur. Bununla ilgili önerim yaratılan etkinin izlenmesidir. Eğer övgü olarak nitelenebilecek şeyleri çocuklarınıza sıklıkla söyleme alışkanlığınız varsa onların aynı türden yorumlar için ağzınızın içine bakıp bakmadığını (hatta bu yorumlara büyük bir gereksinim geliştirip geliştirmediğini) bir değerlendirin. İrdeleyebileceğiniz bir diğer nokta, böylesi yorumlarınız sonucunda iç kaynaklı motivasyonlarının (bir eylemdeki istikrarlarının veya bir etkinliğe duydukları ilginin) azalıp azalmadığıdır.

Kısacası, çocuklara güzel şeyler söylemeyin demiyorum. Belli şeyleri söylemeye veya söylemekten kaçınmaya yönelik spesifik öğütler de vermiyorum. Demek istediğim şudur: Sözlerimizin altında ne olduğuna ve ağzımızdan çıkanları çocukların nasıl algıladığına dikkat etmeliyiz. Bir başarılarından ötürü duydukları sevinç ve gururu paylaştığımızı düşünüyorlarsa bir sorun yoktur. Ama değerlendirmelerimizi kafalarından aşağı boca ettiğimizi düşünürlerse kendilerinden ne zaman ve ne için gurur duyacaklarını bile kestiremez hale gelebilirler. Bunun ardından da yaptıkları her şeyin değerini tarafımızdan (veya söz sahibi diğer kişiler tarafından) onaylanıp onaylanmadığına göre belirlemeye başlarlar.

Böylesi bir koşullu ebeveynlikten uzaklaşmak kolay değildir. Bir anda vazgeçmek yerine bir geçiş döneminden yararlanabilirsiniz. Bu dönem boyunca değerlendirmelerde bulunmayı sürdürür *ama aynı zamanda* tanımlara ve sorulara da yönelirsiniz. Bu yeni karşılıkları verdikçe, işe yargılayarak başlama alışkanlığınızı da terk edebilirsiniz.

Aynı zamanda, ne yaptığınızı ve neden yaptığınızı çocuklarınızla tartışmak da mantıklı olacaktır. Eğer sizden bir "Aferin!" beklemeye alışmışlarsa övgü tedarikinin birden kesilmesinden ötürü sarsılacaklardır. Hatta olumlu yargının yokluğunu olumsuz yargı ile eşdeğer bile tutacaklardır. O halde daha olumlu değil, koşulsuz biçimde olumlu olmaya çalıştığınızı, yani sevgi ve onayınızı yalnızca değerli gördüğünüz davranışlar karşısında değil, her zaman ve herhangi bir koşula bağlı olmadan göstereceğinizi açıkça ifade etmelisiniz. (Sonrasında ise tamı tamına bunu yapmaya başlamalısınız.)

Daha az konuşup daha çok soru sorma önerisine uyarak, yeterince büyük olan çocuklarınızı övgüyle ilgili *kendi* görüşlerini belirtmeye de davet edebilirsiniz. Fakat övgüyü sevip sevmediklerini sormayın. Böylesi sözlü ödüllere bağımlılık geliştirip geliştirmediklerini sorun. ("Etkinliklere katıldığınız için sizi övmeseydik yine de katılır mıydınız?") Sorabileceğiniz bir diğer yararlı soru da onları teşvik etmek için başka hangi yollara başvurabileceğinizdir.

Başarı ve Başarısızlık Üzerine

5. Bölüm'de de gördüğümüz gibi pek çok çocuk ebeveyn onayının yalnızca terbiyeli olmaya ve uslu durmaya değil, aynı zamanda başarı kazanmaya da koşullandığına inanır. Dolayısıyla, böylesi bir dinamiğin ailemiz içinde çoktan yaratılıp yaratılmadığını sorgulamamız gereklidir. Bir yabancının gözünden kendimizi gözlemlemeli, başarılı olmak konusunda çocuklara neler söylediğimizi bir dinlemeli, başarısız olduklarında nasıl tepki verdiğimizi ve çocukların da bu tepkiler karşısında nasıl davrandığını izlemeliyiz. Bazen çocuklara doğrudan şunu sormak da yararlı olabilir: "Notların yüksek olduğu zaman (veya sporda başarı kazandığın zaman veya hava atmamı sağlayacak herhangi başka bir şey yaptığın zaman) seni daha çok seviyormuşum, bunları yapmadığın zaman ise daha az seviyormuşum gibi hissediyor musun?" Elbette bu sorunun bir amaca hizmet etmesi için çocukların bizimle dürüstçe konuşabileceklerine inanmaları, kızmadan veya savunmaya geçmeden kendilerine kulak verebileceğimizi bilmeleri gereklidir.

Pek çok ailedeki sorunların ardında yalnızca koşullu sevginin yoğun biçimde hissedilmesi değil, başarıya verilen aşırı önem de vardır. Birkaç yıl sonra hiç kimse o Küçükler Ligi maçını kimin kazandığını veya çocuğunuzun matematikten kaç aldığını anımsamayacak (hatta umursamayacak bile). Ama çocuğunuzun sevgi alabilmek için önce onu kazanmak zorunda olduğu duygusu çok uzun yıllar boyunca içinde kalacak, hatta zihnine yayılıp pek çok kavrayışı olumsuz etkileyecektir. O yüzden, eylemlerimizi ve bunların altındaki nedenleri irdelemeliyiz. Aynaya bakmalı ve çocukları fazla zorlayıp zorlamadığımızı, onların başarı kazanmasını böyle şiddetle isteme sebebimizin aslında kendimize yansıyan başarılar olup olmadığını düşünmeliyiz. Çünkü "Ben yalnızca çocuğumun mutlu olmasını istiyorum," diyen ebeveynler bile davranışlarıyla bambaşka izlenimler bırakmaktadır.

Pek çoğumuz alıştığımız anlamdaki "çocukluk dönemi başarılarına" ulaşmış olan ama yetişkinliğinde de perişan yaşamlar sürmeye başlayan kişiler tanıyoruzdur. Tanıdığımız bir diğer grup insan ise kendisinden bir şey olmayacağını düşündüğümüz ama sonunda çok iyi yerlere gelmiş kimselerdir. Çoğu zeki ve başarılı yetişkinin öğrencilik başarısı orta düzeydedir, o zamanlar parlayan yıldız olan öğrencilerin büyük çoğunluğu ise sönüp kendi içlerine çökmüşlerdir. Liseyi dereceyle bitiren öğrencileri on beş yıl boyunca izleyen bir araştırmacının vardığı sonuca göre bunların büyük bölümü "okulda ne yapacağını iyi biliyor. Ama yaratıcı atılımlar yapan... veya herhangi bir alanda dikkat çekici önderlere dönüşen kişileri onların arasında aramamak gerekli."[10] Eğer bir gün dikkat çekici önderler olurlarsa da yalnızca başarı kazandıkları zaman kendilerine ilgi gösteren ebeveynlerine kızgınlık duyabilirler.

Kısacası, çeşitli yeterlik belgeleri ile dolaşan insanlar her zaman mutlu değildir. Bizim yükümlülüğümüz çocuklarımızı tam notlara, kupalara ve paraya bağımlı olma tehlikesine karşı uyarmaktır, bu bağımlılıklara yol açmak değil. Onları (ve kendimizi) gerçekten önem taşıyan kavramlara odaklanmış halde tutmalıyız. Bunun anlamı, onlarla ilişkilerimizi güçlendirmemiz, sevgimizin başarı düzeyleri ile hiçbir ilgisi olmadığını anlatmamız ve çocukluk yıllarını dolduran binlerce küçük zafer ve aksiliğe nasıl tepki verdiğimizi gözden geçirmemiz gerektiğidir.

Bunlardan iki sonuç çıkarmamız olanaklıdır. Birinci sonuç: Çocuğun sevgimize en çok gereksinim duyduğu zamanlar başarısız olduğu veya yetersiz kaldığı zamanlardır. Bu zamanlarda düş kırıklığımızı göstermemiz ise istediği son şeydir. İkinci sonuç: Başarı kazandığı zamanlarda sevgimizin kim olduğuna değil de ne yaptığına dayandığını ima eder biçimde olumlu pekiştirmeye yönelmemiz çok ciddi bir tehlike teşkil eder. Çünkü bundan da yüksek başarı düzeyini sürdürmesi gerektiği, yoksa külâhları değişeceğimiz sonucunu çıkarır.

Çocukların başarı kazanmasına ne kadar önem verirsek verelim şunu hep aklımızda bulundurmalıyız ki dünyanın en düşünceli ve yaratıcı insanları yaptıkları işten keyif alanlardır. İşteki ustalığı, dolayısıyla da başarıyı getiren etken ilgidir. (İlgiden kastım elbette yapılan işe duyulan ilgidir, başarı kazanmaya veya diğer kişilere üstün gelmeye duyulan ilgi değil.)

Elde edilen pek çok kanıt göstermektedir ki bir çocuk ne kadar iyi iş çıkardığı ile meşgul olduğunda yaptıklarından daha az zevk almaktadır.[11] Bu kendi başına bile üzücü bir gerçektir ve büyük bir stres kaynağıdır. Aynı zamanda çocuğun elinden geleni yapmasına da engel olur. Performansı konusunda kendini yemesine göz yumulursa ("Bu projeyi yeterince iyi yaptım mı? Standartları tutturdum mu? Ne kadar gelişim gösterdim?") öğrenme de heyecanlı bir etkinlik olmaktan çıkar ve angaryaya dönüşür. Artık karşısında "neden"ini ve "nasıl"ını bulması gereken olgu ve kavramlar değil, yalnızca daha ustalaşması gereken şeyler vardır.

O halde, baskı uygulamak yerine destek vermeliyiz: Nazikçe yol göstermeli, teşvik etmeli, gittikçe gelişen becerilerine güven duymalı ve gerektiğinde yardımcı olmalıyız. Rekabet etkinlikleri düzenlemek yerine başkalarını yenmeyi zorunlu tutmayan yollarla öğrenme ve eğlenme şansları tanımalıyız.

Okul başarısına saplantı düzeyinde odaklanıp kalmaktansa çocuğun ne öğrendiğine de ilgi göstermeliyiz. "Peki, dinozorların yok olma nedeni *sence* nedir?" demek entelektüel gelişimi teşvik eder. "Neden 100 üstünden 80 aldın?" diye çıkışmak hiçbir şeyi teşvik etmez. Ayrıca, örneğin ödev olarak hazırlanan bir yazının yeterince iyi olup olmadığının yanında içeriğine ve yazılma sürecine dikkat etmek de önemlidir. Ebeveyn şunu sorabilir: "Ne yazacağını nasıl seçtin? Araştırmandan ne öğrendin? O önemli noktayı neden en sona sakladın? Yazmaya başladıktan sonra bu konuyla ilgili fikirlerin değişti mi?"

Çocuğun başarıya ulaşmasını sağlayan en etkili (ve en zararsız) yöntem yaptığı şeye (yazmak, kayak yapmak, bilgisayar oynamak, trompet çalmak) âşık olmasını sağlamak, sonra da ne kadar başarılı olduğu (veya olabileceği) ile değil, neler yaptığı ile ilgilenmektir. Zaten bu da daha çok teşvik etmemiz, daha az yargılamamız ve sürekli sevmemiz gerektiğini söylemenin bir başka yoludur.

Ebeveyn ile Öğretmen El Ele

Bazı istisnai öğretmenler (s. 171'de sözü geçen öğretmen gibi) öğrencilerin gereksinim duyduğu koşulsuz desteği verirler. Ama acı gerçek şudur ki pek çok sınıfın işlevi böylesi bir destek vermeye, hatta daha genel anlamda, bir önceki bölümde değinilen ilkeleri izlemeye uygun biçimde yapılandırılmamıştır. Okul ortamları genelde geniş bir yelpazeye yayılan ceza ve ödülleriyle, davranış yönetimi sistemleriyle, itaatkâr olanları "sivriltmeleri" ve olmayanlara yaptırım uygulamalarıyla bilinirler. Çocuklar bir topluluğun duyarlı bireylerine dönüşmek, ahlaki kararlar verebilen ve eleştirel düşünebilen kişiler olmak konularında hiçbir destek görmemekte, yalnızca talimatları izlemeye alıştırılmaktadır. En kötü senaryolarda, düzene yönelik zorlamalar, öğrenmeye yönelik teşviklerden bile önce gelmektedir. İşte böylesi ortamlar çocuklar (hatta herhangi bir canlı varlık) için son derece sağlıksızdır.

Çocuklarla çalışma evleri yaratmaya çalışan ama bir noktada çocuklarını her sabah *çocuklara yapma* okullarına gönderdiğini fark eden ebeveynlerin yakınmalarıyla karşılaşıyorum. (Bunun aynı ikizi olan durumu ise bazen öğretmenlerden dinliyorum: "Sorunları birlikte çözebilmek için demokratik sınıf toplantıları yapıyoruz. Ondan sonra çocuklar eve gidip yıldız çizelgeleri ve molalar ile manipüle ediliyorlar!") Hiç kuşku yok ki çocukların iyi insanlar olmasına hem ebeveynler hem de öğretmenler yardım ederse daha iyi sonuçlar alınacaktır. El ele verip birbirlerinin çabalarını desteklemeleri ise en iyisi olacaktır.

Ebeveynler için ilk adım: Çocuğunuzun okulunda neler yapıldığından haberdar olun.

- Çocuğunuzun okulu itaat sağlamaya mı odaklı, yoksa çocukların gereksinimlerini karşılamaya mı?
- Huzuru bozan davranışlar cezalandırılması gereken kural ihlalleri olarak mı görülüyor, yoksa çözülmesi gereken sorunlar olarak mı?
- Öğretmen, görevinin ne olduğunu düşünüyor? Çocukların mantıklı kararlar vermeyi öğrenmesine yardımcı olmak mı, yoksa tüm kararları kendi başına vermekte ısrar etmek mi?
- Öğrenciler işbirliği yapmaya teşvik ediliyor mu? Yoksa ödevleri tek başlarına (hatta arkadaşlarıyla rekabet içinde) yapmaları mı bekleniyor?
- Eğer o okula giden veya o sınıfta oturan *siz* olsaydınız koşulsuz olarak kabul edildiğinizi düşünür müydünüz? Orada olmayı ister miydiniz?

Yanıtlar hoşunuza gitmezse çocuğunuzun öğretmenini yapılan uygulamaları gözden geçirmeye davet etmek için tüm diplomasi becerilerinizi kullanmanız gerekecektir. Bunu başarmak için uzun vadeli hedeflere değinebilirsiniz. Öğretmenler ebeveynlerle aşağı yukarı aynı hedefleri seçerler; öğrencilerinin sorumlu, duyarlı, ahlaklı, meraklı, yaşamları boyunca sürekli yeni şeyler öğrenecek insanlar olmasını isterler. Dolayısıyla, öğretmenle ortak hedeflerinizi söz konusu edebilirsiniz. Daha sonra da bu hedeflere ulaşmak için geleneksel yöntemlerin değil, başka olasılıkların denenebileceğini anlatabilirsiniz. (Geleneksel yöntemler sorumlulukla karar alan bireyler olmak yolunda çocukların pek işine yaramaz.)

Öğretmene *çocuklarla çalışma* sınıfları yaratmak konusunda yol gösterecek makaleler, kitaplar ve videolar verebilirsiniz.[12] Hatta biraz ön araştırma yaparak meslektaşlarının böyle ortamlar yaratmada nasıl yol kat ettiğine de değinebilirsiniz. Bunun için kendisini, ziyaret edebileceği sınıflara veya konuşabileceği öğretmenlere, hiç olmadı, başarılı uygulamalara değinen yazılı materyallere yönlendirebilirsiniz. Okulların *çocuklara yapma* merkezlerine dönüşmek zorunda olmadığını görmeniz hem sizin açınızdan hem de öğretmen açısından gayet rahatlatıcı olabilir. Gerçekten de bazı okullar havuç ve sopa kontrolünün yokluğunda, herkesin birbirine saygı duyduğu, çekici bir öğrenme ortamının nasıl yaratılacağının örneklerini vermektedir.

Ama öğretmen geribildirimleri veya önerileri dikkate almıyorsa (ne kadar saygılı biçimde iletilmiş olursa olsun), daha radikal bir müdahalede bulunmayı gerektirecek (ve bunun risklerini almaya değecek) kadar vahim bir durum olup olmadığını değerlendirmeniz gerekir. Ayrıca, çabalarınızın başarıya ulaşma şansı nedir? Sorun belli bir sınıfla mı kısıtlıdır? Eğer öyleyse belki çocuğunuzu başka bir sınıfa aktarabilirsiniz. Hangi stratejiyi seçeceğinize okul müdürünün yaklaşımına göre (söylediklerinizi açık fikirlilikle dinliyor mu ve ikna edilebilir mi) karar verebilirsiniz. Kaygılarınızı paylaşan ebeveynler bulmak da işinize yarayabilir; belli bir uygulamaya veya politikaya itiraz eden kişi sayısı ne kadar artarsa şikâyetlerin göz ardı edilme olasılığı o kadar düşer.

Tüm bunlar devam ederken (veya durumun yakın zamanda düzelmeyeceği sonucuna varırsanız) çocuğunuzu korumanız hayati önem taşır. Ama bu da epey hassas bir dengeyi tutturmanız gerektiğini gösterir: Bir yandan, çocuğun öğretmene saygısızlık etmesine veya ona umursamazca yaklaşmasına engel olmalısınız (öğretmen çocuklara saygısızlık ediyorsa bile). Diğer yandan, savunulamaz bulduğunuz eylemleri desteklememelisiniz. Ayrıca çocuğunuzun, yetişkinlerin hep birbirini tuttuğu (ve çocuklara karşı birleştiği) inancına kapılmasına neden olacak biçimde de hareket etmemelisiniz. Asıl yükümlülüğünüz, adaletli ve dengeli davranmaktır.

Çocuğunuzla konuşurkenki sözleriniz ve onları nasıl söylediğiniz çocuğunuzun yaşına ve okulda olup biteni nasıl değerlendirdiğinize göre değişebilir. (Okul ortamı idealin biraz altı mı, yoksa dümdüz rezalet mi?) Buradaki amaç çocuğunuza bir tür aşı yapmak gibi görülebilir; ona koşulsuz sevgi, saygı, güven ve bakış açısı sağlayarak aşırı kontrolcü bir ortama veya mantıksızca davranan bir otorite figürüne karşı bağışıklık kazandırıyorsunuz. Çocuklar bazı yetişkinlerin neden ceza ve ödülleri kullanma gereği duyduğu, bunlar yerine neler yapabileceği, hatta kendi davranışlarının bile daha farklı olup olamayacağı üzerine düşünmeye teşvik edilmelidir. Bu yaklaşım, ne getireceği belli olmayan disiplin politikalarının olumsuz etkilerine karşı tampon görevi görmenin yanında çocuğunuza farklı bir öğrenme fırsatı da sunacaktır.

Hep akılda bulunduralım ki çocuklar zorluklarla nasıl başa çıktığımıza bakarak da pek çok şey öğrenirler. Bu nedenle hemen öğretmenin tarafında yer almaktansa çocuğun kaygı ve sıkıntı duyduğu şeylerin ne olduğunu dinlemek, ayrıca sorunu tek taraflı çözmeye çalışmak yerine çocuğu da çözüm sürecine katmak büyük önem kazanır. Ayrıca çocuk, öğretmenin bazı eylemlerine katılmadığımızı belirtirken saygımızı nasıl koruduğumuza (ve söz konusu soruna öğretmenin ve müdürün nasıl baktığını öğrenmeye ne kadar istekli olduğumuza) da dikkat edecektir.

Sürtüşmeli bir ilişki istemediğinizi öğretmene en başta ve açık biçimde ifade edin. Çünkü bu doğru davranış biçimidir ve öğretmenin taleplerinize kulak vermesini daha olası kılacaktır. Ayrıca çocuğunuz da sizi izlemektedir. Amacınız öğretmenle birlikte çalışmak ve herkesin (yalnızca çocuğunuzun değil, diğer çocukların ve yetişkinlerin de) gereksinimlerini göz önünde tutmaktır. (Öğretmenle birlikte çalışırken "rüşvet ve tehdit yoluyla çocukları zorlama" konusundaki olumsuz görüşlerinizi aynen koruyabilirsiniz.)

Sonuçta çocuğunuz evde bir türlü, okulda başka türlü muamele görmeyi sürdürebilir. Buradaki odak nedenler ve değerlerdedir; oradaki ise davranışlardadır. Burada, yaptığı eylemlerin başkalarına yaşattığı sonuçları düşünmeye sevk ediliyordur; orada ise kendine yaşattığı sonuçları. Burada öğrenmeye teşvik ediliyordur; orada ise söyleneni yapmaya. Burada kim olduğu için takdir ediliyordur; orada ise yaptıkları için. Tutarsızlık çocuk için son derece akıl karıştırıcıdır; asla ideal bir durum değildir. Ama ev ve okul arasında sağlanacak uyumun ve izlenecek tutarlı stratejinin çocuğa kötü şeyler yapmaya yönelen cinsten olmasına da yeğdir.

9| ÇOCUKLAR İÇİN SEÇENEKLER

Berberde saçımı kesen kadın bir gün aniden oğluyla yaşadığı sorunlardan söz etmeye başladı. Hemen oracıkta uzun uzun danışmanlık yapmaya pek niyetim yoktu; o yüzden yalnızca, oğlunun sunduğu çözüm önerilerine de dikkat vermesini tavsiye ettim. Şaşırtıcı biçimde bu fikir onu öylesine heyecanlandırdı ki saçımla birlikte kulağımın ucunu da kesip atacak diye kaygılanmaya başladım.

Sorun giderme sürecinde çocuklara da yer verme ve yaşamlarıyla ilgili planlar konusunda onlara da söz hakkı tanıma fikri aslında yeni bir fikir değildir. Buna karşın ebeveynlerin bu seçenekleri hiç değerlendirmemesi, bir yana bırakması veya bunlar karşısında öfkelenmesi beni çok şaşırtıyor. O yüzden, çocukları karar süreçlerine katmanın neden ve nasıl yarar sağladığını inceleme gereği görüyorum. Nasıl ile başlayalım.

Seçim Yapmanın Yararları

Buradaki ilk sav doğrudan prensipten türer: Her insan kendi yaşamı üzerinde belli oranda kontrole sahip olmalıdır. Gerçi çocuklar söz konusuyken ne tür bir kontrolü, ne ölçüde kendilerine vereceğinize kuşkusuz bazı sınırlamalar getirirsiniz. Özellikle de yaşları küçükken pek çok şeye onlar adına karar vermeniz gereklidir. Ama bu, temel ilkeyi geçersiz kılmaz. Benim inancım o ki çocuklara kendileri ile ilgili konularda karar verme hakkı tanımamız gereklidir (bu hakkı ellerinden almamızı gerektirecek uç bir durum veya özel koşullar yoksa). Bu da her karar sürecinde çocukların kendi seçimlerini yapmalarına *izin vermemek* için bir neden olup olmadığını değerlendirmemizi gerektirir.

Bir araştırmacının öne sürdüğüne göre hepimizde bir iradeyi gerçekleştiren "piyon" değil de o iradenin geldiği "köken" olma gereksinimi vardır. Özerklik duygusuna sahip olmak ve süreçler ile girişimleri başlatan kişinin kendimiz olduğuna inanmak yaşamımızda kritik bir rol oynar. Doğrusu şu ki seçim yapma işi, yapılan seçimlerden çok daha önemlidir. Oğlum üç yaşındayken bir akşam benden bir çıkartma kitabı istemişti. Dolapta bulduğum bir yığının arasından hoşuna gideceğini düşündüğüm kamyon temalı bir kitabı verdim. "Hayır," diyerek bana karşı çıktı. "*Ben* seçmek istiyorum." Aldığım kitabı yine diğerlerinin arasına kattım ve tüm kitapları oğlumun önüne koydum. Sonunda hangi kitabı seçtiğini siz tahmin edin.

Özerklik ihtiyacımızın giderilmemesi kronik bir soruna dönüşürse yarattığı sonuç yalnızca kızgınlıklar veya ciddileşen sürtüşmeler değil, depresyon, hatta fiziksel rahatsızlık olabilir.[1] 3. Bölüm'de de gördüğümüz gibi, aşırı kontrole tabi tutulduğunu düşünen çocuk çok çeşitli olumsuz etkilere maruz kalmaktadır. Okulda ne öğreneceği veya ne tip koşullar altında öğreneceğiyle ilgili fikir belirtme hakkının olmaması ise derslerle daha az ilgilenmesine veya öğretilenler üzerinde daha az düşünmesine yol açmaktadır. (Geleneksel öğretimin veya "köklere dönüş" tarzındaki öğretim sistemlerinin böylesi bir "zorla kabul ettirilmiş pasifliğe" dayanması çok üzücü.) Çalışma yaşamındaki yetişkin ise iş yükü nedeniyle değil, yaptığı iş kapsamında seçeneklere sahip olmadığı için yıpranmaktadır.

Araştırmaların bize gösterdiği, güçsüz hisseden insanların başarıdan uzaklaştığı gerçeğinden ibaret değildir; bu araştırmalar seçim şansına *sahip olmanın* yararlarını da ortaya koyarlar. Örneğin, ebeveyn kontrolcülükten kaçınmakla kalmayıp özerklik duygusunu deneyimlemesi için çocuğa destek de verdiğinde[2] çocuk söylenenleri yapmaya ve uygunsuz davranışlardan uzak durmaya daha yatkın olmaktadır. Aile ile ilgili karar süreçlerine dâhil edilen ergenlik dönemindeki çocuk ise ebeveynlerine daha fazla güvenmekte ve inançları ile düşüncelerini onlara daha kolay açmaktadır. Ayrıca, kendisi ile ilgili daha olumlu düşünceler beslemekte, okulu daha çok sevmekte, daha zor ödev ve projeleri seçmekte ve dışarıda da beladan uzak durmak konusunda daha dikkatli davranmaktadır. Üniversite öğrencilerine gelirsek, ebeveynleri tarafından bağımsız olmaya teşvik edilenler daha büyük özgüven duymakta, zorluklar ve başarısızlıklar karşısında ise pek kolay yılmamaktadır.[3]

Seçim şansını öğretmenlerin tanıması durumunda okulda elde edilen sonuçlar da aynı derecede etkileyici olmaktadır. Yapılan bir araştırmanın özetine göre sağlanan avantajlar, "kendini daha yeterli görme, daha yüksek iç kaynaklı motivasyon, daha olumlu duygular, artan yaratıcılık, belli oranda zorluğu ve mücadeleyi kolay başarılara tercih etme, öğrenimde istikrar (daha düşük okul bırakma oranları), daha güçlü kavram algısı ve daha başarılı akademik performanstır."[4]

Çocuklara güven aşılamak ve kendilerini güçlü hissettirmek, hem evde hem de okulda, tüm yaş grupları için uygulanabilecek akılcı bir stratejidir. Bu stratejinin yararları ise yalnızca kısa vadede görünmekle kalmaz, uzun vadeli hedeflere de belirgin şekilde dokunur. Yaşam bize küçükten büyüğe pek çok sorun karşısında seçenekler sunar, biz de doğal olarak çocuğumuzun bunları dikkatli ve özenli biçimde ele almasını isteriz. Seçim konusunda araştırma sonuçlarına ve gerçek yaşam deneyimlerine dayalı tek cümlelik bir özet yapacak olsaydım şunu söylerdim: Çocuklar iyi kararlar vermeyi ancak karar vererek öğrenirler, talimat izleyerek değil.

Diğer yandan, karar süreçlerinde herkese her zaman yer verilmediğini de kabul edelim. Demokrasi pek çok derslikte ve iş yerinde mevcut değildir, çoğu ebeveyn de bu gerçeği kullanarak, "Ben öyle istiyorum da ondan!" biçimindeki yaklaşımı geçerli göstermeye çalışır. Ama çocukları büyük ölçüde kontrol altında tutulacakları deneyimlere hazırlama yolu böylesi deneyimleri onlara önceden yaşatmak değildir. Bu, ortada çok fazla kanserojen olduğuna bakarak çocukları küçük yaştan itibaren kanser yapıcı maddelere maruz bırakmak gibidir.

Gelecekteki deneyimleri ne olursa olsun, onları saygı göstererek, koşulsuz destek vererek ve düzenli olarak seçim hakkı tanıyarak yetiştirmek kulağa mantıklı gelen bir yaklaşımdır. Bunun sayesinde edinecekleri temel gelecekte karşılarına çıkacak kontrolcü kişi ve kurumları çocukluklarındaki yüksek standarda göre değerlendirmelerini sağlayacaktır. Ayrıca, toplumda daha olumlu değişimler gerçekleştirmek için çabalayacak ve güce dayalı düzenlemeleri olduğu gibi kabul etmeye veya bunların kaçınılmaz olduğuna inanmaya daha az eğilim göstereceklerdir.

Kısacası, yüreklendirilmiş ve desteklenmiş çocuklar, bireyin gücünün elinden alındığı durumlarla baş etmek konusunda en avantajlı olanlardır. Onları böylesi güçlü çocuklar haline getirmek konusunda en avantajlı kişiler ise ebeveynlerdir. Yeter ki *kendi* gücümüzü onlar üzerinde kullanma eğilimimizi sınırlayabilelim.

İlk Sözler ve Son Sözler

Gücümüzü sınırlamak demek seçimler konusunda bütünüyle sessiz kalmak demek değildir, son kararı olabildiğince çocuğa bırakmaktır.[5] Örneğin, kızımın belli bir eylemi için özür dilemesinin uygun olduğunu dile getirebilirim ama bu görüşümde haklı olup olmadığıma ve haklıysam gereğinin yapılıp yapılmayacağına kızım karar verir. (Bunun tek alternatifi, üzgün olmadığını bilsem dahi onu üzgün olduğunu söylemeye ve özür dilemeye zorlamaktır.)

Çocuğun son sözü söylemesine sıcak bakmıyorsak en azından ilk sözü söylemesine rıza gösterebiliriz. Böylece görüşlerini ortaya koyması veya savunmasını yapması için ona bir şans tanımış oluruz. Kısacası, çocuğumuz bir şeyi yapıp yapamayacağını sorduğunda ona "Sen ne düşünüyorsun?" diye bir karşı soru sormak akıllıcadır. Böylece kendi bakış açısının önemli olduğunu bilir ve yapmak için izin istediği eylemin sonuçlarını aktif biçimde irdeler.

Söz konusu kardeş çatışmaları olduğunda ise çocuklara karar verme hakkının tanınıp tanınmayacağı, tanınırsa da nasıl tanınacağı çok daha karmaşık bir sorun haline gelir.[6] Ebeveynlerin büyük bölümü hemen sürtüşmeye müdahil olur ve çocuklardan birine karşı diğerini tutarak, ikisini birden cezalandırarak veya kimi suçlayacağına karar vermek için çırpınıp durarak işleri daha da kötü hale getirir. Bu davranışları yüzünden de çocuklar sorunları tartışmayı ve konuşarak çözüme ulaştırmayı pek iyi öğrenemez.

Diğer yandan "bırakın sorunlarını kendileri çözsünler" biçimindeki kalıp önerilere de o kadar sıcak bakmıyorum. Birincisi, kızmak veya küsmek için geçerli bir nedene sahip olan çocuğunuz, müdahil olmaya tenezzül etmeyecek kadar umursamaz davrandığınızı ve şikâyetlerini duymazdan geldiğinizi düşünebilir. İkincisi, hiçbir şeye karışmama politikanız, güçsüz olan çocuğunuzu güçlü (veya akıllı) olanın merhametine bırakır. Ayrıca her türlü sonucu (ne kadar haksızca olursa olsun) onayladığınız izlenimini de verebilirsiniz.

Olan bitenle ilgilendiğinizi gösterin ve halden anlar biçimde çocuklarınıza yaklaşın; sorunun gerçekte ne olduğunu öğrenin. Bundan sonra çocuklarınızın kendi çözümlerini bulmalarına izin verecekseniz bu çözümün ne olduğunu da öğrenin. Bu aslında herkes için bir öğrenme sürecidir. Sürtüşmeden sonra iki çocuğunuzla da konuşarak sorun çözme becerilerini keskinleştirmelerine, eşitlik konusunu irdelemelerine ve bir dahaki sefere başka nasıl davranabilecekleri üzerine düşünmelerine yardımcı olun. Ama dikkat edin: Bir psikoloğun dikkat çektiği üzere "ebeveynin müdahalesi eşitliği güvence altına almaz, tam tersine ebeveyni de olayın taraflarından biri yapar ve o öyle bir taraftır ki yaşanan olay ne olursa olsun onun son sözü kesin hüküm niteliğindedir."[7]

Sert sürtüşmeler yokken bile çocuklar küçük kardeşleriyle ilgili kararlar vermeye çalışabilir ve nasıl hareket etmeleri gerektiğini dayatmaya kalkışabilirler. Çünkü *çocuklara yapma* yaklaşımı çocuklar tarafından bile kolayca uygulanabilir. Ama çocukların özerkliğini desteklemek yetişkin tarafından dikkatlice öğrenilmesi gereken bir ebeveynlik tarzıdır. Onlara böylesi bir destek vermek ise kendilerini gereksiz yere kontrol etmek isteyecek kişilere karşı onları korumaya almaktır.

Birlikte Karar Vermek

Bebeklerin bile seçim yapmasına izin verilebilir; ne zaman yemek yiyecekleri, nasıl kucaklanacakları, nerelerinin gıdıklanacağı, hangi oyuncakla oynayacakları vb. konularda kesin tercihleri vardır. Onlarla aynı frekansa geçip bize söylediklerini dinlemek ve isteklerini yerine getirmek, sabit yemek ve uyku düzeninde ısrar etmekten veya bizi eğlendiren ama onları hoşnut etmeyen biçimlerde oyun oynamaktan çok daha önemlidir.[8]

Yürüme çağındaki çocuklar isteklerini iletmekte daha başarılıdır. Bu istekler yerine getirilmediği zaman da hoşnutsuzluklarını bebeklerden daha farklı (ve çok daha çeşitli) biçimlerde ifade edebilirler. Her şeyi her seferinde daha da fazlasını alacak biçimde baştan düzenleme becerileri çatışma potansiyelini de beraberinde getirir. Zaten bu yüzdendir ki pek çoğumuz çocuklarımızın gittikçe artan becerileri konusunda ne hissedeceğimizi pek bilemeyiz. On sekiz aylık kızım bir oyuncağını çalıştırmayı ve durdurmayı öğrendiğinde harika hissetmiştim; becerikliliğinden ötürü onunla gurur duyuyordum ve beni eskisi kadar sık çağırmayacağı için belki biraz da sevinmiştim. Ama kızımın gösterdiği bu gelişim irade çatışmaları için altyapıyı da hazırlamıştı. O gürültülü oyuncağı ben durduruyordum, o çalıştırıyordu. Böylesi durumlarda yalnızca iki seçeneğim vardı: Ya benim istediğim olacaktı ya da onunki. Oyuncağı çalışır halde tutmasına ya izin verecektim ya da vermeyecektim. (Sonunda izin vermeyi daha uygun buldum.)

Çocuk büyüdükçe açıklama yapmak ve belli meseleleri tartışmak kolaylaşır. Çocuk yetiştirme konusuna gelen yenilik de buradadır: Artık kendi isteğimizi dayatmak veya çocuğun isteklerine boyun eğmek dışında bir seçeneğimiz daha vardır, o da sorunları birlikte çözmektir. Bu üçüncü seçeneğin mutlak özgürlükçülük ile aşırı kontrolcülüğün orta noktası olmadığına dikkat çekmek istiyorum. Bazen siyah veya beyazın alternatifi gri değil, örneğin turuncudur. Diğer bir deyişle, seçeneklerimizi belirleyen süreyin dışında da bir olasılık var olabilir. Çocuğa *ne kadar* seçenek vereceğimiz veya kararların *kaç tanesinde* ona söz hakkı tanıyacağımız son derece önemlidir ama karar vermeye çalıştığı sırada kendisine yardım etme *yöntemimiz* doğrultusunda ne kadar aktif (ve etkileşimli) olacağımız da büyük önem taşımaktadır.

Çocuk yetiştirme uygulamaları ile ilgili eski bir araştırma göstermiştir ki daha çok karar verme fırsatı yakalayan çocuk daha faal ve dışa dönüktür, ayrıca kolaylıkla spontane davranabilmektedir. Ama ayrıntılı bir inceleme, karar verme özgürlüğünün tek başına yeterli olmadığını ortaya koymuştur. "Çocukla ebeveyn arasında güçlü bir etkileşim bulunması" da gereklidir.[9] Yani çocuğun seçimler yapmasını aktif biçimde desteklemek ve böylece kendi kararlarını belli ölçüde kendisinin verdiğini *hissettirmek* zorundayız. Bize düşen onun özerklik duygusunu beslemek ve yatma zamanı, eve dönme saati, tatil yeri gibi konularda birlikte karar vermektir.

Televizyon veya bilgisayar karşısında çokça zaman geçirdiğini düşündüğümüz bir çocuğu ele alalım. Geçenlerde bu konuyla ilgili olarak iki ebeveynle görüştüm. Bir tanesi, çocuğun çok fazla televizyon izlemesinden ötürü rahatsızdı ama omuz silkip "Ne yapabilirim ki? Devir değişti, çocuklar artık böyle," diyordu. Diğer anne ise bir müdahalede bulunması gerektiğini düşünmüş ve televizyonun kumandasını saklamıştı.

Bu yaklaşımları bir arada ele aldığımızda sahte bir ikilikle karşılaşıyoruz. Eğer çocuğun her istediğini yapmasına izin verirsek (onaylamadığımız hallerde bile) umursamadığımız ve sorumluluğu üzerimizden attığımız mesajını gönderebiliriz. (Söz konusu televizyon olduğunda hiçbir şey yapmama yaklaşımı bazı ebeveynlere daha çekici gelir çünkü televizyon çocukları meşgul eder ve sessiz kalmalarını sağlar.) Diğer yandan, ikinci annenin bulduğu çözüm *çocuklara yapma* yaklaşımıdır. Kumandayı gizlemenin gerçek bir çözüm olamayacağı (en azından uzun süre olamayacağı) ve çocuğa yalnızca çevresinden dolaşması gereken bir sorun yarattığı gerçeklerini bir yana bırakın. Burada asıl önemli olan, bu yöntemin güç kullanmayı veya sinsi çözümlere yönelmeyi öğretmesidir.

Bu iki stratejinin ortak noktası zaman almamaları ve dikkat, yetenek veya cesaret gerektirmemeleridir. Daha önce de değindiğim gibi gerçek bir *çocuklarla çalışma* stratejisinin ebeveynden istediği, "Ebeveyn benim, ben ne dersem o!" veya "Git ne istiyorsan yap!" gibi basit cümleler söyleyip durmanın çok ötesindedir. Daha yapıcı bir yanıt önce dinlemeyle başlar. Böylece hem çocuk kendisine kulak verildiğini hisseder hem de ebeveyn sorunun ne olduğunu öğrenir. Televizyon veya bilgisayar çok çekici olabilir ama çocuğun bunların başında çok fazla zaman harcaması depresyona girdiğine veya başka etkinliklerden (sosyalleşme de dâhil) kaçınmaya çalıştığına da işaret edebilir ki bu kaçınma davranışlarının veya ruhsal çöküntünün nedenleri ele alınmalıdır. Dinlemeye ek olarak kendi duygularımız konusunda içten davranmalı ve çözümleri çocukla birlikte aramalıyız: "Yapmak istediklerini tartışalım ama beni neyin kaygılandırdığını da konuşalım. Birkaç fikir bulalım da bir deneyelim, bakalım işe yarayacak mı?"

Bu öneri, televizyon veya bilgisayar önünde geçirilen zamana getirilecek sınırlamanın yanında hangi program ve oyunların uygun olduğu (ve diğerlerinin neden olmadığı) konusunda fikir birliğine varmayı da sağlayabilir. Ama bu, tartışmanın yalnızca başlangıcıdır. Çünkü televizyonun çocuğun en iyi arkadaşı olma nedeni de araştırılmalıdır. Bunu araştırmak için çocuğun tercih ettiği etkinliklerde bulunma ve onunla birlikte daha çok zaman geçirme yolunu tutabiliriz.

Bir örnek daha verelim: Arabanızın arka kapısını kilitlemek ve otobanda seyrederken çocuğunuzun kapıyı açmasını önlemek bir şeydir; pencereleri kilitleyip yalnızca sürücü tarafındaki kumandadan açıp kapatmak başka bir şeydir. İkincisi *çocuklara yapma* çözümlerinin örneklerindendir; sorun, çocuğun elindeki güç alınarak çözülmüştür. Bunun yerine çocuğun pencerelerle oynamasına izin verebilir ve bu oyunun sıkıcı hale gelmesini bekleyebiliriz. Eğer gerçekten sorun teşkil eden şeyler yapıyorsa o zaman *neden* sorun olduğunu açıklayabilir ve düğmelerle oynamamasını isteyebiliriz.

Bu genel yaklaşım çocuklarımda hemen her zaman işe yarar. Pek çok ebeveynden de aynı yönde geribildirimler alıyorum. Çocuklar kendilerine saygı gösterilmesine, kararlarda söz hakkı tanınmasına ve niyetlerinin aslında iyi olduğunun düşünülmesine olumlu yanıt verirler. Gerçek şu ki suiistimal etmeye yatkın olan çocuklar daha geleneksel disiplin uygulamalarıyla (ve bunlara eşlik eden varsayımlarla) yetiştirilenlerdir. Elinizi verdiğinizde kolunuzu kaptırmanızın nedeni de kendilerine daha önce el verilmemiş olması ve o elle ne yapacaklarını bilememeleridir.

Kısacası, aile yaşamında karşılaştığımız bin bir türlü sorun karşısında tercihimiz kontrol etmek ile öğretmek arasındadır; güvensizlik havası yaratmak ya da güven ortamı oluşturmak, güç kullanma örnekleri vermek ya da sorumlu davranmayı öğretmek, hızlı çözümler üretmek ya da uzun vadeli hedeflere odaklanmaktır.

Bu alternatifler çocuklarını yatırmakta ve yataktan kaldırmakta, giydirmekte, yedirmekte, yıkamakta, okula geç kalmadan evden çıkarmakta zorluk yaşayan ebeveynler (yani pek çoğumuz) için iyice dikkat çekicidir. İlk çocuğumuz anaokuluna başladıktan kısa bir süre sonra eşimle birlikte "dırdır etme ve zorlama" stratejilerinin tuzağına düştük. Onu sabah kaldırıp evden çıkarma çabalarımız hepimiz için gittikçe daha usandırıcı hale geliyordu ve eşimle ben de olmak istediğimiz ebeveynlere hiç benzemiyorduk. Sonunda baskı hissetmediğimiz bir zamanda sorunu masaya yatırdık. Nutuk çekmek yerine kulak verdik. Kızımıza uygulayacağımız bir "davranış planı" üretmek yerine (böylesi planları ev hayvanlarını eğitmek için kullanabilirsiniz) beyin fırtınası yaptık: Sabahlarımızı daha hoş kılmak için ne yapabiliriz?

Abigail ertesi gün giyeceği giysilerle yatıp uyumanın her şeyi kolaylaştırabileceğini söyledi. Bunu denememek için hiçbir nedenimiz yoktu, o yüzden denedik. (Kızım kırışacak türden giysileri pek giymez. Hem giysileri kırışsa bile ne olacak ki?) İşe yaradı. Sabahları yine mücadele ettiğimiz oldu ama giyinme faslının da rutine dâhil olduğu zamanlardaki kadar yoğun biçimde değil.

Burada söylemek istediğim çocukları mutlaka ertesi günün giysileriyle yatırmanız gerektiği değildir. Süreç ortaya çıkan sonuçtan daha önemlidir ve çocuğumuzu çözümler üretmek için düşünmeye, planlamaya ve tartışmaya teşvik etmelidir. Çocukların, gereksinimlerine önem verdiğimizi ve fikirlerini ciddiye aldığımızı bilmesi bu sürecin en can alıcı noktasıdır. Sorunlu ergenler yaratmak yerine akılcı düşünen ve kendine güvenen çocuklar yetiştirmek isteyen herkes sorunların çocukla birlikte çözüldüğü yılları gözünün önüne getirmeli ve bunları tüm önemli kararları ebeveynin (tek başına) aldığı yıllarla karşılaştırmalıdır. Sonuçlar konusunda fazla spekülasyon yapmamıza gerek yok. Müzakere etmeye ve kafa kafaya verip tartışmaya eğilimli olan, çocukların savlarına açık fikirlilikle yaklaşan ebeveynlerin kendini daha iyi kontrol edebilen insanlar yetiştirdiğini gösteren yeterince veri var.[10]

Böyle açık bir etkileşim daha fazla soru ve mücadele getirir, bu da bazen düş kırıklığı yaratabilir. Sonuç olarak ise pek çoğumuz, şakayla da karışık, çocukların söylenenleri yaptığı ve ebeveynlerine cevap vermediği o eski, güzel günleri yâd edip dururuz. Ama gerçekte eski günleri aradığımız yoktur çünkü o günler hiç de güzel değildi. Bugün kısa ve kolay yöntemler seçmek, böylece söyleneni yapan ve bize cevap vermeyen çocuklar yaratmaya uğraşmak yerine sorunları tartışmaya ve birlikte karar almaya çalışıyoruz; bu çabamız da gösterdiğimiz sabrın karşılığını veriyor ve pek çok yarar sağlıyor.

Şöyle düşünün: Daha büyük yaşta çocukları olan ebeveynlerin elindeki bir seçenek onları yakından izleyerek ve kontrol altında tutarak başlarını belaya sokmalarına engel olmaktır. Onların günlüklerini okur, okul çantalarını karıştırır, uygunsuz buldukları televizyon programlarını engellemek için teknik çözümlere başvurur, hatta neler yaptıklarını izlemek için gizli kameralar kurarlar. Diğer seçenek ise onlarla daha küçüklüklerinde güvene dayanan bir ilişki kurmak ve kararlar alırken görüşlerine başvurmaktır. Böylece amaca zarar verdiğini ve çocukları hor gördüğünü bildiğimiz *çocuklara yapma* yaklaşımı da zaten gereksiz hale gelir.

Peki, her şeyi çocuklarımızla konuşabileceğimiz kadar saat var mı tek bir günde? Buna dört yanıt verebiliriz. Birincisi, her şeyi konuşup tartışmak kuramsal olarak olanaklıysa bile pek çok ebeveyn çocuklarla herhangi bir şey konuşmaya pek yanaşmadığı için günün saatlerinin yetmediğinden de yakınacak değildir. Diğer bir deyişle, yapılan asıl hata karar verme yetkisini çok az paylaşmaktır. Ailelerin pek çoğunun sorunu bol demokrasi değil, kıt demokrasidir.

İkincisi, zaten her şeyin tartışılması gerektiğini öneriyor değilim. Ama çocuklar çoğu meselenin müzakere *edilebileceğini* bilmelidir. Karşı çıkma veya alternatif sunma hakkına sahip olan çocuklar kararlara itiraz etme veya uymama "gereğini" de daha az duyarlar.

Üçüncüsü, çocuklar, alınmasına yardımcı oldukları kararlara daha sonrasında da pek karşı çıkmazlar. "Benim evimde yaşıyorsan dediğimi yapacaksın!" yaklaşımı fark ettiğimizden daha fazla zaman ve enerji tüketir çünkü yoğun bir başkaldırı yaratır. Hem ebeveynlerin hem de çocukların yaşadığı stresi (ve ilişkilerin aldığı darbeleri) bir kenara bıraksak bile kararları tek taraflı almak ve karşılıklı tartışmaktan kaçınmak, uzun vadeli gerçek çözümler üretmekte pek başarılı olamamaktadır.

Hazır uzun vadeden söz etmişken son olarak şunu da ekleyebiliriz: Sorunları çocuklarla birlikte çözmek geleneksel yönteme kıyasla daha fazla zaman ve çaba gerektirseydi bile bunun pek bir önemi olmazdı çünkü bir ebeveynin çocuğunu en iyi biçimde yetiştirmek dışında bolca zaman ve çaba harcamayı düşüneceği bir uğraşı yoktur. Eğer çocuklarla birlikte tartıştığımız konuların ötesine bakar ve tartışma *sürecinin* çocukların ahlaki, sosyal ve entelektüel gelişimine sağladığı yararları göz önüne alırsak en önemli uğraşımızın çocuklarımız olduğunu daha da iyi idrak edebilir ve gereken tüm zamanı ve enerjiyi ayırmaya daha da istekli olabiliriz.

Sahte Seçenek

Bazı ebeveynlerin "seçim" sözcüğüne yüklediği anlam çocuklara söz hakkı vermekle uzaktan yakından ilgili değildir; onların bilerek ve isteyerek kötü şeyler yaptığına dair suçlamalarda bulunmaya yarar yalnızca.[11] Sözcüğün "Kuralı çiğnemeyi sen *seçtin*!" gibi cümlelerdeki kullanımı ise çocukların sırtına inen bir sopa gibidir. Bu aynı zamanda cezalandırma yaklaşımlarının da bahanesidir, o yüzden böylesi cümleleri kullanan kişilerin cezaya veya güce dayanan disiplin yöntemlerine de başvurması bizi şaşırtmamalıdır.[12]

Çocukların olumsuz davranışlarda bulunmayı *seçtiğine* gerçekten inanan ebeveynler fakirliğin insanların kendi suçu olduğunu iddia eden politikacılar gibidir. İki durumda da kişisel sorumluluk dışındaki tüm etkenler göz ardı edilmektedir. Örneğin, küçük çocuğun kötü bir eylemde bulunmak yönünde *seçim yaptığını* söyleyebilmemiz için gerekli olan mantıklı karar verme mekanizması ve dürtü kontrolü kendisinde henüz gelişmemiş olabilir. (Böylesi kısıtları dikkate alan ebeveynler çocuklarını suçlamak ve cezalandırmak yerine bu becerilerin gelişmesine yardımcı olurlar.) Ebeveynlerin ve politikacıların "seçim" algısındaki ikinci benzerlik bu düşüncelerden yarar sağlayanların yine düşüncelerin sahipleri olmalarıdır. Çünkü kendi kararlarını ve taleplerini yeniden gözden geçirme zorunlulukları yoktur. Örneğin ebeveynler çocuğun çektiği her şeyi yine kendisinin "seçtiğini" söylerler.

Bazı durumlarda ise yanlış kullanılan şey sözcük değil, seçim fikrinin kendisidir. Bunun örneği, ebeveynin tüm karar yetkisini elinde tutmasına karşın çocuğa seçim hakkı vermiş gibi davranmasında görülür. Böylesi "sahte seçenek"lerin üç türü vardır ve ne yazık ki disiplin kitaplarında tümünü bulmak olanaklıdır.

Birinci tür sahte seçenekte ebeveyn şöyle bir soru sorar: "Bulaşıkları şimdi mi yıkamak istersin, yoksa sevdiğin programı izlerken mi yıkarsın?" Buradaki sorun seçeneklerin ikiye indirilmiş olması değildir. Sorun, gerçekte hiçbir seçeneğin sunulmuyor olmasıdır. Anlaşılan o ki çocuk söz konusu televizyon programını kaçırmak istemiyordur. O yüzden ebeveynin söylediği aslında şudur: "Bulaşığı şimdi yıka, yoksa sana televizyon izletmem." Daha genel ifade edecek olursak: "Dediğimi yapmazsan cezayı yersin." Seçim lisanının kullanılması aslında gayet ciddi bir tehdidi gizlemektedir.

İkinci tür sahte seçeneğin farkı, çocuğun uygunsuz görülen bir şey yapmasından *sonra* sunulmasındadır. Ebeveyn ceza vereceğini ifade eder ama bunu çocuğun seçimiymiş gibi dile getirir. Örneğin, "Odana gitmeyi *seçtin*!" der. Seçimin bu bağlamda algılanması bazı ebeveynlerin çok işine gelir çünkü az sonra yapacakları şeyden sorumlu olmayacaklardır. Ama gerçek şu ki böylesi yaklaşımlar manipülatiftir, aynı zamanda dürüstlükten de uzaktır. Cezanın açtığı yaraya bir de tuz basılır: Akıl oyunlarıyla gerçeklik baştan yapılandırılır ve acı çekmeyi çocuğun kendisi seçmiş gibi gösterilir. "Odana gitmeyi seçtin," cümlesi bir yalandır; doğruyu söyleyen bir ebeveyn bu durumda "Seni tecrit etmeyi seçtim," diyecektir.

Bu dalaverenin biraz daha farklı olanı ise "Bana şaplak attırma!", "Bana harçlığını kestirtme!" veya "Bana oda cezası verdirtme!" gibi şeyler söyleyerek gerçekleştirilir. Böylece ebeveynin ceza vermek "zorunda kalmasının" sorumluluğu çocuktaymış gibi davranılır. Çocuğun çok küçük yaşlarda bile davranışlarından sorumlu tutulması gerektiğini ateşli biçimde savunan insanların *kendi* davranışlarının sorumluluğunu almamak için gerçeği böylesine çarpıtmaları çok ilginç bir olgudur. Savunmaları şudur: "Hiç bana bakma. Kızım zorladı beni ceza vermeye!"

Üçüncü ve son tür sahte seçenek senaryosunda ise ebeveynler çocuğun seçim yapmasına izin verir ama sonucun ne olması gerektiğini kendileri dayatırlar. Bazı seçenekler kabul edilir cinstendir ama diğerleri değildir; çocuk ise eğer bundan sonra da "seçim" şansı olmasını istiyorsa ebeveynlerin ne istediğini bulmak zorundadır. ("Böyle kararları kendi başına alacak kadar olgunlaşmadın sanırım," cümlesi aslında, "Benim istediğim seçeneği seçmedin," anlamına gelir.) Açık açık "Senin yerine ben seçeceğim," demek bu maskaralığı yapmaya yeğdir. En azından dürüstçedir.

Sınırların Sınırları

Böylesi aldatmacalardan kaçınan ebeveyn bile çocukların seçim yapma fırsatlarını gereksiz yere kısıtlayıp kısıtlamadığını iyice düşünmelidir. Yetişkinlerin çocuklar adına yapması gereken birçok seçim olsa (hatta çocuklara verilen seçeneklerin bazen gerçekten kısıtlanması gerekse) bile ebeveynlerin veya onlara öğütlerde bulunanların hallerinden memnun biçimde "sınırlar belirleme" gerekliliğinden söz etmeleri beni tedirgin ediyor. Çünkü bu terim çoğunlukla aşırı kontrol uygulamaya bahane bulurken kullanılıyor.

Yaptıklarımızdan ötürü üzülmememiz gerektiği çünkü çocukların bütün dirençlerine karşın gerçekte sınırlamalar istediği yönünde söylemlerle de (yukarıdaki görüşümü destekler biçimde) karşılaşabilirsiniz. Thomas Gordon'un da dediği gibi bu "tehlikeli bir yarı gerçektir." Çocuklar sınırları *kabul edebilir*, hatta değerlerini takdir de edebilirler. Ama onların gerçekte gereksinim duyduğu kısıtlanmak değil, ebeveynlerine danışabilmektir. "Ebeveynin dayattığı sınırlar ile... çocuğun katkısıyla belirlenen sınırlar" ayrımını bir irdeleyin ve çocukların bunlara nasıl farklı tepkiler verdiğini bir gözleyin. Gordon'a göre, sormamız gereken soru kural ve sınırların bazen gerekli olup olmadığı değil, "bunları kimin koyduğudur: Yalnızca yetişkinler mi, yoksa çocuklarla birlikte yetişkinler mi?"[13]

Bazen ebeveynlerin dayattığı sınırlar yüzünden çocuklara kalan seçimler yalnızca anlamsız konularla ilgili olur. Çocuğun ne seçim yapacağının önemli olmadığı konularda hep ona seçim yaptırdığını anlatan bir anne anımsıyorum. Ama özerklikle ilişkilendirdiğimiz avantajları elde edebilmek için çocuğun *umursayacağımız* konularda söz hakkına sahip olması ve bizi tedirgin edebilecek seçimler yapması gereklidir.

Onlara böylesi seçimler yapma fırsatlarını ne ölçüye kadar vereceğimiz yaşlarına bağlıdır. Yani üç yaşındaki bir çocuğun aşı olup olmama kararını kendisinin vereceğini söylemiyorum. Ama o yaşta bile hangi renkteki alıştırma bardağından içeceğinden çok daha önemli konu ve tartışmalara katkı yapabilir. Tabii burada tartışılan konunun ne olduğunu da göz önünde bulundurmak gereklidir. Sağlık ve güvenlik gibi konularda çocuklara yalnızca belli seçenekler sunulabilir; örneğin duşa *ne zaman* girecekleri veya bisiklete binerken *hangi* kaskı takacakları gibi. Ama yatak odalarının nasıl dekore edileceği, mobilyaların ne olacağı vb. konularda istediklerini yaptırabilmeleri gerekir. (Otoriter ebeveynler çocuklara olabildiğince az seçim fırsatı vermekle kalmaz, kişisel zevkleri de ahlaki konularmış gibi ele alırlar. Dolayısıyla kişisel tarz konusunda da artık tek bir doğru seçim [veya hareket biçimi] vardır ve onu da elbette ebeveyn belirlemiştir.)

Belli yaşlardaki çocukların tam olarak nelere karar verebileceğini ve nelere veremeyeceğini teker teker yazmaya kalkışmayacağım. (Bu çocukları tanımıyorum bile.) Ebeveynlerin yapması gereken, çocuklara seçim hakkı tanımadıkları zamanlarda neden tanımadıklarını dürüstçe değerlendirmektir: Çocukların gerçekten seçim yapamayacağı bir durum mu var, yoksa ebeveynler ellerindeki kontrol gücünün azalmasını (veya kaybolmasını) mı istemiyorlar? En bilinçli ebeveynler bile zaman zaman otoritelerini zayıflatmaktan çekinirler ama sonuçta bunu yaparlar. Yapmazlarsa da kısa süre sonra alınlarına şaplağı yapıştırıp, "O kararı neden *kendim* aldım ki? Soru sormak varken neden *kendi* uygun gördüğüm şeyi söyledim?" diye düşünürler.

Seçeneklerin gerçek ve anlamlı olmasını sağlamanın bir yolu, çocukların hazırladığınız listede yer alan ("*X* mi, *y* mi, *z* mi istersin?") bir şeyi seçmekten daha fazlasını yapmalarına izin vermektir. Aslında böylesi kısıtlanmış seçeneklerden daha fazlası küçük çocuklara ağır gelebilir ama beş veya altı yaşlarındayken önlerine koyduğunuz seçeneklere yenilerini *eklemeyi* başarabilir durumdadırlar. Bu nedenle daha açık uçlu sorular ("Bugün ne yapmak istersin?") sorabiliriz. Eğer hemen bir yanıt bulamazlarsa bazı öneriler de sunabiliriz ama onları avucumuzun içine alıp ne yapacaklarını söylemememiz gereklidir. Gerçek özerklik önlerine konan seçeneklerden birini seçmelerinden değil, o seçenekleri kendi başlarına yapılandırmalarından doğar.[14]

Zorunda Oldukları ama İstemedikleri Zaman

Çocukların bir şey yapmasını (veya yapmamasını) istemek için geçerli nedenlerimiz olup olmadığını dikkatlice sorgulasak bile bazen tartışmaya açık olmayan taleplerde bulunmak zorunda da kalırız. Çocuklar böyle durumlarda söz dinlemelidir ve bizim de "Yapmak zorundasın!" veya "Olmaz, yapamazsın!" demekten başka çaremiz kalmaz. Peki, şimdi ne olacak?

Sürekli itaat isteyerek aşırıya kaçmamış ebeveynler bu konuda daha şanslıdır. Çünkü çocuklar mutlak söz dinlemelerinin gerekeceği istisnai durumlarda ebeveyn taleplerine anlayış gösterir ve söyleneni yaparlar. (Bu durum karar süreçlerine dâhil edilen çocukların her karara katkı yapma gereksinimi duymamasına benzer.) Taleplere direnç, kendini güçsüz hisseden ve özerkliğini abartılı yöntemlerle göstermeye çalışan çocuklar arasında daha yaygındır.

Yine de sebepleriniz ne kadar geçerli olursa olsun ve otoritenizi ne kadar nazikçe kullanmaya çalışırsanız çalışın söylediklerinize direnç gösterecekleri zamanlar olacaktır. O zamanlarda bile ödüllendirmek, cezalandırmak veya haşlamak dışında yapılabilecek şeyler vardır.

1. En Az Zorlayıcı Stratejiyi Seçin

Olabildiğince yumuşak ve nazik davranın. Çocuğu gücünüzün altında ezmeyin. Eğer sinirleri bozuksa ve her isteğinize öfkeyle direnç gösteriyorsa çekişme içine girmeyin. Mantıklı düşünemeyecek durumdaki bir çocukla herhangi bir konuyu tartışmaya çalışmanın anlamı yoktur, ayrıca onun öfkesine bağırıp çağırarak yanıt vermekle de bir şey elde edemezsiniz. Ona sakinleşmesi için biraz zaman tanıyın. Fırtına geçecektir.

Bu önerileri pasif direnişle karşılaştığınız zaman da uygulamaya koyabilirsiniz. Farz edin ki küçük çocuğunuz oyuncağını kaldırmasını istemenize karşın sizi duymazlıktan geliyor. Size sırtını dönüp oturuyor ve oynamayı sürdürüyor. Üsteleme ve sert yöntemlere başvurarak baskıyı artırma dürtüsü böyle anlarda çok güçlenir. Çünkü otoritenize meydan okunmaktadır! Çocuk nasıl olur da size kulak asmaz! Ama derin bir soluk alsanız, çocuğunuza oyunu bittiği zaman ortalığı toplamasını söyleseniz ve odadan çıkıp gitseniz ne olur? Geri adım atıp çocuğa soluk alacak alan tanırsanız onun özerkliğini ve saygınlığını korumasına izin verirsiniz.

Kendi deneyimlerimden öğrendiğim, doğrudan zıtlaşmalardan kaçınan böylesi yaklaşımların daha iyi sonuçlar verdiğidir. Bu arada ilişkilerin yıpranması ve duygu durumun bozulması da engellenmiş olur. (Bu türden "istekte bulun ve geri çekil" stratejilerini sınıf öğretmenleri de kullanabilirler.)[15] Ancak bu yaklaşım çokça sabır göstermenizi ve kendinize tümüyle hâkim olmanızı gerektirir. Zaten söz konusu küçük çocuklar olduğunda, ebeveynlik tarzımız ne olursa olsun isteklerimizi hemen yerine getirmelerini bekleyemeyiz. Bu isteği (veya bir yasağı) nedenleriyle birlikte defalarca yinelemek zorunda kalabiliriz. Çocukların kötü günlerine de anlayış göstermeliyiz. Onların her zaman söz dinleyeceği düşüncesi gerçek dışıdır; söz dinlememelerini savaş ilanı olarak kabul edip saldırıya geçmemiz ise ilişkilere yara aldırır. Geleneksel yöntemlerin uzun vadede çok yararlı olmadığını, tam tersine büyük zararlar verebildiğini hep akılda bulundurmak gereklidir.

2. Dürüst Olun

Eğer çocuktan istediğiniz pek de eğlenceli bir şey değilse ilk önce bunu kabul ettiğinizi açıklayın. Gününüz sabahtan akşama dek koşturmaca ve kargaşa içinde geçtiği için şimdi çocuğunuzun sessizce oturmasını istiyorsanız bunu kendisine açıkça söyleyin. Kulağa daha etkileyici gelen nedenler yaratmaya çabalamayın veya çocuktan istediğiniz sıkıcı şeyin aslında çok eğlenceli olacağına dair boş vaatlerde bulunmayın. Her şeyi onun gözünden görmeye ve değerlendirmeye çalışın (bu konuyu bir sonraki bölümde daha ayrıntılı olarak ele alacağız) ve bu bakış açısını sözlerinize yansıtın: "[İstenen etkinliği] yapamadığın için üzüldüğünü biliyorum tatlım, hatta şimdi biraz yalnız kalmak da istiyor olabilirsin ama..."

3. İsteklerinizin Ardındaki Nedenleri Anlatın

"Ben öyle diyorum da ondan!" elle tutulur bir neden değildir, basitçe kaba kuvvete başvurmaktır. Bu, çocuklara da aynısını yapmayı öğretir. Böyle sözlerden kaçınmanın yanında isteklerimizin nedenlerini çocuklara açıklamamız gereklidir. İki yaşındaki çocuklara bile kısmen de olsa anlayabilecekleri nedenler sunabiliriz. ("Ağabeyin okulda bizi bekliyor, eğer şimdi gidip onu almazsak nerede olduğumuzu bilemez ve üzülür.") Açıklamalar yapmak çocuğun isteklerimizi keyifle kabul etmesini güvenceye almaz (tıpkı bize yapılan açıklamaların da her isteği kabul ettirmediği gibi) ama en azından daha olası hale getirir. Zaten ne olursa olsun, her yaştaki insanlar seçenekleri veya hareketleri kısıtlandığı zaman en azından bunun nedenlerini bilmeyi hak ederler.

4. Oyuna Dönüştürün

Kendi başına eğlenceli olmayan ama yapılması gereken şeylerin çocuklara belli bir keyif vermesini sağlamak için düş gücünden olabildiğince yararlanın. Çocuklar diş fırçalama fikrine direnç gösterirlerse fırça kıllarının diş mineleri üzerindeki sesini dinlemelerini ve o yapış yapış şeyleri söküp sökemediklerine bakmalarını önerebilirsiniz. Daha ayrıntılı bir oyun ise diş fırçalarını ağza inen veya ağızdan kalkan uçaklara dönüştürebilir. Kendi çeşitlemelerinizi üretin, hatta bunu çocuğun yapmasını isteyin.

Yaşça daha büyük çocuklar ise belli işleri yapmanın daha farklı yol ve yordamlarını bulmaya veya bir yöntemin diğer yönteme göre ne kadar uzun zaman alacağını hesaplamaya teşvik edilebilirler.

5. Örnek Olun

Yetişkinler çocukların tabi olduğu kuralların bazılarına uymak zorunda değildir ama geri kalanlar bizi de bağlamalıdır. Eğer çocuklarımıza işleri bittiğinde ortalığı toplamalarını veya odadan çıkarken ışığı söndürmelerini söylüyorsak, söz kesmemelerini, çirkin sözcükler kullanmamalarını veya aşağılayıcı bir ses tonu ile konuşmamalarını öğütlüyorsak, bunların tümüne biz de dikkat etmeliyiz. Temel adalet ve eşitlik duygusu bunu yapmamızı gerektirir. Ayrıca çocukların kendi yaptığımız şeyleri yapmasını sağlamak daha kolaydır.

6. Onlara Olabildiğince Çok Seçenek Sunun

Çocuklar belli bir şeyi yapmak zorunda olabilirler ama en azından nasıl, nerede, ne zaman veya kiminle yapacaklarının seçimini kendilerine bırakabilirsiniz. Bunlarla ilgili olarak daha yaratıcı düşünmeye başladığınızda (hatta çocukları da bu yaratıcı düşünme sürecine kattığınızda) zorunluluklar söz konusuyken bile ne çok karar verme ve seçim yapma fırsatı doğacağına şaşıracaksınız.[16]

Buraya kadar sunulan yarım düzine öneri bir arada da kullanılabilir. Örneğin çocuğumuzun yemekten önce ellerini yıkamaya direnç gösterdiğini farz edelim. Ebeveyn şunu söyleyebilir: "Lavabonun başına geçtiğinde o oyuncakla oynadığın kadar eğlenmeyeceksin belki ama ellerini yıkamalıyız ki toz yutup hastalanma. Eğer ellerin temiz olmazsa ağzın yediklerinden zevk alabilir ama miden keyifsiz olabilir. [İsteğe bağlı: Burada komik bir sesle şikâyet eden mide taklidi yapabilirsiniz.] O yüzden ellerini banyoda mı yıkarsın, yoksa mutfakta mı?" Başka seçenekler de üretilebilir: "Kendin mi yıkamak istersin, yoksa birlikte mi yıkayalım? (Ben de yemekten önce hep ellerimi yıkarım.)" "Ellerini lavaboda mı yıkarsın, yoksa leğeni köpürtelim de orada mı yıkayalım?" vs.

Çocuklar bazen kabul edilemez şeyler yaparlar, bizim de onları mutlaka alıkoymamız gerekir. Ama bu durumda da müdahalemizi ceza olarak algılarlar ve eylemlerinin altında yatan nedenleri saptamamız veya ilişkinin zedelenmesini engellememiz zorlaşır. Dolayısıyla, çocukları belli bir eylemden alıkoymak, seyrek olarak ve biraz da çekinerek başvurduğumuz son seçenek olmalıdır yalnızca. Kaçınılmaz olduğu zamanlarda darbeyi olabildiğince yumuşatmamız ve ceza etkisini en aza indirmemiz gereklidir. Ses tonumuz sıcak, belki biraz da üzgün olmalıdır ama sorunu birlikte gidereceğimizden kuşku duymadığımızı da belli etmelidir.

Dahası, çocuğun saygınlığını ve muktedirlik duygusunu yeniden kazanması için elimizden geleni yapmalıyız. On iki yaşındaki çocuğunuzun gözetimsiz bir partiye gitmesine izin vermezseniz ve bu durum kırgınlık yaratırsa kontrolü kendisine daha fazla bırakabileceğiniz bir başka konu veya alan bulabilirsiniz. Örneğin, giysi dolabı, eve girme saati veya bilgisayarı kullanması ile ilgili daha fazla söz hakkına sahip olabilir. Eğer buna bir ad bulmamız gerekliyse "telafi edici özerklik desteği" diyebiliriz.

Üç yaşındaki kızımı yanıma alıp bir işimi yapmaya çıktığım günlerden birinde kızım arabaya geri yürümeyi reddetti ve kaldırımın kenarına oturup protestoya başladı. Şansıma acelem yoktu, o yüzden hiç terslenmedim ve eyleminin sonlanmasını bekledim. Sonunda ayağa kalktı ve benimle konuşmayı reddederek arabaya yürümeye başladı. Onu herhangi bir biçimde zorlamamıştım ama sonunda onun değil, benim istediğim olmuştu ve kendisi de bu durumdan hiç memnun değildi. Eve dönüp de arabayı garaja park ettiğimde arabada kalıp müzik dinlemek istediğini söyledi. Normalde izin vereceğimden daha uzun süre arabada oturmasına göz yummakla kalmadım, arada bir yanına giderek artık eve girmek isteyip istemediğini de sordum. Buradaki amacım, eve girme kararının kendi kararı olduğunu bilmesiydi. (Hatta bunu benim bildiğimi de bilmesiydi.) Bu davranışımın ardındaki ana fikir çok basittir: Eğer oradayken çocuğun kendi kararları doğrultusunda hareket ettiği duygusunu zayıflattıysanız buraya geldiğinizde onu yeniden güçlendirmek için çaba gösterin.

Onu arabaya geri yürütme isteğime oturma eylemi biçiminde verdiği pasif-agresif yanıt elbette bağırıp tepinerek vereceği aktif-agresif bir yanıta oranla daha az sabır sınayan bir davranıştı. Çocuklarla ilgili daha derinlemesine düşünen yazarların bir bölümü böylesi öfke nöbetlerini gelişim açısından önemli buluyor. Bir bölümü ise çocuğun ebeveyn davranışlarından ötürü haklı olarak düş kırıklığına uğradığı ama bunu göstermenin yolunu bulamadığı zaman bağırıp tepindiğini öne sürüyor. İki görüş de gerçeği yalnızca kısmen yansıtıyor olabilir; öfke nöbeti kaçınılmaz veya arzu edilir bir şey değildir ama illa kötü ebeveynliğin işareti olacak diye bir kural da yoktur. Önemli olan, gerçekleştiği zaman bizim nasıl yanıt verdiğimizdir.

Birinci kural: İnsan içinde olduğunuz zamanlarda çevrenizdeki herkesi görmezden gelin. İnsanların ebeveynlik becerilerinizi yargılamasından ne kadar çekinirseniz kontrolcülüğe kapılıp sevgisiz ve sabırsız davranmaya o kadar meyil edersiniz. Önemli olan insanların hakkınızda ne düşündüğü değildir, çocuğunuzun neye gereksinim duyduğudur.

İkinci kural: Her şeyi çocuğun gözünden görmeye çalışın. Öfke nöbetine tutulmuş kişi çoğunlukla kendi hiddetinden çekinir ve kontrolden çıkmaktan korkar. Çocuğunuzu böylesi bir durumda görmezden gelmeniz veya ona çıkışmanız pek de olumlu sonuç vermeyecektir. İnsanların (ve eşyaların) herhangi bir tehlike altında olmamasını sağlayacak kadar kontrol uygulayın yalnızca. Çocuğu rahat ettirmeye ve avutmaya odaklanın. Bırakın öfkesi kendi kendine sönsün. Daha sonra öfkesinin altındaki nedenleri birlikte irdeleyebilirsiniz.

Denemeler

Bu bölümü yazma amaçlarımdan biri çocukları aslında verebilecekleri kararları vermekten nasıl alıkoyduğumuzu, böylece onları öğrenme ve özerklik gereksinimlerini karşılama fırsatlarından nasıl yoksun bıraktığımızı göstermekti. Bu doğrultuda çocukların seçim yapmalarıyla ilgili, gerçek yaşamdan alınmış birkaç örnek de verdim.

Sorun şu ki bu örneklerin *sizin* yaşamınız için geçerli olup olmayacağını bilme şansım yok. Eğer aynı odada oturuyor olsaydık sizi nelerin kaygılandırdığına dair sorular sorar ve bunları tartışabilirdim. Durumunuza özel öneriler sunar, çocuğunuzu karar süreçlerine daha sık ve daha anlamlı biçimde dâhil etmek için kullanabileceğiniz yöntemleri ortaya koyabilirdim. Ama bu bir atölye çalışması değil de yalnızca bir kitap olduğu için elimden gelenin en iyisi bu bölümün sonunu size bırakmaktır. İzleyen üç etkinliğe eşinizi veya partnerinizi, hatta mümkünse çocuğu olan bir arkadaşınızı daha katmanızı öneririm.

1. Egzersiz

Alışılmış senaryolar için önden bazı yanıtlar hazırlamak işinize yarayabilir. Buradaki amaç *çocuklarla çalışma* stratejileri belirleme alışkanlığı edinmek ve bunların daha yaygın kullanılan *çocuklara yapma* stratejilerinden ne farkı olduğunu incelemektir.

Örnek A: Çocuğunuz yatmamakta diretiyor. Önce, yatma zamanının geldiğini söyleyip durmanıza karşın size kulak asmıyor. Daha sonra birkaç dakika daha istiyor. Bunun ardından yapılması gereken iki üç küçük şey kaldığını, sonrasında ise bu kadar erken saatte yatmanın haksızlık olduğunu söylüyor. En sonunda kızgın bir sesle reddetmeye başlıyor.

Şimdi birkaç tane alışılmış *çocuklara yapma* tepkisi yazın:

Birkaç tane de *çocuklarla çalışma* alternatifi yazın:

Örnek B: Çocuğunuz son zamanlarda sizinle veya kardeşiyle konuşurken aşağılayıcı bir ses tonu kullanıyor.

Yine birkaç tane *çocuklara yapma* tepkisi yazın:

Çocuklarla çalışma alternatiflerini yazın:

2. Egzersiz

Şimdi çocuğunuzun *gerçekten* yaptığı ve sizi kaygılandıran veya bunaltan bir şey düşünün. Bu, değindiğim veya değinmeyi unuttuğum herhangi bir şey olabilir.

Önce sorunu açıklayın.

Farz edelim ki ne yapmamanız gerektiğini gayet iyi biliyorsunuz. Sorun ile baş etmek için neler yapabileceğinizi düşünün (acele etmeyin; ister dakikalarca, ister saatlerce, hatta günlerce düşünün) ve buraya yazın.

Deneyeceğiniz fikrin altını çizin veya çember içine alın, sonra da gidip deneyin. Yeterince zaman geçince ne kadar işe yaradığını yazın. (İsterseniz daha etkili olması için neyi farklı yapabileceğinizi de ekleyin.)

Eğer yararlı olduğunu düşünüyorsanız bu işlemi bir veya iki kez tekrar edebilirsiniz.

3. Egzersiz

Çocuklarla çalışma stratejileri hakkında artık pek çok şey biliyorsunuz. Siz de birkaç strateji ürettiniz, hatta bunları kullanarak gerçek sorunları çözmeye çalıştınız. Şimdi son adıma geldik: *Çocuklarla çalışma* stratejilerini çocuğunuzla birlikte üretmek.

Eğer bu denemeyi bir önceki adımdakinden farklı bir sorun üzerinde gerçekleştirmek istiyorsanız yeni sorunu kısaca açıklayın.

Doğru zaman geldiğinde bu sorunu gidermek için neler yapılabileceğini çocuğunuza sorun. Ondan iki veya üç fikir almaya çalışın ve onları maddeler halinde yazın.

1.

2.

3.

Çocuğunuzla birlikte gözünüze uygun görünen bir tanesini seçin ve uygulamaya koyun. Sonrasında bunun ne kadar işe yaradığını ve başka nasıl uygulanabileceğini (çocuğunuzun görüşlerini de katarak) yazın.

10| ÇOCUĞUN BAKIŞ AÇISI

Çocuklarımızı nasıl yetiştirmeliyiz ki büyüyünce mutlu insanlar olsunlar? Bu önemli bir sorudur, ama şimdi başka bir önemli soru daha soracağım: Çocuklarımızı nasıl yetiştirmeliyiz ki *diğer kişilerin* mutluluğunu da düşünen insanlar olsunlar?[1]

İlk soru ikinciyi gölgede bırakmamalıdır. Bu da çocukların yalnızca görünüşte kibar ve terbiyeli olması için değil, gerçekten sevecen olması ve hep doğru şeyi yapmaya çalışması için emek vermemiz gerektiğini vurgular. Diğer bir deyişle, odağımız çocukların manevi gelişiminde olmalıdır.

Bu yaklaşım diğer ebeveynlik kitaplarındaki fikirlerin yeniden biçimlendirilmesini gerektirir. Örneğin "sınırlar" çoğunlukla yetişkinlerin çocuklara dayattığı kısıtlamalar olarak düşünülürler. Ama bizim amacımız çocuğumuzun belli bir davranıştan yasak olduğu için değil de yanlış olduğu için uzak durmasını sağlamak değil midir? Diğer bir deyişle, çocuğun davranışlarına getirdiğimiz kısıtlamalar koşullara özgü kısıtlamalar olarak deneyimlenmelidir. Ondan istediğimiz "*X* yapmama acaba izin verirler mi?" veya "*X* yaptığım için başım belaya girer mi?" diye düşünmesi değil, "Şimdi *x* yaparsam diğer çocuk nasıl hisseder?" sorusunu sormasıdır.

Bu iddialı bir hedeftir ama gerçek dışı değildir, çünkü elimizde çok iyi bir kumaş vardır. Her insan sevme ve umursama yeteneği ile doğar. Bu yüzden diğer kişilerin gereksinimlerine duyarlı bir çocuk yetiştirmek isteyen ebeveynler Martin Hoffman'ın bir zamanlar dediği gibi "çocuğun içinde bir müttefike" zaten sahiptir.

Ama bu elbette çocuğun maneviyatını güçlendirmek için onu kendi haline bırakmamız gerektiği anlamına gelmez. Çünkü çocuklar yardımımıza gereksinim duyarlar. Onlara bu yardımı verebilmek için önce manevi gelişimi zedeleyen uygulamaları terk etmemiz gereklidir. Cezalar ve ödüller bu uygulamaların en başta gelenleridir çünkü kişisel çıkarı ön plana alır ve çocuğun da bütünüyle çıkar odaklı hareket etmesine yol açarlar. Geleneksel disiplinin dayandığı böylesi uygulamaları rafa kaldırmak, çocuğun diğer kişilerin esenliğine odaklanmasını sağlamak yolunda önemli bir adımdır. Ama yalnızca tek bir adımdır. Kötü ebeveynlik uygulamalarını terk etmenin yanında iyi ebeveynlik uygulamalarına yönelmek de gereklidir.

Maneviyatı Güçlü Çocuklar

Çocuk gelişimi ve eğitim uzmanları, özellikle de "toplum yanlısı davranış" (*prosocial behavior*) adı verilen kavrama odaklananlar, güçlü maneviyata sahip çocuklar konusunda pek çok araştırma yaptılar. Bunların sağladığı veriler sayesinde maneviyatı güçlendirmeye dair bazı kilit önerilerde bulunabiliyoruz.[2] (Bu önerilerin 7. Bölüm'de açıklanan koşulsuz ebeveynlik ilkeleriyle büyük ölçüde örtüşmesi rastlantı değildir.)

1. Onları Önemseyin

Manevi gelişimin temel taşı, ebeveyn ile çocuk arasındaki bağlantıdır. Tüm yönlendirme ve müdahaleler, çocuğa sıcak, güvenli ve koşulsuz biçimde sevecen gelen bir ilişki içinde gerçekleştirilmelidir. Farklı uzmanların maneviyatı güçlü çocuklar yetiştirme konusundaki öğütlerinde hep aynı sözcükler dönüp durur: Güvenli bağlanma, duygusal tatmin, saygı, duyarlık ve empati. Aslında bunlar tüm insanların temel gereksinimleridir. Gereksinimleri karşılanan çocuk bunlara saplanıp kalmaz ve diğer kişilere yardım etmeye açık hale gelir. Aksi durumda ise karşılanmadan kalan her gereksinim çocuğun kulağında uğuldar durur, bu da çocuğun diğer kişilerin yardım çağrılarını duymasını engeller.

Sevildiğini bilen çocuk kendini daha güvende hisseder ve

daha az savunmacı olur. Böylece diğer kişilere (kendisinden çok farklı kişiler de dâhil) yardım eli uzatmak konusunda daha cesur davranır. Burada başka yararlar da vardır: Ebeveynlerine güvenli bağlanmış çocuk başkalarına daha büyük bir duyarlık ile yaklaşmakla kalmaz, bağımsız ve kendinden emin de olur. Ayrıca sosyal açıdan başarılı, psikolojik açıdan ise sağlıklı bir birey olarak öne çıkar.

2. Maneviyatı Güçlü Kişilerin Nasıl Yaşadığını Gösterin

Çocuğunuz daha ayağa bile kalkmadan size ait değerleri almaya başlar. Çünkü nasıl insan olunacağını sizden öğrenmektedir. Sorun yaşayan birinin yanından gamsızca geçip gittiğinizi görürse diğer kişilerin dertlerinin kendisini ilgilendirmediğini düşünecektir. Ama yabancılarla bile ilgilendiğinizi görürse, bu onun için çok etkili bir manevi ders olacaktır. Araştırmalar göstermiştir ki çocuk bir hayır işi için bağışta bulunan birini görmüşse (uzun zaman önce bile olsa) kendisi de ileride bağışlarda bulunmaya daha yatkın olmaktadır. Şu da akılda bulundurulmalıdır: Çocuğun sıcak bulduğu ve destek aldığı kişilerden gördüğü örnekler, davranış ve inançları üzerinde çok daha güçlü etkiler yaratmaktadır. Çocuklarına dürüstlüğün önemini öğretmek isteyen ebeveynler de zaten bu yüzden onlara asla yalan söylememeyi ilke edinirler (neden bir kurabiye daha yiyemeyeceklerini açıklamak yerine kısaca kurabiyelerin bittiğini söylemeyi daha kolay bulsalar bile).

Çocuklara yapacakları her seçimin manevi (dolayısıyla da ahlaki) açıdan kolay olmayacağını göstererek de iyi örnek olabiliriz. İki farklı değeri (örneğin, dürüstlüğü ve sevecenliği) karşı karşıya getiren durumlarla baş etmek son derece zordur. Diğer kişilerin tercihlerine ne kadar ağırlık vermeniz gerektiğini kestirmek de gayet güç bir iştir, özellikle de sizin tercihiniz bambaşka bir yöndeyse. Çocuklarınızı "perde arkasına" alın ve böylesi ikilemleri düşünce ve duygulardan yararlanarak nasıl aştığınızı görmelerini sağlayın. Manevi yönü güçlü bir yaşam sürmeye çalışmanızdan pek çok şey öğreneceklerdir ama alacakları en önemli ders, güçlü bir maneviyat doğrultusunda bulunacakları davranışların, önceden belirlenmiş, ezbere gerçekleştirilen eylemlerden ibaret olmayacağıdır.

3. Onlara Denemeler Yapma Şansı Verin

Örnekler görmek çok önemlidir ama insan yapa yapa da öğrenir. Bu nedenle çocuklara, size yardım edebilmeleri için fırsatlar sunmak akılcı bir hareket tarzıdır. Eğer küçük kardeşlerinden veya ev hayvanından sorumlu olurlarsa sevmeye ve önemsemeye dair çok önemli yaşam dersleri alabilirler. Yalnızca görmüş veya duymuş değillerdir artık, yapmışlardır da. Böylece kendilerini yardımsever kişiler olarak tanımlayabilirler.

Bazı öğretmenlerin, ders verdikleri sınıfları, çocukların birbirinden yeni şeyler öğrenmesini sağlayacak biçimde düzenleme nedenlerinden biri budur. Yüzlerce araştırma göstermiştir ki öğrenciler kaynaklarını birleştirdiklerinde, kafa kafaya verdiklerinde ve sorun çözme stratejilerini birlikte üretmeye çalıştıklarında çok daha derinlemesine düşünebilmektedirler. Ama akademik bilginin çok ötesinde bir başka şey daha öğrenirler: Diğer kişileri umursamayı. İşbirliği öylesine insancıl bir deneyimdir ki kişiyi diğer bireylere olumlu gözle bakmaya yatkın hale getirir. Güveni, duyarlığı, açık iletişimi ve yardımseverliği teşvik eder. Buna karşın çocukları rekabetçi ve çoğunlukla bireyci ortamlarda yetiştirmek (veya buralarda ders vermek) onları böylesi yararlardan yoksun bırakmakla kalmaz, son derece yıkıcı etkilere de neden olur. Gerçekten de, bir grup araştırmacının ulaştığı sonuca göre, "rekabetin yardımseverliği ve paylaşımcılığı bastırma gücü, işbirliğinin onu teşvik etme gücünden çok daha fazladır."[3]

4. Onlarla Konuşun

Ebeveynlerin zor kullanmasının yalnızca iki alternatifi vardır: Sevgi ve akılcılık. İdeal olan, bu ikisinin bir karışımından yararlanmak, hem kalbi hem de beyni aynı anda kullanmaktır. Koşulsuz sevgi elbette ki bu kitabın ana temasıdır, ama akılcılığı da anlamamız, özellikle de maneviyatın gelişimine etkisini idrak etmemiz gereklidir. Bu maddede ışık tutmak istediğim konu önceki üç maddeye göre daha karmaşık olduğu için sözün biraz uzamasına izin vereceğim.

"Çocukları iyi insanlar olacak biçimde yetiştirmek" konusuna ciddiyetle yaklaşan ebeveynler, onları yönlendirmeye ve pek çok şeyi açıklamaya uzun zamanlar ayırıyorlar. Ebeveyn olarak iyi değerlere sahip olmamız yeterli değildir; bu değerler çocuklara, onların anlayabilecekleri biçimde, doğrudan iletilmelidir. Eğer bunu yapmakta başarısız olursak çocuklarımız bizden yine etkileneceklerdir ama bu etkilenme istediğimiz biçimde gerçekleşmeyebilir. Örneğin, çocuğun bencilce davranışı karşısında hiçbir şey söylememek açık bir mesaj vermektir, ama o mesaj, müdahaleyi asgariye indiren bir ebeveynlik tarzının mesajı değildir. Çünkü çocuğa basitçe, bencilliğin kabul edilebilir olduğunu öğretmektedir.

Manevi değerler ve çocuktan beklentilerimiz konularında açık olmamız ama zorlamalardan da kaçınmamız gereklidir. Ona söylediklerimizin ardında bir miktar yaptırım gücü bulunması gerektiği doğrudur (bu da diğer insanlara nasıl muamele edileceğinin iyice anlaşılmasını sağlar) ama bu yaptırım gücü mesajın kendisi olmamalıdır. Aksi takdirde, öğrenmeyi engelleyecek türden bir korku atmosferi oluştururuz. Çocuk olumsuz şeyler yapmasının sevgiyi esirgememize neden olacağından kaygılanırsa herhangi bir iç kaynaklı motivasyon veya idrake sahip olamaz, yalnızca geçici bir itaat gösterir.

Şimdi bunu bir adım daha ileri götürelim. Bağırıp çağırarak çocuğun manevi değerler geliştirmesini sağlamak olanaksızdır. Ama gerçek şu ki iyi ile kötünün anlatılması da tek başına yeterli olmayacaktır. Basit bir yasak ("Şunu yapma!") maneviyatı geliştirmek konusunda pek yararlı değildir. Tam tersine, çocuğun daha sakıngan olmasına ve yardım için bile el uzatmaktan kaçınmasına yol açabilir.[4] "İnsanlara vurmuyoruz!" gibi daha açık cümleler de pek farklı değildir. Eğer manevi gelişime destek vermek istiyorsak, mesajımız vurmanın kötü bir davranış olduğundan (veya paylaşmanın iyi olduğundan) ibaret kalmamalıdır. Önemli olan, vurmanın kötü olmasının veya paylaşmanın iyi olmasının ardındaki *nedendir*. Eğer bunu açıklamazsanız, vurmama gerekliliğinin ardındaki neden yalnızca ceza almamak olarak sabitlenir.[5]

Nedenleri sabırla açıklayarak iki şeyi aynı anda başarırız: Birincisi, bizim için nelerin, neden önemli olduğunu çocuklara anlatırız. İkincisi, zihinlerini işler durumda tutar ve manevi değerlere (özellikle de ahlaki konulara) kafa yormalarını sağlarız. Akılcılığı kullanmamız bağımsız düşünceyi teşvik eder, bu da çocuklarımızı etkilemek istediğimizi ama aynı zamanda kendi düşüncelerine sahip olmalarını arzu ettiğimizi ortaya koyar. Yapılan araştırmalardan biri, açıklamalar yapan ebeveynin çocuklarının özverili (içten gelen biçimde özverili) davranmaya daha yatkın olduğunu saptamıştır. Bir diğer araştırmaya göre ise böylesi çocuklar, sosyal hizmetlerde görev almaya daha çok eğilim gösterir ve daha aktif siyasi roller üstlenirler.[6]

O halde, bağırmanın daha iyisi söylemektir, söylemenin daha iyisi ise açıklamaktır. Şimdi bir şey daha ekleyelim: Açıklamanın (veya *yalnızca* açıklamanın) daha iyisi tartışmaktır. Herhangi bir şey öğrenmek (örneğin, matematik) yalnızca bilgi almaktan ibaret değildir. Çünkü insan bilginin akıtılacağı pasif bir alıcı değildir. Fikirleri anlamamızın tek yolu onların mantığını kavramaktan geçer. Bu yüzden, söz konusu öğrenme olunca, matematik için geçerli olan her şey manevi değerler için de geçerlidir. Onların yalnızca önemini anlatmak, çocukların herhangi bir ideale kendilerini adamalarını sağlamayacaktır. Eğer onlara söylediklerimizi dünya görüşleri ile bütünleştiremezlerse "doğru olan şeyi" yapmayı sürdürmek için hiçbir nedenleri kalmaz. Eğer yalnızca söyleneni yapan bireyler değil de maneviyatı güçlü kişiler olmalarını istiyorsak, adalet veya cesaret gibi kavramları kendi zihinlerinde yaratmaları için onlara fırsatlar vermemiz gereklidir. Kendi deneyimleri ve soruları ışığında bu kavramları oluşturmalı ve insanın nasıl bir bireye dönüşmesi gerektiğini bizim de yardımımızla idrak etmelilerdir.[7]

Bunların tümü, çocuk özerkliğinin desteklenmesine yaptığım vurguyla da tutarlıdır. Buradaki amacım, söz konusu fikrin maneviyatla nasıl ilişkilendiğini göstermektir. Farklı yaşlardaki çocuklarla yapılan bir araştırma, çocuklarıyla yalnızca konuşmak yerine tartışmalarda bulunan ebeveynlerin son derece etkileyici bir manevi gelişimi de olanaklı kıldığını göstermişti. En iyi sonuçlar ise ebeveynler, "çocukların görüşlerini almak, konunun iyice anlaşılmasına olanak tanıyan sorular sormak, farklı yollarla yeniden açıklamak ve neyin, ne kadar idrak edildiğini denetlemek" suretiyle onları desteklediğinde ve teşvik ettiğinde alınmıştı. Bir başka araştırma ise karar süreçlerine aktif katılımı sağlanan çocukların daha üst düzey ahlaki muhakemelerde bulunabildiğini ortaya koymuştu.[8]

Çocukların özerkliği birkaç biçimde desteklenebilir. Hiç olmadı onları iyi dinlememiz ve söylediklerini saygıyla karşılayıp değerlendirmeye almamız gereklidir, böylece görüşlerinin önemli olduğunu da göstermiş oluruz. Ancak çocuk gelişim uzmanı Marilyn Watson, "savlarımızı kabul ettirmek için konuları şiddetli biçimde tartışmaktan ve çocuğu kendi kurduğumuz mantıkla ezmekten" kaçınmamız gerektiğini de eklemiştir. "Çocukların görüşlerine katılmadığımız durumlarda bile bu görüşlerini desteklemek için nedenler bulmalarına" yardım etmemiz gereklidir.

Watson şu örneği verir: Farz edin ki çocuğunuz sizce uygun olmayan bir televizyon programı izlemek istiyor ve bu tercihini desteklemek için söyleyebildiği tek şey "Ama bütün arkadaşlarım izliyor bunu!" oluyor. Elbette *reductio ad absurdum** yöntemini kullanarak münazara puanı almayı deneyebilirsiniz. ("Bütün arkadaşların çatıdan atlasa...?") Diğer yandan biliyorsunuz ki söylemek istediği aslında şudur: "Arkadaşlarımın benden

---

* *Reductio ad absurdum*: Abese irca; olmayana ergi; saçma olana indirgeme. Bir önermeyi doğru farz ederek saçma bir sonuca varma, böylece önermenin aslında yanlış olduğunu tartışma yolu. Bir önermeyi yanlış farz edip reddederek saçma bir sonuca varmak, böylece önermenin aslında doğru olduğunu tartışmak da yine *reductio ad absurdum* olarak nitelenir. (Ç.N.)

uzaklaşmasından korkuyorum çünkü onların paylaştığı bir deneyimden yoksun kalacağım." Bu durumda çocuğunuzun ne dediğine değil, ne kast ettiğine yanıt vermeniz gereklidir. Eğer ne kast ettiğinden emin değilseniz varsayımlarınızı sınayabilirsiniz. Watson sözlerini şöyle sürdürüyor: "Savını daha ayrıntılı biçimde dile getirmesini sağlayın. Hatta onun bakış açısına göre mümkün olan en iyi savı siz dile getirin." Bu sav tutunamayabilir (çünkü program *sizin* savunacağınız üzere gereğinden fazla şiddet içeriyor olabilir) ama önemli olan, çocuğunuza savlarının dayanaklarını bulma ve irdeleme konusunda yardım etmektir.

Hep anımsayalım ki amacımız istediğimizi yaptırmak değildir. Tam tersine, çocuğumuzun savlarını daha ikna edici biçimde sunmasını (ve ciddiye alınmak için bizim kadar iyi tartışmak zorunda olmadığını bilmesini) sağlamaktır. Kısacası, ebeveyn olarak başarmak *istediğimiz,* saygıyı koruduğu sürece çocuğun bize "cevap vermesi" ve bu konuda gittikçe ustalaşmasıdır.[9]

Buraya kadarki kısım, çocuklarla akılcı tartışmalarda bulunmanın önemine ayrılmıştı. Şimdi açıklama tarzımızın yanında içeriğe de dikkat etmemiz gerektiğini eklemek istiyorum. Önceki sayfalarda insanları incitmenin yanlış olduğunu söylemeyi yetersiz bulduğuma değinmiş ve bunun *neden* yanlış olduğunu düşünmesi için çocuğa yardım etmemiz gerektiğini ifade etmiştim.

Peki, insanları incitmek neden yanlıştır?

Buna verilebilecek yanıtlardan biri kişisel çıkara işaret eder. Daha önce de belirttiğim gibi bu yanıt ceza tarafından verilen yanıttır ve bizim sözlü olarak ifade etmemize gerek yoktur. Çocuklar, başkalarını incitmeme sebebinin yakalanıp da ceza çekmemek olduğunu öğrenirler. Bazı ebeveynler kaba tehditlerden ziyade açıklamalardan yararlanırlar ama sundukları nedenler temelde yine aynı noktaya dokunur. "Eğer sınıftakilere kötü davranırsan kimse seninle arkadaş olmak istemez." "İnsanları itip durursan bir gün birisi de aynı biçimde karşılık verir. Belki de daha beterini yapar." Bu ebeveynler benzer bir yöntem kullanarak sırf sağlamayı umduğumuz yararlardan ötürü başkalarına yardım ettiğimizi de öne sürebilirler: "Eğer arkadaşının bisikletinle bir tur atmasına izin verirsen belki o da sonra Legolarıyla oynamana izin verir." Diğer bir deyişle, insanlara nasıl muamele edersen onlar da sana öyle muamele ederler.

Buradaki sorunu görebiliyor musunuz? Bu strateji çocukların başkalarını gerçek anlamda umursamasını sağlamıyor. Yalnızca kişisel çıkar için kurnazlığı teşvik ediyor. Bazı çocuklar cezadan kaçınmanın yolunu bulurlarsa diğerlerini yine incitebilirler. Ayrıca, hiçbir karşılık almadıkları halde neden başkalarına yardım etmeleri gerektiğini anlayamayabilirler. Ebeveynlerin açıklamalar ve akılcı tartışmalar yoluyla çocukları doğru davranışa yönlendirmesi işte bu yüzden önemlidir. Ama yalın yönlendirmeler yeterli değildir çünkü o yönlendirmeler maneviyatın güçlenmesine katkı sağlayacak biçimde de yapılmalıdır. Böylece çocuklar yetişkin olduklarında sürekli "Bundan benim ne çıkarım var?" diye düşünmezler.

8. Bölüm'de, yardımseverliği ve yüce gönüllü davranışları övmenin çocukları yalnızca *onayımıza* odakladığını, bu yüzden de dikkatlerini yardımcı oldukları kişiye çevirmemiz gerektiğini ifade etmiştim. ("Eğer arkadaşının bisikletinle bir tur atmasına izin verirsen o da eğlenebilir, böylece mutlu olur.") Aynı yaklaşım, çocuklar incitici bir davranışta bulunduğunda da kullanılabilir: Onları, davranışlarına onay verip vermediğimize odaklamaktansa, incittikleri kişi üzerinde nasıl bir etki yarattıklarını düşünmeye davet edebiliriz. Örneğin, küçük bir çocuğa şu söylenebilir: "Arkadaşın ne kadar da mutsuz görünüyor, değil mi? Geçen hafta düştüğün zaman canın acımıştı ve çok ağlamıştın, anımsıyor musun? Sanırım sen de arkadaşını şimdi öyle hissettirdin. Acaba daha iyi hissetsin diye ne yapabilirsin?"

Çocuklara sıklıkla "Sözcüklerle anlat!" der dururuz, kullanacak yeterince sözcükleri olmasa bile. Benzer biçimde bizim de sözcüklerle anlatmamız ve çocuklara şunu öğretmemiz gereklidir: İnsanlara yardım etme nedenimiz, ileride sağlayacağımız çıkar değildir, eylemlerimizin diğer insanlara yapacağı etkidir.

Diğer bir deyişle, "sonuçlar" yoluyla öğretme taraftarıyım, yeter ki sonuçlar dediğimiz çocuğun deneyimledikleri değil, onun etkileşimde bulunduğu kişilerin deneyimledikleri olsun.

Martin Hoffman bu yaklaşımı "diğer kişi yönelimli" muhakeme veya "teşvik edici" disiplin (eylemlerin diğer kişileri nasıl etkilediğini düşünmeye teşvik) olarak tanımlamış, pek çok araştırmacı da bu tanımları aynen benimsemiştir. Hoffman bu yaklaşımı sürekli kullanan ebeveynler sayesinde çocukların "ileri düzey manevi gelişim" gösterdiğini keşfetmişti. İzleyen araştırmalar da aynı bulguyu doğruladı. Bazı psikologlar bu yaklaşımın büyük çocuklarda daha etkili olduğunu ifade ederken, bir araştırma anaokulu çocuklarını işbirliğine daha yatkın, daha ılımlı ve daha popüler kıldığını gösterdi. Bir başka araştırma ise "davranışların *maruz kalan kişi* üzerindeki etkilerini" açıklamayı alışkanlık haline getirmiş annelerin henüz yürüme çağındaki çocuklarının bile yardıma gereksinim duyan kişilere daha büyük sevecenlik ve sempati ile yaklaştığını ortaya koydu.[10]

Diğer kişi yönelimli muhakeme, kibarlık konusunu yeniden biçimlendirmekte de işe yarayabilir. Tümüyle kişisel seçime bağlı olan ama "görgülü olma" işareti kabul edilen bazı davranışlarda bulunma ("İzin verir misiniz?" deme, bir yere girince şapkayı çıkarma vs.) baskısı bazen öylesine yüksek olur ki çocuklar bunların gerçekten önemli değerlerden bile önce geldiğini düşünürler. Daha da kötüsü, insan etkileşiminin yalnızca rol yapmaktan ibaret kaldığı fikrine kapılabilirler. Çünkü "Hareketlerine dikkat et!" veya "Cici çocuk ol!" biçimindeki tembihler belli sözleri ezberleme ve yeri geldiğinde söylemeye yönelik anımsatmalardır yalnızca.

Uzun zaman önce kendime bir söz verdim. Çocuklarıma ne zaman bir şey versem papağan gibi "Ne diyorsun?" veya "Beğendin mi?" gibi sorular sorup onların da aynı mekaniklikte "Teşekkür ederim" gibi bir yanıt vermesini beklemeyecektim. Benzer biçimde, bir şey istedikleri zaman "Sihirli sözcük neydi?" diye onları zorlamayacaktım da. (*Lütfen* sözcüğünü sihirli kılan tek şey onun yokluğunda çocukların istedikleri hiçbir şeyi alamayacak olmalarıdır. Bu da yine kişisel çıkarlara hitap ettiğimizi gösterir.)

Evdeyken böyle yüzeysel kibarlıkları azaltıp önemli değerleri ön plana almakta herhangi bir sakınca görmüyordum. Ama gerçeklerle de yüzleşmek zorundaydım: Dışarıdaki insanlar böyle şeylere dikkat ediyorlardı. Görgü kurallarını hor görmenin bir bedeli var; ayrıca kibar olmayı sırf prensip doğrultusunda reddedecek de değilim. Bunu çocuklarımın zararına yapmayı ise hiç istemem. Gerçek şu ki dış dünyaya çıktıklarında sohbetlerini zorunlu kibarlıklar ile süslemezlerse yargılanacaklar ve kaba veya görgüsüz olarak mimlenecekler.

Çözümü şöyle buldum: *Lütfen* ve *teşekkür ederim* artık kibarlık olmaktan çıkacak ve yalnızca diğer kişileri mutlu etmeyi amaçlayacaktı. Çocuklarıma hep anımsattığım şudur: Böylesi sözcükler kullanmak iyi bir davranıştır çünkü insanlar bunları duymaktan hoşlanır. İnsanlara yardım etmenin ve mutluluk vermenin daha anlamlı yolları olduğu doğru ama elimizden gelen her şeyi (küçüklü büyüklü) neden bu amaç doğrultusunda değerlendirmeyelim? Teşekkür etmenizin ardındaki tek neden, etmezseniz size kızma ihtimalim olmasın; bu berbat bir nedendir. Ama teşekkür etme nedeniniz kibarlık etmek de olmasın çünkü bu da aslında bir neden değildir. Eğer teşekkür edecekseniz, karşınızdaki kişide yaratacağınız olumlu etki için edin.

Bakış Açısı Alma

Üç yaşındaki oğlum Asa bir gün büyük bir sırrı açıklarcasına şunu söyledi: "David hep evinde duruyormuş!" David'i ziyaret ettikten sonra onu yanımıza almadan eve döndüğümüzü elbette biliyordu. Ama şimdi David'lerin evinden ayrıldıktan sonra ne olduğunu da düşünmeye başlamıştı. David bizi uğurluyor ve evinde yaşamaya devam ediyordu, tıpkı bizim de kendi evimizde yaşadığımız gibi. Asa artık David'in, kendisine bağlı olmayan, ama kendisininkiyle paralel seyreden *ayrı* bir yaşamı olduğunu idrak etmeye başlamıştı.

Kişinin kendi bakış açısının dışına çıkması ve bir başkasının dünyayı nasıl gördüğünü anlaması insan zihninin en çarpıcı yeteneklerinden biridir. Psikologlar buna "bakış açısı alma" (*perspective taking*) adını veriyorlar ve üç türde ele alıyorlar. Bunların ilki mekânsal/uzamsal olandır: Dünyayı gerçek anlamda nasıl *gördüğünüzü* tahayyül edebilirim; örneğin sizinle karşı karşıya dururken sağımda olan cismin sizin solunuzda olduğunu bilirim. İkinci tür, belli şeyler hakkında ne *düşündüğünüzü* veya bunları düşünsel açıdan nasıl ele aldığınızı tahayyül edebilmemdir; örneğin, çözmesi bana göre kolay olan bir problemde zorlanabileceğinizi veya ebeveynlik konusunda benimkilerden daha farklı inançlara sahip olabileceğinizi bilirim. Üçüncü tür ise nasıl *hissettiğinizi* anlamamdır; böylece beni hiç etkilemeyen bir şeyin sizi son derece rahatsız edeceğini öngörebilirim. (Bu son bakış açısı alma türü bazen duygu paylaşmak anlamına gelen "empati" ile karıştırılmaktadır. Oysa empati kurmam, kızgın olduğunuzu anlamamdan ibaret değildir, o kızgınlığı sizinle birlikte benim de hissetmemdir.)

Bakış açısı alma konusunu inceleyen öncülerden Jean Piaget, bunun yedi yaşına dek tam gelişmeyen bir yetenek olduğunu düşünmüştü. Ama bugün baktığımızda onun kullandığı ölçüm tekniklerinin küçük çocuklar için fazla karmaşık olduğunu, dolayısıyla da çocukların ne anladığını ortaya koymakta zorlandığını görüyoruz. Gerçek şu ki çocuk, anaokuluna başlamadan önce bile bakış açısı almayı basit biçimlerde de olsa başarabilmektedir.[11] Kendisi mutlu olsa da başkalarının mutsuz olduğunu, kendisi sıcakta olsa da başkalarının üşüdüğünü idrak edebilir. Babasının o şarkının sözlerini bilmediğini çünkü şarkı söylenirken okulda olmadığını düşünebilir. Hatta diğer çocuğun boya kalemlerini kullanmak istese bile onları elinden aldığında çocuğun kızacağını tahmin edebilir. Tüm bunları sürekli olarak yapamayabilir veya her durumda bilfiil fark ettiği şeyler uyarınca hareket etmeyebilir ama zaman içinde gelişip yerleşecek olan bu bakış açısı alma yeteneğinin işaretlerini çok küçük yaşlarda göstermeye başlar.

Diğer insanların bakış açılarını anlamak, farklı düşünme becerisi ve düş gücü gerektirir. Bu nedenle bu işi başarıyla yapanların başka yönlerden de etkileyici düşünürler olmalarına şaşmamalıyız. Ama bakış açısı alma konusuna gösterdiğim ilgi zihinsel değil, daha çok manevi niteliklidir. Çünkü burada söz ettiğimiz yetenek benmerkezciliğin tam tersidir, o nedenle de güçlü maneviyat için temel atmamıza olanak tanır.

Diğer insanların dünyayı nasıl deneyimlediğini düşünebilen (ve düşünen) bireyler bu kişilere yardım eli uzatmaya daha yatkın olurlar (en azından onlara zarar verme eğilimine pek girmezler). Kafka bir zamanlar savaşı "büyük bir düş kurma başarısızlığı" olarak nitelemiştir. Kişi, diğer insanları öldürebilmek için onları ayrı bireyler olarak düşünmeyi bırakmalı ve "düşman" gibi soyutlamalara indirgemelidir; yani her insanın, tıpkı kendisi gibi, kendi evreninin merkezi olduğunu göz ardı etmelidir. Ama gerçek şudur ki onlar dünyanın diğer ucunda yaşasalar ve başka bir dil konuşsalar bile yine gribe yakalanmakta, yaşlı annelerí için kaygılanmakta, tatlıları sevmekte ve âşık olmaktadırlar. Her şeyi onların bakış açısından görmek demek, onları insan yapan tüm ayrıntıları fark etmek, sonunda da onların yaşamının bizimkinden daha değersiz olmadığını anlamak demektir. Hiçbir popüler güldürü, kötü adamı evinde, ailesiyle birlikteyken göstermez. Çünkü kişi yalnızca bir taklit veya temsilin ölümüne gülebilir, gerçek bir insanınkine değil.

Bugünün pek çok toplumsal sorununu da yine bakış açısı almadaki başarısızlığa bağlayabiliriz. Örneğin, çöplerini ortalığa atan, iki sıra park edip trafiği engelleyen veya kütüphane kitaplarının sayfalarını yırtıp alan kişi kendine kilitlenmiş durumdadır; diğer kişilerin çöplerin içinde yürümek, trafiği kendi arabasının çevresinden dolaştırmak veya bir kitabın içinde belli bir bölümü boş yere arayıp durmak zorunda kalacağını düşünemez veya düşünmek istemez.

Her şeyi başkalarının gözünden görmeye çalışmak çok farklı bir yaşam sürdürmektir. Farz edin ki bir tiyatro salonunda oturmuş, sürekli başınızı eğerek önünüzdeki kişinin kafasının yanından sahnedeki oyunu görmeye çalışıyor, bir yandan da bu olumsuzluk yüzünden gittikçe sinirleniyorsunuz. Bu durumda birdenbire fark edersiniz ki tam arkanızda oturan kişi (veya kişiler) de sizin kafanız nedeniyle aynı sorunu yaşıyor olabilir. Kısacası, yalnızca engellenmekle kalmıyor, aynı zamanda engelliyorsunuzdur.

Bir başka örneği daha düşünelim: Pek çok kişi, aynı fikirde olmadığı insanlara itibar etmeme ve onların görüşlerini bir kenara atma eğilimindedir ("Kürtaj konusunda nasıl böyle düşünebilir!") ama bakış açısı almaya alışkın insanlar ünlemin yerine soru işareti koymaya daha yatkındır ("Kürtaj konusunda *nasıl* böyle düşünebilir? Ne tip deneyimler, varsayımlar veya değerler onun görüşünü benimkinden bu kadar farklı kılmıştır acaba?") Kişinin kendi düşünce yapısının ötesine uzanabilme çabası, çocuklara da yerleştirmemiz gereken bir eğilimdir.

Elbette bakış açısı almanın farklı düzeyleri vardır ve bunların karmaşık olanları küçük çocuklara fazla gelebilir. Örneğin, dört yaşındaki bir çocuk söz konusuyken umabileceğimizin en iyisi, Altın Kural'ın biraz yalın kaçan etiğidir.* Ebeveyn, azarlamaktan daha çok irdelemeye davet eden bir sesle, "Bütün meyve suyunu bitirip arkadaşına hiç bırakmamışsın. Aynısını o yapsaydı sen nasıl hissederdin?" diye sorabilir. Bu sorunun ardındaki varsayım, iki çocuğun da meyve suyunu sevdiği ve bitmiş olduğunu görünce düş kırıklığına uğrayacağıdır (ki bu varsayım büyük olasılıkla doğrudur).

Ama George Bernard Shaw böylesi varsayımların her zaman doğru çıkmadığını bize anımsatır ve "Size ne yapılmasını istiyorsanız siz de başkalarına onu *yapmayın;*" diye uyarıda bulunur. "Onların zevkleri ile sizinkiler aynı olmayabilir." Buraya bir ekleme de biz yapabilir ve kişilerin ihtiyaçlarının, kültürel arka planlarının ve değerlerinin aynı olmayabileceğini ifade edebili-

---

* Altın Kural (veya Karşılıklılık Etiği): Bize nasıl davranılmasını istiyorsak başkalarına da öyle davranmamız gerektiğini söyleyen etik kuralı. Aynı kuralın olumsuz önerme biçimi ("Sana yapılmasını istemediğin şeyi sen de başkasına yapma") ise Gümüş Kural olarak bilinir. (Ç.N.)

riz. Daha büyük çocuklar ve yetişkinler kendimizi bir başkasının yerine koymanın yeterli olmadığını anlayabilirler çünkü yapmamız gereken, o kişiyi, o durum içinde tahayyül etmektir. Bir diğer deyişle, yalnızca kendi gözlerimizle değil, onun gözleriyle de görmek; kendimizi onun yerine koymaktan ziyade onun kendisi olmak zorundayızdır.

O halde, çocukların bakış açısı almasını nasıl teşvik edebiliriz? Olan bitenin farklı bakış açılarından nasıl göründüğüne dair gittikçe de karmaşıklaşan bir anlayışı geliştirmelerine nasıl yardımcı olabiliriz? Bunun etkili bir yolu (yine) örnek olmaktır. Süpermarket kasasındaki görevli kaba saba bir şey söyler ve bu kabalığa maruz kalan ebeveyn, her şeye tanık olan çocuğuna şöyle bir açıklama yapar: "Ruh hali bugün pek iyi değil sanki, ne dersin? Onu böyle huysuz yapan nedir sence? Acaba birisi duygularını incitmiş olabilir mi?"

Böyle açıklamalar yapmanın (ve çirkin davranışlara mutlaka kızgınlıkla yanıt vermemiz veya bütün suçu kendimizde bulmamız gerekmediğini göstermenin) çocuklar üzerinde büyük etkisi vardır. Bu iki yaklaşımdan birini seçmek yerine o kişinin dünyasına girmeye çalışabiliriz. Çocukların gözleri de üzerimizdeyken, ne yapacağımızın (onlara her gün ne izleteceğimizin) tercihi bütünüyle bizimdir: Diğer insanların bakış açılarını mı alacağız, yoksa benmerkezciliğe mi kayacağız? Yabancılar da dâhil herkesi birer insan ve birey olarak mı değerlendireceğiz (tıpkı kendimiz gibi), yoksa bunu yapmakta toptan başarısızlığa mı uğrayacağız?

Örnek olmanın yanında, kitapları ve televizyon programlarını, farklı karakterlerin bakış açılarını ön plana alacak biçimde çocuklarımızla tartışabiliriz. ("Bütün bunları doktorun gözünden görüyoruz, değil mi? Peki, küçük kız sence ne hissediyor?") Bakış açısı almayı kardeşlerin anlaşmazlıkları çözümlemek için kullanacağı bir araca da dönüştürebiliriz. Sesler yükseldiğinde araya girip, "Peki bakalım, ne olduğunu bir anlat bana," diyebiliriz, "ama kardeşin olduğunu farz et ve her şeyin ona nasıl görünmüş olabileceğini anlat."[12]

Çocukların diğer kişilerin hislerine duyarlı olmasını sağlamak için başvurabileceğimiz bir diğer yöntem, dikkatlerini karşılarındaki kişinin ses tonuna, vücut duruş biçimine ve yüz ifadesine çevirmek, sonra da bu kişinin ne düşünüyor veya hissediyor olabileceğine dair fikir yürütmelerini istemektir. Buradaki amaç bir beceri geliştirmektir (diğer insanları okumak) ama aynı zamanda bir de temayül oluşturmaktır (diğer kişilerin nasıl hissettiğini öğrenmek *istemek* ve bu yönde çaba göstermek). "Anneannenin seninle bir yürüyüşe daha çıkmayı kabul ettiğini biliyorum ama kabul etmeden önce birkaç saniye düşündüğünü fark ettim. Bir de, az önce oturduğunda ne kadar yorgun göründüğüne dikkat ettin mi?"

Çocuklara böyle ipuçlarını almayı öğretmek, diğer kişilerin duygu ve düşüncelerinin daha derinlerine bakma alışkanlığını kazandıracaktır. Bu da onları, dünyayı diğer kişiler gibi deneyimlemeye, hatta o kişi *olmanın* nasıl bir duygu olduğunu hissetmeye teşvik eder. Bu, kırmak yerine yardımcı olmak, sonunda da çok daha iyi bir insana dönüşmek için atılan büyük bir adımdır.

Çocuğunuzun Gözünden

Bakış açısı almak çocuklara kazandırmak istediğimiz bir yetenektir, ama onların bakış açısını *bizim* almamız da son derece önemlidir. (Bu da bakış açımızda başlı başına çok büyük bir kayma olacak demektir.) Çocuğumuza bir başkasının bakış açısını tahayyül etmeyi öğretebiliriz ama ebeveyn olarak asıl önceliğimiz her şeyin onun gözünden nasıl göründüğünü *bizim* tahayyül etmemizdir. Bu, söz konusu yeteneği çocuklarda geliştirmek için kullanacağımız bir model değildir; yalnızca iyi ebeveynlik uygulamasıdır.

Bakış açısı alma, bu kitapta vurguladığım pek çok şeyin ortak paydasıdır aslında. Örneğin, cezalandırılan kişinin gözünden baktığımızda cezanın etkileri (yakalanmamaya odaklanmak gibi) daha da belirginleşir. Aynı şey, birleşik cephe oluşturmanın veya bizi memnun eden davranışlar karşısında olumlu pekiştirme kullanmanın etkileri için de geçerlidir. Her şeyin çocuğa nasıl göründüğünü düşünürsek, tüm bu uygulamaların neden olumsuz etkiler yarattığını daha kolay anlayabiliriz.

Çocuklara sürekli bir şeyler öğretiyoruz ama gerçekte *ne* öğrettiğimizi anlayabilmemiz için onların bakış açısını almamız gereklidir. Hep akılda bulunduralım ki eylemlerimizin ne tip etkiler yaratacağını belirleyen etken çocukların aldığı mesajdır, bizim gönderdiğimizi sandığımız mesaj değil. Yani önemli olan, çocuğun koşulsuz biçimde sevildiğini hissedip hissetmediği, kararlar almasına gerçekten izin verildiğini düşünüp düşünmediğidir.[13] Daha açık bir örnek vereyim. Eve geç gelen bir ergene yemeği kaçırdığını söylerken aslında iyi niyetli davranıyor olabiliriz. Bize göre alınacak ders şudur: "Bir dahaki sefere belki daha düşünceli ve dakik olursun." Fakat çocuğun zihninde bambaşka düşünceler oluşabilir: *Neden geç geldiğim veya yaşamımda neler olup bittiği umurlarında değil. Yemeğimi ısıtmaları iki dakikalarını alır ama onlar beni aç bırakmayı seçiyorlar. Bu aptal kuralları benim esenliğimden daha önemli... Önemsenmeye değmeyen biri olduğum için mi bütün bunlar?*

Bakış açısı alma, son bölümlerdeki önerilerimin de temelinde yer alır: "Çocukları ciddiye almak" demek, onları farklı bakış açılarına sahip insanlar olarak görmek demektir. "Az konuşup çok sormak" onların her şeyi nasıl gördüğünü öğrenmenin bir yoludur. Bunu yaptığımız ve taleplerimizin onlara mantıksız göründüğünü fark ettiğimiz zaman da isteklerimizi zorla yaptırmak yerine "yeniden gözden geçiririz." İsteklerimiz konusunda ısrar ettiğimiz zamanlarda bile çocuğun nasıl hissettiğini bildiğimizi açıkça dile getirmeyi önermiştim. Kıyametin koptuğu durumlarda dahi çocuğun bakış açısını alarak daha etkili bir karşılık verebiliriz: Kontrolden çıkmak nasıl bir duygudur ve bu bilgi ışığında çocuğa nasıl yardımcı olabiliriz?

Bakış açısı alma sayesinde ebeveynler, çocukların gereksinimlerini öğrenebilir ve bunların üzerine eğilebilirler. Bir grup araştırmacı, bunu başaran ebeveynlerin çocuklarıyla ilişkilerini kontrolcü veya cezalandırıcı olarak tanımlamaya daha az eğilimli olduğunu ortaya koymuştur.[14] Aslında bakış açısı almanın etkilerine dair daha doğrudan kanıtlar da var. Örneğin, Hollandalı bir grup araştırmacı 125 aileyle birlikte zaman geçirmiş, ebeveynlerle görüşmeler yapmış ve altı ile on bir yaş arasındaki çocuklarıyla nasıl oynadıklarını izlemiştir. Sonuçta ortaya konmuştur ki çocukların ilgi alanlarını ve gereksinimlerini ne kadar iyi bilirsek, ayrıca bakış açılarındaki farklılığı ne kadar kabullenirsek, ebeveynlik tarzımız o kadar nitelikli hale gelmektedir.

Bu araştırmanın sonuçlarının yayımlandığı 1997 yılında, iki bilim dergisi daha tesadüfen aynı konu üzerine araştırmalar yayımladı. Bunlardan biri, "bir anlaşmazlık sırasında ergen çocuğunun düşünce ve duygularını isabetli biçimde algılayabilen" Kanadalı ebeveynlerin çocuklarla gittikçe daha az anlaşmazlığa düştüğünü (en azından anlaşmazlıkları daha tatmin edici biçimde çözümlediğini) göstermiştir. Yürüme çağındaki çocukların ve ebeveynlerinin katıldığı diğer araştırma ise "çocukların bakış açısını benimseyebilen" anne ve babaların, onların gereksinimlerine de gittikçe duyarlı hale geldiğini keşfetmiştir. Bu artan duyarlık da çocuğun ailedeki değerleri benimsemesini ve kendisinden istenenlere olumlu yaklaşmasını daha olası kılmaktadır.

O halde, üç farklı ülkede yaşayan ve yaşları iki ile on beş arasında değişen çocukların örnekleri bize gösterir ki ebeveynin çocuk gözünden bakması pek çok şeyi gerçekten kolaylaştırır.[15] Sözlerimizin ve eylemlerimizin çocuklarca nasıl deneyimlendiğini tahayyül etmekle yarattığımız olumlu etkiyi başka hiçbir çaba ile yaratamayız. Doğrusunu söylemek gerekirse, bu yaklaşım üç yönden çok yararlıdır:

Bakış açısı alma, gerçekte ne olup bittiğini anlamamıza yardım eder. Özellikle de belli bir davranışta bulunan çocuğun bunun nedenlerini bize anlat(a)madığı durumlarda kendi başımıza sonuçlara varmamızı ve cezalandırıcı bir yöntemi uygulamaya koymamızı engeller. Yalnızca davranışlara karşılık vermektense, yüzeyin altına inmemizi sağlar. Böylece, daha derin anlamları ve altta yatan nedenleri yapıcı biçimde ele almak için bir strateji geliştirmemize olanak tanır.

Bakış açısı alma, çocuğun farklı ruh hallerine daha sabırlı yaklaşmamızı sağlar. Dünyayı onun gördüğü gibi gördüğümüzde, dışarıdan baktığımız zamana kıyasla daha büyük nezaket ve saygıyla hareket etmeye yatkın oluruz. Bu da çocuğun kendisi hakkında çok daha iyi düşünceler beslemesini, bizimle birlikteyken ise değerli, sağlam biçimde bağlı ve güvende hissetmesini sağlar.

Çocuğa örnek oluruz ve onu da bakış açısı almaya teşvik ederiz.

Sorun, pek çok kişinin bakış açısı almayı zor bulmasıdır. Küçük bir çocuk ağlıyorsa pek çoğumuz neden rahatsız olduğunu anlamaya çalışırız ama bağırıp tepinen daha büyük bir çocuğun dünyasına girmeye isteksiz olabiliriz. Bu durumdaki ilk dürtümüz, anlamaya çalışmaktansa kontrol etmek veya suçlamak olabilir. İlginç olan şu ki bakış açısı almaya en isteksiz olduğumuz durumlar, bunu yapmamızın en gerekli ve önemli olduğu durumlardır. Eğer kendi bakış açınızdan dışarı çıkamazsanız, dinlemeniz, neyin ters gittiğini anlamak için daha uygun yöntemler olduğunu fark etmeniz ve az sonra patlak verecek savaştan kaçınma yollarını bulmanız güçleşir. Diğer bir deyişle, kendi bakış açınızda ne kadar sıkışıp kalırsanız, zor kullanmaya ve işleri daha da güçleştirmeye o kadar yatkın olursunuz.

Ebeveynin bakış açısı alma konusundaki isteksizliği, kendini pek çok biçimde dışa vurabilir. En kötü halinde, çocukların ne hissettiğini tümüyle göz ardı etmek veya kendi deneyimimizi onlarınkine dayatmak ("Ben üşüdüm. Sen de gidip bir şey giy") olarak ortaya çıkabilir (veya bu noktaya varabilir). Daha yaygın olarak gözlenen, onların dünyalarının ve kaygılarının bizimkilerden ne denli farklı olduğunu anlayamamaktır. Bu farklılığa bir örnek vermem gerekirse; kızım beş yaşındayken, birkaç ay sonraki Cadılar Bayramında giyeceği kostümün göz deliklerinden çevreyi iyi göremeyebileceğini, sonunda da hiç sevmediği bir şekeri yanlışlıkla yiyebileceğini ve bu yüzden büyük kaygı duyduğunu bana uzun uzadıya anlatmıştı.

Çocuğun gereksinim duyduğu son şey kaygılarının saçma olduğunun söylenmesidir. Bu özellikle de hıçkırarak ağlamakta olan bir çocuk için geçerlidir. Bize göre çocuklar sıklıkla bir hiç yüzünden ağlarlar ama ağlama nedenleri kendileri için hiç değildir; tersine son derece önemlidir. Çocuğun haykırması veya ağlaması bizi çileden çıkarır (insan içindeysek de utandırır) ama çocuğun o sırada yaşadığı deneyim kendisi için çile değil, düpedüz işkence olabilir.

Ebeveyn olmanın zor olduğuna kuşku yok. Ama çocuk olmak daha da zor olabilir.

Onları aptal durumuna düşürmeye ve desteksiz hissettirmeye çalışmıyoruz ama korkularını veya gözyaşlarını küçümsediğimizde yaptığımız tam olarak budur. Anaokuluna giden çocuğumuz sabrımızı taşırabilir: "Yeter ama! Çorabı önce sağ ayağına mı giydin, soluna mı giydin, ne fark eder?!!" Ergenlik çağındaki çocuğun duygusal karmaşasının soğuk bir mantıkla kolayca durulacağını da düşünebiliriz: "Eğer onu çok beğeniyorsan çıkma teklif et. En kötü olasılıkla reddeder. Kısa zamanda atlatırsın, sorun olmaz."

Bunların iyi yaklaşımlar olmadığını gerçekten de akıl edemez miyiz? Araştırmaların ortaya koyduğuna göre çoğu ebeveyn yaşamının belli bir bölümünde çocuk olmuştur! Peki, yetişkinlerin anlamadığı şeyler yüzünden dünyamızın nasıl tepetaklak olduğunu, daha da kötüsü, duygularımızın aynı yetişkinler tarafından nasıl göz ardı edilip yok sayıldığını unuttuk mu?

Bazı terapistlerin bu sorulara çarpıcı bir yanıtı var. Örneğin Alice Miller, böylesi bir davranışta şaşırtıcı hiçbir şey olmadığını öne sürüyor. Ebeveynin çocuk gözünden bakmaması veya onun korkularını küçümseyip bir kenara koyması, aynı davranışlara kendisinin de maruz kalmış olmasına *rağmen* takındığı değil, bütünüyle *bu yüzden* takındığı bir tavırdır. Çocuğun bakış açısını alması zordur çünkü kendi çocukluk bakış açısını almakta zorlanmaktadır. Bir zamanlar bize neler yapıldığını fark etmek canımızı çok yakar.

Miller'a göre "saygısızlık zayıfların silahıdır" ve ebeveynlerin çocuk duygularına saygısızlığı, bir güçlülük görünümü ardında aslında ne kadar zayıf olduklarının işaretidir. Yetişkinlerin kendi korkuları vardır; çocukların korkularını küçümsemek kendilerini güçlü hissettirir. Ayrıca bazı ebeveynler de "kendi aşağılanışlarının" öcünü almaktadır. Bu eğilimlerin bilinçdışında bulunduğu görüşü ise çok mantıklıdır, çünkü kişinin güçsüzlüğünü ve sıkıntılarını bilinçli biçimde anımsaması (bırakın yeniden yaşamayı) her zaman acı vericidir.[16]

Miller'ın kuramının ne kadar doğru veya kaç kişi için geçerli olduğunu gerçekten bilmiyorum. Ebeveynin çocuk duygularını ve düşüncelerini anlamasına engel olan şeyler daha yüzeysel ve durumsal nitelikli başka etkenler de olabilirler. Belki de "Az önce olan biteni çocuğum nasıl değerlendiriyor?" diye soramayacak kadar sabrımızı yitirmiş veya zamana sıkışmışızdır. Doğrusunu söylemek gerekirse, açıklamanın aslında basit olmasını istiyorum çünkü o zaman sorunu da kolayca çözebiliriz. Ama açıklamayı basitleştirebilsek dahi çocuk olma deneyimlerimizi yine de anımsamalıyız ki kendi çocuklarımızın neler yaşadığını daha kolay kavrayabilelim. Çocuklarımızın deneyimleriyle benzeşen yetişkinlik deneyimlerimizden de yararlanabilir, bize emirler yağdırıldığında, tercihlerimiz göz ardı edildiğinde veya keyif aldığımız bir etkinliği terk etmek zorunda bırakıldığımızda ne hissettiğimizi göz önünde bulundurabiliriz.

Bunlar elbette yalnızca birer alıştırmadır; çocuğun bakış açısından görebilmek için yapılan hazırlıklardır. Bunlara daha ilk günden başlamalıyız. Kızım daha birkaç aylık olduğu zamanlarda bile bezinin değiştirilmesinden nefret ediyordu. İlk başlarda buna yanıtım, "Üzgünüm tatlım, sevsen de sevmesen de değiştireceğiz," biçimindeydi. Daha sonra fark ettim ki o uyanır uyanmaz bez değiştirmeye kalktığımızda daha da büyük bir direnç gösteriyor. Durumu onun gözünden görmeye çalıştım: *Hoppala! Ben hâlâ yarı uyur haldeyim ama yaka paça Popoma Bir Şeyler Yapılan*

Yere götürülüyorum! Birkaç deneme yaptım ve bezini değiştirmeden önce iyice ayılması için on veya on beş dakika ayırmaya başladım. Buna tepkisi çok daha olumlu oldu.

Bebeğin bakış açısını almak, aynı şeyi büyüdüğü zaman alışkanlık haline getirebilmemiz için de gereklidir. Konuşmaya başladığı zaman sürekli bakış açısı almamız gerekeceği ise zaten kesindir. Örneğin, iki yaşındaki çocuk sıklıkla hayır demesiyle ünlüdür. Ama çocuğun gözünden baktığımızda asıl sorun *bizim* sürekli hayır diyor olmamız ve şunu yapmasını, oraya gitmesini, mutfak tezgâhının üzerinde duran ilgi çekici o şeyle oynamasını engellememizdir.[17]

Aslında çocuk, hangi yaşta olursa olsun sıklıkla "manipülatif" olarak tanımlanır. Ama onun gözünden baktığımızda, yaptığı tek şey belki de kendisine ne olup bittiğiyle ilgili söz hakkı elde etmeye çalışmaktır. Eğer burada manipülasyon yapmaya çalışan biri varsa olasılıkla yetişkindir. Eğer *Zor Ebeveynlerle Nasıl Başa Çıkılır* diye bir kitap olsaydı çocukların çok işine yarardı. Onları yargılamaya ve davranışlarını düzeltmeye ne kadar çok zaman ayırdığımızı bir göz önünde bulunduralım; aynı şeyi bize yapsalar ortaya ne çıkacağını düşünmek gayet eğlendirici olabilir. Örneğin, onlara verdiğimiz yemeklerle ilgili şöyle bir eleştiri yazısı yazılabilirdi:

> Restoran müşterileri "harikulade" sosisli sandviçlere ve kaliteli tatlılara ("yiyecek kadar şansın varsa") tam not veriyorlar ama bazı mezelerin "gerçekten iğrenç" olduğu, sıcak gevreğin ise "kusmuğa benzediği" konusunda uyarılarda bulunuyorlar. Hizmet çoğunlukla değişken olarak nitelendiriliyor: Gösterilen ilgi hep yüksek puan alsa da bazı müşteriler "hiç durmadan dik oturmanızı ve oyalanmayı kesmenizi söyleyen o hanımefendi" olmadan her şeyin daha güzel olacağını ifade ediyorlar.

Güldürü, bakış açısı almayla bağlantılıdır, çünkü kahkaha çoğunlukla bakış açısındaki bir kaymanın sonucudur. Güldürü, sıkıntılı bir durumda gerilimi almaya veya soğuk bir tartışma gerçekleştirmeden önce ortamı ısıtmaya da yarar. Eğer çocuğunuzla oturup değiştirmesini istediğiniz bir davranışı hakkında konuşacaksanız, ilk önce o konuda dırdır ederkenki taklidinizi yapmasını isteyebilirsiniz. Bu bir tür gerilim boşaltma yöntemidir, aynı zamanda onu baskılamadığınızı veya ezmediğinizi gösterir. Bir diğer etki ise her şeyin onun gözünden nasıl göründüğünü anladığınız mesajını iletmesidir.

Bakış açısı alma, bir başkasının çocuğuyla zaman geçirirken de önem taşır. Büyük bölüm yetişkinin çocuğun sözlü olmayan sinyallerini kaçırması ve kendilerinden uzak duran çocukları "utangaç" (veya daha kötü bir şey) olarak etiketlemesi çok şaşırtıcı bir olgudur. "Çocuklarla iyi anlaşan" yetişkin ise her şeyin çocuk gözünden nasıl göründüğünü neredeyse içgüdüsel olarak anlar. Bir çocukla tanıştırıldığında onun kendisine hemen ısınmasını beklemez çünkü normalde şen şakrak olan kendi çocuklarının bile yabancılara böyle yaklaşmadığını bilir. Ayrıca yeni tanıştığı bu bireyi aşırı bir ilgiyle veya çapraz sorguyla ("Kaç yaşındasın? Hangi okula gidiyorsun?") boğmaz da. İlk önce biraz mesafeli davranır ve çocuğun kendisine alışmasını bekler, hatta ilgilendiği bir şey saptarsa bu konuda birkaç soru sorar. Ardından, çocukla birlikte gerçekleştirebileceği bir etkinlik bulmaya çalışır. Çocuğun neye ilgi gösterdiğinin ipucunu yine ondan alır ve konuşmak mı, oynamak mı, yoksa başka bir şey mi yapmak istediğini böylece anlar.

Günlük yaşamda bakış açısı almak, daha iyi ebeveynlik etmenin yolunu açar. Zaten çocuğun dünyayı nasıl gördüğünü bilirsek, ister bizim çocuğumuz olsun ister de bir başkasınınki, ipuçlarını ondan almak çok kolaylaşır. Çocukların tercihlerine yönelemediğimiz zamanlarda bile onların bakış açısını anlamamız çok önemlidir ("Sanırım şimdi şöyle düşünüyorsun..."). Böylece kendilerine kulak verildiğini, özen gösterildiğini ve koşulsuz bir sevgi beslendiğini bilirler.

Ama bu elbette "ya hep ya hiç" durumu değildir. Çünkü ebeveynlerin çocuk gözünden ne kadar sık veya ne kadar iyi baktığından söz ederken "her zaman" ile "hiçbir zaman" (ayrıca "ustaca" ile "berbat biçimde") arasında pek çok aşama vardır. Aynı şey, bu kitapta değinilen tüm konular için geçerlidir. Pek az ebeveyn salt *çocuklara yapma* (veya salt *çocuklarla çalışma*) stratejileri uygulayabilir (veya tümüyle koşullu ya da koşulsuz olan bir sevgi verebilir). Çoğumuz arada bir yerdeyizdir. Bir taraftaki stratejileri bırakıp diğer taraftakilere geçmemizi sağlayacak bir düğmemiz de yoktur. Dolayısıyla, kendimizi bir yolculukta farz edip doğru yöne ilerlemeye odaklanmamız gereklidir.

Bu yolculuğa çıkmak için geç kalınmış olabilir mi? Bazen benden, uzun yıllar boyunca uygulanan koşullu sevgi ve aşırı kontrol stratejilerinin yarattığı etkilerin giderilebileceğine dair avutucu sözler söylemem isteniyor. Bunun ne kadar başarılabileceği hakkında kesin konuşmak olanaksız olsa da kişinin yanlış bir yolda ilerlediğini kabullenmesi büyük bir cesaret gerektirir ve bu cesaret bile kendi başına gelecek için pek çok umut vaat eder. Diğer bir deyişle, çocuk ne kadar büyümüş olursa olsun, olumlu bir etki yapmak için geç kalınmadığına inanmaya yetecek kadar neden var demektir. Hepimiz büyük gelişim potansiyeline sahibiz. Çocuklarımızı şimdiye dek yapıcı olmayan bir yöntemle yetiştirme nedenimiz (ve bu yöntemi uygulama sertliğimiz) ne olursa olsun, şu an her şeyi değiştirmek için yeterince uygun bir zaman gibi görünüyor.

EK| EBEVEYNLİK TARZLARI: KÜLTÜR, SINIF VE IRKIN ETKİLERİ

İnsan davranışının hangi yönünü ele alırsak alalım, tanımların (çocuk yetiştirmek demek, şu demektir...) veya değerlendirmelerin (çocuk yetiştirmenin en iyi yolu şudur...) evrensel olarak kabul edilen görüşlere dayanmaması yüksek bir olasılıktır. Çocuk gelişimi alanında ve benzeri konularda değişmez gerçek kabul ettiğimiz pek çok şey, farklı kültürlerde benimsenmiş farklı varsayımlar nedeniyle aslında değişkenlik gösterebilir, bu nedenle de tartışmaya açıktır. Bu kitap, orta sınıftan, beyaz bir Amerikalının gözünden yazılmıştır. Peki, başka karakteristiklere sahip biri yazılanları nasıl değerlendirecek olabilir?

Dünyadaki tüm ebeveynlik uygulamalarına ve inanışlarına hâkim bir uzman olsaydım (ki değilim) bu konudaki geniş araştırma literatürünü tek bir kitapta yine de hakkıyla ele alamazdım. Çünkü çocuklarla ilgili varsayımlarda ve onlara iyi bakmanın ne demek olduğuyla ilgili fikirlerde akıl almaz bir "çeşitlilik" var. (Ebeveynin ne zaman, ne sıklıkla, hangi koşullar altında çocuğunu karşısına alıp konuşması veya cezalandırması gerektiğine dair görüşler bile büyük farklılık gösteriyor.) Örneğin, güneybatı Kenya'da yaşayan Gusii kabilesindeki anneler, kendilerini ziyaret eden bir antropologdan Amerikalı annelerin çocuklarını ağlar halde bıraktığını öğrenince çok şaşırmışlardır: "Onlara göre fiziksel teması sürekli koruyarak bebeklerin ağlamasını önlemek yalnızca gün içinde işlerini kolaylaştıran bir uygulama değil, aynı zamanda töre ve manevi değerler açısından anneden beklenen davranıştır."[1]

Yürüme çağındaki çocuklar da farklı kültürlerde farklı muameleler görürler. Son zamanlarda gerçekleştirilen araştırmalar göstermiştir ki "iki yaş geçiş dönemi dünyanın her yerinde aynı değildir" ve nitelikleri çoğunlukla "ebeveynlerin otoritelerini ne kadar dayattığına" ve belki de çocukları için ne hedefler belirlediğine bağlıdır.[2] Bu, kültürlere özel varsayımların ve uygulamaların farklı sonuçlar doğurduğuna işaret eden iyi bir örnektir. Değişik kültürleri inceledikçe görürüz ki çocuk yetiştirme konusunda temel gerçek olarak kabul ettiğimiz hiçbir şey aslında evrensel gerçek değildir.

Dolayısıyla, farklı kültürlerin bakış açılarından irdelenince, bu kitabın ana temalarına itiraz edilebilir. Tufts Üniversitesi'nden Fred Rothbaum'a göre bazı kültürler koşulsuz sevgi vermeye bizimkine göre daha yatkındır. Ama bazı kültürler de vardır ki koşulsuz sevgi verme kavramı ebeveynliğin ana hedefleri arasında yer almayabilir çünkü koşulsuz kabulün bireye yüklediği değer de pek evrensel değildir. Örneğin biz, çocuğun kendisini kabul edebilmesi için ebeveynleri tarafından sevilmesi gerektiğine inanabiliriz, ama bireyselliğin daha arka planda olduğu kültürlerde kişinin kendisini kabul etmesi gibi bir kavram çok önemli görülmeyebilir, hatta belki de tuhaf karşılanabilir.

Dahası, Rothbaum'un ifade ettiğine göre çocuklara "Seni seviyorum," demek onları sevmeme ihtimalimiz olduğunu ima etmektedir: Eğer bunu söylüyorsak sevgimiz de değişmez veya azalmaz değildir. Ayrıca, eğer sevgimiz koşulsuzsa, bunun nedeni öyle hissetmeyi seçmemizdir; ama diğer pek çok kültürde bireyler arasındaki ilişkiler (ebeveyn-çocuk ilişkileri de dâhil) asla sorgulanmayan rolleri ve normları yansıtır. Yani bir ilişkiye niteliklerini kazandıran ögeler kişinin yerine getirmesi gereken yükümlülüklerdir, sevgisinden ve bağlılığından doğan davranışlar değildir.[3] Bu daha farklı, daha derin bir koşulsuz ebeveynlik tarzı mıdır? Yoksa özgürce seçilen sevgiden daha anlamlı değil midir? Sonuçta ne tür bir yargıya varırsak varalım, koşulsuzluk fikrini en baştan ele almamız gerekebilir.

Özgürce seçilen demişken: Çocuklar üzerindeki kontrolü gevşetmenin ve özerkliği deneyimlemelerine biraz izin vermenin önemini daha önce vurgulamıştım. Bunu yapmanın yararları araştırmalar tarafından da ortaya konmuştur. Ama bu araştırmalar yalnızca belli yerler için mi geçerlidir? Yaşamıyla ilgili söz hakkına sahip olmak, bir çocuğa yalnızca bireysel veya daha az gelenekçi kültürlerde mi yarar sağlamaktadır? Bizim çocuklarımız ne yapacakları söylendiği zaman değil, karar süreçlerinde söz hakkına sahip oldukları zaman daha mutlu ve motive görünürler, ama bu her yerde geçerli midir?[4]

Hiç kuşku yok ki bir ebeveynin çocuğunu ne ölçüde kontrol altında tuttuğu, yaşadığı yerin koşullarından etkilenmektedir. Ama Wendy Grolnick'in ifade ettiği gibi bu herhangi bir toplumda "kontrolcü tekniklerin daha tercih edilebilir olduğu anlamına gelmez." Grolnick'in bu konuda değindiği araştırmaların sonuçlarına göre "kontrolcü ebeveynlik, farklı kültürlerde de olumsuz sonuçlarla ilişkilenmektedir."[5] Benzer biçimde, Richard Ryan ve Edward Deci'nin işaret ettiği verilere göre "özerklik gerçekten de her yerde son derece önemli olabilir." Eğer bu görüşe itiraz edilirse, nedenlerden biri özerklik kavramının nasıl anlaşıldığı olacaktır. Bu kavram pek çok yerde bağımsızlıkla ve "dış etkilere direnç gösterip kendi fikir ve görüşlerini geri adım atmadan ortaya koymak, bazen de dayatmak" ile eşdeğer görülür. Bu tanımı kabul eden herkes özerklik kavramının "yalnızca bireyselliğe önem veren kültürlere ait" olduğunu düşünebilir. Ama özerkliği bilinçli irade göstermek ve "tercih sahibi olmak" biçiminde algıladığımızda çok daha farklı bir resimle karşılaşırız. Çünkü böylesi bir özerklik kapsamında "insanlar, bireysel bir yaşamda özerk oldukları kadar ortaklaşa bir yaşamda da özerk olabilirler."[6] O halde, ister Doğu'da ister de Batı'da olalım, ister çağdaş bir kentte ister de küçük bir Üçüncü Dünya köyünde yaşayalım, çocuklar üzerindeki kontrolü gevşetmek için geçerli nedenlerimiz vardır.

•

Disiplin tarzlarındaki farklılıklara yalnızca değişik kültürlerde değil, tek bir kültürünün içindeki değişik gruplar arasında da rastlanabilir. Bu durum, özellikle de karmaşık çağdaş toplumlar (örneğin, ABD) için geçerlidir. Böylesi farklılıklara değinmeden önce sizi uyarmalıyım ki bu konuda bazı istatistiksel genellemeler üzerinden ilerleyeceğiz. Yani A grubundaki ebeveynlerin B grubundaki ebeveynlere göre belli bir davranışta daha çok bulunması, A grubundaki tüm ebeveynlerin o davranışta bulunduğu (veya B grubundakilerin hiçbirinin bulunmadığı) anlamına gelmeyecek.

Bunu açıklığa kavuşturduktan sonra, ailelerinin sosyoekonomik durumlarını inceleyen araştırmacıların bulgularıyla başlayalım. Yapılan çalışmalar göstermiştir ki farklı sosyoekonomik düzeylerdeki ailelerde, cezalandırıcı disiplinin ne ölçüde uygulandığı da dâhil olmak üzere pek çok farklılık bulunmaktadır. Eldeki verilere getirilen bir yoruma göre, sosyoekonomik düzey düştükçe "ebeveynlerin fiziksel cezalar verme oranı yükselmektedir." Bir diğer araştırmadan ise şöyle bir sonuç alınmıştır: "Sert disipline maruz kalmak, daha alt sosyoekonomik sınıflardaki çocuklar arasında daha yaygındır. Bu çocuklar... daha soğuk davranan... saldırganlığı etkili ve geçerli bir sorun çözme yöntemi olarak gören anneler tarafından yetiştirilmektedir."[7]

Bunun ardındaki kimi nedenler ekonomik niteliklidir: Ebeveyn para yüzünden ne kadar strese girerse çocuklara karşı da o kadar sıklıkla zor kullanır.[8] Melvin Kohn'un yaygın olarak bilinen araştırmasında ortaya koyduğu üzere, işçi sınıfından aileler çocukların kurallara uymasına ve otoriteye boyun eğmesine daha çok önem vermektedir (ve bunu sağlamak için cezalara yönelmeye daha çok eğilim göstermektedir). Beyaz yakalı, orta sınıftan aileler ise çocukların özerk biçimde karar vermesini ve bu kararlar doğrultusunda hareket etmesini yeğ tutmaktadır. Kohn'un hipotezine göre bunun bir diğer nedeni iş yaşamında ebeveynlerden ne beklendiğidir (ki bu beklentiler sınıftan sınıfa değişir). Kohn'un bulguları başka araştırmacılar tarafından da doğrulanmıştır. Ek olarak, bağımsızlığa değil de itaate önem veren kültürlerde fiziksel cezanın daha sık kullanıldığını gösteren uluslararası veriler de aynı şeyi bir kez daha vurgulamıştır.[9]

Bir de farklı ırklar meselesi vardır. Örneğin, ABD'deki Afrika kökenli Amerikalılar, sosyoekonomik düzeyin sabit tutulduğu hallerde bile "beyaz ailelere kıyasla çocuklarının itaatkâr olmasını daha çok tercih etmektedir." Benzer biçimde, siyahî anneler, sorunlarını çözmek için saldırganlığı seçen çocuklarını olumlu karşılamaya daha yatkındır.[10] Fiziksel ceza gibi sert disiplin uygulamalarıyla ilgili olarak ise eldeki verilerden iki sonuç çıkmaktadır: Sınıf, ırka kıyasla daha belirleyicidir, ama ırk da çok önemlidir. 1990 yılında yapılan bir araştırmada, son bir hafta içinde çocuğuna şaplak vurup vurmadığı sorulan 1.000 ebeveyn arasındaki beyazların %60'ı, siyahların ise %70'i evet yanıtını vermiştir. 1995 yılında yapılan bir araştırmada, ebeveynlere son bir yıl içinde çocuklarına şaplak vurup vurmadıkları sorulduğunda ise vuran ebeveyn yüzdeleri sırası ile 59 ve 77 olarak belirlenmiştir. Sosyoekonomik durum göz önüne alındığı zaman aradaki fark biraz azalmıştır ama istatistiksel açıdan belirleyici ve anlamlı niteliğini yine de yitirmemiştir.[11]

1988 yılında yapılan bir araştırmada ebeveynlerin fiziksel ceza konusundaki *düşünceleri* sorulduğunda beyazların %22'si fiziksel ceza fikrine karşı olduğunu ifade etmiş, karşı çıkan siyahlar ise %9 civarında kalmıştı. Burada asıl çarpıcı olan, düşüncelerin zaman içinde nasıl değişmiş olduğudur. 1968 yılında tüm etnik gruplardan Amerikalıların %90'dan fazlası çocuklara şaplak vurmayı savunmaktaydı. O yıldan 1994 yılına dek gerçekleştirilen bir dizi araştırma şaplağı savunan beyazların sayısında sert bir düşüşü (üçte bir düşmüştür) ortaya koyarken, siyahlar arasındaki düşüş yalnızca %14 civarında kalmıştır.[12]

Böylesi cezalar kullanmanın zararlarını ortaya koyan kanıt birikimi gayet ikna edici olsa da son yıllarda ortaya atılan bir sava göre belli bir ebeveynlik uygulamasının çocuklar üzerindeki etkisi her kültürde aynı olmamaktadır. Kirby Deater-Deckard, Kenneth Dodge ve iki araştırmacı daha, ortaya attıkları bu iddia ile kendi alanlarında büyük ilgi toplamışlardır: Afrika kökenli Amerikalılar disiplin sağlamak için güç kullanmaya daha yatkın olsalar dahi onların çocuklarının dayak deneyimleri beyaz çocuklarınkinden daha farklıdır, bu nedenle de aynı olumsuz etkileri yaratmamaktadır. 466 beyaz ve 100 siyah çocukla gerçekleştirilen araştırmaya göre sık verilen fiziksel cezalar yalnızca beyaz çocuklarda saldırganlığa ve benzeri sorunlara yol açmaktadır. Araştırmacıların (hepsi beyazdır) bu bulguya getirdiği yorum, istismar düzeyine ulaşmayan cezalandırıcı disiplinin siyahî çocuklar tarafından "ebeveynlerinin soğuk ve sevgisiz olduğunun işareti" biçiminde algılanmadığıdır.[13]

Bu bulgu, nerede, neden ve kim tarafından olursa olsun çocuğun canını bilerek ve isteyerek yakma fikrine karşı çıkan bizlere meydan okumaktadır. Çünkü bizi itirazlarımızın evrensel olmayan bazı öncül önermelere dayanıp dayanmadığını sorgulamaya itmektedir. "Çocuğa asla vurmayın" biçimindeki klasik öğüt, değer yargılarını zayıf zümreye dayatmaya çalışan güçlü zümrenin küstahlığını mı yansıtır? Yoksa bazı şeylerin (örneğin, çocuklara vurmanın) her yerde ve her zaman yanlış olduğu düşüncesini korumamız (hatta bu yöndeki değer yargısını *engellemeye* çalışmanın kabul edilemez olduğunu savunmamız) mı gereklidir?

Daha önce ifade ettiğim gibi, başımıza gelen olayların yarattığı psikolojik etkiler mekanik bir "uyarım-tepki" örüntüsü içinde tezahür etmezler. Önemli olan, olaylara yüklediğimiz anlamlardır. Etkiyi yaratan faktör eylemin kendisi değildir, kişilerin ve toplulukların bu eylemi nasıl anlamlandırdığıdır.[14] Ama bu yorumlama yaklaşımı şimdi büyük bir itirazla karşı karşıya: Ebeveynin niyeti ne olursa olsun asla masumane kabul edilemeyecek bazı davranışlar var mıdır (çocuklara vurmak ve onlara bilerek, isteyerek acı çektirmek gibi)? Biz (veya daha önemlisi, çocuğun kendisi) bir şiddet eylemini sevgi gösterisi olarak görmeye çalışabilir ama bu duygusal simyayı gerçekleştirmekte başarısız olabiliriz. Peki, çocuk bu iki kavramı bir araya getirmeyi *başarsa* bile sevgi ile şiddetin birbirine karışması iyi bir şey midir? Onun can yakmayı bir sevgi gösterisi zannederek büyümesini gerçekten istiyor muyuz?

Fiziksel cezaya karşı çıkma nedenlerinden bazıları değer yargılarına değil de uygulamaya yöneliktir. Cezayı sorunlu bir uygulama olarak değerlendiren araştırmacılar çoğunlukla ortaya çıkan etkilere işaret ederler. Bu bağlamda, Deater-Deckard ve Dodge (D-D & D) iddiası, yani bu etkilerin bazı çocuklarda görülmediği, dikkate almaya değerdir. Ama belli nedenlerden ötürü bunun doğru olduğuna inanmıyorum.

Birincisi, siyah çocukların fiziksel cezadan (beyaz çocuklara göre) daha az etkilendiği savı, cezanın siyahlar arasında daha yaygın olduğu düşüncesine dayalıdır. Araştırmaların da gösterdiği gibi gerçekten de daha yaygındır ama bu gerçek, cezanın yarattığı sonuçlar konusunda çıkarımlarda bulunurken sorunlar yaratır. Şöyle bir benzetmeyi ele alalım: Çok balık yemenin sağlıkla ilgili belli yararlar sağlayıp sağlamadığını araştırmak için çok balık tüketen, daha az balık tüketen ve hiç tüketmeyen insanlardan oluşan gruplar kurmamız gerekirdi. Bundan sonra, sağlıkla ilgili diğer etkenleri de göz önünde tutarak çok balık yemenin etkilerini araştırmaya koyulabilirdik. Ama elimizde yalnızca düzenli olarak balık yiyen kişiler grubu olsaydı balık yemenin sağlık üzerinde ne kadar belirleyici etkileri olduğunu saptamak zorlaşırdı. Benzer biçimde, düzenli olarak fiziksel cezaya yönelen ebeveynler grubuyla çalışırken, cezaya maruz kalan çocuklar üzerindeki etkileri soyutlamak çok zordur. Dolayısıyla, Afrika kökenli Amerikalı ailelerde fiziksel ceza ile belli olumsuz etkiler arasında bir ilinti bulunmamış olması, çocukları disipline etmekte kullanılan yöntemlerin pek çeşitlilik göstermemesi ile açıklanabilir.[15]

Disiplinin fiziksel ceza ile eşanlamlı olduğu (ve D-D & D'nin iddia ettiği üzere, cezanın aslında ebeveyn ilgisinin göstergesi olarak kabul edildiği) insan grupları içinde ceza vermeyen ebeveynler, çocuklarını önemsemeyen, ilgisiz kişiler olarak görülebilirler. Bu nedenle, söz konusu gruplar içinde ceza görmeyen çocukların yaşamlarının görenlerinkine kıyasla daha iyi *olmadığını* keşfetmek de pek şaşırtıcı olmayacaktır.[16]

Bu değerlendirmeler, D-D & D'nin bulgularını destekleyen diğer araştırmalar için de aynen geçerli. Bu araştırmalardan birine göre, Afrika kökenli Amerikalı çocuklar söz konusu olduğunda (ama Avrupa, Asya veya Latin kökenliler söz konusu olduğunda değil) "ebeveynin tek başına karar alması daha uyumlu davranışları olanaklı kılmaktadır. Normlardan sapma oranı düşmekte ve akademik başarı yükselmektedir." Ama normlardan sapma oranının düştüğü, çocukları karar süreçlerine dâhil eden ailelerde de gözlemlenmiştir.[17]

İkinci bir araştırmanın sonuçlarına göre ise "fiziksel cezaya başvurulan topluluklarda gözlenen davranış sorunlarının verilen fiziksel cezalarla hiçbir bağıntısı bulunmamaktadır." Ama burada da dikkat edilmesi gereken önemli bir nokta vardır: Söz konusu topluluklar içinde "ebeveynlerin disiplin uygulamaları ve çocukları ne kadar yakından izlediği göz önüne alındığında... böylesi cezaların bile anti-sosyal davranışların önünü alamadığı görülmektedir." O halde, çocuklara vurmak belki farklı oranlarda *zarar* vermekte ama asla *yarar* sağlamamaktadır.[18]

Daha önemli olan, başka araştırmaların D-D & D bulgularını desteklememesidir. 1997 yılında gerçekleştirilen bir araştırma fiziksel cezanın beyazlarda da azınlıklarda da anti-sosyal davranışa neden olduğunu göstermiştir; ayrıca fiziksel ceza şiddeti anti-sosyal davranışın yinelenme sıklığını doğrudan etkilemektedir.[19] Bundan üç yıl kadar sonra bir başka araştırma düşük gelirli siyahî ailelerdeki şiddete dayalı disiplinin davranış sorunlarına neden olduğunu ortaya koymuştur. Bu sonucu duyuran psikologlar, kendi bulguları ile D-D & D bulgularının "taban tabana zıt" olduğunu da vurgulamışlardır.[20]

Çocuklara vurmanın kabul gördüğü kültürlerde bu uygulamayı sürdürmenin onlara zarar vermeyeceği düşüncesinden, çocukların kendilerinin de dayağı geçerli gördüğü sonucunu çıkarabiliriz. Ama örneğin yürüme çağındaki çocuk böylesi bir yargı oluşturmak için çok küçüktür ve bu da kuramın bütünü için ciddi bir sorun teşkil edebilir. Sert cezaların yaygın olduğu Karayiplerde yapılan bir araştırmada, dokuz ile on altı yaş arasındaki çocuklara bu cezalar hakkında neler düşündükleri sorulmuştur. Bu cezaların kullanılmasını uygun gören çocuklar üzerindeki olumsuz etkiler, uygun görmeyenlerin üzerindekilerle aynıdır: "Ebeveynin fiziksel cezalar vermesi gerektiğini düşünen çocuklardaki psikolojik uyum sorunları, bu kültürel inanışa karşı çıkan çocuklardakiyle aynı boyuttadır."[21]

Şimdi farz edelim ki davranış bozuklukları gibi belli olumsuz etkiler, fiziksel cezalara maruz kalan Afrika kökenli Amerikalı çocuklarda gözlemlenmiyor olsun (en azından hemen). Bu, fiziksel cezanın zararsız olduğunu pek kanıtlamaz. Çocukları şiddet ve sevgiyi eşit görmeye yönlendirmenin sinsi etkileri konusunda haklıysam, daha geniş bir "olası sonuçlar" yelpazesi üzerinde çalışacak araştırmacılar tüm sınıf ve ırklarda yaygın olan pek çok olumsuz etkiyi ortaya çıkaracaklardır.

Çocuklarına dayatmalarda bulunan veya onları döven ebeveynler bir şeyler öğretmek amacındadır ve bu yolu seçmiş olmalarının nedeni de aslında sevgi ve ilgi gösterdiklerini düşünmeleridir (özellikle de şiddetin ilgi göstermekle ilişkilendirildiği topluluklarda). Ama ne yazık ki iyi niyet, olumlu sonuçları güvenceye almaz. İyi nedenlerle yapılan kötü şeyler, iyi nedenlerle yapılan *iyi* şeyler kadar yararlı değildir.

Çocuğun böylesi bir ebeveynlik tarzını sevgi gösterme yolu olarak kabul etmesi veya büyürken kendini buna inandırması da olumlu sonuçlar alınacağının güvencesi değildir. Ne elde edebiliyorsak onu almayı öğreniriz, yani umursamazlığın ve ihmalin tek alternatifi fiziksel cezaysa onu benimseyebiliriz. Ama asıl soru neden yalnızca iki seçenek olduğunu düşündüğümüzdür. Bu daha önce değindiğim övgü konusuyla benzerlik taşımaktadır: Eğer koşullu kabul tek olasılıksa çocuklar bunu özümseyecek ve daha fazlasını isteyeceklerdir. Ama bu ikna edici bir övgü savunması değildir. Her kabul (veya sevme, motive etme, yanlış bir şey yapan çocuğun dikkatini çekme) biçimi aynı değildir, aynı derecede arzu edilir olduğu da söylenemez.

Belli bir çocuk yetiştirme yaklaşımını açıklamak veya geçerli göstermek için insan grupları arasındaki farkları irdeleme yöntemi bir başka biçimde daha kullanılmaktadır. Denir ki otoriter bir ebeveynlik tarzı ve sert fiziksel ceza aslında tehlikeli mahallelerde yaşamanın getirdiği bir zorunluluktur. Sav aşağı yukarı şöyledir: Hali vakti yerinde aileler daha rahat, ilerlemeci, hatta demokratik bir ebeveynlik tarzını benimseyebilirler, ama yoksul mahallelerde her şey farklıdır. Orada çocukların kurallara uymasını (yasaları çiğnememesini, yetkililere diklenmemesini, genel olarak çizgiyi aşmamasını) sağlamak, onların hayatta kalmasını ve yetişkinliğe ulaşmasını sağlamakla eş anlamlıdır. Bu nedenle son derece sert bir disiplin gereklidir. Old Dominion Üniversitesinden araştırmacı Michelle Kelley ve meslektaşları bu durumu şöyle ifade etmişlerdir: "Düşük gelirli insanların yaşadığı... çocukların anti-sosyal eylemlere fail veya kurban olarak karışma ihtimallerinin daha yüksek olduğu... mahallelerde itaatsizliğin sonuçları [orta sınıfın mahallelerine kıyasla] çok daha ciddi olabilir ve bu eylemlere *herhangi biçimde* karışmayı engellemek için de zor kullanma yöntemlerine daha çok başvurulabilir."[22]

Bu ilginç bir kuramdır çünkü sert disipline neden olan etkenin sınıf veya ırk değil, çevre koşulları olduğunu öne sürer. Aynı zamanda da güvenli muhitlerde yaşayan kişilerin, suç oranının yüksek olduğu düşük gelirli mahallelerde neler olup bittiğinden habersiz kaldığını ortaya koyar.

Ama bu açıklama da sorunludur çünkü kanıtlarla desteklenip desteklenmediği belirsizdir. Şöyle ki, Kelley'nin verileri "alt sınıflardan annelerin veya çocuklara bakan diğer kişilerin" benimsediği çocuk yetiştirme tarzlarının bu çocuklar için beslenen kaygılardan etkilendiğine işaret etmemektedir.[23] Dolayısıyla, belli bir yaklaşımı seçmelerinin nedeni, tehlikeden ötürü kaygı duymaktan başka bir şey olmalıdır.

Tehlikeli mahalle kuramı doğru olsaydı çocuğun nasıl disipline edildiği ile anti-sosyal davranışlarda bulunup bulunmadığı arasındaki bağlantı yaşadığı yere göre değişkenlik gösterirdi. Ama iki büyük araştırma (biri 1996 yılında, farklı etnik arka planlara sahip, ergenlik çağındaki 3.000 çocukla; diğeri 2002 yılında, 841 Afrika kökenli Amerikalı aileyle yapılmıştır), disiplin tarzlarının yarattığı etkilerin (suç ve çocuk suçları da dâhil) içinde yaşanan topluma göre değişmediğini açıkça ortaya koymuştur.[24]

Ampirik kanıtlar bir yana, tehlikeli mahalle kuramı bir sahte ikiliğe dayanmış görünmektedir ("baskı ile müsamaha" gibi). Çocuğu belli bölgelerde daha fazla korumak ve izlemek gerektiği doğrudur ama bu otoriter ebeveynliğe ve fiziksel cezaya gereksinim duyduğu (veya bunlardan yarar sağladığı) anlamına gelmez.[25] İyi yapılandırılmış bir yaşam onun yararınadır, kontrol altında tutulmak ise değildir. Ebeveynin tüm kudretiyle başında durmasını isteyebilir, ama mutlak itaat talebinden hoşlanmaz. (Benzer biçimde, *çocuklarla çalışmak* adını verdiğim yaklaşımı lakayt bir müsamahakârlıkla karıştırmamak gereklidir. İkincisinin kusurlarını ortaya koymakla birincisini savunmak bütünüyle farklı tartışmalardır.)

Şiddete dayalı kontrol ve cezanın sonuçlarını ortaya koyan (3 ve 4. Bölümlerde incelediğimiz) araştırmalara bir kez daha göz atın. Böyle yetiştirilen çocuklar karmaşık bir maneviyat geliştirmekte yetersiz kalıyorlardı. Ayrıca içinde bulundukları durumu esnek biçimde tartamıyor ve sürekli kendi çıkarlarıyla meşgul olmaktan kurtulamıyorlardı.

Bunlar çok önemlidir. Gelişmiş maneviyat, bilişsel esneklik ve diğer kişileri umursama yeteneği birer lüks değildir. Ayrıca, bunlara sahip kişiler temel yaşamsal becerilerden ve karmaşık kent yaşamında ayakta kalma yeteneğinden mahrum olacaklar diye bir kural da yoktur. Çocuğumuzun bunların hepsine sahip olmasını isteriz. Ama geleneksel cezalandırıcı disiplin, hiçbirine sahip olamaması sonucunu doğurabilir. Tek amacımız itaat sağlamak olduğunda bile geleneksel disiplin pek parlak sonuçlar veremez. Kontrolcü ebeveynlerin çocuklarının çok daha *itaatsiz* olduğunu anımsayalım (özellikle ebeveynleri de ortalıkta yokken). Ayrıca, çocukları yalnızca otoritemize boyun eğdirmenin, ama iyi bir yargılama mekanizması ve sorumluluk duygusu geliştirmelerine önem vermemenin ne kadar akıllıca olduğunu sorgulamakta da yarar vardır.

Bu kitabın ikinci yarısında anlattığım yaklaşımın (koşulsuz sevgi, saygı ve güvene dayanan bir ilişki kurmanın, karar süreçlerinde çocuklara söz hakkı tanımanın vs.) *asıl* zor mahallelerde büyüyen çocuklar için gerekli olduğunu söyleyecek kadar ileri gidebilirim.[26] Zaten nerede yaşarlarsa yaşasınlar, ebeveynlerinden korkmaya sürüklenen çocukların daha iyi yaşamları olduğunu veya daha büyük başarılar kazandığını gösteren örneklerle karşılaşmak da pek olası değildir.

NOTLAR

GİRİŞ

1. Bu düşünce deneyini Deborah Meier'den ödünç aldım.

2. Cagan, s. 45-46.

3. Bu sayı Simpson'dandır (s. 11). O sıralarda, yani 90'ların ortalarında, kitapçılarda 1.500'den fazla ebeveynlik kitabı vardı.

4. Çocuklara saygı gösteren daha iyi kitaplar bile bazı yönlerden tiye alınmayı hak ederler. Örneğin, bize "yansıtarak dinleme"yi öğütlemekle kalmazlar, bunu sanki sihirli güçlere sahipmiş de hemen sonuç verecekmiş gibi pazarlamaya da çalışırlar.

Çocuk: Ama bu haksızlık! Hep bunu yapıyorsun! Senden nefret ediyorum! (ağlamaya başlar)

Ebeveyn: Hmm. Sanırım az önce önerdiğim şeyin haksızlık olduğunu düşünüyorsun. Bu da seni kızdırıyor, değil mi?

Çocuk: Evet! (burnunu çeker) Ama... şey... sanırım bununla yaşayabilirim. (duraklar) Vay be! Beni anlamaya çalıştığın için sağ ol. Şimdi çok daha iyi hissediyorum!

5. Örneğin, Chapman ve Zahn-Waxler'da (s. 90) incelenen araştırmaya göz atabilirsiniz.

6. Washington D.C. araştırması: Kuczynski ve Kochanska. (Alıntılar sırasıyla s. 404 ve 398). "Zorlantılı itaat": Crittenden ve DiLalla. Psikoterapistler: Bkz. Juul. Ebeveyn ile çocuğun bağlanma motiflerini inceleyen psikologlara göre sağlıklı bir çocuk "annenin isteğini hemen yerine getirmez. Tersine, 'oyun oynamayı bırakıp oyuncaklarını toplaması' söylendiğinde belli oranda direnç gösterir ve anneyle işbirliğine ancak aşama aşama yanaşır" (Matas vd. s. 554).

7. Edward Deci ve Richard Ryan tarafından yürütülen araştırmayla ilgili olarak bu kitabın 69-70. sayfalarında yer verilen incelemeye göz

atınız. Bu konuyu *Punished By Rewards*'da *(Ödüllerle Cezalandırılmak)* (Kohn 1999a, s. 250-52) ele almış ve Deci ile Ryan'ın ortaya koyduğu farklı içselleştirme türleri üzerinden irdelemiştim. Bunların yapıcılıktan en uzak olanı "içe yansıtma"dır (*introjection*). İçe yansıtma, kişinin bir kuralı veya değeri doğrudan yutmasını ve sonrasında da buna uygun davranma konusunda içten gelen bir baskı hissetmesini ifade eder. Bu içselleştirme biçimi aslında, kitap boyunca çözümlediğim disiplin tekniklerinin yaratmaya çalıştığı etkiden başkası değildir.

8. DeVries ve Zan, s. 253.
9. Coloroso, s. 77.

1. BÖLÜM: KOŞULLU EBEVEYNLİK

1. Çocuklarla ilgili bu görüş somut kanıtlara değil, basitçe önyargıya dayanır. *The Brighter Side of Human Nature* (*İnsan Doğasının Aydınlık Yüzü*) kitabımda, sevecen ve empatik olmanın, saldırgan ve benmerkezci olmak kadar doğal olduğuna işaret eden yüzlerce araştırmayı incelemiştim. Bu incelemenin kısaltılmış haline, "Caring Kids" (Kohn, 1991) adında, eğitimcilere yönelik yazdığım makalemde de yer verdim.
2. Bu cümle, Stephen Beltz adında bir psikoloğun *How to Make Johnny WANT to Obey* adındaki kitabından alınmıştır (s. 236).
3. Baumrind, 1972, s. 278. Şöyle devam ediyor: "Koşulsuz sevgi gösteren ebeveyn, çocuğu bencilliğe ve talepkârlığa teşvik etmektedir." Bu da insan ilişkilerine uyarlanan ekonomik modelin insan doğasıyla ilgili olumsuz görüşlerle el ele yürüdüğünü gösterir.
4. Margaret Clark 70 ve 80'lerde pek çok araştırma yaparak "değiş tokuş ilişkileri" ve "komünal ilişkiler" arasındaki farkları inceledi. Evliliklere yönelik spesifik bulgu ise Murstein vd. makalesinden alınmıştır. Ekonomik modellerin ve eğretilemelerin yaşamın pek çok alanını nasıl ele geçirdiğine dair daha kapsamlı incelemeler için Barry Schwartz'ın *The Battle for Human Nature* kitabına ve Erich Fromm'un yazılarına başvurabilirsiniz.
5. Örneğin, bkz. Rogers, 1959.
6. Bkz: www.doh.ie/fulltext/Children_First/Chapter2.html. İnternet linkleri belli bir süre sonra erişilmez olabiliyorsa bile bu belgeye Illi-

nois'deki bir şerif bürosunun ve Pennsylvania'daki bir istismarla mücadele örgütünün (CAPSEA) web sitelerinde de rastladım. Missouri'de bir yasa teklifiyle birlikte sunulduğunu da duydum. İnternet üzerinde pek çok İngiliz ve Kanada sitesinde halen kaynak gösterilmektedir. (*Children First* adlı belgenin bu kitap yayıma hazırlandığı tarihteki (2014) adresi: www.dcya.gov.ie/documents/publications/Children_First_A4.pdf- Ç.N.)

7. Örneğin "ebeveynler, çocukları belli sıklıkta karar verme süreçlerine dâhil ettiklerini ifade ederler, ama çocuklar her zaman, öne sürülenden daha seyrek olarak dâhil edildiklerini söylerler." (Eccles vd. s. 62-63)

8. Kernis vd. (s. 230) bu iddiayı desteklemek için üç farklı araştırmaya değinir. Ama ebeveynler ve çocuklar tarafından anlatılan iki farklı durumu nesnel biçimde kıyaslama şansı her zaman yoktur ve başka araştırmalara göre de ebeveynlerin anlatıları çoğu zaman araştırmacının gözlemleri ile örtüşmemektedir (örn. Kochanska, 1997; Ritchie).

9. Hoffman, 1970a, özellikle de Tablo 5 (s. 106). Bunlar ve sevginin geri çekilmesiyle ortaya çıkan diğer sonuçlar 38-39. sayfalarda incelenmiştir. "Çocuğun gelişimine tesir eden en önemli etken, onun kendi deneyimlediği ebeveyn davranışıdır" biçimindeki temel bulguyu destekleyen diğer bilimsel veriler için bkz. Morris vd. (alıntılar için bkz. s. 147).

10. Assor vd. Alıntı için bkz. s. 60. Ebeveynlerin çocuklarına geçmişte kendilerine davranıldığı gibi davranmayı seçme nedenleri çok açık değildir. Ama 6. Bölüm'de koşullu ebeveynliğe bazı açıklamalar getirmeye çalıştım.

11. Harter vd. Dahası, "koşullara bağlı olarak sevildiği ve bir başkasının isteklerini yerine getirmesi gerektiği hissi iletişimde engeller yaratır… ve koşullu sevgiden kaçınmayı daha da zorlaştırır… kısır bir 'iletişim engelleri döngüsü' oluşur" (Newcomb, s. 53).

12. Harter, 1999, s. 181. Ebeveyn ve öğretmenlerden koşulsuz sevgi almanın yarattığı etkiler için bkz. Forsman ve Makri-Botsari. İkinci araştırma, öğretmenleri tarafından koşulsuzca kabul edilen öğrencilerin öğrenmeye daha hevesli olduğunu ve zor akademik ödev ile projelerden daha büyük keyif aldığını da ortaya koymuştur. (Bu durum, bir ödev

veya projeyi yalnızca size verildiği için yapmak ve seçim şansınız olduğunda da en kolay ödevi seçmekle taban tabana zıttır.)

13. İlk cümle, Missouri Üniversitesi'nden Brent Mallinckrodt ve arkadaşları tarafından geliştirilmiş olan Sevgi Geri Çekme Ölçeği'nden alınmıştır. İkinci cümle (birinci kişi anlatımına dönüştürülmüştür) Georgia Üniversitesi'nde Michael Kernis ve meslektaşları tarafından kullanılan bir enstrümandandır.

2. BÖLÜM: SEVGİYİ VERMEK ve GERİ TUTMAK

1. Chamberlain ve Patterson, s. 217.
2. Chapman ve Zahn-Waxler, alıntılar için bkz. s. 90 ve 92.
3. Hoffman, 1970b, s. 285-86.
4. Hoffman, 1970b, s. 300.
5. Dienstbier vd. s. 307.
6. Özsaygı: Stanley Coopersmith'in 5 ve 6. sınıflardan erkek öğrencilerle gerçekleştirdiği bu klasik çalışmaya Maccoby ve Martin'de (s. 55) değinilmiştir. Yaklaşık 30 yıl sonra, aynı çalışma kızlar da dâhil edilerek yinelenmiştir; bkz. Kernis vd. 2000.
7. Maccoby ve Martin, s. 55.
8. Olağandışı kaygı: Perdue ve Spielberger tarafından 1966 yılında yapılan araştırmaya Hoffman'da (1970b) yer verilmiştir (s. 302). Kızgınlığını göstermekten çekinmek: Hoffman, 1970a, s. 108-9. Başarısızlık korkusu: Elliott ve Thrash. (Bu yazarlar sevgiyi geri çekme kavramını, "yaygın biçimde savunulan 'mola' tekniği" üzerinden açıklamaktadır.) Bağlılıktan kaçmak: Swanson ve Mallinckrodt, alıntı için bkz. s. 467. (Bu son çalışmadaki 125 öğrencinin sevgiyi geri çekme uygulamasına ne raddede maruz kaldığı, aile köklerinden gelen farklı özellikler göz önüne alındığında bile insanlarla yakınlıktan kaçınma eğilimlerine dair belirleyici bir göstergedir. 400'den fazla öğrenciyle yapılan bir diğer araştırma (Mallinckrodt ve Wei) ise sevginin geri çekilmesi ile güvensizlik ve bağlanma zorlukları arasındaki ilintiyi doğrulamıştır.)
9. Hoffman 1970a ve 1970b, s. 339-40. Burada, daha önce gerçekleştirilen bir diğer çalışmaya da değinmeliyim. Sears vd. saptadığına göre, hem sevgiyi geri çekme teknikleri kullanan hem de sıcak davranışları

olan annenin anaokulu çağındaki çocuğu, bir kuralı çiğnediğini veya suçun kendisinde olduğunu itiraf etmeye daha yatkındır. (Bir başka yazarın da [Becker, s. 185] daha sonra ifade ettiği gibi, bu etki "sıcak davranışlarda bulunan" annelerin çocuklarında geçerlidir, çünkü bu çocuklar için "yitirecek daha çok sevgi" vardır.) Bunların ardından gelen araştırmalarda, sevgiyi geri çekme tekniklerinin maneviyatın gelişimi üzerinde olumlu bir etki yarattığına dair herhangi bir işarete rastlanmamıştır. Metin içinde değinilen de dâhil olmak üzere diğer araştırmalarda ise böylesi bir disiplin yaklaşımının "tamamen yapılanmış bir vicdan... için gerekli temeli oluşturamadığı" sonucuna varılmıştır (Hoffman ve Saltzstein, s. 56). Gerçekten de Sears vd. tarafından tespit edilen sözde "olumlu" sonucun (itiraf etme zorlantısının) aslında istediğimiz şey olup olmadığını sorgulayabiliriz. Yakalanma korkusu bir şeydir, yanlış bir davranışta bulunduğuna dair gittikçe gelişen bir algı (gelişen diyorum, çünkü beş yaşındaki bir çocukta gelişim halindedir, henüz sağlam biçimde yerleşmemiştir) bambaşka bir şeydir. Psikolog Wendy Grolnick'e göre bu aslında içsel bir baskıdır ve "özerklik duygusuna tamamen aykırıdır, çünkü çocuğun itaatsizlik riskine girmesini engeller." Ebeveynlerin sevgisi ortadan kalktığında "çocuğun kaybı da büyük olur" (Grolnick, s. 47).

10. Ama yalnızca biraz. Çünkü izleyen paragraflarda dile getirilen fikirler ve bunların dayandığı kanıtlar *Punished by Rewards (Ödüllerle Cezalandırılmak)* (Kohn, 1999a) kitabımda uzun uzun irdelenmiştir.

11. Bkz. Kohn, 1999a, 5. Bölüm ve Deci vd. 1999 (ayrıca, iki metinde özetlenen sayısız araştırma).

12. Farklı araştırmacıların "övgü" ile farklı şeyler kast etmiş olmaları, övgünün iç kaynaklı motivasyon üzerindeki etkilerini açık biçimde belirlemeyi zorlaştırmaktadır (bkz. Kohn 1999a, özellikle s. 99-101, 261). Araştırma bulgularının son zamanlarda yeniden gözden geçirilmesi ile varılan sonuca göre ise "sözlü ödüller üniversite öğrencilerinin iç kaynaklı motivasyonunu yükseltiyorsa bile, aynı şey çocuklar için geçerli değildir" (Deci vd. 1999, s. 638).

13. M. B. Rowe.

14. Bu son derece isabetli ifade DeVries ve Zan'dandır (s. 46).

15. Burhans ve Dweck. Övgünün içeriği de burada önemli olabi-

lir. Araştırmacılar şu konuda fikir birliğine varmışlardır: Kişinin yalnızca koşullu olarak kabul edildiğini hissetmesine yol açan yorumlar olumsuz etkiler yaratır. Ama araştırmacılar, ne tür yorumların bunu yaptığında anlaşamamışlardır. (En azından son zamanlarda gerçekleştirilen iki araştırma hemfikir değildir.) Genç yetişkinlerle yapılan deneye (Schimel vd.) göre, kişisel başarılarla ilgili olumlu geribildirimler onların kendilerine daha çok güvenmesini sağlamamaktadır. Ama onların kim olduğuna ve sahip oldukları "gerçek içsel niteliklere" dair olumlu geribildirimler bu özgüveni beslemektedir. Kamins ve Dweck ise bunun tam tersi sonuca ulaşmıştır. Onlara göre, çocukların "kendileri, özellikleri veya yetenekleri ile ilgili genel bir değerlendirme" anlamını taşıyan bir "kişi odaklı" övgü, kişisel değerlerinin koşullara bağlı olduğunu düşündürecek türden bir övgüdür. Bu da çocukları, herhangi bir aksilik veya başarısızlık karşısında darmadağın olmaya daha yatkın hale getirir.

16. Gerçek şu ki kitabımı beğendiğinizi söylemenizde herhangi bir sakınca yok. Beğendiyseniz söyleyin. Size teşekkür bile ederim. Ama belli bilgiler içeren olumlu veya olumsuz bir geribildirim (kitapta neyi işe yarar (veya yaramaz) bulduğunuz ve neden böyle düşündüğünüz) benim için basit bir yargıdan daha makbuldür. Ayrıca, geribildiriminiz ister olumsuz olsun ister de olumlu, sizinle tanışmaktan büyük zevk duyacağıma eminim, ama koşulsuz sevgi konusunda size bağımlı olmadığımı da söylemeliyim. Yeni tanışan iki yetişkin arasındaki iletişim, ebeveyn ile çocuk arasındaki iletişimin bir benzeri değildir. Bu nedenle, kitap sayesinde yaşamınızın değiştiğini söylediğiniz zaman benim de keyifle gülümseyeceğim gerçeği, olumlu pekiştirmeyi çocuklarımız üzerinde kullanmakta bir sakınca olmadığı sonucuna varmamızı pek sağlamayacaktır.

17. Bu incelemeden çıkardığım sonuçlar ve izleyen iki paragrafta dile getirilen konuların irdelemeleri için bkz. Kohn, 1994.

18. Oluşan motifi görebiliyor musunuz? Kavramları (ister ebeveyn sevgisi olsun (s. 17) ister de motivasyon (s. 43-44) veya özsaygı) "tek tip" olarak düşünmekten artık vazgeçmemiz gerekiyor. Önemli olan bunlara ne miktarda sahip olduğumuz değil, hangi tiplerine sahip olduğumuzdur.

19. Deci ve Ryan, 1995, s. 33. Yalnızca özsaygı düzeyiyle yetinmeyip, onun ne denli koşullu olduğunu (hatta sağlamlığını veya kırılganlığını) incelemenin bulgusal değeri Kernis'de de (2003) ortaya konmuştur. Alice Miller da bunun farkına varmış ve şöyle yazmıştır: Kişi, ruhsal çöküntüden uzak kalabilmek için "özsaygısını, sahip olduğu niteliklere değil, kendi hislerinin gerçekliğine dayandırmalıdır" (s. 58). Miller'a göre bu, bir terapistten alabileceğimiz (veya almaya gereksinim duyabileceğimiz) bir şey değildir. Carl Rogers'a göre, psikoterapinin sağaltımda başarı kazanmasını sağlayan en önemli etmen, kişinin yıllar önce görmüş olması gereken "koşulsuz olumlu muamelede" bulunmasıdır. Ama Miller bu konuda daha ümitsizdir: "Bu bir çocukluk gereksinimidir ve yaşamın daha sonraki dönemlerinde giderilemez" (s. 68).

20. İçki araştırması: Neighbors vd. Burada sözü geçen diğer araştırmalar ve sonuçlarına ise Crocker ve Wolfe'da (s. 606, 614-15) yer verilmiştir. Bu iki yazarın görüşü odur ki, "davranış, özsaygının koşullu olup olmamasına bağlı değildir; kişi, kendi değerini hangi konularla ilişkilendirdiyse, davranış da onlar doğrultusunda gerçekleşir" (s. 597). Bunun anlamı, kişinin kendi hakkında iyi duygular beslemesinin diğer kişilerin onayını almasına, erdemli olmasına, başarılı çalışmalar yapmasına vs. bağlı olup olmadığıdır. Crocker vd. daha sonraki bir araştırmada elde ettikleri bulgularla ise şu görüşü öne sürmüşlerdir: "Özsaygının hangi alanlarla ilişkili olduğu, koşullu olup olmamasından daha önemlidir" (s. 905), en azından, araştırmaya dâhil edilen öğrenciler için öyledir.

21. Bu hedefe kaçımızın gerçekten ulaşabildiğini ayrıca tartışabiliriz. Carl Rogers ideal senaryoyu tanımladıktan sonra (kişinin yalnızca koşulsuz olumlu muamele görmesi, ayrıca "kişisel değerin koşullara bağlanmaması, özsaygının koşulsuz olarak gelişmesi, saygı görme ve özsaygı duyma gereksiniminin 'organizmal' değerlendirmeler doğrultusunda dalgalanmaması ve kişinin de işlevselliğini ve psikolojik uyum sağlama yeteneğini koruması") bunun "hipotetik olarak olanaklı" olduğunu söylemiş ama "aslında pek gerçekleşmediğini" eklemiştir (s. 224). Koşulsuz özkabulün önemini vurgulayan bir diğer psikolog Albert Ellis ise bunu "asla kusursuz biçimde edinilemeyecek bir alışkanlık" olarak nitelemiştir (Chamberlain ve Haaga, s. 172). Bu alanda uzmanlaşan di-

ğer iki yazar ise şunları yazmıştır: "Böylesine 'koşulsuz' insanların varlığını inkâr etmiyoruz. Ama bu kişilerin son derece ender olduğu da bir gerçektir, özellikle de özsaygının öneminin bu kadar vurgulandığı ve bir kişinin diğerine oranla değerinin başarılara, görünüme, sportif yeteneğe, yaptığı iyi işlere veya servete göre ölçüldüğü bu Kuzey Amerika kültüründe" (Crocker ve Wolfe, s. 616; ayrıca bkz. Crocker vd.). Yazarlar bunu ifade ettikten sonra açık biçimde ortaya koyarlar ki özsaygısı yüksek olan kişi kendini sevebilmek için belirlediği koşulları sağlamakta başarılı olabilir, ama bu kendini koşulsuz olarak sevmek ile aynı şey değildir.

22. Aşırı kaygı hissetme veya depresyona girme riski düşük: Chamberlain ve Haaga.

23. Ryan ve Brown, s. 74. Crocker da aynı noktaya parmak basmıştır.

24. Aynı şeyi (özsaygıyı belki daha az irdeleyerek) kitabım *No Contest*'in (Kohn, 1992) 5. Bölümünde de savunmuştum. Daha güncel kanıtlar için Crocker'a başvurabilirsiniz. Elbette rekabetçilik ve diğer kişiler üzerinde zafer kazanma gereksinimi, koşullu ve kırılgan özsaygının nedeni değil, *belirtisi* de olabilir. Ne denli değerli oldukları ile ilgili kökü derine giden kuşkular taşıyan kişiler aslında iyi, güçlü ve başarılı olduklarını kendilerine kanıtlamak için rekabete atılabilirler. Ama ilginç olan şudur ki diğer kişilerle işbirliği yapmak, onları yenme çabasına kıyasla daha sağlıklı bir benlik duygusu gerektirmektedir.

3. BÖLÜM: AŞIRI KONTROL

1. Bkz. Ginott, s. 101-2.

2. Örneğin, bkz. Grusec ve Goodnow, s. 7.

3. Bir araştırmanın bulgularına göre, otoriter tutumlar benimseyen annelerin "çocuk yetiştirmeyle ilgili inançlarında" son derece anlamlı bir "tutarlık" vardır. Bu gruba dâhil bir anne, çocuğun yaptığı her şeyi söz konusu inançların penceresinden görür (Hastings ve Rubin). Ebeveyn "bağlamsal veya belli durumlara özel etkenleri" ne denli göz ardı eder ve "eylemleri, dış dünyadan esnemez biçimde dayatılan iyi ve kötü davranış standartlarına göre değerlendirmeye" ne denli yönelirse, sonuçlar da çocuk için o denli kötü olur (Hoffman, 1970a, s. 113).

4. Adorno vd. Alıntı için bkz. s. 385.

5. Bir psikolog, bebeğine "ce-ee" yapan bir anneyi tahayyül etmemizi ister. Oyunun gereğinden güçlü uyarımlarda bulunmaya başladığı noktada bebek uyarılma düzeyini düşürmek için yan döner ve parmağını emmeye başlar. Anne ise bundan bir ipucu almak ve bebek oyuna yeniden hazır oluncaya dek beklemek yerine "onun ilgisini çekmek için dilini şaklatarak bebeğin görüş çizgisine girecek biçimde yana eğilir. Ama bebek anneyi yok saymayı ve başka yere bakmayı sürdürür. Anne pes etmez ve başını bebeğine daha da yaklaştırır. Bebek ise yüzünü buruşturur... ve başını daha da çevirir..." Annenin etkileşimi kontrol etme gereksinimi (ve bebeğin açık tercihine saygı göstermemesi) uzun süreli olumsuz etkilere neden olabilir. Bebek, çevresindeki dünyayı etkileyemeyecek kadar güçsüz ve çaresiz hissedebilir, ayrıca ebeveyninin (ve diğer kişilerin) duyarsız ve güvenilmez olduklarını düşünebilir. Hoş olmayan deneyimlerden kaçma ve kendi kendini avutma yollarını bulmak öncelikleri haline gelir, bu durum da "bilişsel gelişimi tehlikeye atar ve bebeğin diğer kişilerle etkileşimlerini çarpıtır" (Tronick, s. 112, 117).

6. Alıntılarla bu noktaya parmak basan Kuczynski'dir (1983, s. 133; 1984, s. 1062).

7. Stayton vd. Alıntı için bkz. s. 1061. Yazarlara göre ifade edilen şudur: "Söz dinlemeye eğilim, duyarlı ve uyum sağlayan ortamlarda, yoğun bir eğitim veya disipline gerek kalmaksızın ortaya çıkar" (s. 1065). Söz dinlemenin disiplin veya kontrolle değil de duyarlı ebeveynlikle ilişkili olduğunu gösteren diğer araştırmalar ve açıklamaları için bkz. Honig. İki araştırmacı, Stayton çalışmasında değinildiği biçimde iradelerini dayatan (yani, "bebeğini belli etkinliklere yöneltme çabalarını ve müdahalelerini onun durumuna, ruh haline ve o anda ilgi duyduğu şeylere göre ayarlamaktansa bebeğin sürdürdüğü faaliyetleri kesintiye uğratan") annelerin çocuklarının, beş veya altı yaş civarlarında hiperaktifliğe daha yatkın olduğunu keşfetmiştir (Jacobvitz ve Sroufe). Ne yazık ki başka araştırmalar yaparak bu ilginç bulgu üzerine daha fazla gidilememiştir, çünkü çocukluk dönemi bozukluklarının araştırılması için yaratılan fonların neredeyse tümü ebeveynlik uygulamalarının bunlarla ilişkisini inceleyecek çalışmalara değil, nörobiyolojik araştır-

malara ayrılmıştır.

8. Crockenberg ve Litman, s. 970.

9. Parpal ve Maccoby.

10. Kochanska, 1997.

11. İçten gelen itaat: Kochanska ve Aksan. Diğer yetişkinlerin sözünü dinleme: Feldman ve Klein.

12. Çocukların belli bir davranışı benimsemeye veya belli bir duyguyu beslemeye zorlanması söz konusu olduğunda bu daha da doğru bir önermedir. Kısa vadede, çocukların belli biçimde davranmalarını sağlayabiliriz, ama bunu *istemelerini* sağlayamayız. Çocukları nasıl "motive edeceğimize" dair görüş istemek de zaten bu yüzden saçmadır. Kontrol uygulama çabası ise ebeveyn-çocuk ilişkisinin tek yönlü olduğuna dair inancınız ne kadar güçlüyse o kadar başarısızlığa uğrar. Araştırmacılar keşfetmişlerdir ki söz konusu olan yalnızca ebeveynlerin çocuklara nasıl davrandığı değildir; ister beğenin ister de beğenmeyin, bu ilişki karşılıklıdır ve iki taraf da birbirini etkiler. "Etkileşime yaptığımız vurgu sonucunda ebeveynlik uygulamalarının çocuklar *için* veya çocuklara *yönelik* yapıldığını düşünmeyi bıraktık ve çocuklarla *birlikte* yapıldığını anlamaya başladık" (Maccoby ve Martin, s. 78). Benim savunduğum ise bunun aynı zamanda arzulanan şey olduğudur: *Etkileşim*, bir anlamda, gerçekten de çocuklarla aramızda gerçekleşenin isabetli bir tanımıdır, bir diğer anlamda ise ebeveyn ile çocuk arasında gerçekleşmesi gerekene dair basit bir reçetedir.

13. Baldwin, özellikle s. 130-32.

14. Lamborn vd. 1991. Alıntı için bkz. s. 1062. Bu, genç yetişkinlerin, özellikle de genç kadınların, maruz kaldıkları otoriter ebeveynlik uygulamaları yüzünden kendileri hakkında iyi şeyler düşünemediklerini gösteren diğer araştırmalarla da (bkz. Buri vd.) tutarlıdır.

15. Samalin, s. 6.

16. Martin Hoffman bunu yazılarında sürekli savunmuştur. Aynı olgu, çocukların ebeveynleri dışındaki yetişkinler tarafından aşırı kontrole maruz bırakılması halinde de söz konusu olmaktadır. Örneğin, 1930'larda yapılan bir dizi deneyde (Lewin vd.) bir grup oğlan, liderlik tarzı demokratik ile diktatörvari arasında değişen insanlarca yönetilen gruplara katılmıştır. İkinci tür gruplarda yer alan çocukların bazıları

gerçekten de daha saldırgan veya rekabetçi hale gelmiştir ama pek çoğu basitçe içine kapanmış veya her şeye kayıtsız kalmaya başlamıştır. Ancak bu da liderleri ortamdan ayrılana (veya oğlanlar daha gevşek biçimde kontrol edilen gruplara aktarılana) kadar sürmüştür, çünkü bundan sonra saldırgan davranışlarda sert bir artış gözlemlenmiştir.

17. Hart vd.

18. Juul, s. 220. Bu aynı zamanda dindar bir Katolik de olan klinik psikolog Sidney D. Craig'in 1970'lerde yayımlanan kitabı *Raising Your Child, Not by Force but by Love*'ın da ana temasıdır. Bu kitap benim gördüğüm diğer din odaklı ebeveynlik kitaplarından çok daha farklı bir bakış açısına sahiptir. Craig de (elbette benden çok daha önce) vurgulamıştır ki "çocuğun 'düşmanı' müsamahakârlığın kendisi değil, müsamahakârlık korkusudur. Orta tabakadan, iyi niyetli Amerikan ebeveynlerini çocuklara karşı böyle duygusuz, duyarsız ve anlayışsız davranmaya yönelten de bu korkudur ki işin sonunda çocukları kabahatlere ve suçlara itmektedir" (s. 38).

19. Ryan ve Deci, 2003, s. 265.

20. Assor vd.

21. Ryan ve Deci, 2000, s. 47.

22. Johnson ve Birch. Alıntı için bkz. s. 660. Birch son bölümde değindiğim araştırmayı da yapan bilim insanıdır. Bu araştırma kapsamında, aşina olmadıkları bir içeceği içmek için ödüllendirilen veya övülen çocukların, ödül veya övgü almayan çocuklara kıyasla içeceği daha lezzetsiz buldukları görülmüştür.

23. Maccoby ve Martin, s. 44. Bu sonucu destekleyen bir çalışma için bkz. Hoffman ve Saltzstein.

24. Bu araştırmanın sonuçları ilk kez 1984'te yayımlanmıştır ve bu sonuçlara hem Grolnick (s. 15-16) hem de Frodi vd. değinmiştir. İkinci bir çalışma (Deci vd. 1993) ise ebeveynin *ne derece* kontrolcü olduğunu, çocuğuyla *ne kadar* konuştuğuna bakarak kestirmenin olanaksızlığını ortaya koymuştur. Önemli olan unsurlar *ne* söylendiği ve *nasıl* söylendiğidir.

25. Grolnick vd. 2002. Daha önce yapılan bir araştırma, boyaları nasıl kullanacakları konusunda kesin talimatlar alan altı ve yedi yaşındaki çocukların resimlerinin daha az yaratıcı olduğunu (ve çocukların

resim yapmaktan daha az zevk aldığını) ortaya koymuştur (Koestner vd.). Benzer biçimde, diğer araştırmalar (örneğin, Dornbusch vd. 1987) otoriter ebeveynlik ile lise öğrencilerinin okul notları arasında negatif ilişki bulmuştur. Ama okul notları zaten derin düşünme becerisinin, öğrenme isteğinin, zor görevleri tercih etme eğiliminin göstergesi değildir (hatta bunlarla ters orantılı bile olabilir). Öğrencilerin "tam not" tabir edilen dış kaynaklı ödülleri kovalaması, 5. Bölüm'de de değindiğim gibi, kutlanacak değil, kaygılanılacak bir durumdur.

26. Yazarların öne sürdüğüne göre ebeveyn kontrolü "çocuğun dikkatini çok dar bir alana odaklayabilir." Diğer yandan, "özerkliği desteklenen çocuk, kendisine verilen görev ve ödevler konusunda daha geniş bir kavramsal anlayışa sahip olmakta ve bu kavramları yalnız başına kaldığında bile kolayca uygulayabilmektedir" (Grolnick vd. 2002, s. 153).

27. Bkz. Flink vd. ile Deci vd. 1982.

28. Grolnick'in özet yorumları için bkz. s. 20 ve 150. Yaştan bağımsız etkiler: s. 39. (Benzer biçimde, Grusec ve Goodnow'un bulgularına göre (s. 11) "zor kullanmak, çocuğun yaşı ne olursa olsun, maneviyatın gelişiminde yine aynı olumsuz etkiye neden olmaktadır." Brody ve Shaffer de bu sonucu, sevgiyi geri çekme tekniklerini de kapsayacak biçimde genişletmiştir.) Yaştan, sınıftan ve ırktan bağımsız etkiler: Bkz. Ek.

29. Ebeveynler ve öğretmenler *yapı* ve *sınır* gibi sözcükleri gerçekte kontrolcülük olan davranışları geçerli göstermek için kullanırlar. Grolnick'in de ifade ettiği gibi kontrolün çocuk yararına olduğunu savunan araştırmalar ise aslında makul bir yapıyı ortaya çıkarmakta ama bunu yine de "kontrol" olarak etiketlemektedir (s. 149). Grolnick, sağlıklı yapıları "çocukların gereksinim duyduğu bilgi ve rehberliği sağlamak, böylece kendi kararlarını vermelerine olanak tanımak" olarak tanımlamıştır (s. 17). Bu konuyla ilgili bir diğer önemli nokta ise *davranışsal kontrol* ile *psikolojik kontrol* arasındaki ayrımdır. Bu ayrım ilk olarak Earl Shaefer tarafından ortaya atılmıştır; daha sonra Laurence Steinberg tarafından yeniden gündeme getirilmiş ve Brian Barber tarafından geliştirilmiştir.

4. BÖLÜM: CEZALARIN YOL AÇTIĞI ZARARLAR

1. Çocuklar (ve daha yaygın olarak yetişkinler) bazı durumlarda cezanın ne kadar etkili olduğuna bakılmaksızın cezalandırılabilirler. Buradaki amaç, gelecekteki davranışları değiştirmekten daha ziyade ödeşmek olabilir. Görünüşe göre ödeşme eğilimi, bazı öğretmenlerin çocukları cezalandırma nedenlerindendir (Reyna ve Weiner). Ama kaç ebeveynin çocuk davranışlarını değiştirmek için cezaya başvurduğu, kaç ebeveynin de cezayı bir tür ahlaki zorunluluk olarak gördüğü açık değildir (bkz. s. 120).

2. Sears vd. s. 484.

3. Toner, s. 31. Benzer biçimde, farklı üniversitelerden öğretim üyelerinin katılımıyla oluşturulan Davranış Sorunlarını Önleme Araştırma Grubu'nun 2000 yılında yayımladığı raporda "cezalandırıcı disiplin, çocuklardaki her türlü yıkıcı davranışın ortak nedenidir" denmiştir (Stromshak vd., alıntı için bkz. s. 253). Orta Batı'da gerçekleştirilen bir diğer araştırma ise şu sonucu vermiştir: Farklı türlerde cezalar "davranış sorunları tahminlerinde, tüm demografik tahmin değişkenlerinin toplamından daha fazla tek varyans sağlamıştır" (Brenner ve Fox, alıntı için bkz. s. 253). Elbette cezanın olumsuz davranışlarla ilişkilendiğine dair keşif zor çocukların daha sık cezaya çarptırıldığıyla açıklanmaya çalışılabilir; diğer bir deyişle, çocuğun davranışı cezadan kaynaklanmamaktadır, tam tersine cezayı "kendine çekmektedir." Neden-sonuç ilişkilerini gösteren okların farklı yönlere işaret ettiği bir gerçek ama bu hipotezi test etmek için özel olarak tasarlanan pek çok araştırma da, ortaya konan kanıtlarla, cezanın bir tepki değil, etki olduğu sonucunu desteklemektedir. Örneğin, bkz. Hoffman, 1960, s. 141; Kandel ve Wu, s. 112; Cohen ve Brook, s. 162. Cezanın olumsuz davranışların ortaya çıkışındaki rolü için bkz. Straus, 2001, 12. Bölüm. Benzer biçimde, aşırı saldırganlık gösteren yürüme çağındaki bir çocuk yaşıtlarına kıyasla daha sert muamele görebilir ama bu sertliğin asıl nedeni çocuğun özel durumu değil, ebeveynin çocuk yetiştirme konusuna yaklaşımıdır (Hastings ve Rubin, ayrıca bkz. Grusec ve Mammone).

4. Fiziksel cezaya dair mevcut araştırmaların en iddialı özeti, Gershoff'un 2002 yılında yayımladığı monografında verilmiştir. Gershoff'un

incelediği, cezanın kısa dönem itaat üzerindeki etkilerini ele alan beş araştırmadan üç tanesi olumlu bir etki saptamış, iki tanesi ise saptayamamıştır (s. 547). (Ama o üç tanesi de fiziksel cezanın diğer yöntemlerden daha etkili olduğunu kanıtlayamamıştır.) Daha önemlisi Gershoff, 88 araştırma üzerinde gerçekleştirdiği toplu çözümleme ile fark etmiştir ki ebeveynlerin fiziksel cezalar vermesi "ahlaki değerlerin daha az içselleştirilmesiyle, daha fazla çocuk saldırganlığıyla, çocuk suçlarına ve anti-sosyal davranışlara daha çok yönelmekle, ebeveyn ile çocuk arasındaki ilişkinin niteliklerini yitirmesiyle, çocuk ruh sağlığının tehlikeye girmesiyle, fiziksel istismar kurbanı olma riskinin artmasıyla, daha fazla yetişkin saldırganlığıyla, yetişkin suçlarına ve anti-sosyal davranışlara yönelmekle, yetişkin ruh sağlığının tehlikeye girmesiyle, çocuğu veya eşi fiziksel istismara maruz bırakmakla" ilişkilenmektedir (s. 544). Ayrıca bkz. Murray Straus'un eserleri.

5. McCord, 1991, s. 175-6.

6. Öğretmenler için yazdığım ve 1996'da yayımlanan kitabım *Beyond Discipline*'de "Onurlu Disiplin", "İşbirliğine Dayalı Disiplin", "Sevgi ve Mantıkla Disiplin" gibi "Yeni Disiplin" programlarına ve Rudolf Dreikurs ile takipçilerinin önerilerine bazı eleştiriler getirmiştim. Özellikle bkz. 4. Bölüm: "Hafif Ceza: 'Sonuçlar' ve Sahte Seçenek".

7. Pieper ve Pieper, s. 208. Bu gerçek doğal sonuç diye bir şey olmadığı anlamına gelmez. Eğer gece geç vakte kadar oturursak sabaha yorgun uyanmamız olasıdır. Eğer alışverişe gitmezsek sonunda yemeğimizin bitmesi kesindir. Ama bu senaryolar, bir ebeveynin eve geç gelen çocuğuna yemek ısıtmayı reddetmesinden çok farklıdır. Buna ne ad verirseniz verin. Bu yine bir cezadır, hatta oldukça küçük düşürücü bir cezadır. (Bu cezanın yanında bir de "Sana demiştim!" "Bunu hak ettin!" veya "Umarım dersini almışsındır!" demek çocuğun yalnızca daha kötü hissetmesine yol açar.)

8. Hoffman, 1960. Bunu başarmak aslında çok zordur. Araştırmalar (örneğin, Ritchie) gösterir ki ebeveynin çocuğa karşı irade savaşı verdiği zamanlarda cezalandırıcı disiplin yöntemlerine başvurması, tek bir "söz dinlememe vakasına" kıyasla çok daha olasıdır.

9. Ginott, s. 151.

10. Hoffman, 1970a, s. 114.

11. Gordon, 1989, s. 74-7.

12. Hoffman ve Saltzstein, s. 54.

13. Örneğin, bkz. Hoffman, 1970a, s. 109. Straus da (2001, s. 101) şaplak vuran ama bir yandan bunu neden yaptığını açıklayan ebeveynin davranışını çocuğa kötü örnek olmak ve "bir arkadaşına vururken tam olarak ne yapması ve söylemesi gerektiğini öğretmek" olarak tanımlamıştır.

14. Bunun sevgiyi geri çekme teknikleri için de geçerli olduğuna dair kanıtlar için bkz. Hoffman, 1970a, s. 109-115.

15. Aynı olguyla farklı (daha iyi veya daha kötü) öğretim biçimleri kapsamında okullarda da karşılaşılmaktadır. Bu durumu "Education's Rotten Apples" adlı makalemde tartışmıştım (Kohn, 2002).

5. BÖLÜM: BAŞARMAYA ZORLANMAK

1. Luthar ve Becker.

2. Fromm, s. xvi.

3. Luthar ve D'Avanzo. Kimisi varlıklı, kimisi fakir mahallelerde okula giden ergenlik çağındaki yaklaşık 500 çocukla bir araştırma gerçekleştiren bu yazarlar, öğretmenlerin eldeki tüm verilere karşın ilk gruptaki öğrencileri daha şanslı gördüğünü ortaya koymuştur. Çünkü "fakir mahalle okullarında sorunlu davranış olarak görülen davranışların bazıları varlıklı mahallelerde yaratıcı ifade biçimi olarak değerlendirilip daha büyük hoşgörüyle karşılanmaktadır" (s. 861).

4. Norem-Hebeisen ve Johnson. Alıntı için bkz. s. 420.

5. George Carlin, stand-up gösterilerinin birinde şöyle bir soru sormuştu: "Ne tür boş insanlar kendilerini çocuklarının başarıları yoluyla onaylatmaya çalışırlar ki? Bizim görmek istediğimiz tampon çıkartması şöyle: OKULDAKİ UFAK TEFEK BAŞARILARININ REKLAMINI ARABAMIZDA YAPMAMIZA GEREKSİNİM DUYMAYACAK KADAR BÜYÜK ÖZSAYGIYA SAHİP BİR ÇOCUĞUN GURURLU EBEVEYNLERİYİZ."

6. Eldeki araştırmalar çocukları anaokuluna bir yaş geç verme uygulamasını desteklememektedir. Elde edilen akademik yarar çoğunlukla bir yanılsamadır, çünkü bu uygulama sayesinde değil, ebeveynlerin sosyoekonomik karakteristikleri sayesinde söz konusu olmaktadır. Di-

ğer bir deyişle, iyi eğitilmiş anne-babanın çocuğu, okula kaç yaşında başlarsa başlasın aynı başarı düzeyini tutturmaktadır. Belli durumlarda görülen fazladan yararlar ise zaman içinde ortadan yitmektedir. Sosyal yönde ise herhangi bir yarar sağlanamamakta, hatta daha sonra ortaya çıkacak bazı olumsuzlukların işaretleri belirmektedir. (Ayrıntılar ve kaynaklar için bkz. Marshall.) Anaokulları fazlasıyla akademik nitelik kazanmaya başladı (erken çocukluk dönemi uzmanları dünyanın her yerinde bundan şikâyet ediyor) ve ebeveynlerin bazıları da söz konusu uygulamaya zaten bu yüzden başvuruyor. Ama daha fazla çocuğun anaokuluna daha geç yaşta başlaması, odağın akademik becerilere daha fazla kayacağını ve yeni bir kısır döngü yaratılacağını gösterir (Cosden vd. s. 210).

7. Takip eden bilgileri destekleyen araştırmalar 1999 yılında yayımlanan kitabım *The Schools Our Children Deserve*'de irdelenmiştir. www.alfiekohn.com/teaching/articles.htm adresindeki bazı makalelerde de daha dar kapsamla ele alınmıştır.

8. Ames ve Archer.

9. Grolnick ve Ryan.

10. Sözü edilen araştırmalar, sırasıyla Gottfried vd. (1994) ile Dornbusch vd. (1988). Vermont'ta üçüncü sınıf öğrencileri ve ebeveynleri ile yapılan bir üçüncü araştırma da iyi notlar için ödül, kötü notlar için ise ceza vermenin "daha düşük notlar ve başarı puanları ile ilişkilendiğini," ayrıca "okul okuma motivasyonunu, keyfini ve sebatını zayıflattığını" saptamıştır (Ginsburg ve Bronstein, alıntı için bkz. s. 1470). Ama bu araştırmada, diğer iki araştırmanın tersine, söz konusu sorunlara ebeveyn stratejilerinin *neden olup olmadığı* pek de açık değildir. Örneğin ebeveynlerin rüşvet ve tehditlere yönelme sebebi çocukların başka nedenlerden ötürü akademik başarısızlık göstermesi olabilir. Ama bu araştırmadan, rüşvet ve tehdidin hiçbir şeyi düzeltmediği sonucu çıkarılabilmektedir.

11. Borek. *Angela'nın Külleri* yazarı Frank McCourt 18 yıl boyunca prestijli bir okulda ders vermesine karşın yalnızca tek bir ebeveynin "Çocuğum okuldan keyif alıyor mu?" diye sorduğunu anlatmıştır. Tüm diğer sorular, sınav sonuçları, ödevlerin yapılışı ve üniversite başvuruları ile ilgilidir (Merrow'da alıntılanmış, s. 102).

12. "Çoğunlukla gerçekdışı standartlar": Harter, 1999, s. 282. "Ebeveynleri yüz üstü bırakmak": Lillian Katz'la gerçekleştirdiğim kişisel bir yazışmadan. Başarısızlık korkusu: Elliott ve Thrash.

13. Grolnick, s. 98.

14. *No Contest: The Case Against Competition* kitabımda rekabetçi nitelikli olmayan oyun oynama, öğrenme ve çalışma yöntemlerini tanımlamıştım (Kohn, 1992).

15. Schimel vd. s. 50. Koşullu kabul ve koşullu özsaygıyı savunan diğer kuramcılara atıflar için bkz. Crocker ve Wolfe, s. 614.

16. Sayısız araştırma ortaya koymaktadır ki çocuklar çevrelerindeki dünyanın "mantığını" anlamaya ve kendilerini zorlayarak düzeylerini aşan şeyler yapmaya doğal bir eğilim gösterirler. Diğer bir ifadeyle, olabildiğince az şey yapmanın doğal olduğu görüşü "gerilim azaltma hipotezinin" ve organizmaların sürekli bir dinlenme durumuna geçmeye çalıştığını savunan diğer homeostatik modellerin yadigârlarındandır. Psikoloji alanında bunlar gibi baştan aşağı reddedilmiş çok fazla model yoktur. Konuyla ilgilenen okurlar, Gordon Allport'un yazılarına başvurabilirler. Ayrıca, insanların temel bir yetkinlik duygusu kazanma (Robert White), kendi kararları doğrultusunda yaşama (Richard de Charms, Edward Deci vd.), merakını giderme (D. E. Berlyne) ve potansiyeli gerçeğe dönüştürme (Abraham Maslow) güdüsüne sahip olduğuna dair bulgular için adı verilen bilim insanlarının ve yazarların yapıtlarını inceleyebilirler.

17. Başarısızlığın gelecekte de başarısızlık beklenmesine yol açtığını gösteren pek çok araştırmadan biri için bkz. Parsons ve Ruble. Başarısızlığın daha düşük iç kaynaklı motivasyona ve daha kolay görev ve ödevlere yönelmeye yol açtığını gösteren araştırma için bkz. Wigfield; Harter, 1992; Deci ve Ryan'ın çeşitli yayınları.

18. Crocker ve Wolfe, s. 614, 617.

6. BÖLÜM: BİZİ NE ENGELLİYOR?

1. Örneğin, bkz. anket şirketi Public Agenda tarafından yapılan "Günümüz Çocukları" adındaki anketlerin 1997 ve 1999 tarihli olanları. www.publicagenda.org/specials/kids/kids.htm adresinde ikinci rapo-

run ayrıntılarını bulabilirsiniz. İlkinin bir özeti için ise bkz. *New York Times*, 26 Haziran 1997.

2. Grubb ve Lazerson, s. 56, 85.

3. Bu istatistikler, sırasıyla, Columbia Üniversitesi'ndeki Ulusal Fakir Çocuklar Merkezi'nden (*National Center for Children in Poverty*) ve *Urban Institute*'dandır.

4. Clayton.

5. Örneğin, çocuğun ödevini yapan ebeveyn, eleştirmenlerin en büyük hedefi haline gelir. Ama asıl soru, o ödevin herhangi biri tarafından yapılmasının ne denli gerekli olduğudur. Eğer ebeveynlerin, çocukların yaşamına fazla dâhil olduğu ve işleri onlar için fazla kolaylaştırdığı tartışmasına takılırsak, çok daha büyük zararlara neden olan geleneksel öğretim biçimlerini irdelemekten uzak kalırız (bkz. Kohn, 1999b). Öğretim yapısını hiç değerlendirmiyor ve ezbere kabul ediyor, eleştirileri ise bireylere yönlendiriyoruz. Benzer biçimde, çocuklar yaşıtlarının zorbalığına ne zaman maruz kalsa, "uygun ölçüde ebeveyn müdahalesi" fikri üzerinde enine boyuna düşünüyor, ama okulların hangi özelliklerinin zorbalığı ve kabadayılığı istemeden de olsa teşvik ettiğini (en azından engellemekte yetersiz kaldığını) tartışmaktan uzaklaşıyoruz.

6. Dix vd. Alıntılar için bkz. s. 1387 ve 1374.

7. Kültürlerarası kanıt: Petersen vd. İtaat ile disiplinin ilgisi: Luster vd.; Gerris vd.

8. Holt, s. 21. Şöyle devam ediyor: Öç dediğimiz şey günümüzde, "ödeşmek veya denk bir karşılık vermek olarak kabul ediliyor ve olduğundan daha vakur gösteriliyor. Bir suçluya verilen cezanın, onun işlediği suçu nasıl telafi ettiği hiçbir zaman net olarak açıklanamadı, tabii cezanın kurbanlara ve topluma verdiği kindar tatmini saymazsak. Ama bu gerçekte adalet midir?"

9. Greven, s. 65.

10. Örneğin, bir Hıristiyan rahip, 18 aylık oğlunun bir otoparkta kendi otoritesine nasıl da "asi biçimde karşı geldiğini" ve elini tutmayı reddettiğini aktarmıştır. Sonrasında oğlan, "babanın her zaman kazandığını, hem de *mutlak biçimde kazandığını* görene dek bir dizi şaplak" yemiştir. (Her şaplak arasında elbette ki bolca açıklama ve sevgi

gösterisi ile birlikte.) Bu yaklaşım, "sevecen ıslah" olarak tanımlanmıştır (Greven'de alıntılanan Larry Tomczak kitabı, s. 69).

11. Örneğin, bkz. Levililer (Eski Ahit), Bap 26; Tesniye (Eski Ahit), Bap 28; Meseller (Eski Ahit), Bap1; Romalılara Mektup (Yeni Ahit), Bap1.

12. Gordon'da (1989) alıntılanmıştır, s. xxvi.

13. Bir araştırmada (Cohen vd.) incelenen cezaların sertliği, çocukların sekiz yıl sonra ne kadar saldırgan ve anti-sosyal olacağını belirlemek konusunda isabetli bir gösterge olmuştu ama müsamahakârlık ve ihmalkârlık herhangi bir gösterge niteliği taşımamıştı. (Bu terimlerin nasıl tanımlandığı ve araştırma ölçülerine nasıl dönüştürüldüğü çok önemlidir. Örneğin, çocuğun yanlış davranışına müdahale etmesini bir türlü sağlayamadığınız ebeveyn ile dikkatli ve ince düşünüş yoluyla asgari müdahale politikası oluşturmuş ebeveyn arasındaki çizgiyi isabetli biçimde çekmeniz gereklidir.)

14. Baumrind'in, aile ilişkileri için bir karşılıklılık modelini savunduğunu ve koşulsuz sevginin de çocukları "bencil ve talepkâr" yapacağına inandığını daha önce gördük (s. 254, n. 3). Baumrind'in bir diğer varsayımı, aile içindeki "yapının," dış kaynaklı motivasyondan ve (kendisinin de şiddetle desteklediği) "koşullu pekiştirmeden" yararlanması gerektiğidir. Baumrind (Baumrind, 1996) şaplakları onaylar, cezaya getirilen eleştirileri "ütopik" diye etiketleyerek bir yana fırlatır ve zor kullanma yoluyla itaat sağlamayı seçmeyen ebeveynlerin toplum içinde "kararsız" olarak niteleneceğini duyurur! Ama ne yazık ki otoriter ebeveynliğin en iyi yaklaşım olduğu görüşünü desteklemek için atıfta bulunduğu araştırmalar, yukarıda ifade edilenlerin hiçbirine aslında arka çıkmamaktadır. Onun ilk bulguları, belli bir sıcaklık ve "sıkı kontrol" (veya "zorlama") bileşiminin optimal yaklaşım olduğuna işaret eden kanıtlar olarak değerlendirilmiştir. Ama verileri dikkatle inceleyen bir başka araştırmacı (Lewis, 1981) keşfetmiştir ki otoriter yaklaşımlar kullanan ebeveynlerin elde ettiği olumlu sonuçlar sıkı kontrolle hiç de bağlantılı değildir. Ebeveynleri sıcak olan ama kontrolcü olmayan çocuklar, ebeveynleri hem sıcak hem de kontrolcü olan çocuklar kadar disiplinlidir. Lewis'in öne sürdüğü üzere bunun nedeni, sağlam bir yapı oluşturabilmek ve belirlilik/öngörülebilirlik sağlayabilmek için geleneksel anlamdaki kontrole duyulan gereksinimin Baumrind'in

(ve diğerlerinin) varsaydığı kadar büyük olmamasıdır. Benzer biçimde, Baumrind, kafası gerçekten karışık olan "müsamahakâr" ebeveyn ile bilerek ve isteyerek (bilinçli şekilde) demokratik davranan ebeveyn arasındaki çizgiyi de net biçimde çekememiştir. İkinci gruptaki ebeveynlerin çocuklarında aslında herhangi bir sorun yoktur. Buradan çıkan sonuç, bir diğer psikoloğun sözleriyle, şudur: "Baumrind'in verilerine daha yakından bakarsak, bunların aslında çocuk merkezli ebeveynliği desteklediğini görebiliriz." (Crain, s. 18). Ama Baumrind, böylesi bir ebeveynlik tarzına kişisel olarak karşı çıktığı için bambaşka bir izlenim yaratmıştır. Baumrind'in formülasyonunu kullanan diğer araştırmalar da bu görüşü desteklemektedir. Ergenlik çağındaki gençlerle yapılan devasa bir araştırmada (Lamborn vd. 1991), "otoriter" olarak tanımlanan ebeveynlik sayesinde bazı yararlar sağlandığı sonucuna ulaşılmıştır, ama otoriterliğin araştırma kapsamındaki tanımı, cezalandırıcı ve kontrolcü olmak biçiminde değil, "çocukların yaşamlarına katılmak ve bu yaşamlarda olan bitenin farkına varmak" biçiminde yapılmıştır. Bir başka araştırma (Strage ve Brandt) ebeveynlerin hem destekleyici hem de çetin olması gerektiğini öne sürerek Baumrind'in görüşlerine atıfta bulunmuştur, ama sonrasında görülmüştür ki küçük çocuklar karşısında çetin ve talepkâr olmanın istenen sonuçları elde etmekle pek bir ilişkisi bulunmamaktadır. (Bulunan ilişkiler de olumsuz niteliklidir). Buna karşılık, ebeveynlerin ne kadar destekleyici olduğu ve çocuklarının bağımsızlığını ne ölçüde teşvik ettiği aynı sonuçlarla, hem de olumlu niteliklerle ilişkilenmiştir.

15. Grusec ve Mammone, s. 60. Ayrıca bkz. Hastings ve Rubin. Barber vd. görüşüne göre ise "psikolojik kontrolün en sıkı tutunan kökleri, ebeveynin kendi psikolojisindedir" (s. 276).

16. Miller, s. 41.

17. Hastings ve Grusec, 1998. Kimin gereksinimlerine öncelik tanındığını saptamak her zaman kolay değildir. Her şeylerini açıkça çocukları için feda eden ve onların çevresinde pervane olan ebeveynlerin bazıları aslında narsistliğe son derece eğilimli insanlardır. Onları ele veren ise son derece katı beklentiler içinde olmaları ve aşırı bir kontrol uygulamalarıdır. Her şey düzenli biçimde, tıkır tıkır işlemelidir; hiçbir şey tasarılarından sapamaz. Aile, belki de aşırıya kaçacak biçimde çocuk

merkezli görünür ama çocuk aslında ebeveynlerin kendi gereksinimleri için kullanılmaktadır.

18. Bu, çocuk yetiştirmekte yetersiz kalma korkusu olabilir ama bazen de daha genel bir yetersizlik korkusunun belirtisidir. Ebeveynin başarısızlık korkusunun sevgiyi geri çekme teknikleriyle ilişkisini anımsayın (bkz. s. 101).

19. Grusec ve Mammone, s. 62.

20. Bugental vd. s. 1298.

21. Kunc'un sunumlarını www.normemma.com/hmsvouts.htm adresinde bulabilirsiniz.

22. İstismarcı ebeveynler kendilerini kurban olarak görürler: Bugental vd. s. 1298. Gerçekten de, daha sonra yapılan araştırmalara göre (bkz. Bugental ve Happaney) bazı ebeveynler, bebeklerin bile kötü niyetli olduğunu varsaymakta ve sonuçta bir tür güçsüzlük, kızgınlık ve istismar döngüsü yaratmaktadır. Çocukta kötü niyet aramak: Lieberman, s. 64.

23. Bkz. Hastings ve Grusec, 1998, s. 477; ayrıca, Hastings'in araştırmasının Grusec vd. (1997) tarafından verilen özeti, s. 268.

24. Televizyon izlemek, pek çok insanın düşündüğünün aksine zihni uyuşturmaz. *Ne* izlediğinizin yanında, *nasıl* izlediğiniz de önemlidir. Bu teze "Television and Children: ReViewing the Evidence" (Kohn, 1998) adlı makalemde yer vermiştim.

25. Gordon, 1989, s. 214.

26. Bkz. Luster vd. s. 143.

7. BÖLÜM: KOŞULSUZ EBEVEYNLİĞİN İLKELERİ

1. Bu istatistik, 1996 yılında Robert Larzelereve ile meslektaşları tarafından gerçekleştirilen ve Straus'ta (2004) atıfta bulunulan bir araştırmadan alınmıştır. Alıntı için bkz. Straus, 2001, s. 210.

2. Örneğin bir araştırmada, annelerin dört yaşındaki çocuklarına odadaki tüm çekici oyuncaklara rağmen pek de çekici olmayan bir şey yaptırmaları (plastik çatal ve kaşıkları ayırtmaları) istenmiştir. Bu annelerin yarısına ayırma işinin belli bir noktasında odadan çıkmalarının söyleneceği, böylece çocukların yalnızken de ayırmaya devam edip et-

meyeceğinin izleneceği açıklanmıştır. Sonunda görülmüştür ki bu gruptan olan, yani daha uzun sürmesi ve yetişkinin yokluğunda da devam etmesi gereken bir riayet sağlamaya çalışan anneler, "burası ve şimdi" odaklı gruptaki annelere kıyasla daha çok açıklama kullanmış, çocukları işi sürdürmeye daha makul biçimde davet etmiş ve etkileşimlerde genel olarak daha destekleyici ve yol gösterici tutumlar benimsemiştir. Daha da önemlisi, bu yaklaşımları işe de yaramıştır: Anneler daha odadayken bile belli olmuştur ki ebeveyn uzun vadeli hedefleri göz önünde tutarak davrandığında, çocuk da yaptığı işi sürdürmeye daha yatkın hale gelmektedir (Kuczynski, 1984).

3. Bir grup araştırmacı, durumu şöyle açıklamıştır: Ebeveynlerin önceliği, çocuklarıyla yaşadıkları sorunlara "duruma özel çözümler" üretmek olmamalıdır. Bunun yerine, "çocuklarıyla ilişkileri hakkında ne düşündüklerini ve hissettiklerini daha iyi kavramaya çalışmaları gerekir" (Gerris vd. s. 845). Bundan sonraki adım ise o kavrayışı kullanarak ilişkiyi korumak ve daha da güçlendirmektir. Önceliğimiz bu olmalıdır, çocukların söz dinlemesini sağlamanın önüne geçirmemiz gerekse bile!

4. Gordon, 1975, s. 228.

5. Coloroso, s. 62-63.

6. Lieberman, s. 49.

7. Buradaki odak noktam, çocuğun yaşından ötürü gerçek dışı hale gelen beklentilerdir. Ama pek çok çocuğun zaten özel gereksinim ve kısıtları vardır ki ebeveynlerin beklediği şeyleri yapmalarını engeller. Beklentiler konusunda ısrar etmek, bu durumlarda da aynı biçimde anlamsız, hatta zalimcedir. Bazı çocukların çektiği özel zorluklar ve geleneksel disiplin tekniklerinin tam ters sonuçları nasıl verdiği ile ilgili ayrıntılı çözümleme için bkz. Greene.

8. Örneğin, bkz. Noddings, s. 25. Noddings bunun, filozof Martin Buber'in "onaylama" fikrinden doğduğunu yazmıştır.

9. Lewis, 1995, s. 132-33.

10. Ama Marilyn Watson'ın ifade ettiği üzere çocuk böyle bir durumda aslında açmayı düşündüğünden çok daha büyük bir zarara yol açmış olabilir. Watson ayrıca, masumiyetin söz konusu olmadığı durumlarda dahi çocuğun ebeveyndeki olumlu imajına uygun davranma-

ya teşvik edilebileceğini savunmaktadır (kişisel yazışma, Haziran 2004).

11. Örneğin, bkz. Dumas ve LaFreniere'de (s. 9) atıfta bulunulan araştırmalar.

12. "Hayır... Hayır... Hayır... Hayır... Hayır... E haydi, bu seferlik olsun bakalım," demek, daha önce tanımladığım bir diğer sağlıksız motifin ayna ikizidir: "Olur... Olur... Olur... Olur... Olur... HAYIR!" ve ardından da ceza.

13. Miller, s. 88-89. Ayrıca bkz. Gordon, 1975, s. 21-22, 257-59.

8. BÖLÜM: KOŞULLARA BAĞLANMAMIŞ SEVGİ

1. Bu, tek hedefimizin mutluluk olduğu anlamına da gelmez. Bkz. s. 278, n. 1.

2. Gordon, 1975, s. 27.

3. Watson, s. 142, 30.

4. A.G.E. s. 2.

5. Lovett, s. 36, 69, 104-105.

6. Mutluluğun, kişinin sahip olduğu "şeylere" bağlı olduğu fikri, çocuklarımıza yerleştirmek istediğimiz bir fikir değildir. Ama pek çok yetişkin buna inanırmış gibi hareket ediyor, hatta bir çift ayakkabı daha almanın veya gösterişli elektronik cihazlar edinmenin yarattığı o kısa ömürlü zevk patlamasını izleyen huzursuzluğa ve iç sıkıntısına aşina olanlar bile. Son derece isabetli biçimde "mal fetişizmi" olarak adlandırılan bu durum hiç de sağlıklı değildir, özellikle de bizi, "yeni ve geliştirilmiş" olan her şeye gerek duyduğumuza inandırmaya çalışan şirketler için büyük kâr anlamına geliyorsa.

7. Juul, s. 61.

8. Daha kapsamlı bir inceleme için bkz. *Ödüllerle Cezalandırılmak* (Kohn, 1999), özellikle de 6. Bölüm ("Övgü Sorunu") ve Sonsöz.

9. Grusec vd. 1978. Bir diğer araştırmada, çocukların yardımseverce davranma olasılığı övüldüklerinde de yardımsever olduklarını düşünmeye yöneltildiklerinde de yükselmiştir. Ama takip eden deneyde ikinci grup birinciye oranla çok daha yardımsever çıkmıştır. Diğer bir deyişle övgü, yardımseverliği belli koşullar içindeyken artırmış, ama o koşulların dışına çıkılınca etkisini yitirmiştir. Yardımsever olmak için

daha derin bir nedene sahip çocuklar ise diğer koşullarda da yardımseverce davranmayı sürdürmüşlerdir (Grusec ve Redler).

10. Boston College'dan, *Lives of Promise* yazarı Karen D. Arnold. Rimer'da alıntılanmıştır.

11. Bu ayrımın öneminin daha ayrıntılı irdelemesi için bkz. Kohn, 1999b, 2. Bölüm.

12. *Beyond Discipline* (Kohn, 1996) adında, öğretmenlere yönelik kısa bir kitap yazarak bu konuda bir girişimde bulundum. *Learning to Trust* (Watson) kitabını da ayrıca öneririm. Bu kitapta, fakir bir mahallenin okulunda iki yıl çalışan bir öğretmenin, sırf çocukların gereksinimlerini karşılamak yoluyla, zor kullanma tekniklerinden nasıl uzak durabildiği anlatılmaktadır.

9. BÖLÜM: ÇOCUKLAR İÇİN SEÇENEKLER

1. Bu konudaki araştırmaların bir bölümünü daha önce incelemiştim (Kohn, 1993). İlgilenen okurlar, yaşamın farklı alanlarında özerkliğin önemine değinen Edward Deci, Richard Ryan ve Wendy Grolnick'in yapıtlarına da başvurabilirler. "Piyon" ve "köken" terimleri ise psikolog Richard de Charms'dan alınmıştır.

2. Bunların aynı şey olmadığını göz ardı etmeyelim. "Ebeveynin çocuğa psikolojik kontrol uygulamaması, ona özerklik kazandırmaya çalıştığı anlamına gelmez" (Barber vd. s. 271).

3. Söylenenleri yapmaya yatkın çocuklar: Bkz. s. 63-65. Ebeveynlerine daha fazla güvenmek: Bu bulguyu destekleyen pek çok araştırmaya Chirkov'da (s. 98) yer verilmiştir. Kendileri ile ilgili daha olumlu düşünceler beslemek: Eccles vd. s. 62. Beladan uzak durmak: Karar süreçlerine dâhil edilen (tüm etnik arka planlardan) çocukların alkol ve uyuşturucuya yönelme ve bir yıl sonrasında anti-sosyal davranışlar gösterme ya da okulda disiplinsizlikte bulunma olasılığı düşmektedir (Lamborn vd. 1996). Özgüvenli üniversite öğrencileri: Strage ve Brandt. Bu paragrafta atıfta bulunulan araştırmaların birçoğunda, çocukların özerkliğinin ne ölçüde desteklendiği ebeveynlerin görüşlerine göre değil, çocukların deneyimlerine göre değerlendirilmiştir. Eccles, ebeveynlerin görüşleri ile çocukların deneyimlerinin değişkenlik gösterdiğini ve (benim de

ifade ettiğim gibi) çocuğun düşüncesinin önemli olduğunu ortaya koymuştur.

4. Cai vd. s. 373. Alıntılanan bu metnin özgün halinde, sözü edilen bu avantajların her birinin yanında ayraç içinde bir veya daha fazla kaynağa atıf bulunmaktadır.

5. Ama bu konuda son derece dikkatli olmalıyız, çünkü ebeveynlerin sahip olduğu devasa güç basit bir gözlem veya öneriyi bile açık bir talebe dönüştürebilir. Üstü örtülü olarak sevgiyi geri çekme tehdidinde bulunmaktan mutlaka uzak durulmalıdır ve son sözü çocuğun söyleyeceğini ifade ettiğimiz her durumda son sözü gerçekten de çocuk söylemelidir. Çocukların bizim öğütlerimiz doğrultusunda hareket etmemeleri düş kırıklığına neden olabilir ama en azından gerçekten özerk olmalarına yardım ettiğimizi düşünüp avunabiliriz.

6. Kardeş çatışmasıyla nasıl başa çıkılacağına dair pratik öneriler için bkz. Faber ve Mazlish, 1987. Bu yazarların diğer kitapları da okumaya değerdir.

7. Lieberman, s. 169. Şöyle devam ediyor: "Büyük çocuk, küçük kardeşine karşı nasıl keyfi biçimde zor kullanmaya çalışıyorsa, siz de kendinizi büyük çocuğa aynı şeyi yaparken bulabilirsiniz. Böylece de ebeveynin, büyük çocuğunu durdurma çabası şu mesajı verebilir: Dediğimi yap, yaptığımı yapma."

8. Örneğin, bkz. s. 261, n. 5.

9. Baldwin, s. 135.

10. Bkz. Lewis'in (1981) Baumrind verileri üzerinde yaptığı çözümleme (özellikle de s. 562). Bir başka araştırma ise göstermiştir ki, ebeveynler olumsuz davranışı cezalandırılması gereken bir suç olarak gördüğünde, çocuklar da başkaldırıyı ve direnişi öğrenmektedir. Ama ebeveynler bu olumsuz davranışı birlikte çözülmesi gereken bir sorun olarak ele aldığında, çocukların öğrendiği şey müzakere olmaktadır (Kuczynski vd.).

11. Bu nokta ve sonraki paragrafların içeriğinin büyük bölümü, *Beyond Discipline*'den (Kohn, 1996) uyarlanmıştır.

12. Scott-Little ve Holloway.

13. Gordon, 1989, s. 9.

14. Buna işaret eden, sınıf ortamında gerçekleştirilmiş bir deney için

bkz. Reeve vd.

15. Pek çok öğretmen, "söz dinlemeyen öğrencilerin başında dikilmek" ve onlar söyleneni yapana dek bunu sürdürmek gerektiğine inanır. Ama çoğunlukla görülür ki öğretmen talebini açık biçimde ifade edip "çocuğun bu talebi kendi bildiği gibi yerine getirmesi için uzaklaştığında çocuk da istek ve taleplerin gereğini yapmaya daha çok yatkınlık göstermektedir" (Watson, s. 130).

16. 2, 3 ve 6. maddelerin birleşimini destekleyen deney sonuçları için bkz. Deci vd. 1994.

10. BÖLÜM: ÇOCUĞUN BAKIŞ AÇISI

1. İkinci sorunun eklenmesi, "Ana hedefimiz çocuğumuzun mutluluğudur," demenin ne kadar yetersiz kaldığını vurguluyor. Şahsen çocuklarımın perişanlık içinde yaşayan sosyal aktivistlerden olmalarını istemem ama kendi refahlarına odaklanıp diğer kişilerin ıstıraplarına duyarsız kalmaları da beni hiç hoşnut etmez. Ayrıca, düşüncesizlik ederek, sığ davranarak ve ipe sapa gelmez şeylere sinirlenerek mutlu olmalarını da arzulamam. Edward Deci bunu şöyle ifade ediyor: "İnsanlar yalnızca mutluluk istediklerinde gelişimlerini gerçekten de sekteye uğratabilirler, çünkü mutluluk arayışları, varoluşlarının diğer yönlerini bastırmalarına yol açabilir... yaşamanın gerçek anlamı yalnızca mutluluk duymak değil, o geniş insan duyguları yelpazesinin tümünü deneyimlemektir" (1995, s. 192; vurgular alıntı sırasında çıkarılmıştır). Toparlamak gerekirse, "Çocuğunuzun mutlu olmasını istiyor musunuz?" sorusuna, "Evet, ama..." dışında herhangi bir yanıt verilebileceğini düşünmüyorum.

2. İlgili okurlar, Nancy Eisenberg ve Paul Mussen'in (*The Roots of Prosocial Behavior in Children* adında son derece yararlı bir kitabın yazarlarıdır), Martin Hoffman'ın, Ervin Staub'un, Marian Radke-Yarrow'un ve Carolyn Zahn-Waxler'in yapıtlarına başvurabilirler.

3. Barnett vd. s. 93. Spor psikolojisi alanında elde edilen bazı kanıtlar da rekabetin etik düşünceyi zayıflattığına ve maneviyatın gelişimini daha düşük düzeyde tuttuğuna işaret etmektedir (Kohn, 1992).

4. "Yeterli açıklayıcı bilgi vermeksizin sıklıkla 'hayır', 'dur', 'yapma'

gibi sözcükler kullanmak, öğrenilmiş kısıtlanmaya yol açabilir. Bu da tüm sorunlar karşısında geri adım atılmasına, dolayısıyla da tüm özgecil ve onarıcı girişimlerden uzak kalınmasına neden olur" (Zahn-Waxler vd. s. 326).

5. Bu konuyu uzun uzadıya incelemiş bir gelişim psikoloğu olan Leon Kuczynski'nin (1983, s. 132) sözleriyle, "açıklaması verilmeyen bir yasak, nedenlerine dair hiçbir bilgi içermiyor değildir, çünkü dışsal sonuçları kapsayan dolaylı bir tehdit taşımaktadır."

6. Ebeveynlerin nedenleri açıklaması ile çocukların yardımsever ve özverili davranması arasındaki bağlantıyı ortaya çıkaran araştırma son derece çarpıcıdır, çünkü Avrupalı Yahudileri Nazilerin elinden kimlerin kurtarmaya çalıştığını incelemiştir. Bu kurtarıcıların ebeveynlerinin ceza verme veya "itaatte üsteleme eğilimleri belirgin biçimde azdı." Bunun yerine, "akılcılığa, verilen zararı gidermek için çözüm önerileri sunmaya, ikna etmeye ve öğütler vermeye" odaklanmışlardı. Bu, "çocuklarına saygı ve güven duydukları" mesajını veriyordu ve çocukların da "diğer insanlara sıcak davranmalarını, yardımcı olduklarını hissetmelerini" sağlıyordu (Oliner ve Oliner, s. 162, 179, 182). İkinci bir araştırma, binden fazla lisans öğrencisinin çocukluklarını incelemiş ve yardım gönüllüsü olan ve inandıkları davaları etkin biçimde savunan öğrencilerin çoğunlukla kendilerine saygı gösteren ve (cezacı değil) akılcı bir disiplin yaklaşımı benimseyen ebeveynleri olduğunu ortaya koymuştur (Block vd.).

7. Toplumsal ve manevi değerler ile fikirlerin neden basitçe aktarılamadığı ve çocuğun içinde "inşa edilmesi" gerektiği ile ilgili daha ayrıntılı bilgi için bkz. Constance Kamii ve Rheta DeVries'in yapıtları. Geleneksel ve okul tabanlı "kişilik eğitim" programlarını eleştirirken ben de bu konuya değinmiştim (Kohn, 1997).

8. "Çocuğun görüşlerini almak": Walker ve Taylor, alıntı için bkz. s. 280. Bir başka araştırma: Eisenberg, s. 161.

9. 1989 ve 1990 yıllarında Marilyn Watson ile kişisel yazışmalardan.

10. Hoffman keşfetmiştir: Hoffman ve Saltzstein, alıntı için bkz. s. 50. İzleyen araştırmalar aynı bulguyu doğrulamıştır: Örneğin, bkz. Kuczynski, 1983. Büyük çocuklarda daha etkili: Brody ve Shaffer. Anaokulu çocukları: Hart vd. Yürüme çağındaki çocuklar: Zahn-Waxler vd. Alıntı

için bkz. s. 323.

11. Empatinin temelleri ise daha öncesinde bile atılıyor olabilir. Bebekler, bir başka bebeğin ağladığını duyunca ağlamaya başlamaya (ve daha uzun süre ağlamaya) yatkındır. Ama aynı derecede yüksek düzeyli ve ani seslere bu tepkiyi vermezler. 18 ila 72 saatlik bebeklerle yapılan üç farklı araştırmada bu ağlamaların sesli bir taklit değil, spontane bir tepki olduğu ortaya konmuştur. Bunun ifade ettiği, bir başkasının sıkıntısı yüzünden sıkıntı çekmeye yatkın olarak doğduğumuzdur. (Bu araştırmalara, ayrıca empati ve bakış açısı almayla ilgili diğer çalışmalara atıflar için bkz. Kohn, 1990. Metin içindeki bazı irdelemeler de yine aynı yapıttan alınmıştır.)

12. Coloroso (s. 136-38) tarafından önerilen bir diğer çeşitleme, kardeşlerden ne olduğunu açıklamalarını istemek ama bunu yalnızca, olayı aynı biçimde anlatmayı başarmalarından sonra yapmaktır.

13. Ebeveynlerin kendilerine, "Birisi bunu bana söyleseydi, ben koşulsuz sevildiğimi düşünür müydüm?" diye sormasını bu yüzden önermiştim. Ama böylesi bir tahayyül, siz aslında çocuğunuz olmadığınız için yeterli değildir. Bu soruya dürüst biçimde olumlu yanıt vermenizi sağlayacak bir senaryo üretebilirsiniz ama çocuğunuz o senaryoda da koşulsuz sevildiğini hissetmeyecektir.

14. Bkz. 126. sayfada sözü edilen Hastings ve Grusec araştırması. Bu ebeveyn, sürtüşmeleri gidermek için kullanılacak yapıcı yöntemleri de öğretir. (Ama otoriter ebeveyn, sürtüşmelerin, özellikle de çocuğuyla yaşadıklarının ortadan kaldırılması gerektiğini düşünür. Sürtüşme ve çatışmaların farklı çeşitleri olduğunu görmeyi başaramaz veya gelecekteki kaçınılmaz sürtüşmelerle baş etmek için kullanılacak iyi ve kötü yöntemlerin ayrımını yapamaz.) Bir başka araştırma ise göstermiştir ki, ebeveynin meseleleri çocuğuyla tartışırken kendine yönelik savları mı (kendini ve fikirlerini savunması) yoksa "diğer kişi yönelimli" savları mı (orta yol bulmak için diğer kişinin isteklerini göz önünde tutması) kullandığı, çocuğun üç yıl sonra yaşıtlarıyla nasıl ilişki kurduğunu belirlemektedir. Araştırma, anlaşmazlıkları giderme becerilerinin öğretilmesinin yeterli olmayabileceğini de vurgulamıştır; çocuğun evdeki sürtüşme ve çatışmaların nasıl çözümlendiğini bizzat deneyimlemesi gerekmektedir (Herrera ve Dunn; alıntı için bkz. s. 879).

15. Hollanda araştırması: Gerris vd. Kanada araştırması: Hastings ve Grusec, 1997. ABD araştırması: Kochanska.

16. Miller, s. 89-91. Bu savlar, Miller'ın (ayrıca, ebeveynlik üzerine eserler veren diğer terapistlerin) tüm yapıtlarının temelindedir.

17. Çocuklarda, ebeveynlerin sürekli müdahale edip her şeyi kesintiye uğrattığına ve engellediğine dair bir algı olduğu görüşünün araştırmalarla da desteklendiğini anımsayalım.

EK: EBEVEYNLİK TARZLARI

1. Levine.
2. Mosier ve Rogoff; alıntı için bkz. s. 1057-58.
3. Rothbaum, kişisel yazışma, Ocak 2002.
4. Bir grup araştırmacı, seçime daha az odaklanan bir kültürün, çocukların karar verme fırsatlarını daha az bulması halinde önemli bir avantaj teşkil edebileceğini dile getirdi. Anımsayalım ki otoriter ebeveynler, çocukların eylemlerini kötü niyete bağlamaya (otoriter olmayan ebeveynlere oranla) daha yatkın olurlar. Hoşlanmadıkları biçimde davranan çocukların bilerek ve isteyerek başkaldırdığını, saldırganlık gösterdiğini veya kötülük ettiğini düşünürler. Bu da onların daha fazla zor kullanarak ve güce dayalı müdahalelerden daha çok yararlanarak karşılık vermesine yol açar ki kısır döngüye de böylece girilmiş olur. Ama bazı kültürlerde bizim otoriter olduğunu düşüneceğimiz ebeveynler çocukları hakkında bu kadar olumsuz varsayımlarda bulunmuyor olabilirler, çünkü bireyler o kültürlerde o kadar da bağımsız, karar verici kişiler olarak değerlendirilmiyorlardır. Bu yüzden de ilişkilerde daha az çatışma yaşanmaktadır (bkz. Grusec vd. 1997, s. 272).
5. Grolnick, s. 75, 79. Barber ve Harmon da dokuz farklı kültürde (iki tanesi oranla daha kolektivisttir) gerçekleştirilen bir araştırmanın ilk verilerini sunmuştur. Buna göre, ebeveynlerin psikolojik kontrol uygulaması ile çocuklarda depresyon ve anti-sosyal davranış görülmesi arasında son derece tutarlı bir ilişki vardır.
6. Ryan ve Deci, 2003, s. 265-67. Bu konuların daha farklı bir bakış açısından ele alınışı (ve "özerklik" ile "ilişkililik" arasındaki kültürler arası farklılığın irdelenmesi) için bkz. Rothbaum ve Trommsdorff.

7. "Ebeveynlerin fiziksel cezalar verme oranı": Gershoff'un vardığı bu sonucu (s. 562) tam on beş ayrı kaynağa yapılan atıflar izlemektedir. "Daha alt sosyoekonomik sınıflara mensup olan çocuklar": Dodge vd. s. 662. Ayrıca bkz. Sears vd.; Simons vd. 1991. Diğer yandan Gershoff, bazı araştırmaların aynı sonuca ulaşmadığına dikkat çekmektedir. Bunun nedeni, ekonomik düzeyin farklı yönlerden veya farklı özellikleri açısından incelenmesi olabilir. Örneğin, fiziksel ceza kullanımı, ebeveynlerin mesleğinden veya gelir düzeyinden daha çok, eğitim düzeyi ile ilişkilenebilir.

8. Bkz.Conger vd. Ayrıca Grolnick'te (s. 83-87) incelenen kanıtlar.

9. Melvin Kohn'un bulguları: M. Kohn (merak ediyorsanız, aramızda herhangi bir akrabalık yok). Kohn'un bulguları başka araştırmacılar tarafından da doğrulanmıştır: Örneğin, bkz. Schaefer ve Edgerton; Pinderhughes vd.; Gerris vd. Uluslararası veriler: Petersen vd.

10. İtaatkâr olmasını daha çok tercih etmektedir: Alwin bu sonucu desteklemek için beş farklı araştırmaya atıfta bulunmaktadır (s. 362). Saldırganlığı olumlu karşılamaya daha yatkındır: Dodge vd.

11. Sınıf, ırka kıyasla daha belirleyicidir: Pinderhughes vd. Aynı araştırma, ırkın da belirleyici olduğunu göstermiştir, tıpkı Deater-Deckard vd.; Giles-Sims vd. (1990'da yapılan araştırma) ve Straus ve Stewart (1995'de yapılan araştırma) gibi. 1988'de büyük bir veri grubunu ele alan McLeod vd. (s. 586) de, "beyaz annelerin, [bir önceki hafta içinde] çocuklarına [siyah annelere oranla] daha az şaplak vurduğunu" ortaya koymuş, ama siyah annelerin daha yoksul olmasının da bunda rol oynadığını eklemiştir.

12. Yüzde 22 ve 9'luk karşı çıkma: Flynn. 26 yılda şaplağa desteğin azalması: Straus ve Mathur.

13. Deater-Deckard vd. Buradaki son cümle çok önemlidir: "Sert fiziksel disiplinin de bir sınırı vardır ve bu sınırın aşılması tüm çocuklar için aynı vahamette sonuçlar doğurur" (Deater-Deckard ve Dodge, s. 168).

14. Aynı şey, Erik Erikson ve konuyla daha yakından ilgili olarak Deater-Deckard ve Dodge gibi başka kuramcılar tarafından da savunulmuştur: "Şaplak vurmak gibi belli ebeveyn davranışları, farklı kültürlerde farklı anlamlar taşıyabilir ve farklı sonuçlar yaratabilir" (s. 168).

15. İnsan gelişimi konusunda önde gelen araştırmacılardan Hugh Lytton (s. 213) ve D. C. Rowe (s. 221) da aynı noktaya parmak basmıştır. Rowe ayrıca, D-D & D'nin bulgularını sorgulamış ve ebeveynlik uygulamalarına yönelik değerlendirmelerin beyazlar ve siyahlar için aynı güvenilirliğe ve geçerliğe (örneğin siyah anneler araştırmacılara güvenmedilerse) sahip olmayabileceğini yazmıştır.

16. Bunu Straus (2005) dile getirmiştir.

17. Lamborn vd. 1996. Alıntı için bkz. s. 293.

18. Simons vd. 2002.

19. Straus vd.

20. Kilgore vd.

21. Rohner vd. Alıntı için bkz. s. 691.

22. Kelley vd. s. 574.

23. Kelley vd. tarafından sunulan araştırma sonuçlarında "annelerin çocuklarıyla ilgili kaygıları, yöneldikleri disiplin türüyle bağlantılı değildir" denmiştir (s. 579). Ama Kelley, yayımlanmayan daha önceki bir incelemesinde böyle bir bağlantı bulduğunu yazmıştır.

24. Sırasıyla, Lamborn vd. 1996 ve Simons vd. 2002.

25. Straus vd. de fiziksel cezanın tüm ırklardan çocuklar üzerinde zararlı etkiler yarattığını saptamıştır.

26. Grolnick de aşağı yukarı aynı görüşü savunmuştur. Zor mahallelerde yaşayan "çocukların otokontrol ve sorumluluk duygusu geliştirmesi (ki bunların ikisi de ancak özerkliği destekleyen ebeveynlikle olanaklıdır) daha iyi yerlerde yaşayan çocukların aynı özellikleri geliştirmesi kadar önemlidir (hatta belki de daha önemlidir)" (Grolnick, s. 74).

KAYNAKÇA

Adorno, T. W., Else Frenkel-Brunswik, Daniel J. Levinson, ve R. Nevitt Sanford. *The Authoritarian Personality*. New York: Harper & Brothers, 1950.

Alwin, Duane F. "Trends in Parental Socialization Values: Detroit, 1958-1983." *American Journal of Sociology* 90 (1984): 359-82.

Ames, Carole ve Jennifer Archer. "Mothers' Beliefs About the Role of Ability and Effort in School Learning." *Journal of Educational Psychology* 79 (1987): 409-14.

Assor, Avi, Guy Roth ve Edward L. Deci. "The Emotional Costs of Parents' Conditional Regard: A Self-Determination Theory Analysis." *Journal of Personality* 72 (2004): 47-89.

Baldwin, Alfred L. "Socialization and the Parent-Child Relationship." *Child Development* 19 (1948): 127-36.

Barber, Brian K. "Parental Psychological Control: Revisiting a Neglected Construct." *Child Development* 67 (1996): 3296-3319.

Barber, Brian K., Roy L. Bean ve Lance D. Erickson. "Expanding the Study and Understanding of Psychological Control." *Intrusive Parenting: How Psychological Control Affects Children and Adolescents* içinde, ed. Brian K. Barber. Washington, D.C.: American Psychological Association, 2002.

Barber, Brian K. ve Elizabeth Lovelady Harmon. "Violating the Self: Parental Psychological Control of Children and Adolescents." *Intrusive Parenting: How Psychological Control Affects Children and Adolescents* içinde, ed. Brian K. Barber. Washington, D.C.: American Psychological Association, 2002.

Barnett, Mark A., Karen A. Matthews ve Charles B. Corbin. "The Effect of Competitive and Cooperative Instructional Sets on Children's Generosity." *Personality and Social Psychology Bulletin* 5 (1979): 91-94.

Baumrind, Diana. "Some Thoughts About Childrearing." *Influences on Human Development içinde,* ed. Uric Bronfenbrenner. Hinsdale, IL: Dryden Press, 1972.

_____. "The Discipline Controversy Revisited." *Family Relations* 45 (1996): 405-14.

Becker, Wesley C. "Consequences of Different Kinds of Parental Discipline." *Review of Child Development Research,* 1. cilt, ed. Martin L. Hoffman ve Lois Wladis Hoffman. New York: Russell Sage Foundation, 1964.

Beltz, Stephen E. *How to Make Johnny WANT to Obey*. Englewood Cliffs, NJ: Prentice-Hall, 1971.

Block, Jeanne H., Norma Haan ve M. Brewster Smith. "Socialization Correlates of Student Activism." *Journal of Social Issues* 25 (1969): 143-77.

Borek, Jennifer Gerdes. "Why the Rush?" *Education Week,* May 23, 2001: 38.

Brenner, Viktor ve Robert A. Fox. "Parental Discipline and Behavior Problems in Young Children." *Journal of Genetic Psychology* 159 (1998): 251-56.

Brody, Gene H. ve David R. Shaffer. "Contributions of Parents and Peers to Children's Moral Socialization." *Developmental Review* 2 (1982): 31-75.

Bugental, Daphne Blunt ve Keith Happaney. "Predicting Infant Maltreatment in Low-Income Families." *Developmental Psychology* 40 (2004): 234-43.

Bugental, Daphne Blunt, Judith E. Lyon, Jennifer Krantz ve Victoria Cortez. "Who's the Boss? Differential Accessibility of Dominance Ideation in Parent-Child Relationships." *Journal of Personality and Social Psychology* 72 (1997): 1297-1309.

Burhans, Karen Klein ve Carol S. Dweck. "Helplessness in Early Childhood: The Role of Contingent Worth." *Child Development* 66 (1995): 1719-38.

Buri, John R., Peggy A. Louiselle, Thomas M. Misukanis ve Rebecca A.

Mueller. "Effects of Parental Authoritarianism and Authoritativeness on Self-Esteem." *Personality and Social Psychology Bulletin* 14 (1988): 271-82.

Cagan, Elizabeth. "The Positive Parent: Raising Children the Scientific Way." *Social Policy*, Ocak/Şubat 1980: 41-48.

Cai, Yi, John Marshall Reeve ve Dawn T. Robinson. "Home Schooling and Teaching Style: Comparing the Motivating Styles of Home School and Public School Teachers." *Journal of Educational Psychology* 94 (2002): 372-80.

Chamberlain, John M. ve David A. F. Haaga. "Unconditional Self-Acceptance and Psychological Health." *Journal of Rational-Emotive and Cognitive-Behavior Therapy* 19 (2001): 163-76.

Chamberlain, Patricia ve Gerald R. Patterson. "Discipline and Child Compliance in Parenting." *Handbook of Parenting, vol. 4, Applied and Practical Parenting* içinde, ed. Marc H. Bornstein. Mahwah, NJ: Erlbaum, 1995.

Chapman, Michael ve Carolyn Zahn-Waxler. "Young Children's Compliance and Noncompliance to Parental Discipline in a Natural Setting." *International Journal of Behavioral Development* 5 (1982): 81-94.

Chirkov, Valery, Richard M. Ryan, Youngmee Kim ve Ulaş Kaplan. "Differentiating Autonomy from Individualism and Independence." *Journal of Personality and Social Psychology* 84 (2003): 97-110.

Clayton, Lawrence O. "The Impact upon Child-Rearing Attitudes, of Parental Views of the Nature of Humankind." *Journal of Psychology and Christianity* 4, 3 (1985): 49-55.

Cohen, Patricia ve Judith S. Brook. "The Reciprocal Influence of Punishment and Child Behavior Disorder." *Coercion and Punishment in Long-Term Perspectives* içinde, ed. Joan McCord. Cambridge, İngiltere: Cambridge University Press, 1998.

Cohen, Patricia, Judith S. Brook, Jacob Cohen, C. Noemi Velez ve Marc Garcia. "Common and Uncommon Pathways to Adolescent Psychopathology and Problem Behavior." *Straight and Devious Pathways from Childhood to Adulthood* içinde, ed. Lee N. Robins ve Michael Rutter. Cambridge, İngiltere: Cambridge University Press, 1990.

Coloroso, Barbara. *Kids Are Worth It!* New York: Avon, 1994.

Conger, Rand D., Xiaojia Ge, Glen H. Elder, Jr., Frederick O. Lorenz ve Ronald L. Simons. "Economic Stress, Coercive Family Processes, and Developmental Problems of Adolescents." *Child Development* 65 (1994): 541-61.

Cosden, Merith, Jules Zimmer ve Paul Tuss. "The Impact of Age, Sex, and Ethnicity on Kindergarten Entry and Retention Decisions." *Educational Evaluation and Policy Analysis* 15 (1993): 209-22.

Craig, Sidney D. *Raising Your Child, Not by Force but by Love.* Philadelphia: Westminster Press, 1973.

Crain, William. *Reclaiming Childhood.* New York: Times Books, 2003.

Crittenden, Patricia M. ve David L. DiLalla. "Compulsive Compliance: The Development of an Inhibitory Coping Strategy in Infancy." *Journal of Abnormal Child Psychology* 16 (1988): 585-99.

Crockenberg, Susan ve Cindy Litman. "Autonomy as Competence in 2-Year-Olds: Maternal Correlates of Child Defiance, Compliance, and Self-Assertion." *Developmental Psychology* 26 (1990): 961-71.

Crocker, Jennifer. "The Costs of Seeking Self-Esteem." *Journal of Social Issues* 58 (2002): 597-615.

Crocker, Jennifer, Riia K. Luhtanen, M. Lynne Cooper ve Alexandra Bouvrette. "Contingencies of Self-Worth in College Students: Theory and Measurement." *Journal of Personality and Social Psychology* 85 (2003): 894-908.

Crocker, Jennifer ve Connie T. Wolfe. "Contingencies of Self-Worth." *Psychological Review* 108 (2001): 593-623.

Deater-Deckard, Kirby ve Kenneth A. Dodge. "Externalizing Behavior Problems and Discipline Revisited." *Psychological Inquiry* 8 (1997): 161-75.

Deater-Deckard, Kirby, Kenneth A. Dodge, John E. Bates ve Gregory S. Petit. "Physical Discipline Among African American and European American Mothers: Links to Children's Externalizing Behaviors." *Developmental Psychology* 32 (1996): 1065-72.

Deci, Edward L. *Why We Do What We Do: The Dynamics of Personal Autonomy*. Richard Flaste ile. New York: Grosset/Putnam, 1995.

Deci, Edward L., Robert E. Driver, Lucinda Hotchkiss, Robert J. Robbins ve Ilona McDougal Wilson. "The Relation of Mothers' Controlling Vocalizations to Children's Intrinsic Motivation." *Journal of Experimental Child Psychology* 55 (1993): 151-62.

Deci, Edward L., Haleh Eghrari, Brian C. Patrick ve Dean R. Leone. "Facilitating Internalization: The Self-Determination Theory Perspective." *Journal of Personality* 62 (1994): 119-42.

Deci, Edward L., Richard Koestner ve Richard M. Ryan. "A Meta-Analytic Review of Experiments Examining the Effects of Extrinsic Rewards on Intrinsic Motivation." *Psychological Bulletin* 125 (1999): 627-68.

Deci, Edward L. ve Richard M. Ryan. "Human Autonomy: The Basis for True Self-Esteem." *Efficacy, Agency, and Self Esteem* içinde, ed. Michael H. Kernis. New York: Plenum, 1995.

Deci, Edward L., Nancy H. Spiegel, Richard M. Ryan, Richard Koestner ve Manette Kauffman. "Effects of Performance Standards on Teaching Styles: Behavior of Controlling Teachers." *Journal of Educational Psychology* 74 (1982): 852-59.

DeVries, Rheta ve Betty Zan. *Moral Classrooms, Moral Children*. New York: Teachers College Press, 1994.

Dienstbier, Richard A., Donald Hillman, John Lehnhoff, Judith Hillman ve Maureen C. Valkenaar. "An Emotion-Attribution Approach to Moral Behavior." *Psychological Review* 82 (1975): 299-315.

Dix, Theodore, Diane N. Ruble ve Robert J. Zambarano. "Mothers' Implicit Theories of Discipline: Child Effects, Parent Effects, and the Attribution Process." *Child Development* 60 (1989): 1373-91.

Dodge, Kenneth A., Gregory S. Petit ve John E. Bates. "Socialization Mediators of the Relation Between Socioeconomic Status and Child Conduct Problems." *Child Development* 65 (1994): 649-65.

Dornbusch, Sanford M., Julie T. Elworth ve Philip L. Ritter. "Parental Reaction to Grades: A Field Test of the Overjustification Approach." Yayımlanmamış makale, Stanford University, 1988.

Dornbusch, Sanford M., Philip L. Ritter, P. Herbert Leiderman, Donald F. Roberts ve Michael J. Fraleigh. "The Relation of Parenting Style to Adolescent School Performance." *Child Development* 58 (1987): 1244-57.

Dumas, Jean E. ve Peter J. LaFreniere. "Relationships as Context."

Coercion and Punishment in Long-Term Perspectives içinde, ed. Joan McCord. Cambridge, İngiltere: Cambridge University Press, 1998.

Eccles, Jacquelynne S., Christy M. Buchanan, Constance Flanagan, Andrew Fuligni, Carol Midgley ve Doris Yee. "Control Versus Autonomy During Early Adolescence." *Journal of Social Issues* 47, 4 (1991): 53-68.

Eisenberg, Nancy. *Altruistic Emotion, Cognition, and Behavior*. Hillsdale, NJ: Erlbaum, 1986.

Elliot, Andrew J. ve Todd M. Thrash. "The Intergenerational Transmission of Fear of Failure." *Personality and Social Psychology Bulletin* 30 (2004): 957-71.

Faber, Adele ve Elaine Mazlish. *Siblings Without Rivalry*. New York: Norton, 1987. (*Kardeş Kavgaları Kaçınılmaz Mı?* İstanbul: Kuraldışı, 2000.)

Feldman, Ruth ve Pnina S. Klein. "Toddlers' Self-Regulated Compliance to Mothers, Caregivers, and Fathers." *Developmental Psychology* 39 (2003): 680-92.

Flink, Cheryl, Ann K. Boggiano ve Marty Barrett. "Controlling Teacher Strategies: Undermining Children's Self-Determination and Performance." *Journal of Personality and Social Psychology* 59 (1990): 916-24.

Flynn, Clifton P. "Regional Differences in Attitudes Toward Corporal Punishment." *Journal of Marriage and the Family* 56 (1994): 314-24.

Forsman, Lennart. "Parent-Child Gender Interaction in the Relation Between Retrospective Self-Reports on Parental Love and Current Self-Esteem." *Scandinavian Journal of Psychology* 30 (1989): 275-83.

Frodi, Ann, Lisa Bridges ve Wendy Grolnick. "Correlates of Mastery-related Behavior: A Short-Term Longitudinal Study of Infants in Their Second Year." *Child Development* 56 (1985): 1291-98.

Fromm, Erich. Önsöz, *Summerhill: A Radical Approach to Child Rearing* (A. S. Neill). New York: Hart, 1960.

Gerris, Jan R. M., Maja Dekovic ve Jan M.A.M. Janssens. "The Relationship Between Social Class and Childrearing Behaviors: Parents' Perspective Taking and Value Orientations." *Journal of Marriage and the Family* 59 (1997): 834-47.

Gershoff, Elizabeth Thompson. "Corporal Punishment by Parents and Associated Child Behaviors and Experiences: A Meta-Analysis and Theoretical Review." *Psychological Bulletin* 128 (2002): 539 — 79.

Giles-Sims, Jean, Murray A. Straus ve David B. Sugarman. "Child, Maternal, and Family Characteristics Associated with Spanking." *Family Relations* 44 (1995): 170-76.

Ginott, Haim G. *Teacher and Child*. New York: Macmillan, 1972.

Ginsburg, Golda S. ve Phyllis Bronstein. "Family Factors Related to Children's Intrinsic/Extrinsic Motivational Orientation and Academic Performance." *Child Development* 64 (1993): 1461-74.

Goldstein, Mandy, and Patrick C. L. Heaven. "Perceptions of the Family, Delinquency, and Emotional Adjustment Among Youth." *Personality and Individual Differences* 29 (2000): 1169-78.

Gordon, Thomas. *P.E.T.—Parent Effectiveness Training*. New York: Plume, 1975. (*Etkili Anne Baba Eğitimi*. İstanbul: Profil, 2014.)

_____. *Teaching Children Self-Discipline... At Home and at School*. New York: Times Books, 1989.

Gottfried, Adele Eskeles, James S. Fleming ve Allen W. Gottfried. "Role of Parental Motivational Practices in Children's Academic Intrinsic Motivation and Achievement." *Journal of Educational Psychology* 86 (1994): 104-13.

Greene, Ross W. *The Explosive Child*. New York: Harper Collins, 1998. (*Başa Çıkılamayan Çocuklar*. İstanbul: Timaş, 2002.)

Greven, Philip. *Spare the Child: The Religious Roots of Punishment and the Psychological Impact of Physical Abuse*. New York: Vintage, 1992.

Grolnick, Wendy S. *The Psychology of Parental Control: How Well-Meant Parenting Backfires*. Mahwah, NJ: Erlbaum, 2003.

Grolnick, Wendy S., Suzanne T. Gurland, Wendy DeCourcey ve Karen Jacob. "Antecedents and Consequences of Mothers' Autonomy Support." *Developmental Psychology* 38 (2002): 143-55.

Grolnick, Wendy S. ve Richard M. Ryan. "Parent Styles Associated with Children's Self-Regulation and Competence in School." *Journal of Educational Psychology* 81 (1989): 143-54.

Grubb, W. Norton ve Marvin Lazerson. *Broken Promises: How Americans Fail Their Children*. New York: Basic, 1982.

Grusec, Joan E. ve Jacqueline J. Goodnow. "Impact of Parental Discipline Methods on the Child's Internalization of Values." *Developmental Psychology* 30 (1994): 4-19.

Grusec, Joan E., Leon Kuczynski, J. Philippe Rushton ve Zita M. Simuti. "Modeling, Direct Instruction, and Attributions: Effects on Altruism." *Developmental Psychology* 14 (1978): 51-57.

Grusec, Joan E. ve Norma Mammone. "Features and Sources of Parents' Attributions About Themselves and Their Children." *Review of Personality and Social Psychology* 15 (1995): *Social Development* içinde, ed. Nancy Eisenberg.

Grusec, Joan E. ve Erica Redler. "Attribution, Reinforcement, and Altruism: A Developmental Analysis." *Developmental Psychology* 16 (1980): 525-34.

Grusec, Joan E., Duane Rudy ve Tanya Martini. "Parenting Cognitions and Child Outcomes." *Parenting and Children's Internalization of Values* içinde, ed. Joan E. Grusec ve Leon Kuczynski. New York: Wiley, 1997.

Hart, Craig H., D. Michele DeWolf, Patricia Wozniak ve Diane C. Burts. "Maternal and Paternal Disciplinary Styles: Relations with Preschoolers' Playground Behavioral Orientations and Peer Status." *Child Development* 63 (1992): 879-92.

Harter, Susan. "The Relationship Between Perceived Competence, Affect, and Motivational Orientation Within the Classroom." *Achievement and Motivation: A Social-Developmental Perspective* içinde, ed. Ann K. Boggiano ve Thane S. Pittman. Cambridge, İngiltere: Cambridge University Press, 1992.

_____. *The Construction of the Self: A Developmental Perspective*. New York: Guilford, 1999.

Harter, Susan, Donna B. Marold, Nancy R. Whitesell ve Gabrielle Cobbs. "A Model of the Effects of Perceived Parent and Peer Support on Adolescent False Self Behavior." *Child Development* 67 (1996): 360-74.

Hastings, Paul D. ve Joan E. Grusec. "Conflict Outcome as a Function of Parental Accuracy in Perceiving Child Cognitions and Affect." *Social Development* 6 (1997): 76-90.

_____. "Parenting Goals as Organizers of Responses to Parent-Child

Disagreement." *Developmental Psychology* 34 (1998): 465-79.

Hastings, Paul D. ve Kenneth H. Rubin. "Predicting Mothers' Beliefs About Preschool-Aged Children's Social Behavior." *Child Development* 70 (1999): 722-41.

Herrera, Carla ve Judy Dunn. "Early Experiences with Family Conflict: Implications for Arguments with a Close Friend." *Developmental Psychology* 33 (1997): 869-81.

Hoffman, Martin. "Power Assertion by the Parent and Its Impact on the Child." *Child Development* 31 (1960): 129-43.

_____. "Conscience, Personality, and Socialization Techniques." *Human Development* 13 (1970a): 90-126.

_____. "Moral Development." *Carmichael's Manual of Child Psychology*, 3. baskı, 2. cilt içinde, ed. Paul H. Mussen. New York: Wiley, 1970b.

Hoffman, Martin, and Herbert D. Saltzstein. "Parent Discipline and the Child's Moral Development." *Journal of Personality and Social Psychology* 5 (1967): 45-57.

Holt, Jim. "Decarcerate?" *New York Times*, 15 Ağustos 2004: 20-21.

Honig, Alice Sterling. "Compliance, Control, and Discipline." *Young Children*, Ocak 1985: 50-58.

Jacobvitz, Deborah ve L. Alan Sroufe. "The Early Caregiver-Child Relationship and Attention-Deficit Disorder with Hyperactivity in Kindergarten: A Prospective Study." *Child Development* 58 (1987): 1488-95.

Johnson, Susan L. ve Leann L. Birch. "Parents' and Children's Adiposity and Eating Style." *Pediatrics* 94 (1994): 653-61.

Juul, Jesper. *Your Competent Child: Toward New Basic Values for the Family*. New York: Farrar, Straus, and Giroux, 2001.

Kamins, Melissa L. ve Carol S. Dweck. "Person Versus Process Praise and Criticism: Implications for Contingent Self-Worth and Coping." *Developmental Psychology* 35 (1999): 835-47.

Kandel, Denise B. ve Ping Wu. "Disentangling Mother-Child Effects in the Development of Antisocial Behavior." *Coercion and Punishment in Long-Term Perspectives* içinde, ed. Joan McCord. Cambridge, İngiltere: Cambridge University Press, 1998.

Kelley, Michelle L., Thomas G. Power ve Dawn D. Wimbush.

"Determinants of Disciplinary Practices in Low-Income Black Mothers." *Child Development* 63 (1992): 573-82.

Kernis, Michael H. "Toward a Conceptualization of Optimal Self-Esteem." *Psychological Inquiry* 14 (2003): 1-26.

Kernis, Michael H., Anita C. Brown ve Gene H. Brody. "Fragile Self-Esteem in Children and Its Associations with Perceived Patterns of Parent-Child Communication." *Journal of Personality* 68 (2000): 225-52.

Kilgore, Kim, James Snyder ve Chris Lentz. "The Contribution of Parental Discipline, Parental Monitoring, and School Risk to Early-Onset Conduct Problems in African American Boys and Girls." *Developmental Psychology* 36 (2000): 835-45.

Kochanska, Grazyna. "Mutually Responsive Orientation Between Mothers and Their Young Children: Implications for Early Socialization." *Child Development* 68 (1997): 94-112.

Kochanska, Grazyna ve Nazan Aksan. "Mother-Child Mutually Positive Affect, the Quality of Child Compliance to Requests and Prohibitions, and Maternal Control as Correlates of Early Internalization." *Child Development* 66 (1995): 236-54.

Koestner, Richard, Richard M. Ryan, Frank Bernieri ve Kathleen Holt. "Setting Limits on Children's Behavior: The Differential Effects of Controlling vs. Informational Styles on Intrinsic Motivation and Creativity." *Journal of Personality* 52 (1984): 233-48.

Kohn, Alfie. *The Brighter Side of Human Nature: Altruism and Empathy in Everyday Life*. New York: Basic Books, 1990.

_____. "Caring Kids: The Role of the Schools." *Phi Delta Kappan*, Mart 1991: 496-506. www.alfiekohn.org/teaching/cktrots.htm adresinden erişilebilir.

_____. *No Contest: The Case Against Competition*. Gözden geçirilmiş baskı. Boston: Houghton Mifflin, 1992.

_____. "Choices for Children: Why and How to Let Children Decide." *Phi Delta Kappan*, Eylül 1993: 8-20. www.alfiekohn.org/teaching/cfc.htm adresinden erişilebilir.

_____. "The Truth About Self-Esteem." *Phi Delta Kappan*, Aralık 1994: 272-83. www.alfiekohn.org/teaching/tase.htm adresinden erişilebilir.

_____. *Beyond Discipline: From Compliance to Community*. Alexandria, VA: Association for Supervision and Curriculum Development, 1996.

_____. "How Not to Teach Values: A Critical Look at Character Education." *Phi Delta Kappan*, Şubat 1997: 429-39. www.alfiekohn.org/teaching/hnttv.htm adresinden erişilebilir.

_____. "Television and Children: ReViewing the Evidence." *What to Look for in a Classroom... and Other Essays* içinde. San Francisco: Jossey-Bass, 1998.

_____. *Punished by Rewards: The Trouble with Gold Stars, Incentive Plans, A' s, Praise, and Other Bribes*. Gözden geçirilmiş baskı. Boston: Houghton Mifflin, 1999a.

_____. *The Schools Our Children Deserve: Moving Beyond Traditional Classrooms and "Tougher Standards."* Boston: Houghton Mifflin, 1999b.

_____. "Education's Rotten Apples: From Math Instruction to State Assessments, Bad Practices Can Undermine the Good." *Education Week*, 18 Eylül 2002: 48, 36, 37. www.alfiekohn.org/teaching/edweek/rotten.htm adresinden erişilebilir.

Kohn, Melvin L. *Class and Conformity*. 2. baskı. Chicago: University of Chicago Press, 1977.

Kuczynski, Leon. "Reasoning, Prohibitions, and Motivations for Compliance." *Developmental Psychology* 19 (1983): 126-34.

_____. "Socialization Goals and Mother-Child Interaction: Strategies for Long-Term and Short-Term Compliance." *Developmental Psychology* 20 (1984): 1061-73.

Kuczynski, Leon ve Grazyna Kochanska. "Development of Children's Noncompliance Strategies from Toddlerhood to Age 5." *Developmental Psychology* 26 (1990): 398-408.

Kuczynski, Leon, Grazyna Kochanska, Marian Radke-Yarrow ve Ona Girnius Brown. "A Developmental Interpretation of Young Children's Noncompliance." *Developmental Psychology* 23 (1987): 799-806.

Lamborn, Susie D., Sanford M. Dornbusch ve Laurence Steinberg. "Ethnicity and Community Context as Moderators of the Relations Between Family Decision Making and Adolescent Adjustment." *Child Development* 67 (1996): 283-301.

Lamborn, Susie D., Nina S. Mounts, Laurence Steinberg ve Sanford M. Dornbusch. "Patterns of Competence and Adjustment Among Adolescents from Authoritative, Authoritarian, Indulgent, and Neglectful Families." *Child Development* 62 (1991): 1049-65.

Levine, Robert A. "Challenging Expert Knowledge: Findings from an African Study of Infant Care and Development." *Childhood and Adolescence: Cross-Cultural Perspectives and Applications* içinde, ed. Uwe P. Gielen ve Jaipaul Roopnarine. Westport, CT: Praeger, 2004.

Lewin, Kurt, Ronald Lippitt ve Ralph K. White. "Patterns of Aggressive Behavior in Experimentally Created 'Social Climates.'" *Journal of Social Psychology* 10 (1939): 271-99.

Lewis, Catherine C. "The Effects of Parental Firm Control: A Reinterpretation of Findings." *Psychological Bulletin* 90 (1981): 547-63.

_____. *Educating Hearts and Minds: Reflections on Japanese Preschool and Elementary Education*. Cambridge, İngiltere: Cambridge University Press, 1995.

Lieberman, Alicia F. *The Emotional Life of the Toddler*. New York: Free Press, 1993.

Lovett, Herbert. *Cognitive Counseling and Persons with Special Needs: Adapting Behavioral Approaches to the Social Context*. New York: Praeger, 1985.

Luster, Tom, Kelly Rhoades ve Bruce Haas. "The Relation Between Parental Values and Parenting Behavior: A Test of the Kohn Hypothesis." *Journal of Marriage and the Family* 51 (1989): 139-47.

Luthar, Suniya S. ve Bronwyn E. Becker. "Privileged but Pressured?: A Study of Affluent Youth." *Child Development* 73 (2002): 1593-1610.

Luthar, Suniya S. ve Karen D'Avanzo. "Contextual Factors in Substance Use: A Study of Suburban and Inner-City Adolescents." *Development and Psychopathology* 11 (1999): 845-67.

Lytton, Hugh. "Physical Punishment Is a Problem, Whether Conduct Disorder Is Endogenous or Not." *Psychological Inquiry* 8 (1997): 211-14.

Maccoby, Eleanor E. ve John A. Martin. "Socialization in the Context of the Family: Parent-Child Interaction." *Handbook of Child Psychology*, 4. basım, 4. cilt, ed. Paul H. Mussen. New York: Wiley, 1983.

Makri-Botsari, E. "Causal Links Between Academic Intrinsic Motivation, Self-Esteem, and Unconditional Acceptance by Teachers in High School Students." *International Perspectives on Individual Differences, vol. 2: Self Perception* içinde, ed. Richard J. Riding ve Stephen G. Rayner. Westport, CT: Ablex, 2001.

Mallinckrodt, Brent ve Mei-Fen Wei. "Attachment, Social Competencies, Interpersonal Problems, and Psychological Distress." American Psychological Association yıllık konferansında sunulan makale, Toronto, Ağustos 2003.

Marshall, Hermine H. "An Updated Look at Delaying Kindergarten Entry." *Young Children*, Eylül 2003: 84-93.

Matas, Leah, Richard A. Arend ve L. Alan Sroufe. "Continuity of Adaptation in the Second Year: The Relationship Between Quality of Attachment and Later Competence." *Child Development* 49 (1978): 547-56.

McCord, Joan. "Questioning the Value of Punishment." *Social Problems* 38 (1991): 167-79.

_____. "On Discipline." *Psychological Inquiry* 8 (1997): 215-17.

McLeod, Jane D., Candace Kruttschnitt ve Maude Dornfeld. "Does Parenting Explain the Effects of Structural Conditions on Children's Antisocial Behavior?" *Social Forces* 73 (1994): 575-604.

Merrow, John. *Choosing Excellence*. Lanham, MD: Scarecrow Press, 2001.

Miller, Alice. *The Drama of the Gifted Child*. Gözden geçirilmiş baskı. New York: Basic, 1994.

Morris, Amanda Sheffield, Laurence Steinberg, Frances M. Sessa, Shelli Avenevoli, Jennifer S. Silk ve Marilyn J. Essex. "Measuring Children's Perceptions of Psychological Control." *Intrusive Parenting: How Psychological Control Affects Children and Adolescents* içinde, ed. Brian K. Barber. Washington, D.C.: American Psychological Association, 2002.

Mosier, Christine E. ve Barbara Rogoff. "Privileged Treatment of Toddlers: Cultural Aspects of Individual Choice and Responsibility." *Developmental Psychology* 39 (2003): 1047-60.

Murstein, Bernard I., Mary Cerreto ve Marcia G. MacDonald. "A Theory and Investigation of the Effect of Exchange-Orientation on Marriage and Friendship." *Journal of Marriage and the Family* 39 (1977): 543-48.

Neighbors, Clayton, Mary E. Larimer, Irene Markman Geisner ve C. Raymond Knee. "Feeling Controlled and Drinking Motives Among College Students." *Self and Identity* 3 (2004): 207-224.

Newcomb, Theod[o]re H. "The Family in 1955." *Merrill-Palmer Quarterly* 2 (1956): 50-54.

Noddings, Nel. *The Challenge to Care in Schools: An Alternative Approach to Education.* New York: Teachers College Press, 1992.

Norem-Hebeisen, Ardyth A. ve David W. Johnson. "The Relationship Between Cooperative, Competitive, and Individualistic Attitudes and Differentiated Aspects of Self-Esteem." *Journal of Personality* 49 (1981): 415-26.

Oliner, Samuel P. ve Pearl M. Oliner. *The Altruistic Personality: Rescuers of Jews in Nazi Europe.* New York: Free Press, 1988.

Parpal, Mary ve Eleanor E. Maccoby. "Maternal Responsiveness and Subsequent Child Compliance." *Child Development* 56 (1985): 1326-34.

Parsons, Jacquelynne E. ve Diane N. Ruble. "The Development of Achievement-Related Expectancies." *Child Development* 48 (1977): 1075-79.

Petersen, Larry R., Gary R. Lee ve Godfrey J. Ellis. "Social Structure, Socialization Values, and Disciplinary Techniques: A Cross-Cultural Analysis." *Journal of Marriage and the Family* 44 (1982): 131-42.

Pieper, Martha Heinemann ve William J. Pieper. *Smart Love.* Boston: Harvard Common Press, 1999.

Pinderhughes, Ellen E., Kenneth A. Dodge, John E. Bates, Gregory S. Pettit ve Arnaldo Zelli. "Discipline Responses: Influences of Parents' Socioeconomic Status, Ethnicity, Beliefs About Parenting, Stress, and Cognitive-Emotional Processes." *Journal of Family Psychology* 14 (2000): 380-400.

Reeve, Johnmarshall, Glen Nix ve Diane Hamm. "Testing Models of the Experience of Self-Determination in Intrinsic Motivation and the Conundrum of Choice." *Journal of Educational Psychology* 95 (2003): 375-92.

Reyna, Christine ve Bernard Weiner. "Justice and Utility in the Classroom:

An Attributional Analysis of the Goals of Teachers' Punishment and Intervention Strategies." *Journal of Educational Psychology* 93 (2001): 309-19.

Rimer, Sara. "Schools Moving to Curb Wrangling Over Rankings." *New York Times*, 9 Mart 2003: A16.

Ritchie, Kathy L. "Maternal Behaviors and Cognitions During Discipline Episodes." *Developmental Psychology* 35 (1999): 580-89.

Rogers, Carl R. "A Theory of Therapy, Personality, and Interpersonal Relationships, As Developed in the Client-Centered Framework." *Psychology: A Study of a Science. Study I: Conceptual and Systematic, vol. 3* içinde, ed. Sigmund Koch. New York: McGraw-Hill, 1959.

Rohner, Ronald P., Kevin J. Kean ve David E. Cournoyer. "Effects of Corporal Punishment, Perceived Caretaker Warmth, and Cultural Beliefs on the Psychological Adjustment of Children in St. Kitts, West Indies." *Journal of Marriage and the Family* 53 (1991): 681-93.

Rothbaum, Fred ve Gisela Trommsdorff. "Do Roots and Wings Complement or Oppose One Another?: The Socialization of Relatedness and Autonomy in Cultural Context." *Handbook of Socialization* içinde, ed. Joan E. Grusec ve Paul D. Hastings. New York: Guilford, 2008.

Rowe, David C. "Group Differences in Developmental Processes: The Exception or the Rule?" *Psychological Inquiry* 8 (1997): 218-22.

Rowe, Mary Budd. "Relation of Wait-Time and Rewards to the Development of Language, Logic, and Fate Control: Part II — Rewards." *Journal of Research in Science Teaching* 11 (1974): 291-308.

Ryan, Richard M. ve Kirk Warren Brown. "Why We Don't Need Self-Esteem." *Psychological Inquiry* 14 (2003): 71-76.

Ryan, Richard M. ve Edward L. Deci. "When Rewards Compete with Nature: The Undermining of Intrinsic Motivation and Self-Regulation." *Intrinsic and Extrinsic Motivation: The Search for Optimal Motivation and Performance* içinde, ed. Carol Sansone ve Judith M. Harackiewicz. San Diego: Academic Press, 2000.

_____. "On Assimilating Identities to the Self." *Handbook of Self and Identity* içinde, ed. Mark R. Leary ve June Price Tangney. New York: Guilford, 2003.

Samalin, Nancy, Martha Moraghan Jablow ile. *Loving Your Child Is Not Enough*. New York: Penguin, 1988.

Schaefer, Earl S. ve Marianna Edgerton. "Parent and Child Correlates of Parental Modernity." *Parental Belief Systems: The Psychological Consequences for Children* içinde, ed. Irving E. Sigel. Hillsdale, NJ: Erlbaum, 1985.

Schimel, Jeff, Jamie Amdt, Tom Pyszczynski ve Jeff Greenberg. "Being Accepted for Who We Are." *Journal of Personality and Social Psychology* 80 (2001): 35-52.

Schwartz, Barry. *The Battle for Human Nature: Science, Morality, and Modern Life*. New York: Norton, 1986.

Scott-Little, M. Catherine ve Susan D. Holloway. "Child Care Providers' Reasoning About Misbehaviors." *Early Childhood Research Quarterly* 7 (1992): 595-606.

Sears, Robert R., Eleanor E. Maccoby ve Harry Levin. *Patterns of Child Rearing*. Evanston, IL: Row, Peterson, 1957.

Simons, Ronald L., Kuei-Hsiu Lin, Leslie C. Gordon, Gene H. Brody ve Rand D. Conger. "Community Differences in the Association Between Parenting Practices and Child Conduct Problems." *Journal of Marriage and the Family* 64 (2002): 331-45.

Simons, Ronald L., Les B. Whitbeck, Rand D. Conger ve Wu Chyi-ln. "Intergenerational Transmission of Harsh Parenting." *Developmental Psychology* 27 (1991): 159-71.

Simpson, A. Rae. *The Role of the Mass Media in Parenting Education*. Boston: Center for Health Communication, Harvard School of Public Health, 1997.

Stayton, Donelda J., Robert Hogan ve Mary D. Salter Ainsworth. "Infant Obedience and Maternal Behavior." *Child Development* 42 (1971): 1057-69.

Stormshak, Elizabeth A., Karen L. Bierman, Robert J. McMahon ve Liliana J. Lengua. "Parenting Practices and Child Disruptive Behavior Problems in Early Elementary School." *Journal of Clinical Child Psychology* 29 (2000): 17-29.

Strage, Amy ve Tamara Swanson Brandt. "Authoritative Parenting and College Students' Academic Adjustment and Success." *Journal of*

Educational Psychology 91 (1999): 146-56.

Straus, Murray A. *Beating the Devil Out of Them: Corporal Punishment in American Families and Its Effects on Children.* 2. basım. New Brunswick, NJ: Transaction, 2001.

_____. "Children Should Never, Ever, Be Spanked, No Matter What the Circumstances." *Current Controversies on Family Violence,* 2. basım içinde, ed. Donileen R. Loseke, Richard J. Gelles ve Mary M. Cavanaugh. Londra: Sage, 2004.

_____. *Primordial Violence: Corporal Punishment by Parents.* Walnut Creek, CA: AltaMira Press, 2005.

Straus, Murray A. ve Anita K. Mathur. "Social Change and the Trends in Approval of Corporal Punishment by Parents from 1968 to 1994." *Family Violence Against Children* içinde, ed. Detlev Frehsee, Wiebke Horn ve Kai-D. Bussmann. New York: Walter de Gruyter, 1996.

Straus, Murray A. ve Julie H. Stewart. "Corporal Punishment by American Parents: National Data on Prevalence, Chronicity, Severity, and Duration, in Relation to Child and Family Characteristics." *Clinical Child and Family Psychology Review* 2 (1999): 55-70.

Straus, Murray A., David B. Sugarman ve Jean Giles-Sims. "Spanking by Parents and Subsequent Antisocial Behavior of Children." *Archives of Pediatrics and Adolescent Medicine* 151 (1997): 761-67.

Swanson, Ben ve Brent Mallinckrodt. "Family Environment, Love Withdrawal, Childhood Sexual Abuse, and Adult Attachment." *Psychotherapy Research* 11 (2001): 455-72.

Toner, Ignatius J. "Punitive and Non-Punitive Discipline and Subsequent Rule-Following in Young Children." *Child Care Quarterly* 15 (1986): 27-37.

Tronick, Edward Z. "Emotions and Emotional Communication in Infants." *American Psychologist* 44 (1989): 112-19.

Walker, Lawrence J. ve John H. Taylor. "Family Interactions and the Development of Moral Reasoning." *Child Development* 62 (1991): 264-83.

Watson, Marilyn. *Learning to Trust: Transforming Difficult Elementary Classrooms Through Developmental Discipline.* San Francisco: Jossey-Bass, 2003.

Wigfield, Allan. "Children's Attributions for Success and Failure." *Journal of Educational Psychology* 80 (1988): 76-81.

Zahn-Waxier, Carolyn, Marian Radke-Yarrow ve Robert A. King. "Child Rearing and Children's Prosocial Initiations Toward Victims of Distress." *Child Development* 50 (1979): 319-30.

TEŞEKKÜR

Önceki sayfalarda tanıştığınız Abigail ve Asa olmasaydı, çocuk yetiştirmekle ilgili düşüncelerim de bu kadar derin ve ilginç olmazdı (yaşamım da öyle). Ebeveyn olmanın ne anlama geldiğini *onların* ebeveyni olarak öğrendim. Aynı şekilde, düşüncelerim ve yaşamım, onların diğer ebeveyni, yani eşim Alisa sayesinde de ölçülemez biçimde zenginleşti. Alisa da bu sayfalarda ara sıra görünüyor, ama onunla ilgili kısa anlatılar, kendisine ne kadar borçlu olduğumu tam ifade edemiyorlar. Onun sıra dışı kavrayışı ve sabrı, ayrıca çocuklarımız için en iyi olana odaklı kalabilmesi beni esinliyor, geliştiriyor ve bir ebeveyn olarak yaptığım seçimleri sürekli gözden geçirmeye davet ediyor. (Arada sırada, "Hm, sence Alfie Kohn ne derdi az önce yaptığın şeye?" diye yarı şakacı biçimde sorması tüm bunların gerçekleşmesinde önemli rol oynuyor.)

Alisa'nın bu kitabın hazırlanışına başka yönlerden de paha biçilemez katkıları oldu. Tüm bölümleri teker teker okudu ve hem savları hem de bunların sunuluş biçimlerini geliştiren önerilerde bulundu. Herhangi bir akrabalık bağım olmayan Marilyn Watson da benzer bir destek verdi ve onun hatırı sayılır bilgisi, akılcı düşünce biçimi ve engin yaşam deneyimleri metni farklı şekilde esinleyip biçimlendirdi. Marilyn'i uzun süredir tanıyorum ve bir kitabı için şevkle yazdığım önsözde de açıkladığım gibi, onun çocuk gelişimi konusundaki düşünceleri, beni bu alanda en çok etkileyen düşünceler arasındadır. Ama onu (ve Alisa'yı) bu sayfalarda gördüğünüz olumsuzluklardan sorumlu tutmayın; size mantıklı gelen şeyler için onları takdir edin yalnızca.

Hazır bu konuya gelmişken, yazılanlardan sorumlu tutulmaması gereken ve kitaptan parçalar okuyup, irili ufaklı yorumlarla metnin geliştirilmesine katkıda bulunduğu için müteşekkir olduğum başka kişiler de var: Wendy Grolnick, Rich Ryan, David Altshuler, Fred Rothbaum ve Ed Deci.

Diğer yandan, Gail Ross ve Tracy Behar (sırasıyla, temsilcim ve olağanüstü editörüm) olmasaydı, yukarıda anılan kişilerin geliştirebileceği bir kitap da olmayabilirdi. Bu projeye kendilerini adadıkları için çok mutluyum ve onlara borçluyum.

DİZİN